U0135205

歷史選書12

十九世紀三部曲之二

資本的年代

1848-1875

THE AGE OF CAPITAL

1848-1875

著／艾瑞克・霍布斯邦

(Eric J. Hobsbawm)

譯／張曉華等

The Age of Capital
Copyright © 1962 by E. J. Hobsbawm
Chinese translation copyright © 1997 by Rye Field Publications,
a division of Cité Publishing Ltd.
Published by arrangement with Weidenfeld & Nicolson
The Orion Publishing Group, Orion House
Copyright licensed by Bardon-Chinese Media Agency
All Rights Reserved

歷史選書 12

資本的年代：1848-1875

The Age of Capital 1848-1875

作　　者　艾瑞克・霍布斯邦（Eric J. Hobsbawm）
譯　　者　張曉華等
編輯委員　詹宏志　盧建榮　陳雨航　吳莉君
責任編輯　吳莉君
發 行 人　涂玉雲
出　　版　麥田出版
台北市信義路二段213號11樓
電話：02-23517776　傳眞：02-23519179
發　　行　城邦文化事業股份有限公司
台北市愛國東路100號1樓
電話：02-23965698　傳眞：02-23570954
網址：www.cite.com.tw　E-mail：service@cite.com.tw
郵撥帳號　18966004　城邦文化事業股份有限公司
香港發行所　城邦（香港）出版集團有限公司
香港北角英皇道310號雲華大廈4字樓504室
電話：25086231　傳眞：25789337
馬新發行所　城邦（馬新）出版集團有限公司
Cite(M) Sdn. Bhd. (458372 U)
11, Jalan 30D/146, Desa Tasik, Sungai Besi,
57000 Kuala Lumpur, Malaysia
電話：603-9056 3833　傳眞：603-9056 2833
E-mail: citekl@cite.com.tw.
印　　刷　凌晨企業有限公司
初版一刷　1997年3月15日
初版六刷　2003年10月1日

ISBN : 957-708-501-6　售價：380元
版權代理◎博達著作權代理有限公司
版權所有・翻印必究
Printed in Taiwan

作者簡介

艾瑞克・霍布斯邦(Eric Hobsbawm)

享譽國際，備受推崇的近代史大師。

一九一七年出生於埃及亞歷山大城的猶太中產家庭。父親是移居英國的俄國猶太後裔，母親則來自哈布斯堡王朝治下的中歐。一九一九年舉家遷往維也納，一九三一年徙居柏林。在一次戰後受創至深的德奧兩國度過童年。一九三三年因希特勒掌權而轉赴英國，完成中學教育，並進入劍橋大學學習歷史。一九四七年成爲倫敦大學伯貝克學院講師，一九五九年升任高級講師，一九七八年取得該校經濟及社會史教授頭銜，一九八二年退休。之後大部分時間任教於紐約社會研究新學院，是該校政治及社會史榮譽教授。

霍氏是英國著名的左派史家，自十四歲於柏林加入共產黨後，迄今未曾脫離。就讀劍橋大學期間，霍氏是共產黨內的活躍分子，與威廉士、湯普森等馬派學生交往甚密；在一九五二年麥卡錫白色恐怖氣燄正盛之時，更與希爾等人創辦著名的新左史學期刊《過去與現在》。馬克思主義者的政治背景雖令霍氏的教職生涯進展艱辛，但卻使他與國際社會間有著更廣泛的接觸經驗及更多的研究機會，從而建立了他在國際上的崇高聲譽。

霍氏的研究時期以十九世紀爲主，並延伸及十七、十八和二十世紀；研究的地區則從英國、歐洲，廣至拉丁美洲。除專業領域外，霍氏也經常撰寫當代政治、社會評論，歷史學、社會學理論，以及藝術、文化批評等。他在勞工運動、農民叛變和世界史範疇中的研究成果，堪居當代史家的頂尖之流，影響學界甚巨；而其宏觀通暢的寫作風格，更將敘述史學的魅力擴及一般閱聽大衆。如《新左評論》名編輯安德生所言：霍氏不可多得的兼具了知性的現實感和感性的同情心。一方面是個腳踏實地的唯物主義者，提倡實力政治；另一方面又能將波希米亞、土匪強盜和無政府主義者的生活寫成優美哀怨的動人故事。

霍氏著作甚豐，先後計有十四部以上專書問世，包括：《革命的年代》、《資本的年代》、《帝國的年代》、《極端的年代》、《盜匪》、《民族與民族主義》、《原始的叛亂》（以上各書將由麥田出版中譯本）、《爵士風情》等書。現居倫敦。

譯者簡介

張曉華

一九四九年生，北京市人。一九七六年畢業於中國南開大學歷史系，主攻北歐史、瑞典史。現任中國社會科學院世界歷史研究所助理研究員。著有《帕爾梅傳》。

目錄

第三篇 結局

序言

艾瑞克·霍布斯邦

筆者關於世界現代史(即從法國大革命到第一次世界大戰)的專著共有三本。第一本《革命的年代:一七八九—一八四八》(*The Age of Revolution: 1789-1848*)早已問世,第三本尚未動筆,本書則介於二者之間。由於它獨立成卷,對讀過或沒有讀過第一本的讀者都具有可讀性。不過對讀過第一本的讀者我要表示歉意,因本書零零星星地收進了他們業已熟知的材料。這樣做是爲了照顧尚未涉獵第一本書的讀者,爲他們提供必要的背景資料。出於類似的目的,我也簡略的爲以後發展趨勢做了幾點提示,特別是在第十六章〈結語〉中。與《革命的年代》重複的資料我當然會盡量削減到最低限度,並將它們分散開來,免使讀者生厭。讀者可視此書爲獨立篇章,只要記住本書並非處理一個孤立的、與其前後截然分開的時期即可。歷史是不可分割的。

無論如何,對任何受過一般普通教育的讀者來說,這本書應該是完整的。它是爲普通讀者而寫,不是爲歷史學家。社會爲歷史學家研究的課題提供了豐富的史料,歷史學家如正當使用這些材料,他們的作品就根本不該是專爲其他史家而寫,不論他們使用史料的數量是多是少。一般讀者若能對歐洲歷史有基本的了解，是會有好處的。筆者相信那些搞不清攻陷巴士底獄和拿破崙戰爭是怎麼一回事的讀者，在遇到緊急情況時，同樣能應付自如，但具備這些知識，定會有些幫助。

本書所述的時代較短，但其跨越的地界卻很大。一七八九至一八四八年的世界史可以歐洲——事實上是以英國和法國——爲中心，這不是什麼獨闢蹊徑。然而隨之而來的四分之一個世紀，就再也不能純粹以歐洲史來概括了，因爲這個時代的主旋律是資本主義經濟向全世界輻射，撰寫這時期的世界史如不在相當程度上注意其他幾個大洲，必定荒誕可笑。我是不是也太歐洲中心主義了呢？可能有此嫌疑。歐洲歷史學家對歐洲的了解比對其他洲的了解要多得多，這是可以理解的，於是他們遂情不自禁地從他們所處環境的特別有利地位來欣賞全球景物。美國歷史學家對同樣的景物會有某些不同看法，這也是可以理解的。不過無論怎麼看，十九世紀中葉世界資本主義發展史仍是以歐洲爲中心。例如美國，那時雖已露出它必將成爲泱泱大國，成爲世界上頭號工業強國的苗頭，但它那時的經濟實力還很弱小，只能自給自足而已，事實上那時的美國也不是一個出類拔萃的龐然大物：一八七〇年其人口比英國多不了多少，與法國不相上下，比後來很快形成的德意志帝國還略少一些。

我將本書分成三個部分。一八四八年革命是這一時期發展主線的前奏。對於幾條主線的開展，我係從歐陸角度觀察之，但只要有需要，也將從全球角度加以探討，不過我並不企圖把它寫成一系列面面俱到、內容完整的「國家」史。歐洲以外的世界佔有兩章篇幅。在這兩章裏，我不能不著重探討若干重要的地區和國家，主要是美國、日本、中國和印度。每章均以主題劃分，而非以年代先後爲序，當然其中包含的年代仍是清晰可辨的。這些年代是：寂靜但對外實施擴張的一八五〇年代，比較動盪的一八六〇年代，以及欣欣向榮與經濟蕭條交替出現的一八七〇年代。第三部分包括了十九世紀第三個二十五年的經濟、社會和文化橫斷面。

我的目的並非是將已知的事實做番總結，亦非敍述何時發生何事，而是將事實歸納起來，進行整體的歷史綜合，從而「了解」十九世紀第三個二十五年，並在一定限度內把我們今日世界的「根」追溯到那個時期。本書的目的同時也是爲了展現這個時期無與倫比的特徵。這是歷史上獨一無二的時代，因此顯得那麼生疏，那麼遙遠。至於這本《資本的年代》是否了解和再現了這一歷史時期，這問題得由讀者去判斷。本書的看法，特別是與很多人觀點相左的看法是否正確，得由我的史學界同行們去評論。同行們顯然不會一致同意我的看法。著書人總希望自己的作品受到廣泛注意，熱情頌揚也好，憤怒指責也罷，能引起熱烈討論就不錯。我不敢存有與評論家打場筆墨官司的奢望，在這一版裏，我只是把幾處印刷錯漏和某些明顯錯誤（有些明顯錯誤已引起我的注意）糾正一下，調整一些句法容易造成誤解的句子，如此而已。當然在與我的系統闡述方法不相矛盾的情況下，也認眞考慮了某些批評意見。這些意見在我看來是正確的。但全書基本上是依然故我。

不過，一般讀者似乎對我有個誤解，特別是在那些對資產階級社會天生情有獨鍾的評論家中。我對資產階級社會的同情顯然不及他們。這個誤解我想必須澄淸。歷史學家有責任讓讀者了解其政治傾向，所以我在〈導言〉中寫道：「本書作者無意掩飾自己對本書所述年代的某些厭惡，甚至某種鄙視，但由於敬佩這個時代所取得的巨大物質成就，由於竭力想去理解自己所不喜歡的事物，因而稍有緩和。」有些人認爲這段話就是作者將以不公正態度對待維多利亞時代的資產階級及維多利亞時代取得之勝利的宣言。鑑於有些人無法看懂書上的內容（這內容與他們認爲必須有的內容大相逕庭），我要斬釘截鐵地說：情況絕非如此。事實上至少有一位評論家正確地承認：「不僅這本書的撰寫宗旨是要突出資產階級的勝利，而且這本書最爲贊同的還是資產階級。」是也罷，否也罷，這是資產階級的時代，我只是原封不動地把這個時代再現出來，爲此我甚至不惜忽略了其他階級，未能留出足夠篇幅來表述其他階級在這個時代所占有的分量。

我不能說我是一切問題的專家，我只是對與本書有關的眾多問題中的一小部分精通而已。而且我還不得不幾乎全部依賴二手甚至三手資料。不過這也是不可避免的。研究十九世紀的著作已可堆成高聳入雲的大山，使歷史的天空黯然失色，而每年在高山頂上仍有新的作品不斷增添。當人們對歷史的興趣擴大到無所不包，事實上囊括了二十世紀下半葉人們感興趣的各個方面時，需要吞噬的材料更是數不勝數，連最博學、最百科全書式的大學問家，也感到無法應付。材料必須精簡，精簡成一段或兩段，精簡成一行，或一筆帶過，或只做細小的處理，或索性忍痛割愛。歷史學家必然要借鑑他人作品，但越來越多的情況是只能瀏覽一下而已。

不幸的是，如此將打破學者們令人敬佩的常規做法。在學術領域裏，只有原作者有權聲稱其個人所發現的智慧財產他人皆可使用，因此學者們對其資料來源，特別是對有過幫助的人總要謙恭地銘謝一番。然而我在書中信手拈來的所有點滴想法，其原出處是來自哪本書或哪篇文章，或哪次談話，或哪次討論，我懷疑我是否能列出。我只能請求那些作品被我有意或無意巧取豪奪的作者原諒我的無禮了。再說如果定要尋根究源，那將增添一大堆對本書不太合適的索引和註釋，徒增書的篇幅。無論如何，我只能在此一併表示感謝。

書中註釋幾乎完全限於引用的統計資料和其他數字，以及某些有爭議或令人瞠目結舌的引述來源。未加附註的其他數字大多數摘自標準材料，或摘自茂豪的《統計辭典》(Mulhall's *Dictionary of Statistics*)等極爲珍貴的簡明資料。涉及的文學著作——即俄羅斯小說——只提及書名，因爲這些小說版本太多，本書作者看的版本讀者不一定都能找到。提到馬克思和恩格斯(這兩位是那個時代主要的當代問題評論家)的作品，都是大家熟悉的書或信札，根據的是現有標準版(東柏林：一九五六—七一)的卷次和頁數。至於地名，凡有英文的就寫成英文地名(例如慕尼黑：Munich)，沒有英文的，就用當時出版物上通常用的名字(例如普里斯堡：Pressburg)。其中沒有任何民族偏見。如有必要，會將該地的今名附加在括號中，例如萊巴赫(Laibach，今名盧布雅那〔Ljubljana〕)。

已故的齊諾(Sigurd Zienau)和赫斯凱(Francis Haskell)審閱了科學和文藝部分，並糾正了我的某些錯誤。科文(Charles Curwen)解答了有關中國的問題。發生的錯誤和疏漏我難辭其咎。羅傑斯(W. R. Rodgers)、克勞丁(Carmen Claudin)和莫伊莎(Maria Moisã)不時抽空來充當助理研究員，提供我極大幫助。我並要深深感謝我的編輯洛登(Susan Loden)。

十九世紀三部曲之二

資本的年代

1848-1875

THE AGE OF CAPITAL

1848-1875

導言

一八六〇年代，世界經濟和政治詞彙裏多了一個新詞：「資本主義」(capitalism，《革命的年代》導言中說「資本主義」一詞的出處可追溯到一八四八年以前。然而進一步深入研究後方知這詞不可能在一八四八年以前出現，也不可能在一八六〇年代以前廣泛流傳)❶，所以將本書定名爲《資本的年代》是很恰當的。這個書名也使我們想起最令人敬畏的資本主義評論家馬克思的巨著《資本論》(*Das Kapital*, 1867)，該書亦出版於一八六〇年代。資本主義的全球性勝利，是一八四八年後數十年歷史的主旋律。這是信仰經濟發展依靠私營企業競爭、依靠從最便宜的市場上採購一切(包括勞動力)，並以最高價格出售一切的社會的勝利。建立在這個原則基礎之上的經濟，自然是要依靠資產階級來主宰沉浮，資產階級的活力、價值和智力，都已提高到與其地位相當的程度，並牢牢保持其優勢。依此爲基礎的經濟，據信不僅能創造豐富且分配適當的物質財富，且能創造日新月異的人類機遇，擺脫迷信偏見，講究理性，促使科學和藝術發展。總之，創造一個物質和倫理道德不斷進步、加速前進的世界。在私有企業任意發展的道路上，那些所剩無幾的障礙均將一掃而光。世界機制，或謂尙未擺脫傳統和迷信勢力的世界機制，或謂不幸得很不是白皮膚(最好原籍是中歐、西歐、北歐的白皮膚)的世界的機制，將逐步向國際模式靠攏，即領土明確的「民族國家」，有憲法保證的財產和民權，有個選舉產生的議會，和爲財產、人權負責的代議政府，以及在條件成熟的地方讓普通百姓參政，不過關於這點有個限度：得保證資產階級的社會秩序，排除資產階級被推翻的危險。

追蹤資產階級社會的發展不是本書的任務。資產階級在一八四八年前的六十年裏已經獲得歷史性的突破，在經濟陣線、政治—意識形態陣線上皆取得勝利。只要記住這一點足矣。一七八九至一八四八年的歲月，已在早些時候出版的拙著《革命的年代》中詳細討論過(參見本書〈序言〉，以下我還將不時向諸位讀者提及該書)。那個時期的主線是雙元革命：即由英國發起、主要限於英國的工業改造；和與法國有關、主要限於法國的政治改造。兩者異曲同工，皆是新社會的勝利。至於這個社會是否就是已大獲全勝的自由資本主義的社會，一個被法國歷史學家稱之爲「所向披靡的資產階級」的社會，當時人可不像我們現在這般肯定。站在資產階級政治思想理論家後面的，是一大群準備將溫和自由主義革命轉變爲社會革命的群眾。處在資本主義企業家之下和周圍的，是被迫離鄉背井、滿腹怨言的「勞動貧民」，他們摩拳擦掌，躍躍欲試。一八三〇和四〇年代是充滿危機的年代，前景未卜，只有樂天派才敢對其結果做出預測。

不過在一七八九至一八四八年期間，由於兩大革命雙管齊下，使這一時期的歷史具有統一的美，對稱的美。在某種意義上，這段歷史更容易寫，也更容易讀，因爲這段歷史有個明顯的主旋律，有個顯著的形狀，而且這段歷史年代的起迄也很清晰，其清晰度就像我們有權希望人類事務應該呈現的那樣。本書的起點是一八四八年革命。隨著一八四八年革命結束，以前的對稱不復存在，形狀變了。政治革命偃旗息鼓，工業革命昂首挺進。一八四八年是「民族的春天」，是歐洲第一次和最後一次(幾乎)名副其實的革命，左派的理想暫時實現，右派經歷了一場噩夢，俄羅斯帝國和土耳其帝國以西的絕大部分歐陸舊政權，同時被告推翻；從丹麥的哥本哈根(Copenhagen)到西西里的巴勒摩(Palermo)，從羅馬尼亞的布拉索夫(Brasov)到西班牙的巴塞隆納(Barcelona)，幾乎無一倖免。這是預料中的事。這是雙元革命的結果，是雙元革命合乎邏輯的產物。

革命失敗了，全球性、迅速且無限期地失敗了——政治逃亡者幾年後還未認識到這次失敗是無限期的——從此以後，一八四八年前設想的那種普遍的社會革命，不復出現於世界上的「先進」國家。這種社會革命運動的重心轉移到(先進國家的)邊緣地區和落後世界，進而演變成二十世紀的社會主義和共產主義政權，不過在本書闡述的時期內，這類運動仍處於「低度開發」，是段插曲，而且陳舊。世界資本主義經濟那種巨大突發，而且顯然是方興未艾的發展，爲「先進」國家的政治帶來了若干選擇。(英國的)工業革命吞食了(法國的)政治革命。

所以本書敍述的歷史是一邊倒的歷史。主要是世界資本主義工業經濟大發展的歷史，是這個經濟所代表的社會秩序大踏步前進的歷史，是認可這些進步並使它們合法化的思想理論大發展的歷史：理性、科學、進步和自由主義。這是資產階級大獲全勝的時代，雖然歐洲資產階級對全力奪取公共政治統治權方面還羞羞答答。在這一點上——也許只有在這一點上——我們可說革命的年代尚未結束。歐洲中產階級之前已被人民嚇破了膽，而且仍心有餘悸：「民主」據信仍將肯定且迅速地演變成「社會主義」的序曲。在資產階級的凱旋時刻，正式主持資產階級秩序的人物，在普魯士是一位極其反動的鄉下貴族，在法蘭西是一個冒牌皇帝，在英國則是一連串的地主貴族。對革命的恐懼不是無中生有，而是根深柢固，這說明了資產階級缺乏基本安全感。在本書闡述時期結束之際，在先進國家爆發了唯一的革命事件，一場幾乎是局限一地、曇花一現的巴黎公社(Paris Commune)起義，流血之多竟超過一八四八年的任何一次運動，於是各國大爲恐慌，緊急進行外交磋商。至此，歐洲先進國家的統治者開始認識到(儘管多少有點不情願)，「民主」(即在廣泛普選基礎上建立代議制政體)不僅是不可避免的，而且在政治上是無害的，雖然或許有點討厭。對於這點，美國統治者已有所認知。

所以，喜歡激動人心英勇場面的讀者，不會喜歡一八四八到一八七〇年代中期這幾十年的歷史。這期間發生的戰爭不少，多於它之前的三十年，也多於它之後的四十年，但若不是由擁有技術和組織優勢一方獲勝的速決戰，如歐洲國家在海外發動的大多數戰爭，和類似一八六四至一八七一年建立德意志帝國的戰爭；就是甚至連交戰國的愛國主義者也不忍卒睹的血腥屠殺，例如一八五四至五六年的克里米亞戰爭(Crimean War)。在這段時期的所有戰爭中，最重要的莫過於美國內戰。這場戰爭獲勝的一方，歸根結柢是由於它擁有強大的經濟力量和更好的資源。南方敗北，雖然它有較爲傑出的軍隊和將領。有時也出現一些充滿浪漫和絢麗色彩的英雄壯歌，如身著紅衫、留著一頭鬈髮的加里波底(Giuseppe Garibaldi)。此類例子因其稀少而十分突出。政治方面也沒有什麼激動人心的大事。誠如白芝皓(Walter Bagehot)對政治成功的標準所下的定義那樣：「尋常的見地加不尋常的能力。」拿破崙三世顯然覺得他那偉大叔父拿破崙一世的大氅穿在身上會很不舒服。林肯(Lincoln)和俾斯麥(Bismarck)無疑是偉大人物，他們在公衆中的形象因他們面部的峻峭線條和他們擅長的漂亮空談而獲益匪淺，但他們獲得的成就則有賴於他們作爲政治家和外交家的天賦。義大利的加富爾(Cavour)亦然，然而這些人完全不具備我們現在所認爲的偉人氣質和領袖魅力。

這時期最激動人心的大事，顯然是經濟和技術方面的成就：全世界澆鑄了幾百萬噸的鐵，穿越各大洲的綿延鐵路，橫跨大西洋的海底電纜，蘇伊士運河的開鑿，芝加哥等美國中西部處女地上拔地而起的大城市，洶湧的移民潮等等。這是一齣歐洲和北美強權主演的戲劇，世界被踩在它們足下。但是剝削這個業已臣服之世界的人，卻是那些衣著樸素的冷靜之士。他們在建設煤氣廠、鐵路和提供貸款時，也展現出令人尊敬的特質和民族優越感。不過人數很少的冒險家和拓荒者不屬此列。

這段歷史也是一場**進步**的戲劇(進步是這個時代的關鍵字)：波瀾壯闊、開明進步，對自己充滿信心，也感到滿足，最重要的是這一切都是必然的。西方世界一切擁有權勢的人，幾乎沒有一個希望阻擋時代的前進。只有幾個思想家和也許人數稍多一些的評論家憑直覺感到，進步是不可避免的，但它產生的世界可能與預期的世界很不一樣，也許會南轅北轍，背道而馳。沒有人認爲時代會馬上逆轉。馬克思也不認爲會逆轉。他預見到一八四八年的社會革命，預見到此後十年形勢的發展，到了一八六〇年代，他認爲革命是長期的。

「進步的戲劇」是個隱喻說法，但是對下列兩種人來說這也是毫不誇張的現實。一種是資本主義世界裏的千百萬窮人，他們穿過邊境，遠涉重洋，前往一個陌生地方，對他們來說這意味著生活起了翻天覆地的變化；另一種則是資本主義世界以外的各國人民，他們已被資本主義世界打垮，已被資本主義世界控制，對他們來說，這意味著需要在下列兩種命運之間進行選擇：一是抱殘守缺，爲維護他們的傳統和習俗而進行注定失敗的抵抗；一是奪取西方武器，以其人之道還治其人，了解並掌握西方的「進步」。十九世紀第三個二十五年裏有勝利者，有受害者。它的戲劇性在於出現了進退維谷的尷尬處境，不是勝利者的尷尬，而主要是受害者的困惑。

歷史學家不可能非常客觀地看待他所研究的歷史時期。史家的專業知識使他們無法同意最具代表性的意識形態理論家的見解：即認爲由於技術、「實證科學」以及社會方面的進步，人們已可用自然科學家無可辯駁的公正態度來審視他們的現在，他們認爲他們了解自然科學家的方法（差矣！）。本書作者無意掩飾自己對本書所述年代的某些厭惡，甚至某種鄙夷，但由於敬佩這個時代所取得的巨大物質成就，由於竭力想去理解自己所不喜歡的事物，因而稍有緩和。許多人喜歡從危機層出不窮的二十世紀西方世界來看待十九世紀中期的資產階級世界，覺得那時一切都是信心十足，一切都是肯定無疑。作者對這種「想當年」的懷舊病不敢苟同。作者倒是同情一世紀前遭人冷落的那群人。無論怎麼說，「信心十足」、「肯定無疑」云云都是錯誤的。資產階級的勝利是短暫的，不是永久性的。正當資產階級看似要完成之際，卻恰恰證明自己並非統一的整體，而是四分五裂。一八七〇年代初期，經濟發展和自由主義勝利看來是不可阻擋的，但到一八七〇年代末期，卻已不再一帆風順。

這個轉折點標誌著本書所論時代的結束。不同於一八四八年革命（這是本書的時代起點），這個時代的結束沒有一個合適的、全球性的具體日子可作標誌。如果定要找個具體時間，就推一八七三年吧。這一年之於維多利亞時期，就好比華爾街股市暴跌的一九二九年之於二十世紀一般，因爲那年開始了當時一位觀察家稱之爲「工業、商業和貿易都出現了最奇怪的、在許多方面堪稱空前的混亂和蕭條」，當時的觀察家稱此爲「大蕭條」(Great Depression)，大蕭條的時間一般認爲是一八七三至一八九六年。

最值得注意的特色(上面這位觀察家寫道)是它是的普遍性。它既影響到牽涉進戰爭的國家，也影響到維持住國內和平的國家；影響到擁有穩定通貨的國家，也影響到通貨不穩定的國家……；影響到奉行自由交易制度的國家，也影響到其交易多少受到限制的國家。它在像英國和德國這樣的古老社會當中是令人嘆息的，在代表新社會的澳洲、南非和加利福尼亞也是如此。對於貧瘠的紐芬蘭和拉布拉多(Labrado)居民而言，它是難以承受的災難；對於陽光燦爛、蔗田肥沃的東、西印度群島居民而言，也是難以承受的災難。同時它也沒有使居於世界交易中心的人更爲富有，然而通常在商業波動最劇和最不穩定的時刻，他們的獲利也最大。❹

這位傑出的北美人士撰寫上述這番話的那年，正是勞工與社會主義者國際(Labour and Socialist International)在馬克思鼓勵下成立的那一年。大蕭條帶來了一個新時代，所以大蕭條也可作爲舊時代結束的恰當時間。

註釋

❶ See J. Dubois, *Le Vocabulaire politique et social en France de 1869 à 1872* (Paris 1963).

❷ D. A. Wells, *Recent Economic Changes* (New York 1889), p.1.

第一篇＝前　奏

第一章 民族的春天

請非常認眞地閱讀報紙——現在的報紙値得一讀……這場革命將改變地球的面貌——這是應當的，也是必然的！——革命萬歲！

——詩人韋爾特(G. Weerth)寫給母親的信，一八四八年三月十一日❶

眞的，如果我年輕一些、富有一點，我肯定會移居美國。這並不是因爲膽小怯懦——因爲當前的形勢對我本人不會有任何壞處，正像我也不會有害於別人一樣——而是由於這裏道德敗壞，用莎士比亞的話來形容，已經腐敗透頂。

——詩人艾興多夫(Eichendorff)寫給一個通信者的信，一八四九年八月一日❷

1

一八四八年初，傑出的法國政治思想家托克維爾（Alexis de Tocqueville）在眾議院（Chamber of Deputies）中起而陳言，發表了大多數歐洲人共持的看法：「我們正睡在一座將要爆發的火山上……你們沒見到大地正在抖動嗎？一場革命的風暴已經颳起，我們已經可以看到它的到來。」大約在此同時，兩個日耳曼流亡者，三十歲的馬克思和二十八歲的恩格斯，正在宣布無產階級革命的原則——這正是托克維爾提醒他的同僚們去阻止的事。馬克思和恩格斯在幾個星期以前，接受德國共產主義者聯盟（German Communist League）的委託起草了一份文件，並於一八四八年二月二十四日前後，用德文在倫敦匿名出版，書名為《共產黨宣言》（*Manifesto of the Communist Party*），並聲明「將用英文、法文、德文、義大利文、法蘭德斯文（Flemish）和丹麥文出版」（實際上，在當年也翻成了波蘭文和瑞典文，但持平而論，在一八七〇年代初期之前，除日耳曼革命者的小圈子外，它的政治反響不大）。幾個星期之內，實際上對於《共產黨宣言》來說只是幾個小時之內，預言者的希望和擔心似乎即將實現。法國的王朝被起義者推翻，共和國隨之宣布成立，歐洲革命已經開始。

在世界近代史上發生過許多大革命，並且確實有許多比一八四八年革命更為成功。然而，卻沒有一個比這場革命傳播地更快、更廣泛。這場革命像野火春風一般越過邊界、國界甚至海洋。在法蘭西這個歐洲革命的天然中心和引爆點中（見《革命的年代》第六章），二月二十四日宣布共和國成立。到三月二日，革命的火焰已經在日耳曼西南部燃起，三月到達巴伐利亞(Bavaria)，三月十一日到達柏林，三月十三日到達維也納，並迅即延燒至匈牙利，三月十八日到達米蘭，亦即蔓延至義大利(一場自發的暴動已經控制了西西里)。當其時也，即使是最快的傳播媒介(羅思柴爾德(Rothschild)銀行)也得要五天才能把消息從巴黎傳到維也納。然而不過幾個星期的時間，在當今歐洲十個國家的全部或部分地域內(包括法國，西德，東德，奧地利，義大利，捷克斯洛伐克，匈牙利，波蘭部分地區，南斯拉夫和羅馬尼亞。這場革命的政治影響在比利時、瑞士和丹麥也算相當嚴重)，沒有一個政府能倖免於垮台的命運，而其他地區也經歷大小不一的動盪。此外，一八四八年革命是第一次潛在意義上的全球革命，其直接影響可以在伯南布哥(Pernambuco,巴西)一八四八年起義和幾年以後遙遠的哥倫比亞起義中看到。從某種意義上來說，這場革命是「世界革命」的模範，是造反者夢寐以求的目標；並且在日後幾次罕見的時刻裏，如大戰之後的動盪，造反者認爲他們已看到這種形式的革命。實際上，與其相同的大陸革命或世界革命是極其罕見的。在歐洲大陸，一八四八年革命是唯一一場既影響「先進」地區也影響落後地區的革命。它是這類革命中傳播最廣卻也最不成功的一個。離爆發之日才短短六個月後，它在各地的普遍失敗已經一目了然，十八個月後，除了一個例外之外，被它推翻的所有政權全都復辟，而這唯一的例外(法蘭西共和國)，也盡可能的遠離起義者，儘管這個共和國是靠革命起家的。

正是基於上述原因，一八四八年革命在本書中被置於特殊地位。如果不是發生了這場革命，如果不是害怕再次發生這樣的革命，其後二十五年的歐洲歷史或許會截然不同。一八四八年根本不是

「歐洲人錯過轉折的轉折點」。歐洲人錯過的是沒有以革命的方式轉折。正是由於歐洲沒有以革命的方式轉折，發生這場革命的一八四八年，遂成爲孤立無序的年代，它像一首序曲，而不是主劇，就像一扇門戶，要踏入其中才知其究竟，否則，光從它的建築風格是料想不到我們實際深入其中所將見到的景象。

2

革命在歐洲大陸最重要的心臟地區獲得勝利，但在其周邊地帶卻未聞凱歌。這些地帶或太遙遠，或太偏僻，它們在歷史上絲毫沒有受到過直接或間接的影響（例如伊比利半島、瑞典和希臘）；要不便是太落後，尚未形成足以在革命地區引燃政治暴動的社會階層（如俄羅斯和鄂圖曼帝國）；但其中也包括僅有的幾個已經工業化的國家，如英國和比利時，它們的政治運動已經採取其他不同的形式進行了。（波蘭也是一個。波蘭自從一七九六年起就被俄國、奧地利和普魯士瓜分。若不是由於占領它的俄國和奧地利統治者成功地動員其農民起來反對其革命的貴族鄉紳，波蘭本來是會參加革命的。）然而，爆發革命的地區實際上涵括法國、日耳曼邦聯、深入東南歐的奧地利帝國和義大利，這些地方之間的差異也是相當懸殊的；既有落後且與眾不同的卡拉布里亞（Calabria）和外西凡尼亞（Transylvania），也有已開發的萊茵地區（Rhineland）和薩克森（Saxony）；既有已開化的普魯士，也有未開化的西西里；有些地區相距甚遠，如北日耳曼基爾（Kiel）和西西里的巴勒摩之間，又如法國西南的佩皮南（Perpignan）和羅馬尼亞的布加勒斯特(Bucharest)之間。它們大多都可粗略地稱作專制王朝或侯國，而法國已經是一個立憲王國，實際上更是一個資產階級王國。歐陸唯一一個稱得上共和國的是瑞士邦聯(Swiss Confederation)，它在一八四七年底爆發了小規模內戰，爲這場革命打了頭陣。在受到革命衝擊的國家之中，論其人口的多寡，有三千五百萬人的法國，也有日耳曼境內如彈丸大小的君主國，這些君主國只有幾千居民；論其地位高低，更是相差懸殊，有獨立的世界大國，也有受外國統治的君主國和附庸國；論其結構，有中央集權和統一的國家，也有鬆散的集合體。

特別明顯的是，歷史——社會和經濟結構——和政治將爆發革命的地區分爲兩個部分，這兩個部分的兩個極端之間看起來幾乎不具共同之處。它們的社會結構根本不同，只有一點是相同的，那就是鄉村人比城鎮人更多、小鎮人比大城人更普遍，這項事實很容易被忽略，因爲城鎮居民特別是大城市居民，他們在政治活動中的表現異常突出❸。(出席日耳曼「預備會議」的萊茵地區代表中，有大城市代表四十五人，小城鎮代表二十四人，鄉村代表只有十人，然而百分之七十三的人口卻在鄉村生活。)在西歐，農民大部分獲得了自由，大地主相對較少；在東歐的大部分地區，農民還是農奴，而土地所有權仍高度集中在貴族地主手中(見第十章)。在西歐，「中產階級」意指當地的銀行家、商人、有資本的企業家，以及那些從事「自由職業」和擔任高級官吏的人(包括教授)，儘管他們當中有一些自認屬於上層社會，可以和擁有土地的貴族一比高低，至少在消費方面如此。在東歐，與西歐中產階級地位相同者，大都是外來的少數民族，他們有別於當地居民，如日耳曼人和猶太人，不論如何他們總是極少數。眞正的「中產階級」是受過教育且具經營頭腦的鄉紳和小貴族，這一階層的數量在某些地區出人意料的大。北起普魯士，南至義大利中北部的中心地區，可說是革命的核心區，這一地區在許多方面都兼有「已開發」和落後地區的雙重特點。

在政治上，這一革命地帶同樣是參差不齊的。除法國而外，他們的問題不僅是政治和社會方面的問題，而且是國家的形式，甚至國家的存在問題。日耳曼諸邦力圖建立一個「日耳曼」——是統一的還是聯邦的？——以囊括日耳曼境內形形色色不同面積、各具特點的君主國。同樣，義大利人試圖把奧地利首相梅特涅(Metternich)輕蔑、但卻很恰當地稱之為「僅僅是個地理名詞」的地方，弄成一個統一的義大利國家。二者帶著慣有的民族主義偏見，將那些不是、或自認為不是日耳曼或義大利人的民族(例如捷克人)，也劃歸到他們的建國計畫當中。除了法國之外，日耳曼、義大利，以及實際上所有與革命有關的民族運動，都發現他們在反對多民族的哈布斯堡龐大帝國之時，不知所措。在這個帝國裏面，居住了日耳曼人和義大利人，也居住著捷克人、匈牙利人、大部分波蘭人、羅馬尼亞人、南斯拉夫人及其他斯拉夫人。其中一些民族，至少他們的政治代言人，認為與其被某些擴張成性的民族吞併，如日耳曼或馬札兒人，帝國的存在也許不失為解決民族問題的好方法。據說捷克的代言人帕拉茨基(Palacky)教授曾說過：「如果奧地利不存在，那就必須造一個出來。」因而整個革命地區的政治運動，是沿著不同的方向同時進行的。

激進主義者開誠布公地提出了一個簡單的解決方案：在所有王國和侯國的廢墟上，建立一個統一的中央集權民主共和國，不管是叫德意志、義大利、匈牙利或其他任何稱謂都好，並遵循法國大革命的三項原則，升起三色旗。三色旗通常象徵著法國模式，是民族旗幟的基本形式(見《革命的年代》第六章)。另一方面,溫和主義者則出於多種考慮,態度比較含糊,要求也複雜多樣,實際上卻是基於對民主的害怕,他們認爲民主無異於社會革命。在君主還沒有被群眾趕下台的地區,鼓勵群眾破壞社會秩序是不智的;在君主被群眾趕下台的地方,最好是奉勸或迫使群眾退出街頭,拆除那些明確象徵著一八四八年革命的街頭堡壘。於是,問題成了在那些雖然被革命癱瘓、但仍然沒有被趕下台的君主中,哪一個可以被敦促來支持這項大業。到底該怎樣實現一個聯邦的自由日耳曼或義大利?仿照哪種議會模式?由誰來主持?這個國家能夠既包括普魯士的國王,也包括奧地利的皇帝嗎(就像溫和主義設想的「大日耳曼」〔greater german〕那樣——切莫與激進民主主義者提出的另一概念「大德意志」〔greater-germans〕相混淆)?抑或只要建立一個「小日耳曼」,即排除奧地利?同樣,哈布斯堡帝國中的溫和主義者也正在著手制定聯邦共和國的多民族憲法,該項工作直到一九一八年帝國滅亡才告停止。在革命運動和革命戰爭爆發的地方,人們還沒有閒暇考慮憲法問題;在沒有爆發革命運動和革命戰爭的地方,如日耳曼的大多數地區,則有充足的時間制憲。由於大部分溫和自由主義者都是教授和政府職員——法蘭克福國會的代表中,百分之六十八是官吏,百分之十二屬於「具有專門知識的自由業者」——這場短命的國會爭論,遂被後人當做智者空談的笑柄。

由上可見,在研究一八四八年革命時,確實值得深入細微地分別研究各個國家、各個民族和各個地區,但這非本章所能及。儘管各個地區分具特色,但他們之間的共同之處還是相當大,這類例子很多,如各地幾乎同時發生革命,他們的命運又是如此緊密相連,他們都有著相同的情緒和舉止,懷抱一種出奇浪漫和烏托邦式的氣氛,採取了相同的節奏步伐,法國人爲形容此情此景而創造了四八年人(quarante-huitard)一詞。每一位歷史學家都可一眼識出其特徵：鬍鬚，飄揚的領巾和軍用寬邊帽，三色旗，隨處可見的街壘，以及剛開始時的自由感，無限的希望感和過於樂觀導致的不安感。這就是「民族的春天」——而且確實像春天一樣，不會久駐長在。接著我們必須簡要地看看它們的共同特點。

首先，它們全部是速勝速敗，並且多數是完全勝利和徹底失敗。在革命最初的幾個月裏，革命區域內的所有政府都被摧毀或癱瘓。這些政府實際上毫無抵抗地垮台退避。然而，才只經過相當短的時間，幾乎在所有地方，革命就失去了其爆發力，法國在四月末，發生革命的歐洲其他地方在夏天，儘管這場革命運動在維也納、匈牙利和義大利曾恢復一些反擊能力。在法國，保守勢力復活的最初標誌是四月選舉。在這次普選中，雖然只選了少數保皇主義者，但卻把大批的保守主義者送進了巴黎。這些保守主義者得以當選是靠了農民的選票，農民選民這樣做是由於缺乏政治經驗，而不是反動。滿腦子城市思想的左派，在當時還不知道如何向農民求助。(實際上，日後法國政治學者所熟知的法國鄉村「共和派」和左翼地區，在一八四九年前已經出現。當一八五一年廢除共和之際，正是這些地區——如普羅旺斯〔Provence〕——出現了最爲激烈的反抗。)第二個標誌是巴黎革命工人的孤立和失敗，革命工人在六月的革命起義中失敗。

在中歐，革命的轉折點發生在哈布斯堡軍隊獲准重組一事，當皇帝於五月出亡後，哈布斯堡軍隊的活動自由大增。在捷克和日耳曼溫和派中產階級的支持下，重組後的軍隊於六月擊潰了布拉格激進主義者，從而重新征服了帝國的核心地帶波希米亞，稍後，重新控制了北義大利。位於多瑙河岸的幾個公國曾發生一次遲到的革命，並在俄國和土耳其的入侵干涉下夭折了。

在這一年的夏季到年底之間，舊政權已在日耳曼和奧地利恢復統治，儘管在十月間必須用武力重新征服革命之火正在蔓燒的維也納，並且付出了四千多人的生命代價。此後，普魯士國王才敢鼓起勇氣對充滿反抗性的柏林人建立統治，並且沒有遇到麻煩。除了在西南部遭到某些抵抗之外，日耳曼的其他地方很快就束手就範。在充滿希望的春天所設立的日耳曼國會——恰當地說是制憲會議——以及較激進的普魯士和其他會議，都只是苟延殘喘，等著被解散。到冬天時，只有兩個地區仍然控制在革命者手中，即義大利和匈牙利的部分地區。一八四九年春，這些仍握在革命者手中的地區，再次出現了極其平常的革命動盪，接著在當年年中就被征服了。

一八四九年八月，在匈牙利人和威尼斯人投降後，革命也就結束了。除法國一地之外，所有的統治者都恢復了政權——有些甚至比從前任何時候都更加強大，如哈布斯堡帝國——革命者四處逃亡。同樣是只有法國例外，這場革命實際所帶來的制度變化以及一八四八年春天所懷有的政治和社會夢想，在其他地方也都頃刻破滅；即使是在法國，共和國也只存在了兩年半。只有一個而且是唯一一個無法更改的變化：即哈布斯堡帝國境內的農奴制度正式廢除。（概括地說，在西歐和中歐的其他地方，農奴制度和領主對農民權力的廢除係發生在法國大革命和拿破崙統治時期〔一七八九—一八一五〕，儘管在日耳曼的一些附屬地區要到一八四八年才告廢除。農奴制度在俄國和羅馬尼亞一直延續到一八六〇年代〔見第十章〕。）除了這項成就之外——應當承認這是一項重要成就——一八四八年革命在歐洲近代史上，看起來像場兼有最遠大的希望、最遼闊的地域，最快獲得勝利卻也旋即徹底失敗的革命。在某種意義上，這次革命是一場群眾運動現象，如同一八四〇年代發生於英國的憲章主義運動(Chartist Movement)。英國憲章運動的特定目的實際上已經達到，但不是以革命的方式或依照革命的要求而達到的。憲章運動的眾多要求也沒有落空，但號召群眾和推動群眾向前的力量卻完全不同於一八四八年的那些。《共產黨宣言》之所以成為一八四八年這個對世界歷史有著最深遠、最重要影響之年代的代表文件，絕非偶然。

在一八四八年的所有革命當中，都存在一些導致它們失敗的相同原因。它們是——在事實上或當時的預期中——窮苦勞動者的社會革命。所以，它們嚇跑了被它們推舉到權力顯貴地位上的溫和自由主義者——甚至一些更激進的政治人士——就像嚇跑了舊制度的支持者一樣。皮德蒙地區(Piedmont)的加富爾伯爵，這位日後的義大利統一建築師，在幾年之前(一八四六)便對這種運動的弱點有過批評：

> 倘若社會秩序眞的面臨被破壞的威脅，倘若社會秩序所依賴的偉大原則具有嚴重的危險，那麼，我們可以肯定地說，那些最激烈的社會反對派人士，以及最熱情的共和主義者，就會率先投入到保守黨陣營。❹

因此，眞正進行革命的人，無疑是那些窮苦的勞動者。是他們戰死在市區的街壘中：在柏林三月戰鬥的三百個犧牲者中，只有十五個人來自受過教育的階層，大約三十個是工匠師傅；在米蘭起義的三百五十個死亡者中，只有十二個學生、白領工人和地主❺。是他們的飢餓促使他們走上街頭示威遊行，並使之轉變成革命運動。在革命地區的西半邊，鄉村相對而言較爲安靜，只有日耳曼西南部出現了比以往更多的農民起義，而其他地區對農民起義的異常恐懼足可以使人忍受現實，儘管在像義大利南部這樣的地方，沒有人需要運用這麼多的想像力。這些地方的群眾紛紛自發地搖旗打鼓，走出家門，瓜分大地主的土地。但害怕足可以使這些地主三思而行。匈牙利議會(Hungarian Diet)在聽到詩人裴多菲(S. Petöfi，1823–49)領導了一支農奴起義軍這一訛傳之後，便做出盡早在三月十五日立即廢除農奴制度的表決，不過幾天之後，帝國政府爲了挖去革命的農民基礎，立即頒布了在加利西亞(Galicia)廢除農奴制度、在捷克廢除強制勞動和其他封建義務的法令。無疑，這是因爲「社會制度」陷入險境的緣故。

農民起義的危險性在不同的地區情況不一。農民能夠而且確實有被保守政府收買，尤其是在那些他們的領主或剝削他們的商人和高利貸者，恰巧是另一個「革命的」民族的地方，如波蘭人、匈牙利人或日耳曼人。日耳曼的中產階級，包括萊茵地區自信正在蓬勃成長中的企業者們，不可能強烈擔憂任何立即可能會出現的無產階級共產主義或無產階級政權，因爲除了科隆(Cologne)和柏林之外，無產階級共產主義運動幾乎不存在。在科隆，馬克思設立了他的總部；在柏林，共產主義者波恩(Stefan Born)組織了一次相當重要的工人階級運動。然而，正像一八四〇年以後的歐洲中產階級認爲他們在蘭開夏事件的硝煙風雨中看到了他們將來的社會問題那樣，他們也認爲他們在巴黎的街壘後面看到了另一種未來的社會問題。巴黎是革命的先驅地和輸出地。二月革命不但是「無產者」

促成的，而且是具有自覺的社會革命。其目的不僅是建立共和國，而且是要建立民主社會主義的共和國。其領導人是社會主義者和共產主義者。在其臨時建立的政府中，事實上就包括一名名副其實的工人，機械工阿爾伯特(Albert)。在革命的最初幾天，起事者還不確定是應該用三色旗好，還是該用社會主義革命的紅旗。

除了民族自治或獨立成爲問題的地方外，一八四〇年以後的溫和反對派既不要求革命，也不眞正參加革命。而且就算是有關民族問題，溫和主義者也寧願採取談判和外交的辦法，而不用對立的方式。無疑他們需要得到更多滿足，但他們更樂意尋求讓步。那些如沙皇般愚蠢無知且傲慢自大的專制主義者，遲早都得被迫讓步，那是顯而易見的；而透過國際造成的變化，遲早會被決定這類事務的「強權」寡頭們所接受。現在他們既然被窮人的力量或巴黎的模式推到革命之中，他們自然想盡可能的利用這一千載難逢的有利局勢。然而，最終，實際上經常是在一開始，他們對左翼的恐懼都會超過舊制度。從巴黎街上的寨壘剛剛建起伊始，所有的溫和主義者(像加富爾認爲的那樣，也有很多激進主義者)就存在著轉變成保守主義者的可能。當溫和主義者的觀點快速地換邊和棄守的時候，民主激進派中的不妥協者——工人——遂受到了孤立，或處於更不利的地位，因爲他們面對的是保守主義、先前的溫和主義以及舊制度的聯合，即法國人所稱的「秩序黨」(party of order)。一八四八年革命終歸失敗，其原因在於革命中的決定性對立雙方不是舊制度和聯合一致的「進步力量」，而是「秩序黨人」和「社會主義革命者」。發生關鍵性敵對衝突的場合不是二月的巴黎，而是六月的巴黎。在巴黎的六月起義中，工人們因處於孤立的地位，而被打敗並遭到屠殺。他們進行了堅決的戰鬥，視死如歸，傷亡慘重，大約一千五百人在街道戰鬥中倒下——其中大約三分之二是倒在政府那邊。富人對窮人的仇恨在此表現得非常明顯，正是這種仇恨使得失敗後的窮人有大約三千人遭到無情的屠殺，另外還有一萬二千人遭到逮捕，他們大多數被流放到阿爾及利亞的苦工營去了（巴黎二月革命約有三百七十人死亡）❻。

所以，只有在激進主義者足夠強大且與群眾運動足夠密接，能夠進而拉著溫和主義者前進或甩開他們自行起事的地方，革命才會蓬勃發展。這種形勢最可能發生在以民族解放爲關鍵問題的地方，因爲要達到民族解放的目標，需要不斷地動員廣大群眾參與。這就是爲什麼革命會在義大利、尤其是在匈牙利持續最久的緣故。（在法國，不存在民族獨立和統一問題。日耳曼民族主義者正忙於統一一些分裂的邦國，但妨礙其統一的不是外國占領，而是——除了出於狹隘的地方分裂主義的既得利益之外——普魯士和奧地利這兩個強權的態度，他們各自認爲唯有他們才能代表日耳曼。斯拉夫民族主義的願望一開始就與那些「革命的」民族相衝突，例如日耳曼人和馬札兒人，所以他們就算不實際充當反革命的支持者，也是默不作聲。甚至捷克左派也認爲哈布斯堡帝國可以保護他們免於被民族的日耳曼兼併。波蘭完全沒有參加革命。）

在義大利，溫和主義者團結在反對奧地利的皮德蒙國王身後，並且在米蘭起義後得到各小公國的支持，儘管這些小公國在心裏面仍懷有很大戒心。於是，溫和主義者帶頭對壓迫者進行戰鬥，同時又時時提防著共和主義者和社會主義者。由於義大利各邦國的軍力薄弱，皮德蒙國王的躊躇遲疑，加上，也許是最重要的，他們又拒不請求法國協助（他們認爲法國會壯大共和力量），於是遂在七月的庫斯托札(Custozza)一戰中被重組後的奧地利軍隊打得一敗塗地。（值得注意的是，偉大的共和主義者馬志尼〔G. Mazzini, 1805-72〕，儘管有著奮鬥不息的政治抱負，百折不撓，但卻反對向法國求援。）這次失敗使溫和主義者名譽掃地，民族解放的領導權轉到了激進主義者手裏。激進主義者於秋季在幾個義大利城市奪得政權，一八四九年初終於建立起一個羅馬共和國，馬志尼爲此大加宣揚。（在一個叫曼寧〔Daniele Manin, 1804-57〕的聰明律師領導下，威尼斯已經變成一個獨立的共和國。這個共和國一直堅持到一八四九年八月末才被奧地利軍隊所征服，其堅持的時間甚至比匈牙利人還要久。）激進主義者無法在軍事上抵擋奧地利，他們雖能促使皮德蒙於一八四九年再次宣戰，但奧地利軍隊還是於三月分便在諾瓦拉(Novara)一役輕而易舉地贏得勝利。更有甚者，儘管他們有決心驅逐奧地利人，統一義大利，但整體說來他們與溫和主義者同樣害怕社會革命。甚至連馬志尼也對社會主義抱持反感，反對對私有財產進行任何干涉，他僅把自己的目標限制在精神方面，儘管他對普通百姓有著無限熱情。在初遭挫敗之後，義大利人的革命壽命已經來日無多，徒然苟延時光而已。諷刺的是，在那些鎮壓義大利革命的人當中，有當時非革命的法國軍隊，這支軍隊在六月初征服了羅馬。法國人對羅馬的遠征意在重申法國在半島上的影響力，以對抗奧地利人。法國此舉的後果還有一個附帶收穫，就是贏得天主教徒的好感，而後革命時期的法國政府正需要依靠天主教的支持。

與義大利不同，匈牙利多少還算得上是政治上的統一體(「聖史蒂芬國王〔St. Stephen〕的土地」)，具有有效的憲法，具有一定程度的自治，而且還具有除了獨立之外的一切主權國家的各種要素。匈牙利的弱點在於，統治這一廣大農業地區的，絕大多數都馬札兒貴族，他們不僅管制著大平原上的馬札兒農民，而且還統治著可能占百分之六十的克羅埃西亞人、塞爾維亞人、斯洛伐克人、羅馬尼亞人和烏克蘭人，更別提為數不少的日耳曼少數民族。這些農業人口對於廢除農奴制度的革命並非不具同情，但他們卻被推到敵對那方，因為即使是布達佩斯的激進人士，大多數也不肯承認他們的民族資格，亦即他們與馬札兒人是不同的民族。同樣，他們的政治代言人也被逼至敵對那方，因為馬札兒人兇猛殘酷地施行馬札兒化政策，並吞併了直到當時還有著某種自治程度的邊區，意在形成一個中央集權且統一的馬札兒國家。設在維也納的宮廷，執行傳統「分而治之」的帝國主義政策，對各民族的運動均提供支持。於是，一支克羅埃西亞軍隊對革命的維也納和革命的匈牙利發動攻擊，這支軍隊是由南斯拉夫民族主義的先驅、作家蓋伊(Gaj)的朋友耶拉契奇(Baron Jellacic)率領的。

然而，在相當於現在的匈牙利國家版圖內，革命卻得到了馬札兒群眾的支持，其中既有民族原因，也有社會淵源。農民認為，他們的自由不是皇帝賜予的，而是來自革命的匈牙利議會。在歐洲，匈牙利是唯一在革命失敗後出現了類似農民游擊戰爭的地區，其中著名的土匪羅斯察(Sandor Rósza)還堅持了許多年。匈牙利議會分為上院和下院，上院由妥協主義或溫和主義的富豪組成，下院由激進的鄉紳和律師控制。當革命爆發時，匈牙利議會只是上書抗議，而沒採取行動。科蘇斯(Louis Kossuth, 1802-94)是一位能幹的律師、新聞撰稿人兼演說家，他將在一八四八年成為國際上最著名的革命人物。正是在他的領導下，匈牙利議會才毫不猶豫地採取這項政策。匈牙利成立了由溫和主義者和激進主義者聯合管理的政府，並得到維也納的勉強認可，所以就實質意義而言，匈牙利是一個改良過的自治國家，至少到哈布斯堡改採取征服它的立場時為止。庫斯托札戰役之後，哈布斯堡迫使匈牙利人做出選擇，或是投降，或是走上極端，尤其是在取消了匈牙利的三月改革法案並侵入這個國家之後。於是，在科蘇斯的領導下，匈牙利人破釜沉舟，決定背水一戰。一八四九年四月，他們廢黜了皇帝(但沒有正式宣布成立共和國)。在人民的支持和統帥戈爾蓋(Görgei)的領導下，匈牙利不只做到自衞禦敵，而且還曾打退奥地利軍隊。雖然他們最後還是被擊敗了，但那是因爲奥地利人在絕望之際向俄國軍隊求助的關係。向俄國求援是關鍵之舉。八月十三日，殘餘的匈牙利軍隊宣告投降——不是向奥地利投降，而是向俄國指揮官投降。在一八四八年的所有革命中，唯獨匈牙利的革命失敗既不是也不像是由於內部的軟弱和紛爭，而是被外來的優勢軍事力量所征服。當其他革命均遭鎭壓之後，要避免被征服的機會實際上等於零，這是無可爭辯的。

有其他任何選擇可避免這種全面**潰敗**嗎?幾乎可肯定地說:沒有。在捲入革命的主要社會團體中，就像我們見到的那樣，當私有財產受到威脅時，資產階級寧願保持社會秩序，而不願冒險去實現自己的全部計畫。面對「紅色」革命，溫和的自由主義者遂靠向保守主義。法國的「貴族們」，即那些負責處理法國政治事務的有錢有勢且受人尊敬的家族，立即停止了他們之間的爭執，無論是波旁家族的支持者(Bourbons)，奥爾良家族的支持者(Orléanists)，還是共和國的支持者，他們藉由新建立的「秩序黨」，形成一個全國性的階級意識。在復辟的哈布斯堡王朝中，其關鍵人物有內政大臣巴哈公爵(Alexander Bach, 1806-67)和船舶業及經濟界巨頭布魯克(K. von Bruck, 1798-1860)。前者原來是溫和自由主義反對派，後者則是的港(Trieste)這個繁華大城的要人。爲普魯士資產階級自由主義說話的萊茵地區銀行家和企業家，本來希望建立一個有限度的君主立憲制，然而為了避免出現民主普選，他們只能退而求其次地充當普魯士復辟統治的支柱。為了報答起見，復辟的保守主義政權也非常願意在經濟上、法律上，甚至文化自由上對這些經濟人做出讓步，只要不是在政治上退讓即可。就像我們將要見到的那樣，反動的一八五〇年代就經濟方面而言，是一個有系統的自由主義化時期。在一八四八至四九年間，西歐的溫和自由主義者有了兩個重要發現：其一，革命是危險的；其二，他們的一些基本要求（尤其是在經濟方面）可以不用革命手段而得到滿足。自此，資產階級不再是革命的力量。

激進的下層中產階級，沒有得到滿足的技術工匠、小店主等等，甚至農民，他們的代言人和領導者是知識分子，特別是青年知識分子和邊緣知識分子，這是一個龐大的團體。他們構成一支重要的革命力量，很少有別的政治選擇。他們一般是站在民主的左派那邊。日耳曼的左派要求舉行新的選舉，因為這些激進主義者在一八四八年後期到一八四九年前期，曾在許多地區顯示出強大的力量，儘管到那時為止，激進主義者的力量並沒有集中在大城市中，因為大城市已經被反革命者所占領。在法國，一八四九年激進的民主派獲得了二百萬張，與其相比，君主派獲得了三百萬張，溫和主義者獲得了八十萬張選票。知識分子充當激進派的活動家，儘管也許只有在維也納，才有學生的「學術團」（Academic Legion）形成實際的戰鬥突擊隊。把一八四八年稱為「知識分子的革命」是錯誤的。知識分子在這場革命中的表現，並不比他們在多半發生於較落後國家中的革命表現來得突出，在那些較為落後的國家裏面，中產階層的主體就是由受過教育和識字的人所構成——所有學校的畢業生，新聞記者，教師，官職人員。然而，毋庸置疑，知識分子仍據有突出地位：例如詩人，匈牙利的裴多菲、日耳曼的赫爾韋格（Herwegh）和費賴利格拉特（Freiligrath，他是馬克思《新萊茵報》〔*Neue Rheinische Zeitung*〕編輯部的編輯）、法國的雨果（Victor Hugo）和溫和主義者拉馬丁（Lamartin）；大學學術人員，多數集中在日耳曼（主要持溫和主義立場）（法國的教師們，儘管懷疑政府，但在七月王朝統治時仍保持沉默，在一八四八年則向「秩序黨」靠攏）；醫務人員，如普魯士的雅克比（C. G. Jacoby, 1804–51）、奧地利的費施霍夫（Adolf Fischhof, 1816–93）；科學家，如法國的芮斯派（F. V. Raspail, 1794–1878）；此外還有大批新聞記者和出版業者，其中科蘇斯在當時最有名，馬克思則將被認爲是作用最大的。

就個人而言，這類人物能夠扮演決定性的角色；然而作爲一個特定社會階層的一員，或作爲激進的小資產階級代言人，他們卻無法發揮決定的作用。「小人物們」的激進主義，表現在要求制定「一部民主的國家憲法，不管是君主立憲，還是共和立憲，並把他們的大多數選票投給了這派的代表或其農民同盟者。他們也支持民主的地方政府，因爲民主的地方政府願意讓他們掌管市政財產並擔任當時被官僚們把持的許多官職」❼。他們這樣做是發自眞誠的，即使因此發生的世俗危機會使他們痛苦不堪，因爲世俗危機一方面威脅著工匠師傅等人的傳統生活方式，另一方面會導致暫時的經濟蕭條。知識分子的激進主義並非根深柢固。它們之所以產生，主要是由於剛剛形成的資本主義社會，在一八四八年以前沒有能力爲受過教育的人提供足夠的職位，在當時，這些人的數量之大前所未有，而他們的低微報酬則與他們的雄心壯志相去甚遠。一八四八年的激進學生在一八五〇和六〇年代的境況如何呢？他們在歐陸樹立了眾所熟悉、也廣被接受的生活方式，因此在尙未「安身定業」之前，資產階級的子弟們便在政治上和性生活上放蕩不羈。而此時已有許多職位可以安置他們，尤其是在舊貴族已退出政治舞台，商業資產階級轉向金錢追逐之後，遂出現越來越廣闊的職業領域，提供給那些具有文化資歷的人。一八四二年，法國公立高中的老師仍有百分之十來自「顯貴階級」，然而到了一八七七年，已經沒有一個來自該階層。一八六八年法國培養出的中學畢業生並不比一八三〇年代多，但他們之中卻有更多人可以進入銀行界、商業圈，以及廣受歡迎的新聞業，並在一八七〇年後，當上了職業政治家❽。

此外，當面臨著紅色威脅時，甚至那些相當激進的民主主義者也退卻到只敢發表言論，他們在對「人民」的眞誠同情和對金錢財產的欲望之間舉棋不定。與資產階級自由派不同，他們並未改變立場。他們只是動搖，雖然離右翼不遠。

至於勞動貧民，他們缺少組織，欠於成熟，缺乏領導，更重要的是少了歷史機遇，所以並未在政治上提出自己的目標。他們的力量非常強大，足可以使社會革命的前景看起來眞實逼人，然而他們卻異常軟弱，所作所爲只不過是嚇唬他們的敵人。他們的勢力無與倫比且頗富戰鬥力，這當然是由於他們是飢餓群眾，集中在政治最敏感的地區——大城市，特別是首都。這也使人看不到他們潛在的一些重要弱點：首先，他們爲數不多——他們甚至在城市中也不總是多數，而城市居民在總人口中還只是少數——其次，他們在政治和意識形態上都尙未成熟。他們當中最具政治意識和最積極的階層，是前工業時期的工匠(artisan，在當時的英國係指職業雇工、技術工匠、非機械化作坊中的熟練工人等等)。他們被捲入社會革命之中，然而即使連法國雅各賓—無套褲漢(Jacobin-

Sansculotte)所具有的社會主義或共產主義意識形態，到了日耳曼，它們的整體目標也明顯溫和許多，就像共產主義出版家波恩在柏林所發現的那樣。城市中的窮人和非技術工人，以及除了英國之外的工業和礦業無產者，就整體而言，他們還不具任何完善的政治意識。在法國北部的工業地帶，及至第二共和臨終之際，甚至連共和主義都沒有多大的進展。一八四八年的里耳(Lille)和魯貝(Roubaix)，正一心一意地忙於處理他們的經濟問題，他們掀起的騷動不是反對國王和資產階級，而是指向更飢餓的比利時移民勞工。

在那些城市平民，或許還包括少數新出現的無產者支持雅各賓派、社會主義或是民主共和主義意識形態，以及——像在維也納那樣——支持學生積極分子活動的地方，他們能夠成爲一支政治力量，至少可充當暴動者。(他們參與選舉的人數還很低，且無法預測，不像貧窮的農業外移人口那般激進，如在薩克森和英國。)說來也怪，除了巴黎之外，在雅各賓的法國這種情況相當罕見，反倒是在日耳曼，馬克思的共產主義者聯盟爲極左派提供了全國性的聯絡組織。在他們影響所及的地區之外，勞動貧民的政治力量實乃微不足道。

當然，我們不應低估像一八四八年「無產者」那樣年輕不成熟的社會力量的潛在能力，因爲他們幾乎還沒有作爲一個階級的自我意識。在某種意義上，他們的革命潛力比其日後所表現的要大，這是千眞萬確的。一八四八年前那一代貧窮者的堅忍不拔以及社會危機，促使少數人相信：資本家能夠讓步，提供他們像樣的生活條件，儘管資本家仍然不願這樣做。不僅如此，他們還相信由此讓步而來的像樣生活條件，可以保持下去。年輕幼稚的工人階級剛剛從勞動貧民、獨立作坊和小商店主人之中獨立出來，正因如此，他們只把目光完全集中在經濟要求上，這幾乎是最無知和最不可靠的做法。沒有政治要求，就不會有革命，即使是最單純的社會革命。當時的社會提出了政治要求。一八四八年深得人心的目標是：「民主與社會共和國」，這既是社會方面的，也是政治方面的。工人階級的經驗使他們在社會和政治要求中加入了新穎的制度成分，這種新的制度是基於行會及合作組織的實際經驗，但他們沒有創造出像二十世紀初期俄國蘇維埃那般新穎且強有力的制度。

另一方面，在組織、意識形態和領導方面，他們也非常缺乏。甚至最原始的組織形式——行會——也不過是幾百人的團體，最多也只有幾千人。即使是工會主義運動中富有經驗的先驅團體，通常也是在革命當中才首次出現，如日耳曼的印刷行會，法國的帽商行會。有組織的社會主義和共產主義團體，其數量更是稀少，幾十個，至多幾百個。一八四八年革命，是社會主義者或者更恰當地說是共產主義者——因爲在一八四八年以前，社會主義大多是爲了建立合作式烏托邦社會的政治運動——從一開始就出現在前台上的第一次革命。在一八四八年登場的不但有科蘇斯，賴德律路蘭（A. Ledru-Rollin, 1807-74）和馬志尼，而且還有馬克思、布朗（Louis Blanc, 1811-82），以及布朗基（L. A. Blanqui, 1805-81，布朗基是頑強的反抗者，他終身被關在獄中，偶爾因革命被短暫釋放），還有巴枯寧（Bakunin），甚至包括蒲魯東（Proudhon）。但是，社會主義對它的信仰者來說指的是什麼呢？其涵義不外乎是由具有自我意識的工人階級爲了自身的渴望所建立的一種有別於資本主義的社會，這個社會是在推翻資本主義社會的基礎上建立起來的。它的敵人也沒有明確的定義。關於「工人階級」乃至「無產階級」的議論很多，但在革命期間，很少有人談及「資本主義」。

的確，就拿工人階級來說吧，究竟什麼是社會主義工人階級的政治前景呢？馬克思本人也不相信無產階級革命已列入日程表。即使在法國，「巴黎的無產大眾也還走不出資產階級共和國，除了在**理念**和**想像**之中」。「眼前最迫切的需求還不足以促使無產者要求暴力推翻資產階級，他們也無法勝此重任。」當前能夠做到的至多是建立資產階級共和國，然後未來鬥爭的實質——資產階級和無產階級的鬥爭——才會公開化，「當他們的處境變得更加難以忍受，當他們與資產階級的敵對變得更加尖銳時」❾，便會進而把其餘的中產階級與工人聯合起來。第一步是建立民主共和國，第二步是從一個未完成的資產階級革命轉變到無產階級的人民革命，最後才是建立無產階級專政，或者說「不斷革命」。馬克思可能是從布朗基處引來的這句話，反映了在一八四八年革命風暴尾聲中，兩大革命的暫時攜手。但是不像一九一七年的列寧，在一八四八年革命失敗以前，馬克思始終不曾想過要用無產階級革命代替資產階級革命；而且儘管當時構想的前景與列寧十分相近（如同恩格斯指出的：「發動一場新型的農民戰爭以支持革命」），但他不久就放棄了這種構想。西歐和中歐不會再有第二個一八四八年革命。就像他不久後認識到的那樣，工人階級會選擇另一條道路。

由此可見，一八四八年革命的湧現和爆發就像一股巨浪一樣，在它身後一無所剩，只有神祕和許諾。這場革命「本來應該是資產階級革命，但資產階級卻從革命中退卻」。各國的革命本來可以在法國的領導下互相支援，阻止或拖延舊政權的復辟，抵擋住俄國沙皇。但法國資產階級寧願本國安定，也不願冒險再次建立偉大國家（la grande nation）的豐功偉業。而且，出於同樣的原因，其他地方的溫和主義革命領袖們也不願去呼籲法國前來干涉。沒有其他的社會力量強大到足以把他們團結起來並推動他們前進，除非處於下述的特殊情況，亦即爲了民族獨立而對抗外來的政治強權，但即使在這種情況下也無濟於事，因爲民族鬥爭都是各自孤立地進行，他們的力量非常軟弱，難以抵擋舊式強權的軍事進攻。一八四八年那些偉大而傑出的人物們，在歐洲政治舞台上扮演了英雄的角色，但不過幾個月，就永遠從舞台上消失，只有加里波底例外，他在十二年後還有更輝煌的歲月。科蘇斯和馬志尼在流亡中度過了漫長的餘生，對於他們國家所贏得的自治或統一幾乎不具直接貢獻，儘管他們在各自的民族聖殿中均占有一席之地。賴德律路蘭和芮斯派永遠無緣看到像法蘭西第二共和那樣輝煌的時刻。法蘭克福國會中那些能說善辯的教授們，也返回到他們的書齋和講堂中。一八五〇年代，熱心的流亡者在倫敦城中構想過宏偉的藍圖，建立過對抗的流亡政府，但現在除了非凡罕見的人物如馬克思和恩格斯的著作之外，餘皆蕩然無存。

然而，一八四八年革命並不是沒有結果的短暫歷史插曲。假如說它所帶來的變化既非革命本意所欲，也難以用政權、法律和制度等詞彙來定義，即令如此，它仍然是意義深遠的。它標誌著傳統政治的結束，標誌著王朝時代的結束，標誌著家長式信仰的結束，至少在西歐是如此。王朝時代的統治者曾一直相信：他們的臣民(除了中產階級不滿者而外)接受甚至歡迎由神意指定的王朝來管理這個階級森嚴的不平等社會，並得到傳統宗教的認同。誠如詩人格里爾帕策(Grillparzer)所寫的諷刺詩句。這首詩很可能是針對梅特涅，但格里爾帕策絕非革命者：

這是謊言，請不要信賴他的名望。

正統者好比著名的唐吉訶德，
在眞理和事實面前，卻相信自己聰明無誤，
至死仍然相信自己的謊言。
這個年老的蠢人，他在年輕時就是個無賴，
不再能正視眼前的眞理。❿

從那以後，保守勢力、特權階級和富貴人士，必須採用新的辦法來保護自己。甚至義大利南部那些膚色黝黑、愚昧無知的農民，在一八四八年這個偉大春天也不再擁護君主專制主義，不再像他們五十年前所做的那樣。當他們向整個義大利進軍之後，便不再對「憲法」表現出敵意。社會制度的維護者不得不學習人民的政策，這是一八四八年革命所帶來的重大變革。甚至連普魯士大地主(容克〔Junker〕)那類最頑固的反革命分子，在那年也發現到他們需要能夠影響「公眾輿論」的報紙。這項觀念本身就與自由主義有關，不符合傳統的統治觀念。一八四八年普魯士極端反革命派中最有智慧的人物俾斯麥，日後曾示範了他對資本主義社會政策性質的透徹理解，以及對其技術的熟練掌握。然而，這方面最顯著的政治創制卻發生在法國。

在法國，工人階級六月革命的失敗遺留下一個強大的「秩序黨」。秩序黨能夠鎮壓社會革命運動，但無法得到群眾的大力支持，甚至沒有得到許多保守主義者的支持，保守主義者不願由於維護「秩序」，而使自己烙上溫和共和主義的顯著標記，溫和共和主義者正是當時的執政者。人民仍然處於激動的狀態，無法認同有限的選舉：直到一八五〇年，仍有為數不少的「下賤大眾」——全法約有三分之一，巴黎約有三分之二——沒有選舉權。但是，如果說一八四八年十二月法國人沒選出溫和主義者出任共和國總統，他們同樣也沒選擇激進主義者（沒有君主主義者競選）。選舉的贏家是路易拿破崙（Louis Napoleon），拿破崙大帝的姪子。他獲得了壓倒性的多數選票——七百四十萬選票中的五百五十萬張。儘管他終將被證明是一個極其狡猾的政治家，但當他在九月底進入法國時，看起來卻毫無資產，只有一個具有威望的名字和一位忠誠英國夫人的經濟支持。顯然他不是社會革命者，但也不是保守主義者。事實上，他的支持者利用他對聖西門主義（Saint-Simonianism）的興趣以及他對窮人眾所皆知的同情，使他獲得支持，但從根本上講，他能獲得競選勝利，是由於農民堅定地投票給他，他對農民喊出的口號是：「不再加稅，打倒富人，打倒共和國，皇帝萬歲！」此外，就像馬克思所寫的那樣，由於反對富人掌權的共和國，工人們紛紛投票給他，因為在工人眼裏，他意味著「罷黜卡瓦涅（Cavaignac，他鎮壓了六月起義），驅除資產階級共和主義，作廢六月的勝利」⓫。小資產階級投票給他，是由於他沒有表現出支持大資產階級的態度。

路易拿破崙的當選證明了，甚至是普選式的民主這種與革命認同的制度，也可以和社會秩序相一致。甚至普遍不滿的群眾也不一定必然選出注定將「顛覆社會」的統治者。這一經驗的深遠教訓並沒有立即被人們汲取，因為路易拿破崙本人不久就廢除了這個共和，搖身一變成為皇帝，儘管他從不曾忘記，維持他重新施行的普選制度並對其進行妥善操縱，在政治上是大有益處的。他將是第一個現代化的國家領袖——不運用簡單的軍事暴力，而是採用蠱惑宣傳和公共關係的手法。這種方法可以讓他從最頂端輕而易舉地操縱整個國家，而無須從其他地方入手。他的經驗說明，「社會秩序」不但可以打扮成贏得「左派」支持的力量，而且在公民已被動員參與政治的國家或時代，這樣做是必須的。一八四八年革命已經明確地顯示，中產階級、自由主義者、政治民主派、民族主義者，甚至工人階級，從此將永遠活躍在政治舞台之上。這場革命的失敗可能會暫時使他們離開視線，但當他們再次出現時，他們便將決定所有政治家的舉措，即使是那些對他們毫無同情的政治家。

註釋

❶ P.Goldammer (ed.), *1848, Augenzeugen der Revolution* (East Berlin 1973), p.58.

❷ Goldammer, *op.cit.*, p.666.

❸ K. Repgen, *Märzbewegung und Maiwahlen des Revolutionsjahres 1848 im Rheinland* (Bonn 1955),p.118.

❹ *Rinascità, Il 1848, Raccolta di Saggi e Testimonianze* (Rome 1948).

❺ R. Hoppe and J. Kuczynski, 'Eine...Analyse der Märzgefallenen 1848 in Berlin', *Jahrbuch für Wirtschaftsgeschichte* (1964), IV, pp. 200-76; D. Cantimori in F. Fejtö, ed., *1848-Opening of an Era* (1948).

❻ Roger Ikor, *Insurrection ouvrière de juin 1848* (Paris 1936).

❼ K. Marx and F. Engels, Address to the Communist League (March 1850) (*Werke* VII, p.247).

❽ Paul Gerbod, *La Condition universitaire en France au 19e siècle* (Paris 1965).

❾ Karl Marx, *Class Struggles in France 1848–1850* (*Werke* VII, pp.30–1).

❿ Franz Grillparzer, *Werke* (Munich 1960), I, p.137.

⓫ Marx, *Class Struggles in France* (*Werke* VII, p.44).

第二篇 發展

第二章
大繁榮

那些有力掌控和平、資本和機器的人們，利用它們來為公眾造福謀利，他們是公眾的僕人，因此當他們利用自己的資財使他人富有之際，同時也使自己致富。

——威維爾（William Whewell），一八五二年❶

一個民族並不需要運用害人的計謀，只要溫順善良，努力工作，不斷致力於自我改進，便可獲得物質上的富足。

——摘自克勒蒙菲隆（Clermont-Ferrand）《反愚昧的社會》，一八六九年❷

地球上人類居住的面積正在快速擴大。新的社群，亦即新的市場，每日都在西方新大陸向來荒蕪的地區興起，也每日都在東方舊大陸始終肥沃的島嶼上出現。

——〈菲勒頗諾斯〉，一八五〇年❸

1

在一八四九年，很少有觀察家會預料到，一八四八年竟會是西方的最後一場革命。在未來的七十年間，大多數先進國家中的自由主義、民主激進主義和民族主義，儘管不包括「社會共和主義」，他們的政治要求逐步得以實現，沒有遭遇到重大的內部動盪；而且，歐陸先進地區的社會結構已證明它們能夠抵擋二十世紀大災難的打擊，至少直到目前爲止（一九七七）是如此。其主要原因在於一八四八至一八七〇年代初期，該地區經歷了一段不尋常的經濟轉變和膨脹。這就是本章的研究課題。在這個時期，世界變成了資本主義的世界，一小部分有影響力的「先進」國家，發展成工業經濟。

這一史無前例的經濟突飛，開始於一場景氣繁榮。由於這場繁榮曾被一八四八年的事件暫時懲阻，所以顯得更加壯觀。一八四八年革命是被一場最後的、也許是最大的舊式經濟危機所引發。這種舊式危機係發生在依賴收成和季節的靠天吃飯的社會。「經濟周期」的新社會有它自己的漲落波動方式，也有它自己的現世難題。只有社會主義者直到現在還認定「經濟周期」是資本主義經濟運行的基本節奏和模式。然而，及至一八四〇年代中期，資本主義發展的不景氣與不穩定時代看來已接近尾聲，大躍進發展的時代正將開始。一八四七至四八年出現了經濟周期性的衰退，而且是嚴重的衰退。大概是由於與舊式危機巧遇，所以無異於雪上加霜。但是，從純粹的資本主義觀點來看，這只不過是一條看似不斷上漲的曲線上的一次陡跌。羅思柴爾德是一位敏感的經濟人，儘管他缺乏政治預見。他非常滿意地看待著一八四八年初的經濟形勢。最壞的「恐慌」似乎已經過去，長程的前景將是美妙的。儘管工業生產恢復得足夠快，甚至已從革命那幾月的實際癱瘓中掙脫出來，但整體形勢仍然詭譎不定。因此，我們很難把全球大繁榮的起點放在一八五〇年之前。

一八五〇年之後發生的事件是如此的反常，根本找不到先例。例如，英國的出口從未比一八五〇年後的七年間增長得更快。英國棉布——是其半個世紀多以來向海外市場滲透的先鋒——的實際成長率也超過之前的幾十年。一八五〇至六〇年間，大約成長一倍，從絕對數量上看，其成長更是驚人：在一八二〇至五〇年間，其出口額成長大約十一億碼，但在一八五〇至六〇年這十年間，出口額的增加遠超出十三億碼。棉織工人的數量在一八一九至二一年和一八四四至四六年間增加了大約十萬人，但在一八五〇年後十年裏的增長速度是其兩倍❹。我們在此所列舉的乃是龐大的舊產業，由於各地工業的迅速發展，該產業在這十年中，實際上已在歐洲市場失去買主。無論我們從哪方面著眼，都可以找到同樣的繁榮證據。一八五一至五七年間，比利時的鐵出口增加了一倍多。一八五〇年之前的二十五年間，在普魯士出現了六十七家股份公司，擁有資本總額四千五百萬塔勒（Thaler，編按：德國舊銀幣名），但在一八五一至五七的短短幾年間，便建立了一百一十五家，擁有資本總額達一億一千四百五十萬塔勒，它們幾乎全都是在一八五三至五七這段幸福年代裏湧現的❺。幾乎沒有必要羅列更多諸如此類的數據，但當時的商人們特別是公司的發起人，確實對此不遺餘力地講述和宣傳。

對於追求利潤的商人來說，這場繁榮最令他們滿意的是廉價資本與價格飛漲的結合。(經濟周期形式的）蕭條總是意味著低價格，起碼在十九世紀是這樣。繁榮通常意味著通貨膨脹。儘管如此，英國的物價水平在一八四八至五〇年和一八五七年間上升約三分之一，這個漲幅還是相當驚人的。因此，明擺在產業家、商人，尤其是公司發行人眼前的高額利潤，幾乎是不可抗拒的。在這個令人眼花撩亂的時期，巴黎信用動員銀行（credit mobilier）的資本利潤曾一度高達百分之五十[6]。信用動員銀行是一種金融公司，也是這一時期資本主義擴張的象徵（見第十二章）。而且商人並不是這段時期的唯一獲利者。就像先前已提到的那樣，就業機會如雨後春筍般出現，無論是在歐洲還是海外，大批的男女正在向海外移民（見第十一章）。歐洲最強有力的證據，就是幾乎看不到失業，一八五三至五五年間的穀物價格猛漲（即生活的主要開銷），不再致使各地出現飢餓暴動，除了一些極其落後的地區，如義大利北部（皮德蒙）和西班牙。高就業率和在必要時願意暫時提高工資的讓步，緩和了人們的不滿。但是對資本家來說，由於當時有充足的勞動力進入市場，遂使勞動力的價格更爲低廉。

這場繁榮的政治後果是意義深遠的。它爲被革命動搖的政府提供了非常寶貴的喘息時間，同時也摧滅了革命者的希望。簡而言之，政治進入了冬眠狀態。在英國，憲章主義銷聲匿跡。儘管其銷聲匿跡的時間遠比歷史學家們習慣上認爲的時間晚得多，但仍無法否認其最後的結束。瓊斯（Ernest Jones, 1818-69）是憲章主義領袖群中最堅毅不拔者，但即令是他，在一八五〇年後也放棄了重振獨立工人階級運動的企圖。他像大多數老憲章主義者一樣，與那些想要把工人組織成脅迫團體，從而向自由主義的激進左派施加壓力的人同心共事。國會改革暫時不再是英國政治家所操心的事，於是他們可以心無旁騖地忙於在複雜的國會中爭奪選票。即使是像在一八四六年贏得穀物法（Corn

Laws)廢除的中產階級激進者科布登(Cobden)和布賴特(Bright)這類人物,在當時的政壇上亦是被孤立的少數。

對於歐陸上的復辟王朝,和法國革命的意外產兒拿破崙三世的第二帝國,這段喘息時間甚至更爲重要。在這段期間,路易拿破崙得到了千眞萬確且感人至深的多數選票,爲他所謂的「民主」皇帝披上了眞實色彩。對於舊君主國和公侯國來說,擁有這段政治復甦與穩定繁榮的時間,比讓他們的王朝在政治上名正言順更重要。他們也從這段喘息時間得到財政收入,不用去徵求代議會批准徵稅或招惹其他麻煩事,至於那些政治流亡者只能在同夥之間狠命地相互攻擊,此外別無他法。就當時而言,這些君主公侯在國際事務中雖然顯得軟弱,在其國內卻相當強大。甚至在一八四九年得借助於俄國軍隊干涉才得以復辟的哈布斯堡帝國,此際也能將它的全部領土——包括桀驁不馴的匈牙利——置於統一的中央集權專制政府之下,在哈布斯堡王朝的歷史上,這是第一次也是唯一一次。

這段平靜時期由於一八五七年蕭條的出現而宣告結束。從經濟方面而言,這只是資本主義黃金時代的小間斷,到了一八六〇年代遂又重新以更大的規模繼續成長,並在一八七一至七三年間達到繁榮的頂峯。在政治上它則使形勢爲之一變,最明顯的是它使革命者的希望成爲泡影。革命者本來希望這場繁榮會促成再一次的一八四八年革命,但在懷抱這種希望的同時,他們也承認「群眾由於這段長期的繁榮而變得冷漠昏沉,令人生厭」❼。然而政治確實在復甦。在短暫的蟄伏之後,先前所有的自由政策問題再一次被搬上議事日程——義大利和日耳曼民族的統一,制憲改革,人權自由,以及其他問題。一八五一至五七年的經濟膨脹,是在政治眞空期中發生的,它延長了一八四八至四九年革命的失敗和衰竭；而一八五九年之後的經濟飛躍，卻是與激烈的政治活動同時展開。另一方面，儘管被各種外部因素所中斷，如一八六一至六五年的美國南北戰爭，然而一八六〇年代在經濟上還是相對穩定的。下一個經濟衰落期（發生在一八六六至六八年的某時，因感受和地點而異）不像一八五七至五八年那樣具有全球性，也不像一八五七至五八年那樣引人注目。簡而言之，政治在經濟的大發展時期復甦了，但不再是進行革命的政治。

2

如果歐洲還是生活在巴洛克（baroque）時代，那麼它將以壯觀的假面舞會、聖歌遊行和歌劇表演，在其統治者面前象徵性地炫耀其經濟成就和工業發展。事實上，成功的資本主義世界，有其自己的相應表達方式。資本主義在全球獲得勝利的時代，是以宏偉全新的自我慶祝儀式揭開序幕，亦即「萬國博覽會」（Great International Exhibitions），每一次展覽都在一個宏偉的紀念宮中舉行，隆重地展示其財富增加和技術進步——倫敦的水晶宮（Crystal Palace, 1851），維也納的圓頂宮（Rotunda，「比羅馬的聖彼得大教堂還要大」），每一個都展示了豐富繁多的製造品，每一個都吸引來龐大數量的國內外觀眾。在一八五一年的倫敦博覽會上，有一萬四千家廠商參展——在資本主義的老家舉行了極其隆重的典禮。在參觀的人數上，一八五五年巴黎博覽會有二萬四千人，一八六二年倫敦博覽會有二萬九千人，一八六七年巴黎博覽會有五萬人。值得自豪的是一八七六年在美國舉行的「費城百年紀念會」。這次盛會由美國總統剪綵開幕，巴西皇帝和皇后也參與盛會——頭戴王冠之人現在也習慣在工業產品面前俯首讚譽。來此參加喝采的還有當地的十三萬市民，他們是到此光顧「時代之進步」的一萬人中的首批遊客。

這種進步的原因何在？為什麼在本書所論時期經濟擴張的速度會如此可觀？這些問題應當暫時擱置。回顧十九世紀前半葉，應引起關注的是下面這項對照，即巨大且快速成長的資本主義工業化所能達到的生產能力，與其無法擴大之基礎及無由擺脫之枷鎖之間的對照。生產力可以戲劇化地成長，但卻沒有能力擴大其產品的銷售市場，擴大其積累資本的可獲利場所，更別提以相應的速度或適當的工資來創造就業機會。甚至在一八四〇年代後期，正值日耳曼工業擴張前夕，理智和機敏的日耳曼人士就認識到，無論是什麼工業化，都無法為數量龐大且日益增長的貧窮「剩餘人口」提供足夠的就業，就像他們今日對低度開發國家的看法一樣。正因為如此，一八三〇和四〇年代是一個危機時期。革命者曾希望這次危機是決定性的，甚至商人們也曾經擔心這次危機很可能會斷送他們的工業制度(見《革命的年代》第十六章)。

由於如下兩個原因，這些希望和擔心被證明是多慮的。首先，主要得感謝其自身追求資本積累的壓力，早期的工業經濟已取得了馬克思所謂的「無比成就」：鐵路。其次，而且部分是由於鐵路、汽船和電報——它們「最終代表著適合現代化生產工具的交通工具」❽——資本主義經濟的地理範圍隨著其商業交易的增加，突然成倍擴大。整個世界都變成其經濟範圍。世界的一體化也許是本書所論時期最有意義的發展(見第三章)。海因德曼(H. M. Hyndman，他是維多利亞時代的商人兼馬克思主義者，儘管在這兩方面皆不是代表性人物）在幾乎半個世紀之後回顧這段時期，他很恰當地把一八四七到五七這十年與地理大發現及哥倫布（Columbus）、達伽馬（Vasco da Gama）、寇帝茲（Cortez）和皮薩羅（Pizarro）的征服時代相比擬。儘管這十年間並未有過轟動世人的發現，而且（除少數例外）也很少有正式的新軍事征服地，但是，一個全新的經濟世界已加在舊經濟世界之上，並與其融成一體。

這項發展對於經濟前景尤具重要性，因爲它爲巨大的出口繁榮提供了基礎——無論是在商品、資本和人力上——這在其經濟擴張中發揮了很大的作用，尤其對於當時仍是資本主義主力國家的英國而言。大眾消費經濟仍然尚未出現，也許除了美國例外。國內的窮人市場，在還沒被農民和小手工業者取代之前，仍無法充當經濟發展的主要基礎（一方面，英國的棉產品出口數量是以前的三倍，另一方面，英國國內市場的棉布消費卻僅僅成長三分之二）❾。當然，在先進國家人口呈現快速成長且平均生活水準普獲提升的時代，大眾消費市場也是不可忽視的（見第十二章）。然而，市場的大幅橫向擴展是不可或缺的，無論是在消費品方面，還是在用來建設新工廠、交通事業、公共設施和城市的物資方面，也許後者更爲重要。資本主義現在已把整個世界置於自己的控制之下。而且無論在國際貿易還是在國際投資上，其熱情均不亞於其搶占國際市場時的表現。世界貿易在一八〇〇至一八四〇年間增加不到兩倍。在一八五〇至一八七〇年間，卻增加了百分之二百六十。所有可以買賣的東西都投入了市場，包括那些遭到收受國公開抵抗的物品，如鴉片。（孟加拉和馬爾瓦〔Malwa〕鴉片出口的年平均箱數，在一八四四至四九年是四萬三千箱，一八六九至七四年升至八萬七千箱❿。）從英屬印度出口到中國的鴉片數量增加兩倍之多，價值則幾乎是先前的三倍。及至一八七五年，英國的海外投資已達十億英鎊——比一八五〇年提高四分之三——而法國的國外投資在一八五〇至八〇年間躍升了十倍以上。

當代的觀察家——他們的目光盯在較不屬於經濟基本面的問題上——幾乎都會強調另一原因，也就是第三個原因：一八四八年後在加利福尼亞、澳大利亞和其他地方的黃金大發現(見第三章)。黃金這個成倍增多的世界經濟支付物，解決了許多商人認為是扯後腿的迫切難題，降低了利率，並推動了信貸業的發展。短短七年，世界黃金供應量增加了六到七倍，英國、法國和美國平均每年所發行的金幣數量從一八四八至四九年的四百九十萬英鎊到一八五〇至五六年間的每年二千八百一十萬英鎊。金銀在世界經濟中的角色直到今日仍是熱烈爭論的課題，我們不必介入這場爭論。缺少這些黃金也許不會像當時人所認為的那樣嚴重地導致經濟上的不便，因為其他的支付辦法如支票——在當時還是一種比較新穎的手段——匯票等等，不但更易普及，而且正在以相當快的速度流行。然而，新出現的黃金供應的確有三方面的益處是無可辯駁的。

第一，它們對出現於一八一〇至十九世紀末的較罕見形勢，具有決定性的推波功效，亦即那種價格持續上漲，通貨卻只輕微波動的現象。基本上，這個世紀的多數時間都是通貨緊縮的，主要是由於技術的不斷進步使得工業產品造價降低，加上新開闢的糧食和原料來源持續出現，降低了農產品的價格(儘管是時斷時續的)。長時間的通貨緊縮——即利潤微薄——對商人的損害並不嚴重，因為他們的製造和出售量很龐大。然而，一直到這個時代結束，貨幣緊縮卻對工人好處不大，這可能是因為生活必需品價格沒有下降到相應的購買水平，或是他們的收入太少不足以使他們從中顯著獲利。相對而言，通貨膨脹無疑提高了獲得利潤的機會，從而鼓勵人們經商創業。這個時期基本上是個通貨緊縮的世紀，偶爾穿插一點通貨膨脹。

第二，大批黃金有助建立以英鎊爲基礎的穩定可靠的貨幣本位制度（金本位制），少了這種本位制度，就像一九三〇年代和一九七〇年代所經歷的那樣，國際貿易會變得更困難、更複雜、更不可預測。

第三，淘金熱本身就開闢了新的地區，主要是在環太平洋地帶，並活躍了這些地區的經濟活動。在淘金過程中，他們「白手起家，開闢市場」，就像恩格斯致馬克思信中憤憤指陳的那樣。到了一八七〇年，無論是加利福尼亞、澳大利亞，還是這一新式「礦業邊疆」的其他地帶，都已成爲絕不可忽視的地方。在那些地區居住著三百萬居民，他們所擁有的現金比其他地區相同數量的居民所擁有的要多得多。

當時人當然還會強調另一原因的促進作用：私有企業的自由化。眾所公認，這是一種推動工業進步的動力。在所有刺激經濟成長的祕方當中，再沒有比經濟自由主義更能獲得經濟學家、政治家及行政官員的一致青睞。那些妨礙生產要素流動的殘存制度，以及任何有害自由經營和追求利潤的障礙，都在經濟自由主義的衝擊下全面瓦解。這項普遍清除之所以重要，是因爲其影響力不限於那些自由主義在政治上獲得勝利或占優勢的國家。我們可以說，在歐洲的復辟專制君主國和公侯國中，這項活動進行得比英國、法國和低地國家更顯著，因爲在那些地區存在著更多的障礙需要清除。行會和工團對工匠生產的控制，在日耳曼原本十分嚴重，如今卻讓位給自由貿易主義——自由創辦和經營任何行業。這項發展在奧地利出現於一八五九年，在日耳曼大部分地區則於一八六〇年後的第一個五年間實現。自由主義的完全確立，是在北日耳曼聯邦(North German Federation, 1869)和德意志帝國時期。然而此舉卻招致很多工匠不滿，他們因而逐漸敵視自由主義，並在日後成爲一八七〇年代右翼運動的支持者。瑞典在一八四六年就廢除了行會，於一八六四年建立完全的自由經濟；丹麥在一八四九年和一八五七年廢除了舊的行會立法；俄國大多數地區從來就不曾存在行會制度，但它還是取締了波羅的海地區一個(日耳曼)城鎮中的最後一個行會痕跡(一八六六)。不過基於政治原因，俄國仍然繼續限制猶太人只能在特定的聚居區從事商業貿易。

從立法上對中世紀和重商主義時期進行清算，並不只限於技藝行會。反對高利貸的法律本來早已是一紙空文，英國、荷蘭、比利時以及北日耳曼更在一八五四至六七年間正式廢止。政府對採礦業的嚴格控制——包括礦山的實際開採——也逐漸開放，普魯士便在一八五一至六五年間廢除限制，因此任何企業家現在都有權開採他所發現的任何礦物(須獲得政府許可)，並且可以採取他認爲合適的生產方式。同樣，組建商業公司(尤其是股份有限公司或類似組織)現在變得更容易，同時也擺脫了官僚控制。在這方面英國和法國領先一步，德國直到一八七〇年後才建立公司註册制度。商業法律也被修改得適合於普遍看好的商業發展狀況。

但是在某方面，最引人注目的發展趨勢是朝著完全的貿易自由邁進。誠然，只有英國(一八四六年後)完全放棄保護主義，保留關稅——至少在理論上——只是爲了財政利益。然而，除了消除或減少國際水上航道的限制(如多瑙河〔一八五七〕和丹麥與瑞典之間的松德〔Sound〕海峽)和設立大金融區（如一八六五年成立的法國、比利時、瑞士和義大利拉丁貨幣聯盟〔Latin Monetary Union〕）以簡化國際間的貨幣制度之外，一八六〇年代還出現了一系列的「自由貿易條約」，在實質上拆除了主要工業國家之間的關稅壁壘。甚至俄國（一八六三）和西班牙（一八六八）也在某種程度上加入了這一運動。只有美國仍然是保護主義的堡壘，因爲美國工業依賴一個受到保護的國內市場，並且幾乎不需要進口；但即使在美國，一八七〇年代初期也有適度的改善。

我們甚至可以再做更進一步的探討。直到那時爲止，甚至最大膽最無情的資本主義經濟，在完全依賴自由市場方面也躊躇卻步，儘管理論上他們應當這樣做，特別是在雇主和工人的關係上。然而即使在這一敏感領域，非經濟性的強制措施也取消了。在英國，「主僕法」遭到修改，建立了雙方當事人皆可片面終止契約的對等關係；北英格蘭礦主的「一年契約」被廢除，代之以標準的契約，這種契約可由單方（工人）隨時通知對方宣布解除。乍看之下這種發展頗令人驚訝，在一八六七至七五年間，限制工會和罷工權利的重要法令，幾乎沒有遇到任何麻煩便遭全面廢止（見第六章）。其他多數國家還是不願把這種自由交給勞工組織，儘管拿破崙三世相當大程度地放鬆了對工會組織的法律禁止。但是，在先進國家中，整體形勢現在傾向於像日耳曼一八六九年商業法規所說的那樣：「那些單獨從事貿易或商業之雇主與其所雇店員和徒工之間的關係，是由自由契約決定的。」只有市場能支配勞動力的買和賣，就像支配其他東西一樣。

無疑，這種全面自由化刺激了私有企業發展，其中商業的自由化則助長了經濟擴張。但是我們不應忘記，大多數形式上的自由化是不必要的。某些國際流動自由即使在今天也是受控制的，特別是資本和勞力的流動，但在一八四八年時不然，那時的先進國家認爲移民的自由流動是理所當然的，根本不需討論（見第十一章）。另一方面，對於十九世紀中期單純固守「自由化將帶來經濟發展」信條的人來說，什麼樣的制度和法律變更會促進或阻撓經濟成長是太過複雜的問題。在英國，大繁榮時代甚至在一八四六年「穀物法」廢除之前已經開始。不可否認，自由化帶來各式各樣的積極結果。例如在廢除松德海峽的關稅之後（一八五七），哥本哈根發展得比以往更爲迅速。在此之前，松德海峽關稅一直阻礙著船隻進入波羅的海。但全球性的自由化運動究竟是經濟膨脹的原因、附加物，或結果？其程度如何？這些問題還有待探討。只有一點可以確定，那就是：當推動資本主義發展的其他基礎欠缺之時，單憑資本主義本身是無法取得多大成就。沒有比新格拉那達共和國（Republic of New Granada，哥倫比亞）在一八四八至五四年間的自由化腳步更快的國家了，但是誰會說該國政治領袖想望的繁榮富強已立即或全部實現了呢？

但是，在歐洲，這些變化使得人們對經濟自由主義深信不疑，充滿期望。這似乎是有道理的，至少對那一代人而言是如此。就單一國家來說，這是不足爲奇的，因爲自由化的資本主義企業在每個國家都明顯表現出繁榮昌盛。就算讓工人擁有自由訂立契約的權利，包括容忍那些強大到足以靠工人的磋商權而建立的工會組織，都不會對賺取利潤構成威脅，因爲「勞動後備大軍」（如馬克思所稱）看來可以把工資維持在令人滿意的低水平上（見第十一章和十二章）。這些勞動後備大軍主要是鄉村百姓、從前的工匠，和其他湧入城市及工業區的群眾。乍看之下，國際自由貿易受到如此垂青，難免教人吃驚，但英國除外。對英國人來說，首先，國際自由貿易意味著他們得以自由在世界上的所有市場中出售更廉價的商品；其次，英國能迫使低開發國家把自己的產品——主要是食品和原料——以低廉的價格大量賣給英國，並用得來的錢購買英國的工業產品。

但是爲什麼英國的對手們(除美國)會接受這麼明顯的不利做法呢？(對於低開發國家來說，由於他們不具工業競爭能力，國際自由貿易當然是有吸引力的。例如，美國南部各州相當樂意保有英國這個可以無限制銷售其棉花的市場，所以強烈堅持自由貿易，直到被北方征服爲止。)較過分的說法是：國際自由貿易之所以獲得進展，是因爲在這一短暫時刻，自由化的烏托邦令人衷心誠服，即使政府亦然，且他們深信這是歷史發展的必然趨勢，儘管毋庸置疑，國際自由貿易的形成也深受經濟要求的影響，而且經濟要求似乎具有自然法則般的力量。然而，理智信念很少能比得上切身利益。事實是，大多數工業經濟在這段時期都從自由貿易中發現兩個有利之處。第一，經濟在這段期間的普遍成長，與一八四

英國鐵路鋼鐵及機器出口量⓫ 單位：千噸

	鐵路鋼鐵	機器	
1845 - 49	1,291	4.9	(1860 - 50)
1850 - 54	2,846	8.6	
1856 - 60	2,333	17.7	
1861 - 65	2,067	22.7	
1866 - 70	3,809	24.9	
1871 - 75	4,040	44.1	

〇年代相比確實非常壯觀，所有國家皆從中受惠，儘管英國受惠尤甚。無論是大量不受限制的出口貿易，還是大批毫無阻礙的食品原料供應，包括必要的進口供應，當然都是令人愉快的。即使某些特殊的利益會因此受損，但自由化還是會帶來其他利益。第二，不管資本主義各國將來的經濟對立情況如何，在工業化的這個階段，能夠取得英國的設備、資源和技術，顯然是對自己有幫助的。從右表便可看出：英國鐵路鋼鐵機器的大量出口，不但不會抑制其他國家的工業化，反而有所助益。

3

就是這樣，資本主義經濟同時得到（並非偶然巧合）多方面極其強有力的刺激。其結果是什麼呢？衡量經濟擴張最便利的辦法是統計數字，而十九世紀最常用的衡量標準是蒸汽動力（因爲蒸汽機是動力的典型形式），而且多半是煤炭和鋼鐵的相關產品。顯而易見，十九世紀中期是煙與汽的時代。煤產量早已以百萬噸計算，但現在個別國家逐漸採用千萬噸計算，而世界的產量則採用萬萬噸計算。其中大約有一半——在本書所論時期初始比例更高——來自舉世無雙的產煤大國，即英國。一八三〇年代，英國鐵產量已達到幾百萬噸的龐大數字（一八五〇年約二百五十萬噸），遠非他處可及。但是到了一八七〇年，法國、德國和美國也各自生產出一百萬到二百萬噸不等，儘管英國這個「世界工廠」還是遙遙領先，幾乎年產六百萬噸，或者說是世界產量的一半。在這二十年間，世界煤產量大約增加了兩倍半，世界鐵產量大約上升了四倍。而蒸汽動力卻增加了四倍半，從一八五〇年的四百萬匹馬力，上升到一八七〇年的大約一千八百五十萬匹馬力。

上述粗略數據充其量只不過說明了工業化正在向前推進。然而更重要的是，朝工業化邁進的現象在地理範圍上極其廣闊，儘管各地的情形極不平衡。鐵路及汽船的廣布，如今已將機械動力引進各個大陸以及那些欠缺機械便無法工業化的國家。鐵路的到來(見第三章)本身就是一場革命的象徵和成就，因爲將整個地球鑄成一個相互作用影響的經濟體，從許多方面而言都是工業化最深遠且當然是最壯觀的一面。但是「定置蒸汽機」(fixed engine)本身在工廠、礦山和鑄造應用上也有長足進展。在瑞士，一八五〇年只有三十四個這樣的蒸汽機，但是到一八七〇年幾乎增加到一千個；在奧地利，其數量從六百七十一個(一八五二)增加到九千一百六十個(一八七五)，而馬力也加大十五倍之多(比較起來，葡萄牙這個歐洲眞正的落後國家，到了一八七三年也只有七十個蒸汽機，合一千二百匹馬力)。荷蘭的蒸汽動力總數則上升了十三倍。

有少數工業地區以及如瑞典這樣的歐洲工業經濟，尙未開始大規模工業化。但最突出的現象，是各個主要地區的不平衡發展。在本書所論時期，英國和比利時是僅有的兩個工業蓬勃發展的國家，以每人平均質而言，也是最高度工業化的國家。其居民每人平均的鐵消費量在一八五〇年分別是一百七十磅和九十磅，相對而言，美國五十六磅，法國三十七磅，日耳曼二十七磅。比利時的經濟雖小，但卻非常重要，一八七三年時，它的鐵產量仍達其強鄰法國的一半。英國當然是卓越的工業大國，而且就像我們前面所見，它也在努力保持這一相對地位，儘管應用於生產的蒸汽動力開始嚴重的落後。英國在一八五〇年仍然占有全球蒸汽機動力總數(定置蒸汽機)的三分之一以上，但是到了一八七〇年已不及四分之一，即占總數四百一十萬匹馬力中的九十萬匹。就純數量而言，美國在一八五〇年已比英國略多，到了一八七〇年更將英國遠遠拋在後面，其蒸汽動力已經是英國的兩倍多。美國的工業擴張儘管超乎尋常，但與日耳曼相比還是稍有遜色。日耳曼的定置蒸汽動力在一八五〇年還是極其一般的，總數或許只有四萬匹馬力，遠不及英國的百分之十。但是到一八七〇年，已達到九十萬匹馬力，大約和英國相等，當然遠遠超出法國。法國的蒸汽動力在一八五〇年時還算是比較大的(六萬七千匹馬力)，但到一八七〇年只勉強達到三十四萬一千匹馬力——不到小國比利時的兩倍。

日耳曼工業化是非常重要的歷史事件。除了具有經濟上的重要作用外，其政治意義也十分深遠。一八五〇年時，日耳曼聯邦與法國的人口數大體一樣，但工業生產能力卻差了非常多。到一八七一年，統一的德意志帝國已經擁有比法國多得多的人口，但工業上的超前情況更甚。由於政治和軍事力量如今也逐漸變成以工業生產能力、技術力量和專業知識爲基礎，工業發展所帶來的政治後果遂比以往更重要。一八六〇年代的戰爭就說明了這一點(見第四章)。從那以後，沒有強大的工業，任何國家都無法在「強權」俱樂部中保住其地位。

這個時代的特有產品是鐵和煤，而其最具代表性的象徵是鐵路，鐵路把兩者結合起來。紡織工業是工業化第一階段最典型的產物，相對來說進展不大。一八五〇年代的棉花消費大約比一八四〇年代高出百分之六十，一八六〇年代變化不大(因爲受到美國內戰的干擾)，一八七〇年代則增加大約百分之五十。羊毛生產在一八七〇年代大約是一八四〇年代的兩倍。但是煤和生鐵產量約是原來的五倍，同時鋼鐵的大量生產已成爲可能。實際上，鐵、鋼工業上的技術改進在這一時期所扮演的角色，適相當於前一個時代的紡織工業。在一八五〇年代的歐陸，煤已取代木炭成爲冶煉的主要燃料。各地都有新的冶煉法——貝塞麥轉爐(Bessemer converter, 1856)、西門子—馬丁開灶爐(Siemens-Martin open hearth furnace, 1864)——可煉出廉價的鋼，廉價鋼在日後幾乎代替了熟鐵。但是，其重要性要到未來才看得到。一八七〇年，在日耳曼生產的成鐵只有百分之十五煉成鋼，比英國少百分之十。這個時期還不是鋼的時代，也還沒進入鋼製武器的軍備時代，鋼鐵軍備將大量刺激鋼的生產。這時仍屬於鐵的時代。

儘管未來的技術變革已明顯可期，但新式「重工業」也許除了數量增加之外，尚不見特殊的技術變革。就全球而言，工業革命在一八七〇年以前仍然是憑藉一七六〇至一八四〇年的技術革新，憑藉當時所創造的推力向前邁進。可是，在十九世紀中期的數十年裏，確實發展出兩種極具革命性的技術工業：化學和(與通信相關的)電學。

除少數例外，工業革命第一階段的主要技術發明，並不需要多高深的科學知識。英國在這方面得天獨厚，因爲它擁有經驗豐富且富有常識之人，如偉大的鐵路建造者斯蒂芬生(George Stephenson)。但從十九世紀中期以後，情況逐漸發生變化。電報的發明係與理論科學密不可分，必須利用倫敦的惠斯通(C. Wheatstone, 1802-75)和格拉斯哥的湯普森(William Thompson, 1824-1907)等人的研究成果。人造顏料工業則是大量化學合成的成就，儘管其第一批產品(淡紫色)在色彩上並未受到普遍歡迎，但已從實驗室進入工廠階段。炸藥和照相也是如此。至少煉鋼這項重要革新是出自高等教育者，即基克里斯特—托馬斯(Gilchrist-Thomas)「基本」處理法。就像凡爾納(Jules Verne, 1828-1905)小說中所描寫的那樣，教授成爲比以往更爲突出的工業界人物：法國釀酒商不就是求助於偉大的生物化學家巴斯德(L. Pasteur, 1822-95)爲他們解決難題嗎？此外，研究實驗室如今已成爲工業發展不可或缺的部門。在歐洲，實驗室仍然附屬在大學或類似的機構中——耶納(Jena)的阿貝(Ernst Abbe)實驗室已經發展成著名的蔡斯(Zeiss)工廠——但在美國，以電報公司爲先導，純粹的商業實驗室已經出現。不久，它就將因愛迪生(Alva Edison, 1847-1931)而聞名於世。

科學研究滲透進工業的重要後果，是此後教育機構在工業發展上越來越具關鍵性。英國和比利時這兩個工業革命第一階段的先驅者，並不是文化最發達的國家，而且他們的技術和高等教育制度也離傑出還有一段距離(如果不包括蘇格蘭的話)。然而從這個時期開始，對一個國家來說，無論是缺少大眾教育還是缺少相應的高等教育機構，要想成爲「現代」經濟國家都幾乎是不可能的；反之，貧窮和落後的國家，只要具有完善的教育制度，就很容易發展起來，如瑞典。

對於以科學爲基礎的技術，無論是經濟方面還是軍事方面，完善的初等教育具有顯而易見的實用價值。舉例而言，在一八七〇至七一年，普魯士之所以能夠打敗法國，有很大一部分原因是由於普魯士的士兵文化程度普遍比法國高。另一方面，在更高的層次上，經濟發展需要的並非科學的原創與詭辯，而是如何支配和使用，換句話說，是「發展」而非研究。拿劍橋和巴黎綜合工科學校的標準來衡量，美國的大學和科學研究機構並不突出，但它們在經濟方面的表現卻優於英國，因爲它們實際上提供了培育工程技術人員的系統教育，這些機構在英國尚不存在(一八九八年之前，步入英國技工這行業的唯一辦法是經由學徒制度)。美國在這方面也強過法國，因為美國培育出大批具有相當程度的工程技術人員，而不是只培養少數優秀的知識分子和受過良好教育的人才。日耳曼在這方面係依靠他們良好的中等學校，而非大學。一八五〇年代，日耳曼在六年制中學(Realschule)教育方面走在時代尖端，這是一種傾向技術教育的非古典學校。一八六七年，當萊茵地區「受過教育」的工業家被請求捐助波昂大學五十周年慶時，在十四個工業城市中，除一個之外，幾乎所有收到請求的城市全部拒絕，因為這些「傑出的地方工業家並未在大學受過高等教育，而且直至當時也沒有讓他們的子女接受這種教育」⑫。

但是，技術當然是以科學研究為基礎，而且非常顯著的是，少數科學先驅者的革新很快就會被廣泛接受，只要那些研究能轉化到機械運用上。於是通常只產在歐洲以外地區的新式原料，遂取得了重要地位，不過這要到帝國年代後期才充分表現出來。(歐洲化學原料的生產也日漸興盛。日耳曼鉀鹼生產情況如下：一八六一至六五年，五萬八千噸；一八七一至七五年四十五萬五千噸；一八八一至八五年，超過一百萬噸。)石油已經引起了具發明精神的美國佬的注意，把它應用成便宜的點燈燃料，但是由於出現化學加工，石油很快又有了新用途。一八五九年僅僅生產二千桶石油，但是到了一八七四年，一千一百萬桶的石油產量(大多數是產自賓州和紐約)，使得洛克斐勒(J. D. Rockefeller, 1839-1937)建立了對新工業的控制，因為他透過自己的「標準石油公司」(Standard Oil Company)壟斷了石油運輸。

然而，這些革新對當時的重要性似乎沒有回顧起來這麼大。無論從哪方面講，一八六〇年代的專家們仍然認為，對未來經濟具有遠大意義的金屬仍是那些古人所熟知的：鐵、銅、錫、鉛、汞，和金、銀。他們認爲錳、鎳、鈷、鋁這些後來的金屬，「注定不會發揮其前輩曾產生過的重要作用」⓭。英國的橡膠進口從一八五〇年的七千六百英擔（cwt，編按：重量單位，相當於一百一十二磅），上升到一八七六年的十五萬九千英噸，這確實是值得重視的成長，但甚至以二十年後的標準來衡量，這個數量也是微不足道的。橡膠絕大多數仍是來自南美的野生採集，其主要用途是作爲防水布和彈性膠帶。一八七六年，歐洲整整有兩百部電話在使用，美國則有三百八十部。在維也納萬國博覽會期間，電動幫浦的展出成爲轟動世人的奇蹟。回顧上述事實，我們可以看到一場突破近在咫尺：世界就將要進入電燈與電力、鋼與高速合金鋼、電話與電報、渦輪機與內燃機的時代。然而，一八七〇年代中期尙未進入這個時代。

重大的工業革新，不是發生在上面已經提到的以科學爲基礎的領域，而是發生在大規模的機器生產上。這些機器在從前實際上是用手工方法生產，就像火車頭和輪船仍然是手工生產的那樣。大規模機器生產的改進多半發生在美國，如柯特（Colt）自動手槍，溫徹斯特（Winchester）步槍，大量生產的鐘錶、縫紉機，和現代生產裝配線（由一八六〇年代辛辛那提〔Cincinnati〕和芝加哥的屠宰場發展而來）。生產裝配線就是生產主件從一個操作點傳送到下一個操作點的機械傳送裝置。用機器生產機械用品的意義在於：當時需要比任何經濟更大量的標準化產品，其需求者是個人，而不是行業公司和機關單位。一八七五年，整個世界擁有大約六萬二千部蒸汽火車頭，但與銅鐘和步槍的數量相比，這又算得了什麼呢？不過一年的時間（一八五五），美國便大量生產了四十萬座銅鐘；在一八六一至六五年間，美國內戰中的南北雙方共使用了三百萬枝步槍。因此，最可以大量生產的產品，是那些由廣大的小生產者所使用的產品，例如農民、縫製女工（縫紉機），辦公機關所需物品（打字機），以及手錶類的消費品，尤其是戰爭中使用的小型武器和彈藥。這些產品之間仍各具差異且不夠標準化。這使得一些敏銳的歐洲人感到苦惱，他們在一八六〇年代已經注意到，在大量量生產的技術上，美國占有優勢。但那些「經驗老練者」卻不在意，他們認爲，假如美國像歐洲一樣擁有現成的熟練工匠可供支配，他們就不會費心去發明那些生產不重要用品的機器。在十九世紀初，法國官員不就宣稱過：儘管法國在大量生產的工業上可能跟不上其他國家，但是在倚賴發明才能和手工技藝的工業方面，法國還是可以穩操勝券，例如汽車製造業。

4

所以，當一八七〇年代初期，實業家環顧世界之際，自然會對前景流露出充滿自信的驕傲之情。但這是有道理的嗎？在某些國家當中，世界經濟的巨大擴張已經牢牢地建立在工業化的基礎之上，也建立在大量且名副其實的全球性物資、資本和人員的流動之上，而且這場巨大的擴張仍在繼續，甚至加速。但它在一八四〇年代所注入的那股特殊能量，其作用卻不再持續。向資本主義創業者敞開的新世界會繼續擴大，但它不再是絕對的「新」。（事實上，一旦他們的產品大量湧入舊世界，例如美洲大草原與俄羅斯大草原的糧麥在一八七〇和八〇年代所發生的情形那樣，它們將同時瓦解新舊世界的農業。）世界鐵路的建設工作持續了一整代人。但是，由於大多數鐵路線的建設已經完成，鐵路建設將不得不縮小規模，到那時會出現什麼情況？工業革命第一階段所帶來的技術潛能，如英國在棉花、煤、鐵、蒸汽機方面的潛能，看起來似乎是足夠巨大的。一八四八年前，這些潛力在英國以外的地區畢竟還完全沒有開發利用，即使在英國國內也只是不完全的開發。對開始開發這一潛能的那代人，他們的奮力而爲是可以諒解的，因爲他們認爲這種潛能是取之不竭的。但事實並非如此，而且在一八七〇年代，這種技術的局限性已經看得到了。一旦這種潛能耗盡，將會出現什麼情況？

當世界步入一八七〇年代之時，這種多慮似乎顯得荒唐可笑。但事實上，這種擴張的進程是出奇的變幻多難，就像今日人人可見的那樣。陡然的衰退，有時甚至是劇烈的衰退，會漸漸發展成取代世界繁榮的全球性衰退，一直到價格下降得足以驅散物資充斥的市場，清除倒閉企業的場地，一直到企業家們開始投資和拓展，開始新一輪經濟周期爲止。正是在一八六〇年，即第一次眞正的世界大衰退之後，以傑出的法國博士朱格拉(Clement Juglar, 1819-1905)爲代表的學院經濟學家，他們認識到「經濟周期」並計算出其周期性，直到當時爲止，這類問題原本只有社會主義者和其他非正統人士才會去研究。可是，儘管這場擴張的間斷十分引人注目，但卻是暫時性的。對企業家而言，從沒有比一八七〇年代初期更令人興奮的經濟發展期。此即日耳曼著名的「企業振興」年代。在這個年代裏，即使是最荒謬和明顯騙人的企業，都會因其許諾的賺錢希望而招來無數的逐利生手。這個年代，就像維也納新聞記者所描寫的那樣：「人們籌設公司，好把北極光運送到聖史蒂芬廣場，或在南海島嶼的土著中出售我們的鞋油。」⑭

接著，出現了大崩潰。甚至對那些最愛誇口說經濟繁榮正處於蒸蒸日上、興旺發達時代的人來說，這次大崩潰也是極其明顯的：美國有二萬一千哩鐵路因破產而癱瘓，德國的股票價格從繁榮頂峯的一八七七年下降了大約百分之六十。而且最能說明問題的是，在世界主要鐵產國中，幾乎有半數的鼓風爐熄火停業。前往新大陸的移民洪流變成了小溪。在一八六五至七三年間，每年有二十萬人抵達紐約港口，然而一八七七年卻僅有六萬三千人。但是，與早期的大繁榮衰退不同，這次衰退似乎沒有終止。一八八九年，某位德國人寫了一篇題爲「針對政府與商界人士的經濟研究導言」的研究文章，其中指出：「自從一八七三年股票市場倒閉以來……除了短暫例外，『危機』一詞總是縈繞在每個人的腦海裏。」⓯而且這種情形還是出現在德國，德國在這個時期的經濟成長一直相當可觀。歷史學家曾懷疑所謂的一八七三至九六年的「大蕭條」是否存在。當然，這次衰退不像一九二九至三四年那樣明顯，一九二九至三四年的經濟衰退，曾幾乎窒息了資本主義的世界經濟。然而，對當代人而言，大繁榮已被大衰退取代的感覺是非常明確的。

伴隨著一八七〇年代的大蕭條，一個新的歷史時代正在到來，無論在政治上，還是在經濟上。這非本書所能論及，但我們可以在此順便提一下：它顚覆或破壞了十九世紀中期自由主義的基礎，這個基礎曾經是看似堅不可摧的。從一八四〇年代後期延續到十九世紀中期的這段期間，曾被當時的傳統人士認爲是經濟成長、政治發展、技術進步和文化成就的典範時期，只要稍加適當改進，就可以理所當然地持續到無限的未來。但事實並不像這些人所認爲的那樣，它只是一段特別的插曲。然而，其成就是極其輝煌感人的。在這一時期，工業資本主義演變成名副其實的世界經濟，所以地球也從一個地理概念轉變成持續運作的動態實體。從現在起，歷史已經演變成世界歷史。

註釋

❶ Cited in *Ideas and Beliefs of the Victorians* (London 1949), p.51.

❷ 這段引文要感謝艾威特教授(Prof. Sanford Elwitt)的提供。

❸ 'Philoponos', *The Great Exhibition of 1851; or the Wealth of the World in its Workshops* (London 1850), p.120.

❹ T. Ellison, *The Cotton Trade of Great Britain* (London 1886), pp. 63 and 66.

❺ Horst Thieme,'Statistische Materialien zur Konzessionierung der Aktiengesellschaften in Preussen bis 1867', *Jahrbuch für Wirtschafts-geschichte* (1960), II, p.285.

❻ J. Bouvier, F. Furet and M. Gilet, *Le Mouvement du profit en France au 19e siècle* (Hague 1955), p.444.

❼ Engels to Marx (5 November 1857) (*Werke*, XXIX, p.211).

❽ Marx to Danielson (10 April 1879) (*Werke*, XXXIV, pp.370-5).

❾ Calculated from Ellison, *op.cit.*, Table II, using the multiplier on p.III.

❿ F. S. Turner, *British Opium Policy and its Results to India and China* (London 1876), p.305.

⓫ B. R. Mitchell and P. Deane, *Abstract of Historical Statistics* (Cambridge 1962), pp.146-7.

⓬ F. Zunkel,'Industriebürgertum in Westdeutschland' in H.U.Wehler (ed.), *Moderne Deutsche Sozialgeschichte*

(Cologne-Berlin 1966), p.323.

⓭ L. Simonin, *Mines and Miners or Underground Life* (London 1868), p.290.

⓮ Daniel Spitzer, *Gesammelte Schriften* (Munich and Leipzig 1912), II, p.60.

⓯ J. Kuczynski, *Geschichte der Lage der Arbeiter unter dem Kapitalismus* (East Berlin 1961), XII, p.29.

第三章 統一的世界

資產階級，依仗著一切生產工具的迅速改進，依靠著極其方便的交通工具，把所有的民族，甚至最野蠻的民族，拉進文明社會……總而言之，它按照自己的形象創造了一個世界。

——馬克思和恩格斯，一八四八年❶

當經濟、教育，以及憑藉著電報和蒸汽機帶來的思想與物質的快速交流改變一切時，我敢相信，偉大的造物主正在準備把世界變成使用同一語言的單一國家。這是一個完美的成就，它將使陸海軍不再需要。

——格蘭特(U. S. Grant)總統，一八七三年❷

「你們應當聽到了他所說的一切——我要去某地一座山上生活，或是去埃及，或是去美國。」

「好吧，這有什麼？」斯托爾茲漠然地說。「你可以在兩個星期內到達埃及，三個星期內到達美國。」

「到底是誰要去美國或埃及？英國人這樣做，是上帝的安排，此外，他們在家鄉已沒有生活的餘地。而我們當中哪個會夢想此行呢？也許有一些絕望的傢伙，他們已自認爲生命毫無價值。」

——岡察洛夫，一八五九年❸

1

當我們在撰寫早期的「世界歷史」時，我們實際上是在把世界各地的歷史加在一起。但是，就世界各地的相互了解而言，當時有的只是膚淺的表層接觸，或是某些地區的居民征服或殖民了另一個地區，就像西歐對美洲一樣。在撰寫非洲早期的歷史時，很可能只會偶爾提到遠東歷史，（除了西海岸和好望角外）很少提到歐洲，儘管不可能不時時提到回教世界。十八世紀之前，在中國所發生的事情，除俄國之外，與歐洲政治統治者毫不相干，儘管會涉及到前往該地的一些特殊商隊；在日本發生的事情，也不是歐洲人可以直接知道的，只有一小部分荷蘭商人例外，他們在十六至十九世紀中期，被允許在日本保有落腳點。反過來看，歐洲之於中國這個天朝帝國來說，只是外蠻居住地區，好在它們地處遙遠的大洋之外，不會在臣民對皇帝的忠誠度上造成任何麻煩，頂多是給負責港口的官吏帶來一些管理上的小事端。就這一點而言，甚至在交往頻繁的地區，大多也可置之不理，而且不會帶來不便。對西歐人來說——無論是商人還是政府官員——在馬其頓(Macedonia)山區峽谷所發生的事情會有什麼重要意義嗎?假如利比亞真的被某場天災人禍所吞沒，對其他地方的人，甚至對鄂圖曼帝國(Ottoman Empire，儘管嚴格地說，利比亞是鄂圖曼帝國的一部分)和地中海東部沿岸諸國的商人而言，又有什麼關係呢?

世界各地之所以缺乏相互依賴，不單單是不了解的問題，當然，相關地區內外對「內地」的缺乏了解，仍是相當嚴重。甚至到了一八四八年，在歐洲最好的地圖上，各個洲的大片地區仍是一片空白——尤其是在非洲、中亞、南美中部、北美部分地區、澳大利亞，更別提幾乎完全處於人跡未至的北極和南極。而其他地區的地圖繪製家，自然會在其地圖上標出更大片一無所知的空地。這是因爲，就算中國官吏，或每個大陸內地那些不識之無的邊防哨兵、商人和獵人，他們知道的地方會比歐洲人多一點，但他們的整體地理知識還是相當貧乏。無論如何，光是把專家所了解的世界知識加在一起，只不過是枯燥的純學術演算。**統一**的世界並不存在，甚至在地理概念上也不存在。

缺乏了解只是現象，而非世界無法凝成一體的原因。其中既反映出世界之間缺少外交、政治和管理上的聯繫，事實上，這些聯繫即使有也非常纖細(《哥達年鑑》(*Almanach de Gotha*)是歐洲的外交學、家譜學和政治學聖經。其中雖然仔細記載了當時所知的一星半點有關現在已成爲各個美洲共和國的前殖民地，但在一八五九年之前卻不包括波斯，在一八六一年之前不包括中國，在一八六三年之前不包括日本，在一八六八年之前不包括利比亞，在一八七一年之前不包括摩洛哥。泰國直到一八八〇年才收錄進去)；同時也反映出彼此在經濟聯繫上的薄弱。不可否認，作為資本主義社會先決條件和特徵標誌的「世界市場」，當時一直在發展當中。國際貿易在一七二〇至三〇年擴大了一倍多（國家貿易在此指的是歐洲人眼中這個時期所有國家全部進出口統計的總和）。在雙元革命期間（一七八〇—一八四〇），世界市場擴大了三倍多，雖然以我們現代的標準來衡量，這個數字相當一般。到一八七〇年，英國、法國、德國、奧地利和斯堪的納維亞的每人平均外貿額，已上升至一八三〇年的四至五倍，荷蘭和比利時上升了三倍，甚至美國也擴大到原來的兩倍多——對於美國來說，對外貿易只占極小的比例。在一八七〇年代，西方主要大國之間，每年大約有八千八百萬噸的海上貿易運輸，相對之下，一八四〇年只有二千萬噸——其中主要貨物的比例是：煤三千一百萬噸對一百四十萬噸，糧食一千一百二十萬噸對二百萬噸，鐵六百萬噸對一百萬噸。其中也包括石油這種要到下個世紀才顯出其重要性的貨物，一八四〇年前，海外貿易當中還看不到石油的影子，但一八七〇年時，已有一百四十萬噸。

讓我們更具體地看看，原本各自分離的世界是如何逐步聯繫成緊密的網絡。英國在一八四八至七〇年間，輸往土耳其和中東的出口總額，從三百五十萬鎊直線上升到將近一千六百萬鎊；輸往亞洲從七百萬鎊上升到四千一百萬鎊（一八七五）；輸往中美和南美從六百萬鎊上升到二千五百萬鎊（一八七二）；輸往印度從大約五百萬鎊上升到二千四百萬鎊（一八七五）；輸往澳大利亞從一百五十萬鎊上升到將近二千萬鎊（一八七五）。換句話說，在三十五年間，世界工業化程度最高的國家與最遙遠或者說最落後地區的貿易額，足足增加了六倍。即使與今日相比相去甚遠，但就純數量而言，已遠遠超出前人所能想像的。聯結世界各地的網絡明顯正在繃緊。

持續的探險活動，將世界地圖上的空白逐漸填滿，但這一過程與世界市場的擴張究竟具有怎樣的具體關聯，仍然是個複雜的問題。其中有一些是外交政策的副產品，有些是來自傳教士的熱情開拓，有些是由於科學探險，還有一些是由於出現於本書所論時期尾聲的新聞與出版事業。一八四九年，理查森(J. Richardson, 1787–1865)、巴斯(H. Barth, 1821–65)和歐威維格(A. Overweg, 1822–52)被英國外交部派去勘察中非；偉大的利文斯頓(David Livingstone, 1813–73)爲了傳播喀爾文教，在一八四〇至七三年間穿過當時仍被稱作「黑暗大陸」的中心地帶；《紐約前鋒報》(*New York Herald*)的記者斯坦利(Henry Morton Stanley, 1841–1904)，前去發現他(不只是他)想尋找的地方；貝克(S. W. Baker, 1821–92)和斯皮克(J. H. Speke, 1827–64)二人的目的，更純粹是地理和冒險方面的。無論上面這些人中的哪一個，他們都沒有意識到他們的旅行在經濟上所產生的意義。就像一位法國主教出於傳播宗教的利益所寫的那樣：

> 萬能的上帝無須人們幫助，福音的傳播也無須人們幫助；然而，如果人們眞的能夠打開阻擋福音傳播的障礙，那將會使歐洲的商業蒙上榮光……❹

探險不僅意味著求知了解，而且意味著發展，可以把未知，也可以說是野蠻落後帶向文明與進步的輝煌中；讓赤裸的野蠻生靈披上由慈善機構在博爾頓(Bolton)和魯貝生產的衣褲，爲他們帶來伯明罕生產的貨物，如此必定也會把文明同時帶給他們。

實際上，我們所謂的十九世紀中期的「探險家」，只是讓人們得以認識到海外世界的很大一群人中的一小股，他們被廣爲宣揚，但實際人數不多。他們所到之處，多半是那些經濟不發達且無商業利益可圖的地方，所以那些(歐洲的)商人、探礦者、測量員、鐵路和電報建設者、(如果氣候適宜)乃至白人移居者，仍無法取代這些「探險家」。從大西洋奴隸貿易被廢除開始，一直到一方面發現了貴重寶石和貴重金屬，另一方面發現了某些只能在赤道氣候中生長採集、且完全未經加工的當地產品的經濟價值爲止，在這段時間，「探險家們」成爲非洲內陸地圖上的主要活動者，因爲這塊陸地對於西方人來說，並沒有明顯的經濟價值。在一八七〇年之前，上述兩方面都還沒顯出重要性，甚至在可見的將來也看不到希望。但是，如此廣大且未開發的大陸，竟無法立即、更別提將來也不可能成爲財富和利益的泉源，確實不可思議。(英國對次撒哈拉沙漠非洲的出口，從一八四〇年代後期大約一百五十萬鎊，增加到一八七一年大約五百萬鎊，從一八七〇年代起加倍增加，到一八八〇年代初期達到一千萬鎊，這說明了非洲市場並不是沒有前途的。)「探險家們」也是澳大利亞的開拓者，因爲其內陸沙漠廣大空曠，而且到十九世紀中期之前，始終缺少可見的經濟利用資源。但另一方面，除北極之外，世界的海洋已不再成爲「探險者」著眼的目標——而南極在當時很少有人注意。(在海洋方面，探險大多出於經濟目的——尋找從大西洋到太平洋的西北和東北航道。這就像當今跨越極地飛行一樣，會節省很多時間，因而也就節省很多錢。尋找北極實際所在地的活動，在這段期間並沒有努力進行。)然而，航海範圍的廣泛擴大，尤其是海底電纜的鋪設，自然會帶動更具眞正意義的探險。

由此看來，人們對世界的了解，在一八七五年時比前此的任何時刻都多得多。甚至在國家的層級上，詳細的地圖（絕大多數是爲軍事目的而製）已可在許多先進國家中看到。這類地圖的最初版本是一八六二年繪製的英國軍事測量地圖，但其中尚不包括蘇格蘭和愛爾蘭。然而，比單是了解世界更爲重要的是，即使是世界最偏遠之地，如今也已開始被先進的交通工具聯繫在一起，這些交通工具運營有序，有能力運送大批的貨物和人員，尤其是速度快捷，這些方面都是前所未有的，它們包括：鐵路、汽船、電報。

截至一八七二年，這類工具已經贏得了凡爾納所能預料的成就：能夠在八十天之內周遊世界，還可以把許多耽擱法格（Phileas Fogg，編按：凡爾納名著《環遊世界八十天》的主角）不屈不撓前進的意外事故考慮在內。讀者或許可以想像下面這條平安無阻的行旅路線。在跨越歐洲時，旅行者首先乘坐火車和海峽渡輪由倫敦到達布林狄西（Brindisi），然後，再換搭輪船通過新開通的蘇伊士運河（大約需七天時間）。從蘇伊士運河到孟買的旅程時間大約需十三天。從孟買到加爾各答的火車旅程需要三天。在那裏由海路去香港，橫濱，越過太平洋到舊金山，這段遙遠的路程需要四十一天。自從一八六九年橫越美國內陸的鐵路建成以後，只需七天的時間旅行者就可以從舊金山到達紐約，只是途中那些還沒有完全得到控制的地區可能不太安全——成群的野牛、印第安人等等。其餘路程——橫渡大西洋到利物浦，乘火車回到倫敦——大致不會發生問題，只是要耽擱時日。實際上，不久之後，確實有一個企圖心滿滿的美國旅行社提供了一次這樣的環球旅行。

如果是在一八四八年，法格得花多長的時間才能完成這樣的旅行呢？他幾乎不得不完全仰賴海上運輸，因爲當時還沒有橫越大陸的鐵路線，實際上除美國之外，世界其他地方還不存在深入內地的鐵路，而美國在當時也不過深入到內陸二百哩。最快的航海船隻，即著名的海上快船，在一八七〇年前後平均要一百一十天才能到達廣東，而一八七〇年前後是這種快船技術發展的頂峯。因此，前往廣東的航行，理論上不可能少於九十天，但實際上卻用了一百五十天。在一八四八年，即或是在最順利的情況下，環繞地球的航行也不可能指望少於十一個月，也就是法格所花時間的四倍，這還不包括在港口停留的時間。

縮短長距離旅行所用時間的努力，收效相對不大，這完全是因爲海上航行速度的改善十分緩慢。一八五一年，從利物浦橫渡大西洋到紐約的汽船平均航行時間是十一到十二天半；到一八七三年基本上仍然如此，儘管「白星航班」自傲地宣稱，它們已把時間縮短到十天❺。除非海上航路本身被縮短，如蘇伊士運河的開通，否則法格休想比一八四八年的旅行者做得更好。眞正的變革發生在陸地上，亦即在鐵路方面，而且即令是這方面，眞正的發展也不是火車速度的提高，而是鐵路建設的高速發展。一八四八年的鐵路運行速度，整體而言比一八七〇年慢得多，儘管它從倫敦到聖角(Holyhead)只用了八個半小時，比一九七四年慢三個半小時。然而，一八三〇年代發明的火車確實是一種非常有力的機器。但直到一八四八年，除英國以外，各地尚不存在鐵路網。

2

在本書所論時期，在歐洲各地，在美國，甚至在世界其餘部分的少數地區，都可以看到這種長距離鐵路網的建設。我們可從下頁兩個表格中看出這項發展。一八四五年，在歐洲以外，擁有鐵路線的「低開發」國家只有古巴，哪怕是只有一哩。及至一八五五年，世界五個大陸上都已鋪設鐵路，儘管南美(巴西、智利、祕魯)和澳大利亞還沒出現。到一八六五年，紐西蘭、阿爾及利亞、墨西哥和南非也有了他們的第一條鐵路。到一八七五年，巴西、阿根廷、祕魯和埃及已經鋪設了一千哩或更多的鐵路線，錫蘭、爪哇、日本甚至更遠的大溪地(Tahiti)也已經有了他們自己的第一條鐵路線。同時，到一八七五年，全世界共擁有六萬二千部火車頭，十一萬二千節客車車廂，和幾乎五十萬噸的貨車車廂。據估計，它們共運載了十三億七千一百萬名旅客和七億一千五百萬噸貨物，換言之，約是這十年間每年海上平均運輸量的九倍。就數量而言，十九世紀第三個二十五年是第一個眞正的鐵路時代。

鐵路主幹線的建設自然是轟動世界的大事。實際上，直到那時，鐵路工程是人類所知的最大規模的公共事業機構，也幾乎是最驚人的工程成就。當鐵路離開英國這個地形挑戰不甚嚴格的國家之後，它的技術成就變得更加顯著。一八五四年，從維也納到義北的港的「南方鐵路」已經穿越了塞莫靈(Semmering)隘口，其高度幾乎達三千呎；到一八七一年，越過阿爾卑斯山的路段高達四千五百呎；到一八六九年，「聯邦太平洋鐵路」在跨越落磯山脈時，已經踏上了八千六百呎的高度；及至一八七四年，十九世紀中期經濟征服者最突出的成就，梅格斯(Henry Meiggs, 1811-77)的「祕魯中央鐵路」，已經慢慢地行駛在一萬五千八百四十呎的高山上。當火車在山巔中出沒，在岩洞中穿行時，遂使早期英國鐵路的一般行程相形見拙。塞尼峯(Mont Cenis)隧道是第一個穿越阿爾卑斯山的隧

鐵路營運里程❻

單位：千哩

	1840	1850	1860	1870	1880
歐洲	1.7	14.5	31.9	63.3	101.7
北美	2.8	9.1	32.7	56.0	100.6
印度	—	—	0.8	4.8	9.3
亞洲其餘地區	—	—	—	—	*
澳大利亞	—	—	*	1.2	5.4
拉丁美洲	—	—	*	2.2	6.3
非洲	—	—	*	0.6	2.9
全世界	4.5	23.6	66.3	128.2	228.4

*不到 500 哩

鐵路建設的進展❼

單位：個

		1845	1855	1865	1875
歐洲	擁有鐵路的國家	9	14	16	18
	擁有一千公里以上的國家	3	6	10	15
	擁有一萬公里以上的國家	—	3	3	5
美洲	擁有鐵路的國家	3	6	11	15
	擁有一千公里以上的國家	1	2	2	6
	擁有一萬公里以上的國家	—	1	1	2
亞洲	擁有鐵路的國家	—	1	2	5
	擁有一千公里以上的國家	—	—	1	1
	擁有一萬公里以上的國家	—	—	—	1
非洲	擁有鐵路的國家	—	1	3	4
	擁有一千公里以上的國家	—	—	—	1
	擁有一萬公里以上的國家	—	—	—	—

道，開修於一八五七年，完成於一八七〇年，第一列穿越這條長達七點五公里隧道的是一列郵車。這條隧道使通往布林狄西的路程減少了二十四小時。當鐵路首次把英吉利海峽與地中海連接在一起時，當人們能夠乘坐火車到塞維亞（Seville）、到莫斯科、到布林狄西時，當一八六〇年代鐵軌在向西延伸，越過北美大草原和山脈時，越過印度次大陸時，當一八七〇年代火車進入尼羅河流域時，進入拉丁美洲的內陸時，那些生活在這個英雄時代的人們，當然會被這輝煌的成就所震撼，我們也不可能不對他們那種欣喜若狂、充滿自信、備感驕傲的心情抱有同感。

在鐵路建設者中，有工業化的突擊隊；有農民大軍，他們常常是組成合作小組，用鍬鎬移動著難以想像其數量的土石；有英國和愛爾蘭的職業挖掘工人和監工，他們修建著遠離國土的他鄉鐵路；有來自新堡（Newcastle）和博爾頓的火車司機或機械師，他們在阿根廷或新南威爾斯定居下來，運作那裏的鐵路。（我們可以在成功的事業者中發現他們，如來自新威爾斯的火車機械工帕提遜〔William Pattison〕，他到國外就職於一家法國鐵路公司，出任修理工頭。一八五二年，他又在義大利協助建立一家機械工程公司，該公司很快就排名第二❽。）我們怎麼能不對這些人感到欽佩呢？我們怎能不對那些把身骨遺留在鐵路沿線每一段鐵軌旁的苦力大軍痛感憐憫呢？甚至在今日，薩耶吉・雷（Satyadjit Ray）的精采電影《小路之歌》（*Pather Panchali*，根據一部十九世紀孟加拉小說改編），仍可使我們回想起當時人們看到第一列蒸汽火車時的驚奇感——龐大的鐵籠，帶著工業世界本身不可阻擋和激勵人心的力量，衝向從前只有牛車和馱騾走過的地方。

我們也無法不被那些戴著大禮帽的頑強人們所感動，他們組織並管理著這些人類世界的廣泛變革——物質上和精神上的變革。布拉西(Thomas Brassey, 1805-70)曾一度在五個大陸上雇用八萬人，但他只是這些工程事業人物中最傑出的一位，他的海外企業名錄好比稍早那個較不文明時期的將領們所得到的戰鬥榮譽和戰役獎章：普拉托—皮斯托亞(Prato-Pistoia)鐵路，里昂—亞威農(Lyons-Avignon)鐵路，挪威鐵路，日德蘭(Jutland)鐵路，加拿大大幹線鐵路，畢爾包—米蘭達(Bilbao-Miranda)鐵路，東孟加拉鐵路，模里西斯(Mauritius)鐵路，昆士蘭鐵路，阿根廷中央鐵路，侖堡—切爾諾維茲(Lemberg-Czernowitz)鐵路，德里鐵路，布卡—巴拉卡斯(Boca-Barracas)鐵路，華沙—特萊斯普爾(Warsaw-Terespol)鐵路，喀勞碼頭(Callao Docks)鐵路。

「工業的浪漫」一語，是幾代公共事業宣傳家和商業自滿者汲取其原創意義、甚至任何意義的泉源，甚至那些只想從鐵路建設中撈取錢財的銀行家、金融家、股票投機商的活動，也總是帶有浪漫主義的色彩。像哈德遜(George Hudson, 1800-71)或斯特勞斯柏格(Barthel Strousberg, 1823-84)這類名利雙收的暴發戶，他們之所以在一夕之間崩潰破產，是由於他們的過度自滿，而非他們所使用的欺騙性手段。他們的垮台成爲經濟史中劃時代的重要事件。(儘管在美國鐵路名人中，有眞正的「強盜富商」——菲斯克〔Jim Fisk, 1834-72〕，古爾德〔Jay Gould, 1836-92〕，范德比爾特〔Commodore Vanderbilt, 1794-1877〕等等——他們收買和掠奪已有的鐵路，以及他們能夠得手的所有一切。)甚至對於那些在偉大的鐵路建設中最露骨的騙子，我們也很難不表欽佩，儘管我們實在不願這樣做。無論以什麼標準來衡量，梅格斯都是一位不誠實的冒險家，他身後留下了無數欠債、賄賂和奢侈花費的紀錄，他把這些錢花在美洲大陸的整個西部邊緣，花在像舊金山和巴拿馬這類精通於罪惡與剝削的開放都會，而不是花在值得尊敬的工商企業者中。但是在那些看過「祕魯中央鐵路」的人當中，誰能否認他那浪漫的、儘管也是卑鄙的設想和成就的輝煌偉大呢？

這種將浪漫主義、事業和財政融為一體的情形，也許在法國的聖西門主義者身上，表現得最為淋漓盡致。這些工業化的傳教士係形成於使他們登上史册的「烏托邦社會主義」運動中，一八四八年革命失敗之後，他們逐漸將這種信仰轉變成充滿活力、冒險犯難的企業精神，他們可說是「工業的指揮官」，尤其是交通方面的建築者。他們不是唯一夢想著世界可因商業和技術而聯繫在一起的團體。像哈布斯堡這樣一個深鎖於大陸之中的帝國，也在的港創建了「奧地利的勞埃德」（Austrian Lloyd），想把它變成根本不可能的全球企業中心，它們的船隻在蘇伊士運河尚未開鑿之前，就取了「孟買」和「加爾各答」等名字。但是，是一位聖西門主義者雷賽布（F. M. de Lesseps, 1805–94），實際開通了蘇伊士運河並籌建巴拿馬運河，儘管他後來身遭不幸。

伊薩克·皮爾耶（Isaac Pereire）與埃米爾·皮爾耶（Emile Pereire）兄弟二人，係以金融冒險家而聞名於世，他們在拿破崙三世的第二帝國時期發了橫財。但是埃米爾在一八七三年親自監督過第一條法國鐵路的建設，他住在工地的一間公寓裏，打賭似地向人們表示新運輸形式的優越。在第二帝國時期，皮爾耶兄弟在歐陸各地建設鐵路，與較為保守的羅思柴爾德家族展開強烈的競爭，最終被後者摧毀（一八六九）。另一個聖西門主義者塔拉波（P. F. Talabot, 1789–1885），在創下了諸多事功之後，包括建造了法國東南部的鐵路、馬賽港和匈牙利鐵路，他進而買下因隆河（Rhône）航運沒落而變得多餘的駁船，打算用它們建造一支沿多瑙河航行到黑海的商業船隊，可惜這項計畫被哈布斯堡帝國否決。這些人的著眼點都囊括了所有的大陸和所有的海洋。在他們眼中，世界是一個統一體，由鐵路和蒸汽引擎所連接，因爲商業的地平線無邊無際，前途無量，就像他們所夢想的世界那樣寬廣。對於這些人來說，人類的命運、歷史和其自身的利益，根本就是同一件事。

從全球角度來看，鐵路網仍然是國際航運網的補充。從經濟上看，鐵路在它所存在的亞洲、澳洲、非洲和拉丁美洲，主要是作爲連接地區間的運輸工具，把大量生產原料物資的地區與港口聯繫起來，再從港口用船把原料物資運到世界各地的工業區和城市區。像我們已見到的那樣，船運速度當時並沒有顯著變快。航運技術的發展緩慢，可以從下列事實看出：即帆船繼續與新式汽船對陣，且毫不遜色。其中原因在於帆船在技術上雖然沒有巨大進展，但在裝載能力上卻有了相當的改進。不可否認，汽船的運載能力確實有了明顯的成長，從占一八四〇年世界航運量的百分之十四，上升到一八七〇年的百分之四十九，但帆船仍然占有稍大的比重。直到一八七〇年代，特別是一八八〇年代，帆船才被遠遠拋在後面。(到一八八〇年代末期，帆船的世界航運量只占百分之二十五。)汽船的勝利實際上也是英國海上商業的勝利，恰當地說是英國經濟的勝利，英國的經濟發展是汽船發展的後盾。一八四〇和一八五〇年，英國船隻占已知世界汽船總噸位的大約四分之一，一八七〇年上升到三分之一以上，到一八八〇年已增高到了一半以上。我們可以從另一個角度來觀察，一八五〇至一八八〇年間，英國汽船的噸位增加了百分之一千六百，世界其他地區的增加總數大約是百分之四百四十。事實已經夠明顯了。假如貨物在祕魯的喀勞、上海或亞歷山大港裝船，最可能的目的地便是英國。此外，大多數的船隻都是裝滿貨物的。一八七四年有一百二十五萬噸的貨物(其中九十噸運往英國）通過蘇伊士運河——通航第一年還不到五十萬噸。北大西洋的正常航班其運輸量甚至更大：一八七五年有五百九十萬噸貨物進入美國東海岸的三個主要港口。

鐵路和海路共同運輸著客貨。然而，在某種意義上，這個時期最驚人的技術進步，是用電報來傳送信息。這一革命性工具在一八三〇年代中期似乎就發現在望，接著更以一種神奇的方式，使所有問題在突然之間都迎刃而解。一八三六至三七年，電報幾乎被好幾個不同研究者同時發明出來，其中庫克（Cooke）和惠斯通的發明獲得了立即成功。不過短短幾年，它就應用在鐵路上，而且更重要的是，從一八四〇年起，已開始考慮鋪設海底電纜的可能性。但是一直到一八四七年以後，這項計畫才變得具體可行，因為這時偉大的法拉第（Faraday）提出了用古塔波膠作為電纜的絕緣材料。一八五三年，一位奧地利人金特爾（Gintl）以及兩年之後的斯塔克（Stark），他們相繼指出：在同一線路的兩端可以傳送兩個信息；一八五〇年代，美國電報公司採用了一個電報系統，可以每小時發送兩千個字；一八六〇年，惠斯通獲得自動電報打印裝置專利，此即收報機紙帶（ticker-tape）和電報交換機（telex）的前身。

英國和美國已經在一八四〇年應用這種新技術，成為科學家發明的技術得以應用的第一個例證。而且這種技術除非有完善成熟的科學理論作基礎，否則是不可能發明的。在一八四八年之後的若干年裏，歐洲先進地區迅速採用了這項成果。奧地利和普魯士在一八四九年，比利時在一八五〇年，法國在一八五一年，荷蘭和瑞士在一八五二年，瑞典在一八五三年，丹麥在一八五四年，挪威、西班牙、葡萄牙、俄國和希臘在一八五〇年代下半期，義大利、羅馬尼亞和土耳其則是在一八六〇年代。人們所熟悉的電線和電桿正在成倍增加，以歐陸的電線總長度而言，一八四九年有二千哩，一八五四年有一萬五千哩，一八五九年有四萬二千哩，一八六四年有八萬哩，一八六九年有十一萬一千哩。電報通信的數量也在成倍成長。一八五二年，在六個擁有電報業務的國家中，電報總發送量不到二十五萬份。然而到了一八六九年，法國和日耳曼各自發送了六百多萬份，奧地利發送了四百萬份，比利時、義大利和俄國分別發送了二百萬份，甚至土耳其和羅馬尼亞也都發送了六十萬份至七十萬份❾。

然而，最具歷史意義的發展是海底電纜的實際鋪設。海底電纜的鋪設是以一八五〇年代初橫越英吉利海峽的電纜鋪設爲先導（多佛—加萊〔Dover-Calais〕，一八五一年；拉姆斯門—奧斯登〔Ramsgate-Ostend〕，一八五三年），並逐漸延伸出長距離鋪設。北大西洋電纜的鋪設構想，早在一八四〇年代中期便已提出，並於一八五七至五八年著手進行，但由於找不到適當的絕緣體而被迫擱置。一八六五年的第二次嘗試得以成功，是由於擁有聞名的「大東方」（*Great Eastern*）這艘舉世最大船隻作爲電纜鋪設船的緣故。接著便掀起了一股鋪設國際電纜的熱潮，在五、六年的時間裏，電纜線幾乎纏繞了整個地球。光是一八七〇年鋪設的電纜就有：新加坡—巴達維亞，馬德拉斯—檳榔嶼，檳榔嶼—新加坡，蘇伊士—亞丁，亞丁—孟買，班加西—里斯本，里斯本—直布羅陀，直布羅陀—馬爾它，馬爾它—亞歷山大港，馬賽—波恩，恩登—德黑蘭（利用地上線路），波恩—馬爾它，薩爾康拜—布勒斯特，俾赤岬—哈佛爾，古巴的聖地牙哥—牙買加，莫恩—波荷木島—利堡，以及跨越北海的其他幾條電纜。到了一八七二年，已經能從倫敦直接向東京和奧地利的阿得雷德發送電報。一八七一年，英國德貝(Derby)賽馬比賽的結果從倫敦飛快傳送到加爾各答，僅花了不到五分鐘時間，於是比賽的結果似乎比不上消息飛快傳遞的成就更激動人心。法格的八十天之旅，怎能與此相比？這種信息傳遞的速度，不僅史無前例，而且實際上也是其他傳遞工具無法相比的。對於生活在一八四八年的大多數人來說，這根本是不可思議的事。

世界電報系統的建立，使得政治與商業的因素結合在一起：除了美國之外——而且是較爲重要的例外——內陸的電報幾乎都是或即將變成是國家所有，由國家管理；甚至英國也在一八六九年將其收歸國有化，置於郵政單位的管理之下。至於海底電纜方面，幾乎仍完全由建設它的私有企業操縱，但從地圖上可以明顯看出，電纜有著重要的戰略意義，至少對大英帝國是如此。實際上它對國家有著極其直接的重要性，不僅在軍事和治安方面，在行政方面亦然——從中可以看到，非比尋常的大量電報發送到諸如俄國、奧地利、土耳其等國家，其中經濟交易和私人來往的比重極低。(奧地利的電報來往數量一直超過北日耳曼，直到一八六〇年代初期。)領土越大，電報就越有用，因爲政府需要用這種快速的交通工具與其邊遠的前哨進行聯繫。

表面上，商人廣泛使用電報，但是非營利的普通公民，很快也開始利用電報通信——當然主要是用於親友間的急事，尤其是突然變故的通信。截至一八六九年，比利時所有的電報通信中，大約百分之六十是私人往來。但是光從數量上，並無法衡量出這種新工具最有意義的部分。就像路透(Julius Reuter, 1816-99)於一八五一年在亞琛(Aachen)建立自己的電報代理機構時所預見的那樣：電報改造了**新聞**。(他在一八五八年闖進英國市場，嗣後與英國電報業互相合作。)從新聞業的角度來看，中世紀是在一八六〇年結束的，因爲在一八六〇年，國際新聞眞的可以從世界各地透過電纜在第二天早上送到人們的餐桌上。特快消息不再是以天來計算，或者在遙遠的地區是以星期或月來計算，而是以小時甚至分鐘計算。

然而，這種通信速度的異常加快，卻產生了一個看起來很不合理的結果。能夠獲得這一新技術的地區和其他無法獲得這一技術的地區之間的差別因此變大，於是遂使那些依靠馬、牛、騾、人力或小木船的速度來傳遞信息的地方，變得相對落後起來。紐約可以在幾分鐘或幾個小時之內把電報發送到東京，但與此同時《紐約前鋒報》卻無法及時完整報導某則消息，因爲它在必須等八、九個月(一八七一—七二)的時間才能收到利文斯頓從中非發給該報的信函，這一對比非常令人震驚；更令人震驚的是，在紐約發表那封信的當天，倫敦《泰晤士報》也刊印了該信。「原始西部」的「原始」，「黑暗大陸」的「黑暗」，這些說法的部分原因就是建立在這種對比之上。

所以，公眾對探險家和那些逐漸被簡稱爲「旅行者」的人充滿熱情——也就是那些前往航海技術所能達到或達不到的邊緣地區的人們。在那些地方，他們享受不到汽船的頭等艙，火車的臥鋪服務(兩者都是那個時期發明的)，也沒有接待旅行者的旅館和民宿。法格便是在這樣的邊緣地帶旅行。他這樣做的目的有二，一是向人們展示鐵路、輪船和電報如今幾乎包圍了整個地球，二是想了解還有哪些未確定的邊緣地帶和殘存的地理鴻溝，仍然阻礙著世界旅行的順利進行。

然而，那些冒險探索未知世界的人們，他們得不到什麼現代技術的幫助，充其量只能找到幾個健壯土著幫他們挑背行囊。正是對這些「旅遊者」事跡的描寫，成爲世人最願意閱讀的文章。這些人物包括：探險者和傳教士，尤其是那些深入到非洲內陸的探險者和傳教士；冒險家，尤其是那些闖入回教未定地域的冒險家；自然學家，他們深入南美叢林或太平洋島嶼捕捉蝴蝶和鳥類。十九世紀第三個二十五年，就像出版界很快便發現的那樣，開啓了新一類旅行家的黃金時代，這類坐享其成的新旅行者，循著伯頓(Burton)、斯皮克、斯坦利和利文斯頓所開闢的道路，進入荒原叢林和原始森林。

3

然而，正在繃緊的國際經濟網，甚至也把那些地理上極其遙遠的地區拉入到整體世界之中，使二者之間產生直接而不僅是字面意義上的聯繫。對此發揮重要作用的不單是速度——雖然日益增長的業務量的確產生了加快速度的要求——而且還有影響的範圍。這種現象可從下面這個經濟事件生動地描繪出來，這個經濟事件既叩開了一個新時代，且在相當大的程度上決定著新時代的輪廓：此即加利福尼亞的黃金新發現(和不久後的澳大利亞黃金新發現)。

一八四八年一月，一個名叫馬歇爾(James Marshall)的人，在加利福尼亞的薩克拉門多(Sacramento)附近的薩特磨坊(Sutter's Mill)發現了看似大量的黃金。該地是墨西哥北部的延伸帶，才剛剛歸併美國，除了對少數墨西哥—美國大地主、大牧場老闆、利用舊金山灣便利港口的漁民和捕鯨者而外——有一個擁有八百一十二位白人居民的村莊在此地謀生——本來是塊不具重要經濟價值的地方。由於該地濱臨太平洋，大片的山嶺、沙漠和草原，將它與美國的其他地方隔絕開來，因此它所顯露的自然財富和誘人之處，並沒有立即得到資本主義企業家的利用，儘管人們已經有所認識。淘金熱立即改變了這一切。不時傳來發現黃金的消息，到八、九月已傳遍了美國其他地方。然而直到美國總統波爾克(Polk)在他十二月的總統咨文中予以肯定之前，並未引起多大的興趣。因此，淘金熱遂被劃歸成「四九年的所有物」。到一八四九年底，加利福尼亞的人口從一萬四千人增加到近十萬人，到一八五二年後半期，更增加到二十五萬人；舊金山已成爲人口近三點五萬的城市。在一八四九年的後九個月裏，大約有五百四十艘船隻進入該港，其中半數來自美洲，半數來自歐洲。一八五〇年，有一千一百五十艘船隻進入該港，總噸位接近五十萬噸。

有關加利福尼亞和一八五一年起的澳大利亞的突然發展所造成的經濟影響，已經有過很多爭論。但當代人對它的重要性毫不懷疑。恩格斯在一八五二年寫給馬克思的信中尖銳地指出：「加利福尼亞和澳大利亞是(共產黨)《宣言》沒有預料到的兩個情況：從一無所有，發展成新的龐大市場。我們應當把這種情況考慮進去。」❿淘金熱究竟對於美國的普遍繁榮，對於全世界的經濟勃發(見第二章)，對於突然出現的龐大移民潮(見第十一章)發揮了多大的促進作用，我們不必在此定論。但無論從哪方面看，有一點是清楚的：在遠離歐洲幾千哩外的地區性發展，在能幹的觀察者眼中，都可能會對歐陸產生幾乎直接且深遠的影響。世界經濟的依存關係可見一斑。

因此淘金熱會影響到歐洲和美國東部的大都市，同時影響到具世界頭腦的商人、金融家和船業大亨，自然是不足爲奇。但淘金熱對地球其他地方所造成的回響，則比較不在意料之中，但也不難想像，因為對其他地區而言，加利福尼亞只能從海上接近，而在海上交通中，距離並不構成嚴重障礙。因此，淘金熱很快就越過大洋。太平洋上的海員們紛紛棄船而去，到淘金場去試運氣，就像大批的舊金山人在一聽到消息以後所做的那樣。一八四九年八月，有兩百艘船被它們的船員所棄，擱置在水邊，最後船隻的木頭被當成建築材料用掉了。當夏威夷的桑威奇島(Sandwich Islands)、中國和智利的船員聽到這個消息時，精明的船長——就像英國人在南美西海岸所做的以物易物那樣——拒絕原本有利可圖的誘因，改而向北航行，帶著貨物、工資以及一切可以出賣的有價物品——沒有什麼是賣不掉的——去了加利福尼亞。到一八四九年底，智利國會已發覺到大量的國內船隻都已遺棄在加利福尼亞海邊，所以只好暫時授權外國船隻進行沿海貿易。加利福尼亞第一次促成一個連結太平洋沿岸的商業網，利用這個商業網，智利的穀物、墨西哥的咖啡和可可、澳大利亞的馬鈴薯和其他糧食產品、中國的糖和稻米，甚至日本在一八五四年之後的一些出口商品，都紛紛運到了美國。(一八五八年的波士頓《銀行家雜誌》〔*Bankers Magazine*〕寫到：「有關我們將把企業和商業擴展到日本的預測，並不是沒有理由的。」⓫)

從我們的觀點看來，更重要的是人，而不是商業。智利人、祕魯人，和「屬於不同島嶼的太平洋島嶼人(Cacknackers)」⓬，這些移民的到來在初期雖然也曾引起注意，但在人數上並不重要。(一八六〇年時，不包括墨西哥人，加利福尼亞僅有大約二千四百名拉丁美洲移民，和不到三百五十名太平洋島嶼移民。)在其他方面，「這一驚人發現的最意外後果之一，是它對中華天朝帝國企業的促進。中國人，直到那時還是人類世界活動性最低、最固守家園的民族，在採礦潮流的衝擊下開始進入新的生活，成千上萬地湧入加利福尼亞。」⑬一八四九年只有七十六名中國人登上加利福尼亞，到一八五〇年底已有四千人，一八五二年不少於二萬人，截至一八七六年，大約有十一萬一千名中國人，占當時所有非加利福尼亞本地出生居民的百分之二十五。他們帶來了自身擁有的技術、智慧和創業決心，並且隨之讓西方文明見識到東方最有力的文化輸出——中國餐館。中國餐館在一八五〇年已在該地逐漸興旺。中國人在那裏受到壓迫，受到仇視，受到嘲弄，甚至不時受到私刑殘害——在一八六二年的蕭條時期，有八十八人被殺害——但他們表現出這個偉大民族通常所具有的謀生和發憤能力。一八八二年「排外法案」(Exclusion Act)的頒布，是一系列排華運動的頂點，也結束了史上第一次在經濟誘惑下，東方民眾自願向西方社會大遷徙的潮流。

在另一方面，淘金熱的刺激卻只是促使以往的移民向美洲西海岸遷徙，其中主要有英國人、愛爾蘭人、德國人，和墨西哥人。

他們絕大多數是飄洋而來，只有少數北美人例外(主要係指德州、阿肯色、密蘇里，以及威斯康辛和愛荷華——這些州有大批移民前往加利福尼亞)，這些人必須跨越大陸，穿過艱難險阻的路途，花上三到四個月的時間從一個洋岸到另一洋岸。前往加利福尼亞的最現成的路線，是向東六至七千多哩的大洋，大洋的一端連接歐洲大陸，另一端繫聯美國東海岸，可經由好望角到達舊金山。在一八五〇年代，從倫敦、利物浦、漢堡、不來梅、哈佛爾和波爾多前往加州，已有直接的海上通航。但要縮短原本四至五個月的航程並使之更加安全，是項非常艱難的嘗試。由波士頓和紐約造船業爲廣東—倫敦茶葉貿易建造的快船，當時已對外載貨航行，但在淘金潮之前只有兩艘繞過好望角；但在淘金潮開始之後，光是一八五一年下半年，就有二十四艘（三萬四千噸）抵達舊金山，減掉從波士頓到西海岸不下於一百天的航程，其中有一次僅用了八十天。理所當然，人們正在尋求開闢一條更短的可能航線。巴拿馬地峽再次回復到西班牙殖民時期的盛況，成爲主要的轉載點，至少一直到地峽運河開通爲止。由於一八五〇年英美「布爾維—克萊頓條約」(Bulwer Clayton Treaty)的出現，使開鑿巴拿馬運河即將成爲事實；而且法國的聖西門主義者雷賽布，實際上已經開始著手施工——不顧美國反對——他才剛在一八七〇年代蘇伊士運河的開鑿中獲得成功。美國政府促成了一項通過巴拿馬地峽的郵政服務業，使得建立從紐約至加勒比海沿岸、從巴拿馬至舊金山和奧勒岡每月一次的汽輪服務業務成爲可能。這項計畫開始於一八四八年，原本是出於政治和帝國主義的目的，隨著淘金潮的到來，其經濟需求變得更爲必要。巴拿馬變得如其所展示的那樣，成爲美國人掌控的繁榮城市。在那裏，那些未來將以不擇手段致富的美國資本家，如范德比爾特和加利福尼亞銀行的創建人拉爾斯頓(W. Ralston, 1828-89)，已經初露頭角。由於可以節省大量時間，巴拿馬地峽不久就成爲國際船舶的航行樞紐：利用地峽航線，從英國南安普頓(Southampton)到雪梨(Sydney)只需五十八天；而一八五〇年代初在另一個大金礦中心澳大利亞開採的黃金，更不用說墨西哥和祕魯舊有的貴金屬，也都可經由此地以較短的航程運到歐洲和美國東部。伴隨著加利福尼亞的黃金，每年大約有六千萬美元通過巴拿馬地峽。無怪乎早在一八五五年一月，穿越巴拿馬地峽的鐵道便已通車。這條鐵路原本是由一家法國公司設計，但特別的是，卻是由一家美國公司鋪設完成的。

以上就是發生在世界最遙遠角落裏的某一事件，及其所產生的幾乎是立即可見的後果。難怪觀察家會認爲經濟世界不僅是一個彼此關聯的集合體，而且在這個集合體中，每一部分都會感受到其他任何部分所發生的一切。通過這個集合體，在供求、得失的刺激，以及現代科學技術的幫助下，金錢、貨物和人員都可以自由且日漸快速地移動。如果連那些最懶惰的人（由於其「經濟性」極差）也在這種刺激下與別人一起響應——在澳大利亞發現黃金之後，英國移往該地的人數在一年中從二萬上升到幾乎九萬——那麼，沒有任何東西和任何人能夠阻擋人們前去。從表面上看，地球上仍有許多地方或多或少遠離這項運動，甚至在歐洲的一些地方也是如此，但他們遲早會被捲入到這場運動中，對此我們能表懷疑嗎？

4

今日的我們比十九世紀中期的人們更能感受到地球所有部分正在聯合成單一的世界。然而，我們今天所經歷的過程和本書所論時期的人們，有著根本的不同。二十世紀後半期最顯著的統一是國際的一體化，而非純經濟和技術方面的標準化。在這方面，我們的世界可說比法格的世界更統一、更標準，而且程度超出甚遠，但這只是由於我們這個時代擁有更多的機器、生產裝置和業務的關係。作爲國際「模型」，一八七〇年的鐵路、電報、船舶不會比一九七〇年的汽車和飛機更難辨識，無論它們出現在哪裏。當時不太可能出現的是文化的國際化及語文的一體化，而在今日，頂多只需一會兒工夫，就可以把同樣的電影、流行音樂、電視節目和生活方式傳播到世界各地。這種一體化並沒有影響到數量上不多的中產階級和一些富有者，因爲它的出現並未打破語言藩籬。先進國家的「模式」被較落後國家抄襲，出現了一些主要的翻版形式——英國的模式被其整個帝國、美國，以及歐陸少數地區所採用；法國的模式被拉丁美洲、地中海東岸和東歐一部分地區所採用；德國—奧地利模式被整個中歐和東歐、斯堪的納維亞所採用，美國也在某種程度上採取了這種模式。某種共同的外觀風格，如過度繁複、過度裝飾的中產階級住宅，巴洛克建築的劇場、戲院，這些都是很容易辨識的，儘管從實際意義上看，只有在歐洲人和歐洲殖民後代生活的地方，才會確立這樣的風格(見第十三章)。然而，除了美國(和澳大利亞)之外，這種生活方式仍然只限於相當小的圈子。美國(和澳大利亞)的高工資，使一般經濟階層也可進入市場，享受那種生活方式。

十九世紀中期的資產階級預言家們，無疑渴望一個統一的、或多或少標準化的世界，在那個世界裏，所有的政府全都承認政治經濟學和自由主義的眞理。這些眞理已經被那些無私的傳教士帶到地球的各個角落，他們的傳道力量比基督教和回教最盛時期還來得強大。他們預想的世界是以資產階級的模式爲原型，他們預想的甚至也可能是一個民族國家最終消亡的世界。國際交通的發展，已經使新形態的國際合作和標準化機構變成必備的一環——一八六五年的「國際電報聯盟」(International Telegraph Union)，一八七五年的「世界郵政聯盟」(Universal Postal Union)，一八七八年的「國際氣象組織」(International Meteorological Organization)，這些機構到今天仍然存在。當時已經提出了使用國際標準「語言」的問題——一八七一年的「國際通信密碼」(International Signals Code)提供了一小部分解決之道。短短幾年間，設計人造世界語言的嘗試變得盛行起來，其中比較突出的是一個名字很怪的語言，叫「沃拉卜克語」（Volapük），是由一名德國人在一八八〇年發明的。（這些發明沒有一個成功，甚至最傑出的競爭者「世界語」〔Esperanto〕也不成功，這種語言也是一八八〇年代的另一產物。）工人運動已經著手建立一個全球組織，這個組織將以日益統一的世界觀點提出自己的政治主張——此即「國際」（International，見第六章）。（「國際紅十字會」〔International Red Cross, 1860〕也是這個時期的產物，它是否屬於這個範疇更值得懷疑，因爲它是建立在缺乏國際主義的最極端形式之上，即國家之間的戰爭基礎上。）

然而，這種意義的國際標準化和統一化，仍然是脆弱無力且非全面性的。實際上，從某種意義上說，以民主爲基礎的新國家和新文化的興起，亦即使用各自民族的語言，而非受過教育的少數人使用的國際慣用語，使這項工作更加困難，或者說更加遙不可及。例如歐洲或世界名著便得經由翻譯才能普世共賞。截至一八五七年，使用德語、法語、瑞典語、荷蘭語、西班牙語、丹麥語、義大利語、葡萄牙語、捷克語和匈牙利語的讀者都能夠欣賞到狄更斯（Dickens）的部分或所有著作（保加利亞語、俄語、芬蘭語、塞爾維亞—克羅埃西亞語、亞美尼亞語和意第緒語〔Yiddish〕的讀者在十九世紀末也可讀到），這一方面意味著文化的世界性，但同時也顯示出日益增加的語言區隔。無論未來的遠景如何，當時的自由主義觀察者都會承認，在短期和稍長一段時間內，不同的或對立的國家仍將繼續形成（見第五章）。人們最大的希望是這些國家會體現出相同的制度、經濟和信仰形式。世界的統一就意味著劃分。資本主義的世界體系是由互相對立的「國家經濟」構成的。自由主義在全世界的勝利是建立在所有民族的轉變上，至少是那些被視爲「文明」民族的轉變上。在十九世紀第三個二十五年，進步倡導者理所當然的深信，這種改變遲早會發生。但他們的信心是建立在不夠牢固的基礎之上。

他們確實有可靠的理由指出，由於全球交通網越來越緊密，使得貨物和人員的國際交換——貿易和移民——日益廣泛。這點我將在他章論及(見第十一章)。然而，甚至在最明白不過的國際商業領域，全球統一也不是絕對有利的。因為，即使全球統一會帶來一個世界性的經濟，這個世界性經濟也不過是一個其中各個組成部分緊密依賴，只要掣動一個部分，其他所有部分都一定會受到牽連的經濟體。這方面的典型表現就是國際性的大蕭條。

就像上面已經提到的那樣，在一八四〇年代影響世界形勢的經濟波動有兩種：一種是古代的農業周期，那是建立在莊稼和牲畜的收成好壞之上；另一種是新出現的「商業周期」，那是資本主義經濟機制必不可少的組成部分。在一八四〇年代，前者仍然處於世界主導地位，儘管其影響多是地方性的，而非全球性的，因為即使大自然的變化廣泛一致——惡劣的氣候，植物、動物和人類的災病——但也不可能在全世界同時發生。工業化的經濟已經受到商業周期的制約，至少從拿破崙戰爭結束以後是這樣，但實際上，這種商業周期只影響到英國，或許還包括比利時和其他一些與國際體系密切相聯的經濟區。經濟危機並沒有與同時發生的農業歉收攜手肆虐，例如一八二六年、一八三七年或一八三九至四二年發生的經濟危機，雖然打擊了英國和美國東部沿岸或漢堡的經濟圈，但甚至絕大部分的歐洲都沒有受到損害。

一八四八年後的兩項發展改變了這一切。其一，商業周期性的危機變成名副其實的世界性。一八五七年的商業周期危機開始於紐約一家銀行的倒閉，這可能是第一個現代形式的世界經濟蕭條。（這或許不是偶發事件，馬克思注意到，交通把商業動盪的兩個主要發源地印度和美國更緊密地拉近歐洲。）這場危機從美國傳入英國，然後又進入北日耳曼，然後進入斯堪的納維亞，又折回漢堡，其所經之地留下一連串破產的銀行和失業工人，然後又跨越大洋進入南美洲。一八七三年的經濟蕭條始於維也納，向相反的兩個方向傳播，並且範圍更廣。這場長期的蕭條，如我們將見到的那樣，影響更加深遠——這是可以預料的。其二，至少在工業化國家，舊式的農業波動失去了往昔的打擊力。這是因為可以把大量的食物運進，減少當地的糧食短缺，有助於平衡價格；也是由於這種糧食短缺的社會影響，可以被工業產業所創造的良好就業所抵銷。一連串的歉收仍然會破壞農業，但不一定會破壞國家的其他方面。此外，當世界經濟牢牢掌握形勢之後，農業的命運甚至不再主要依賴於大自然的變化，而更是依賴世界市場價格的變化——如一八七〇和八〇年代的農業大衰退所顯示的那樣。

上述各項發展只影響到世界上那些已經被拉入國際經濟的地域。由於廣大的地區和人口——所有的亞洲和非洲，大多數拉丁美洲，甚至相當一部分的歐洲地區——仍然處於任何國際經濟之外，只具有純粹的地方交易，這些地區遠離港口、鐵路和電報線，所以，我們不應誇大一八四八至七五年間世界所達到的統一程度。畢竟如某位當代的編年史家所指出的那樣：「世界經濟才只剛剛起步」；但是也像他補充說明的那樣：「即使這些發展才剛剛起步，但我們已可猜想出它們在未來的重要意義，因為它們在現階段已經展示出眞正驚人的生產變革。」⑭舉例而言，只要考察一下地中海南岸和北非這類離歐洲最近的地方，我們就可發現：在一八七〇年，上面所言除了適用於埃及和阿爾及利亞的法國殖民者定居區外，其他地方幾乎都不適用。摩洛哥要到一八六五年才准許外國人在其全境自由進行貿易；突尼西亞，和埃及一樣糟糕，一直到一八六五年後才考慮用貸款的方法來加快其緩慢的發展。也差不多是同一時期，一項不斷成長的全球貿易產品——茶葉——才首次出現在阿爾及利亞的瓦格拉(Ouargla)、馬利的丁布克都(Timbuctoo)和塔費萊爾特(Tafilelt)南部，但仍然是一種相當奢侈的食用品：一磅的價格相當於一位摩洛哥士兵一個月的薪水。一直到十九世紀下半期，回教國家的人口都沒有明顯的成長。相反，在整個撒哈拉地區及西班牙，一八六七至六九年同時發生——自古以來兩者總是同時發生——的糧荒和災病(與此同時，二者已在印度造成極大的災難)，比任何與世界資本主義興起有關的發展進步所造成的作用都要大得多，無論是在經濟上、社會上，還是在政治上。而且這些饑荒和災病——如在阿爾及利亞——還可能被資本主義興起所帶來的發展，弄得更加劇烈。

註釋

❶ K. Marx and F. Engels, *Manifesto of the Communist Party* (London 1848).

❷ U. S. Grant, Inaugural Message to Congress (1873).

❸ I. Goncharov, *Oblomov* (1859).

❹ J.Laffey, 'Racines de l'imperialisme français en Extrême-Orient', *Revue d'Histoire Modern et Contemporaine* XVI (April-June 1969), p.285.

❺ W. S.Lindsay, *History of Merchant Shipping,* 4 vols (London 1876).

❻ M. Mulhall, *A Dictionary of Statistics* (London 1892), p.495.

❼ F. X. von Neumann-Spallart, *Übersichten der Weltwirtschaft*(Stuttgart 1880), p.336; 'Eisenbahnstatistik', *Handwörterbuch der Staatswissenshaften* (2nd ed.) (Jena 1900).

❽ L. de Rosa, *Iniziativa e capitale straniero nell' industria metalmeccanica del Mezzogiorno, 1840–1904* (Naples 1968), p.67.

❾ Sir James Anderson, *Statistics of Telegraphy* (London 1872).

❿ Engels to Marx (24 August 1852) (*Werke*, XXVIII, p.118).

⓫ *Bankers Magazine*, V (Boston 1850–1), p.11.

⓬ *Bankers Magazine*, IX (London 1849), p.545.

⓭ *Bankers Magazine*, V (Boston 1850–1), p.11.

⓮ Neumann-Spallart, *op. cit.*, p.7.

第四章 衝突與戰爭

英國歷史在大聲地對國王們做著如下疾呼：

如果你們走在時代觀念之前，這些觀念就會緊隨並支持你們。
如果你們走在時代觀念之後，它們便會拉著你們向前。
如果你們逆著時代觀念而行，它們就將推翻你們。

——拿破崙三世❶

人類的軍事本能在船主、商人和貿易家的國度中發展，其速度人所共知。「巴爾的摩槍砲俱樂部」只有一個興趣：爲了仁慈的目的而毀滅人類；同時這個俱樂部也著手改進武器，因爲他們把武器視爲文明工具。

——凡爾納，一八六五年❷

1

在歷史學家看來，一八五〇年代的繁榮代表著全球工業經濟和單一世界歷史的基礎已告奠定。在十九世紀中期歐洲統治者的眼中，就像我們已經講過的那樣，這場繁榮提供了一個喘息機會。在這段繁榮期間，那些不管是一八四八年革命還是鎮壓革命都沒能解決的問題，若不是已被遺忘，至少也由於繁榮富足和牢固統治而告淡化。確實，由於經濟高度擴張，由於採用適合於無限制資本主義發展的制度和政策，由於社會問題安全閥的敞開——如良好的就業機會和自由向外移民——足可以減輕群眾不滿的壓力，凡此種種使得社會問題看起來好處理得多。但是政治問題仍然存在，而且在一八五〇年代結束之前，政治問題已經無法再迴避了。對單一的政府而言，這些政治問題本質上是內政問題，但是由於從荷蘭到瑞士一線以東的歐洲國家制度的獨特性質，遂使國內與國際事務糾纏在一起。在日耳曼和義大利，在哈布斯堡帝國，甚至在鄂圖曼帝國和俄羅斯帝國的邊緣地帶，自由主義與激進民主，或是最起碼的對民權及代表的要求，是無法與民族的自治、獨立或統一問題分別開來。如此一來，內政問題遂很可能導致國際衝突；就日耳曼、義大利和哈布斯堡帝國而言，更必然會造成國際衝突。

且不提任何歐陸邊界的重大改變都會涉及到幾個大國的利益，光是義大利的統一就意味著得把哈布斯堡帝國排除在外，因為北義大利的大部分地區都是屬於哈布斯堡帝國領地。日耳曼的統一則會導致三個問題：㈠要被統一的日耳曼到底包括哪些地方（日耳曼邦聯包括哈布斯堡帝國少部分地區，普魯士的大部分地區，以及好斯敦—勞恩堡〔Holstein-Lauenburg〕，後者也屬於丹麥和盧森堡，也有非德語系的居民。但不包括那時屬於丹麥的什列斯威〔Danish Schleswig〕。不同的是，原本在一八三四年形成的日耳曼關稅同盟，到一八五〇年代中期已包括了整個普魯士，但不包括奧地利，也沒包括漢堡、不來梅，和北日耳曼的大部分區域〔麥克倫堡、好斯敦—勞恩堡以及什列斯威〕。這種狀況的複雜性是可想而知的）；㈡普魯士和奧地利這兩大強權都是日耳曼邦聯的成員，假如二者一起加入未來的德國，應當如何調合；㈢對於其他爲數眾多的小君主國將如何安排，這類君主國從中等大小的王國到舞台般的袖珍小國不等。像我們已經看到的那樣，日耳曼和義大利在自然邊界上都與哈布斯堡帝國有著直接關係。實際上，二者的統一就意味著戰爭。

對於歐洲統治者而言，幸運的是，這種國內問題和國際問題的混合碰撞，在當時已經不具爆發性，或者更恰當地說，是緊隨著革命失敗而來的經濟繁榮，拆去了爆發的導火線。總而言之，從一八五〇年代末期開始，各國政府發現他們面臨著國內的政治動盪，這些動盪不安是由溫和的自由中產階級和較激進的民主主義者掀起的，有時甚至是被新興工人階級運動的力量激起的。其中一些政府甚至比從前更易受到內部不滿的打擊，特別是當他們在對外戰爭失利之時，如俄國在克里米亞戰爭和哈布斯堡帝國在薩奧戰爭之後。但是，這些新的動盪不具革命性質，除了一兩個地方以外，而即使在這一兩個特殊地方，動盪也可以被孤立和局限。這段期間最具特色的插曲，是發生在一八六一年選出的強硬自由派普魯士國會和普魯士國王與貴族之間的對立。在這場對立中，普魯士國王和貴族完全沒有對國會讓步的想法。普魯士政府非常清楚，自由主義者的威脅僅僅是口頭上的，於是主動挑起爭執，然後乾脆任命當時最保守的人物——俾斯麥——擔任首相，實行沒有國會或者把拒絕投票贊成徵稅的國會置於不顧的統治。俾斯麥這樣做了，而且毫無困難。

然而，在一八六〇年代，具重要意義的事情並不是政府始終處於主動地位，也不是政府幾乎不曾喪失過他們對金融形勢的控制，相反的，卻是反對群眾的要求總有一部分會被政府應允，至少在俄國以西的歐洲是如此。這是一個改革的十年，一個政治自由的十年，甚至是向所謂的「民主力量」讓步的十年。在英國、斯堪的納維亞和低地國家，那裏已經實行議會制度，選舉權已經擴大，更不用說還有一系列同步進行的相關改革。英國一八六七年的「改革法案」，實際上已將選舉權交到工人階級手中。在法國，拿破崙三世政府在一八六三年顯然失去了城市選票——它只能在巴黎的十五個代表中獲得一個席次——於是遂逐漸採取廣泛措施，加速帝國政府的管理制度「自由化」。但是在非議會制的君主國家中，這種態度上的變化甚至更為明顯。

一八六〇年之後，哈布斯堡王朝乾脆放棄統治，好像它的臣民們完全沒有政治意見一樣。此後，它致力於在其為數眾多而且吵鬧不休的民族之間，尋找一些聯合的力量，這種力量應該強大到足以克制住其他政治力量，使之無法發揮政治作用，儘管眼前對所有民族都不得不做出某些教育上和語言上的讓步。一直到一八七九年之前，這個王朝都可以在其說德語的中產階級自由主義者中，找到最便利的統治基礎。但在控制馬札兒人這方面，則不見成效，馬札兒人在一八六七年的「妥協方案」(Compromise)之前，已經贏得了不亞於獨立的地位，這個「妥協方案」將帝國轉化為奧匈二元君主國。然而，在日耳曼發生的轉變甚至更能說明問題。一八六二年，俾斯麥當上普魯士王國首相，他著手施行一項方案，旨在維持傳統的普魯士君主和貴族統治，抵制自由主義、民主主義和日耳曼的民族主義。一八七一年，他出任由他一手統一而成的德意志帝國的宰相，帝國同時設立一個由全體成年男子普選產生的國會（顯然是不具作用的），依靠著（溫和的）德國自由主義者的熱情支持。俾斯麥本人絕不是個自由主義者，而且在政治上也遠不是一個日耳曼民族主義者（見第五章）。他聰明得足以認識到，與自由主義和民族主義者拚死對立，是無法保住普魯士地主階級的統治地位，應該設法與二者周旋，使他們為自己服務。這意味著他將按照英國保守黨領袖狄斯累里（Benjamin Disraeli, 1804-81）所說的去做，狄斯累里在採用一八六七年「改革法案」時說過：「要在惠格黨人（Whigs）洗澡的時候趕上去，穿上他們的衣服走開。」

所以，一八六〇年代統治者的政略，是基於三方面考慮而制定的。其一，他們感受到自己處於一個經濟和政治雙重變化的形勢之下，這種形勢是他們無法控制的，必須去適應。唯一的選擇——政界要人對此認識得非常清楚——就是能否航行在這道勁風前面，或者像水手一樣憑著他們嫻熟的技術把航船駛往另一個方向。風本身只是一個自然因素。其二，他們必須決定要對新勢力做怎樣的讓步，才不至於威脅到他們的社會制度，或者在特殊情況下，不威脅到他們有責任防禦的政治結構；他們也必須決定該讓步到什麼程度，超出這種安全程度，他們就必須收手。其三，他們非常幸運，能夠在他們擁有主動操控優勢的環境下，做出上述兩項決定，而且在某些情況下，他們甚至能完全自由地控制事態的發展。

因而，在傳統的歐洲歷史中，這一階段表現最突出的政治家，是那些能夠有條不紊地將政治管理與政府機器的外交控制相結合的人，如普魯士的俾斯麥，皮德蒙的加富爾伯爵，拿破崙三世；或是那些精於妥善掌控上層統治階級不斷擴大這一艱難過程的人，例如英國自由黨人格萊斯頓(W. E. Gladstone, 1809-98)和保守黨人狄斯累里。最成功的是那些知道如何把新舊非正規政治力量轉向有利於他們自己的人，不管那些力量是否贊成他們。拿破崙三世之所以在一八七〇年垮台，正是因爲他最終還是沒有做到這點。但當時有兩個人對這個棘手問題具有非凡的處理能力，即溫和的自由主義者加富爾和保守主義者俾斯麥。

他們二人都是特別清醒的政治家。這一點在加富爾式的清明無欲，和俾斯麥那種德國人的平凡務實中充分展現。俾斯麥是個更複雜、更偉大的人物。他們二人都是徹底的反革命者，完全缺乏對各種政治勢力的同情，然而他們卻有辦法接收這些政治勢力的計畫，在義大利和日耳曼貫徹施行，並抹去其中的民主和革命成分。二者都注意把民族統一和民眾運動區別開來：加富爾堅決主張把新建立的義大利王國變成皮德蒙王國的延續，甚至拒絕把其(薩伏衣)國王伊曼紐二世(Victor Emmanuel II)的稱號改成(義大利)國王伊曼紐一世；俾斯麥則將普魯士的霸權擴建成新的德意志帝國。二者都非常靈活圓融，成功的把反對派吸收到政府當中，卻又使他們無法實際控制政府。

二者都面臨著艱巨複雜的國際策略和(就加富爾而言)民族政策問題。俾斯麥不需要外界的幫助，也不必擔心內部的反對，所以他認爲統一的德意志是可行的，只要統一後的德意志國家既不是民主的，也不是過大的，因爲如果太龐大，普魯士就無法發揮主導作用。這意味著：其一，須把奧地利排除在外，俾斯麥憑著一八六四和一八六六年發動的兩次漂亮短暫戰爭達到這項目標；其二，必須排除奧地利在日耳曼的政治影響力，他藉著支持和保證讓匈牙利在哈布斯堡帝國境內獲得自治（一八六七），而達到此一目的；其三，在此同時必須保留奧地利，我們可以看到他此後傾其卓越的外交才能，來完成這項目標。（如果哈布斯堡王朝崩潰，落入其境內各民族手中，就不可能阻止奧地利的日耳曼人加入德意志帝國，這樣就會打亂俾斯麥精心構築的普魯士優勢地位。這也正是一九一八年後發生的情形。而且如事實所顯示，希特勒「大日耳曼」（一九三八—四五）政策最深遠的結果，正是普魯士的完全消失。今天，甚至普魯士的名字亦不復存在，除了在歷史書中。）這也意味著必須使那些反普魯士的小侯國覺得一個優勢的普魯士要比優勢的奧地利更易接受，爲此，俾斯麥在一八七〇至七一年以同樣漂亮的手段挑起並進行反法戰爭。與俾斯麥不同，加富爾得要動員同盟（法國）來替他把奧地利趕出義大利，而當統一進程超出拿破崙三世所能信守的情況時，他又得解雇這個同盟。更爲嚴重的是，他發現自己所看到的義大利，一半是由上操控的統一，一半是由下進行的革命統一。由下進行的革命戰爭是民主共和反對派所領導的，由飽受挫折的十九世紀卡斯楚（Fidel Castro）——紅衫軍首領加里波底——擔任軍事領導。一八六〇年，經過簡短考慮、快速會談和妥善謀劃之後，加里波底才在勸說之下把權力交給國王。

這些政治家的所作所爲仍然值得讚賞，這純粹是由於他們的傑出能力。然而，使他們獲得如此驚人成就的，不僅是個人才能，還包括當時那種非比尋常的迴旋餘地，這種迴旋餘地是由當時不具嚴重的革命危險和無法控制的國際對立所提供的。群眾的運動，或者說非正規的運動，在這個時期十分軟弱，單憑自身無法有多大的做爲，他們不是失敗就是淪爲由上而下之改革的附和者。日耳曼的自由主義者、民主激進主義者和社會主義革命者，除了在日耳曼統一的實際進程中表示歡呼或異議，此外別無實際貢獻。義大利左派，就像我們看到的那樣，扮演了一個較重要的角色。加里波底的西西里遠征，迅速征服了義大利南部，逼迫加富爾立即採取行動。雖然這是一項極具意義的成就，但若不是加富爾和拿破崙三世所造就的局勢，這種成就是不可能出現的。無論怎麼說，左派終究未能如願建立義大利民主共和國，對他們來說，那是統一的必要成分。溫和的匈牙利貴族在俾斯麥的庇護下，為其國家爭取到自治，但激進主義者卻感到失望。科蘇斯繼續過著流亡生活，客死他鄉。一八七〇年代巴爾幹人民的造反結果，是保加利亞獲得某種形式的獨立(一八七〇)。但只有在合乎強權利益的時候才能獲得獨立：波士尼亞人在一八七五至七六年開始掀起一些起義，結果只是以土耳其統治代替了哈布斯堡統治，而且哈布斯堡的統治可能還好一點。與此相反，像我們將要見到的那樣，獨立革命的結局終歸殘敗(見第九章)。甚至一八六八年的西班牙獨立革命，也只造就了一個短命的激進共和國，不久便因君主復辟告終。

我們不應低估一八六〇年代偉大政治操作者的功績，但我們必須指出，由於可以採取重大的制度變化而不會招致激烈的政治後果，而且甚至可以準確恰當地說，還由於他們幾乎可以隨意發動和停止戰爭，他們的事業遂變得更加容易。所以，在這一時期，無論是國內秩序還是國際秩序，只須冒極小的政治風險，就可以做出極大的更改。

2

這就是爲什麼一八四八年後的三十年間，在國際關係形式上，而不是國內政策上，將是一個變化更加顯著的時期。在革命的年代，起碼是在拿破崙失敗之後(見《革命的年代》第五章)，大國政府已經極其小心地避免在彼此之間發生大型衝突，因爲經驗似乎已經證明：大型戰爭和革命是如影隨形的。既然一八四八年革命已匆匆來去，限制外交活動的因素便大大減弱。一八四八之後的三十年，不是革命的時代，而是戰爭的時代。其中有些戰爭實際上是內部矛盾、革命，或接近於革命現象的產物。嚴格地說，這些——中國的太平天國之亂(一八五一—六四)和美國內戰(一八六一—六五)——不屬於本章討論範疇，除非涉及到這一時期的戰爭技術與外交問題。我們將在別處加以探討(見第七章和第八章)。在此，我們關心的主要是國際關係體系中的緊張和變化，並留意國際政策和國內政策間的奇妙交織。

假如我們能夠詢問一位在一八四八年前實際處理國際外交問題的生還者——比如說能夠詢問帕麥斯頓(Viscount Palmerston)，他在革命很久之前就擔任英國外相，其間除短暫間斷，直到一八六五年去世爲止，他都持續處理外交事務——他肯定會做如下之類的說明：唯一可以算作世界事務的是五個歐洲「大國」之間的關係，他們的衝突可能會導致一場大規模的戰爭，這五個大國是英國、俄國、法國、奧地利和普魯士(見《革命的年代》第五章)。五強之外，唯一具有足夠野心和力量的國家是美國，但它可暫時忽略，因爲美國把其注意力放在另一個大陸，而歐洲大國中沒有一個對美洲有積極的野心，除了經濟利益之外，而這些經濟利益是私人企業家關心的事，而不是政府的事。實際上，遲至一八六七年，俄國仍以七百萬美元的價格將阿拉斯加賣給美國，並加上足夠的賄賂金，以說服美國國會接受普遍被認爲是一片亂石、冰川和北極苔原的地區。歐洲大國本身和那些占有重要地位的國家——英國，因其龐大的財富和海軍；俄國，因其廣闊的土地和強大的軍隊；法國，因其國土遼闊，軍隊強大，還有著相當驚人的軍事業績——有充分的野心和理由互不信任，但不至於無法達成外交上的妥協。在一八一五年拿破崙失敗後的三十多年間，歐洲大國沒有使用過武力相互抵抗，而是把他們的軍事活動限制在鎭壓國內或國際的顚覆活動上，限制在一些地方騷亂上，限制在向落後國家的擴張上。

當時確實存在一個相當持續的摩擦根源。一方面是一個緩慢解體的鄂圖曼帝國，另一方面是俄國與英國在該區的野心衝突，這兩方面的結合遂形成了摩擦的根源。在鄂圖曼帝國的解體過程中，一些非土耳其成分爭取擺脫出去，而俄國和英國則對東地中海地區、現在的中東地區和介於俄國東部邊界與英印帝國西部邊界的地區，同樣抱有爭奪野心。只要外交大臣們不必擔心國際體系有被革命打亂的危險，他們就可以一直忙於所謂的「東方問題」(Eastern Question)。還好，事態並沒有失去控制。一八四八年革命證明了這一點，因爲儘管五個大國中的三個遭到革命顚覆，大國的國際體系仍然得以恢復，而且實際上並沒有被革命所改變。事實上，除了法國之外，各國的政治制度也沒有發生變化。

然而，接下來的十年將是顯著不同的。首先，各大國（至少英國）把法國看成是攪亂國際體系的最大潛在禍害。法國在一八四八年革命後，以人民帝國的面貌在另一位拿破崙統治下出現。而且更嚴重的是，一七九三年雅各賓主義再現的恐懼，已不再是這個人民帝國害怕的事。拿破崙三世雖然偶爾宣稱：「帝國意味著和平」，但他卻特別喜歡干涉世界事物：遠征敍利亞（一八六〇），加入英國在中國的活動（一八六〇），征服印度尼西亞南部地區（一八五八—六五），甚至——當美國正在忙於其他事務時——冒險出兵占領墨西哥（一八六三—六七），但法國的附庸皇帝馬克西米連（Maximilian, 1864-67）並沒有撐到美國內戰結束。在這些橫行霸道的舉動中，法國並沒有獲得什麼特殊利益，其出兵動機或許只是因爲拿破崙三世認爲這些活動可增添帝國的光榮，而有利於他的選舉。法國只是強大得足以做出犧牲所有非歐洲國家利益的事。至於西班牙，儘管西班牙也存有野心，想要恢復它在美國內戰期間於拉丁美洲失去的某些影響，但它無能爲力。只要法國的野心放在海外，就不會特別有害於歐洲大國體系；但是，一旦法國在歐洲大國間有爭執的地區採取行動，就會擾亂到已經相當不穩的平衡體制。

這種擾亂的第一大結果是克里米亞戰爭，這是在一八一五至一九一四年間最接近歐洲大戰的事件。導致這場戰爭的因素中沒有什麼新鮮、意外的，這是一場重大、拙劣的國際大屠殺，一方是俄國，另一方是英國、法國和土耳其。在這場戰爭中，據估計約有六十多萬人死亡，其中近五十萬死於疾病。在這些死亡者中，百分之二十二是英國人，百分之三十是法國人，大約一半是俄國人。在這場戰爭之前或之後，俄國無論是瓜分土耳其還是把土耳其變成附庸國，都不需考慮會因此導致大國之間的戰爭。在土耳其解體的下一個階段，即一八七〇年代，大國之間的衝突實際上是發生在兩大宿敵之間，即英國和俄國，其他大國除了象徵性的舉措外，或是不願干涉，或是無力干涉。但是在一八五〇年代，法國以第三者的身分加入戰場，而且法國採取的方式和戰略都是不可預料的。毫無疑問，沒有人想要這樣一場戰爭，於是一旦大國們能夠擺脫，便草草結束這場戰爭，對「東方問題」沒有留下任何可見的持久影響。結果是，純粹爲對抗而設計的「東方問題」外交機制，就此暫告崩潰，但附上十萬人的生命代價。

這場戰爭的直接外交結果是暫時性的，或者說不具重要意義，儘管羅馬尼亞因此變成既成事實的獨立國家。但其更深遠的政治後果卻遠較嚴重。在俄國，沙皇尼古拉一世(Nicholas I, 1825-55)堅硬的專制表殼宣告破碎，當然在此之前該體制已受到了日益沉重的壓力。一個危機、改革和變化的時代開始了，它最終將導致解放農奴(一八六一)和一八六〇年代晚期俄國革命運動的出現。歐洲其餘地方的政治地圖不久也將更改。克里米亞戰爭帶動了大國國際體系的變遷，就算它不是動因，至少也是催化劑。就像我們所注意到的那樣，一個統一的義大利王國在一八五八至七〇年間出現；一個統一的德意志在一八六二至七一年間形成，附帶著拿破崙第二帝國的崩潰和巴黎公社的出現(一八七〇—七一)；奧地利被排除在德意志之外，並進行了根本性的改建。簡而言之，在一八五六至一八七一年間，除英國之外，所有的歐洲「大國」都發生了徹底的變化，甚至絕大多數是在領土方面。一個新興大國建立了，那就是義大利，並且不久就將躋身於它們的行列之中。

這些變化的絕大多數，都間接或直接起源於德意志和義大利的政治統一。不管這些統一運動的原始動因是什麼，其進行都是由政府操持的，例如適時地使用軍事力量。套用俾斯麥的名言，統一問題是用「血和鐵」解決的。在十二年間，歐洲經歷了四場大戰：法國、薩伏衣和義大利對奧地利的戰爭（一八五八—五九），普魯士和奧地利對丹麥的戰爭（一八六四），普魯士和義大利對奧地利的戰爭（一八六六），普魯士和日耳曼諸邦對法國的戰爭（一八七〇—七一）。這些戰爭的時間都不長，而且以克里米亞戰爭和美國內戰的標準來衡量，耗費並不特別大，雖然在普法戰爭中大約有十六萬人戰亡，多數是法國士兵。但這些戰爭有助於形成一個獨特的歐洲歷史階段。正因如此，本書才以一個類似戰爭的開端爲引子，否則本書本來是論述一個極其太平的世紀（一八一五—一九一四）。然而，儘管在一八四八至一八七一年間，戰爭是相當普遍的事，但**全面**戰爭的恐懼——二十世紀的人們實際上一直生活在這種恐懼之中，自從一九〇〇年以來從未間斷過——還沒有籠罩在資產世界的公民心裏。直到一八七一年後，這種恐懼才開始慢慢出現。政府仍然可以隨意發動和結束國家之間的戰爭，俾斯麥正是擅用這種狀況的絕佳好手。只有內戰和極少數的衝突會演變成眞正的人民戰爭，如巴拉圭（Paraguay）與鄰國的戰爭（一八六四—七〇），演變成無限制的屠殺和毀滅事件，就像我們所處的世紀非常熟悉的那樣。沒有人能夠知道太平天國戰爭的傷亡人數，但是據稱中國的一些省分直到今天還沒有恢復到內戰之前的人口數。美國內戰殺死六十三萬士兵，傷亡總數是聯邦軍隊和邦聯軍隊總人數的百分之三十三至百分之四十。巴拉圭戰爭殺死三十三萬人（假定拉丁美洲的統計數字準確無誤），主要受害國的人口約減少二十萬人，其中可能只有三萬人是男性。無論怎麼看，一八六〇年代都是血腥的十年。

是什麼因素使得這一歷史階段相對來說如此血腥呢？其一，正是全球資本主義的擴張擴大了海外世界的緊張對立，助長了工業國家的野心，增加了由此引起的直接和間接衝突。正是這樣，美國內戰中工業化的北部戰勝從事農業生產的南部，不管戰爭的政治因素是什麼。我們可以說，美國內戰幾乎可視爲是南方從非正式的從屬於英帝國轉而從屬於美國新興的大工業經濟，因爲南方原本只是大英帝國棉花工業的經濟附庸。在二十世紀把全美洲從英國的經濟附庸轉變成美國經濟附庸的道路上，美國內戰可以視爲最初的一步，但卻是巨大的一步。巴拉圭戰爭最好是被看做使拉布拉他河(River Plate)流域融入到英國經濟世界的事件：阿根廷、烏拉圭和巴西，他們的展望和經濟皆轉向大西洋，逼迫巴拉圭從自給自足的經濟走出來。巴拉圭是拉丁美洲唯一一個印第安人能有效抵制白人定居者的地區，這也許得感謝耶穌會的最初統治，才使得這個自給自足的地區得以長期維持(見第七章)。(其餘抵抗白人征服的印第安人，受到四周白人定居者的逼迫而後退。只有拉布拉他流域的印第安人尚保持獨立。瓜拉尼語〔Guarani〕是土著居民和外來居民實際使用的溝通用語。)太平天國的起義及其鎮壓，與西方的槍枝和資本從第一次鴉片戰爭(一八三九—四二)以來便迅速滲入中華帝國一事，是分不開的。

其二，就像我們已經看到的那樣——尤其是在歐洲——這是由於各國政府復歸到從前那種把戰爭看成一種正當的政治工具。這些政府現在不再認爲由於害怕跟隨而至的革命而應極力避免戰爭是正確的做法。這些政府也有理由相信，大國機制是能夠把戰爭限制在一定範圍之內。在擴張的時代，每一個國家似乎都擁有足夠的空間，所以經濟上的對立很難導致超出地方範圍的衝突。此外，在這典型的經濟自由主義時代，商業競爭比以往或之後更接近於不需要政府的支持。沒有人——甚至馬克思也未能，與人們普遍認爲的相反——認識到這一時期的歐洲戰爭，主要是出於經濟原因。

其三，這些戰爭可以用資本主義的新技術來進行。（由於相機和電報的使用，新技術也變革了報紙上的戰爭報導，現在可以把戰爭現場的眞實情況，更生動地展現在受過教育的公眾面前。但是，除了一八六〇年建立並在一八六四年取得「日內瓦公約」承認的「國際紅十字會」之外，戰爭並沒有得到有效的控制。這個世紀未能有效控制可怕的血腥戰爭。）亞洲和拉丁美洲的戰爭，除了小規模的歐洲軍事干涉外，基本上仍然是前技術時代的戰爭。克里米亞戰爭進行得極其拙劣而無力，且未適當應用已經出現的當代技術。但是一八六〇年代的戰爭，已經有效地利用鐵路動員和運輸軍隊，使用已有的電報進行快速通信，開發出裝甲戰船並附載穿甲火砲，可以使用大量生產的火藥武器，包括蓋特林機關槍（一八六二）和現代炸藥包——炸藥發明於一八六六年——這對於工業經濟的發展影響巨大。從此，工業比其他行業更全面與現代化的武器量產緊密結合。美國內戰動員了其大約三千三百萬總人口中的二百五十萬人；其餘工業化國家的戰爭規模仍然較小，在一八七〇至七一年的普法戰爭中，即使動員了一百七十萬人，也還不到兩國大約七千七百萬居民的百分之二點五，換句話說，只占能夠扛槍入伍的二千二百萬人口中的百分之八。即或如此，仍然值得注意的是，從一八六〇年代中期以來，投入三十多萬人的巨大戰役已不再罕見（沙多瓦〔Sadowa, 1866〕，格拉委洛特〔Gravelotte〕，色當〔Sedan, 1870〕）。在整個拿破崙戰爭的過程中，只有過一次這種規模的戰役（萊比錫）。甚至一八五九年義大利戰爭中的索爾菲里諾（Solferino）會戰，也比拿破崙戰爭中所有會戰的規模都大，除了萊比錫會戰之外。

我們已經觀察了這些政府的肇端和戰爭在國內產生的影響和作用。然而，從長遠的觀點來看，他們造成的國際後果卻更爲顯著。因爲在十九世紀第三個二十五年間，國際體系發生了根本的轉變，這種有著深遠意義的轉變，是超出大多數現代研究者所認識到的。先前的國際體系只有一個方面尚未改變：即先進國家對落後國家的絕對優勢，而且由於日本的加入，使得這種優勢更加突出；日本是其中唯一一個非白人的國家，它在這段期間成功地仿效了西方。現代技術使得任何不具有這種技術的政府，受到具有這種技術之政府的擺布。

另一方面，大國之間的關係也發生變化。在拿破崙失敗後的半個世紀裏，只有一個大國是眞正的工業和資本主義國家，而且也只有一個國家擁有眞正的全球政策，如一支分布於全球的海軍，此即英國。在歐陸有兩個大國具有潛在的決定性軍隊，儘管他們的軍事力量實質上不具有資本主義性質，即俄國和法國。俄國有著數量龐大且體質強壯的人口，法國憑藉著可以動員革命大眾，而且大眾也有著革命動員的傳統。奧地利和普魯士比較而言，在政治軍事上不具重要意義。在美洲，只有一個無敵大國，美國。就像我們已經看到的那樣，美國沒有闖入到大國對立的重要地區中（在一八五〇年代之前，這些地區不包括遠東）。但是在一八四八至七〇年之間，或者更具體地說在一八六〇年代，發生了三件事情。第一件，工業化的擴張在英國之外造就出另一些本質上屬於工業資本主義的大國：美國、普魯士（德國）、比以往更強大的法國，和稍後的日本。第二件，工業化的進展使得財富和工業生產能力日漸成爲國際爭霸力量中的決定因素；因此，俄國和法國的力量在相對降低，而普魯士（德國）的力量則大大增強。第三件，這十年間出現了兩個非歐洲的獨立大國，美國（內戰後統一在北方領導之下)和日本(隨著一八六八年明治天皇的復位而有條不紊地著手於「現代化」)。凡此種種,第一次使全球大國的衝突成爲可能。歐洲的商業和政府日益將它們的活動擴張到海外的趨勢,以及它們在諸如遠東和中東(埃及)等地區與其他大國的衝突,更增強了全球衝突的可能性。

在海外,這種大國結構上的變化,還沒有產生重要影響。在歐洲,這種變化卻立即發生作用。俄國就像它克里米亞戰爭中所表現的那樣,在歐陸上已不再是潛在的決定性力量。同時,就像普法戰爭所顯示的那樣,法國也是如此,不再是潛在的決定性力量。相反,德國作爲新興大國,兼有強大的工業力量與技術力量,擁有比除俄國以外任何其他歐洲國家都多的人口,成爲歐洲地區新生的決定性力量,而且一直保持到一九四五年。奧地利以奧匈二元帝國(一八六七)的面目再現,但它之所以仍能長期充當「大國」,靠得只是其疆域的遼闊和國際交往上的方便而已。但奧地利還是比新統一的義大利強大。義大利爲數龐大的人口及其外交雄心,也使它被視爲大國角逐遊戲中的一員。

所以,正式的國際結構逐漸從原來的國際結構中脫胎而出。國際政治變成全球政治。在這個全球政治中,至少有兩個非歐洲大國發揮著有效作用,儘管一直到二十世紀以前,它們的表現尚不太明顯。再者,這也形成了資本主義工業寡頭對國際市場的控制,它們聯合一致在全世界施行壟斷,卻在彼此之間進行競爭。但這種狀況在「帝國」時代來臨之前,表現得並不突出。大約在一八七五年左右,這一切確實還很難發現。但新的大國結構基礎已在一八六〇年代形成,其中包括對全歐戰爭的恐懼,這種恐懼從一八七〇年代起,已經浮現在國際事務觀察者的腦海之中。實際上,在未來的四十年間並未發生這樣的戰爭。這四十年對於當時人來說,比對我們這個時代的人更加漫長艱難。

然而，回顧過去，有超過三十年的時間，在大國甚至中等國家之間並未發生任何戰爭（除美國和中國在一九五〇至五三年間發生過衝突，但當時中國還算不上大國），處於這個時代的我們比任何其他時代的人都更知道，在沒有戰爭時總是害怕發生戰爭。儘管有衝突存在，這個自由主義贏得勝利的時代，基本上是平安穩定的。一八七五年以後情況就不再是如此了。

註釋

❶ Prince Napoléon Louis Bonaparte, *Fragments Historiques, 1688 et 1830* (Paris 1841), p.125.

❷ Jules Verne, *From the Earth to the Moon* (1865).

第五章
民族的創建

然而……何謂民族？爲什麼荷蘭是民族，而漢諾威(Hanover)和帕瑪大公國(Grand Duchy of Parma)卻不是？

——勒南，一八八二年❶

什麼是民族特徵呢？當你說的語言別人一個字也聽不懂的時候。

——內斯特羅，一八六二年❷

一個偉大的民族如果不堅信只有在它身上才能找到眞理……如果不堅信只有它是天降大任，將以其眞理喚醒和拯救芸芸眾生，這個民族會立即沉淪爲人種學材料，而不再是一個偉大的民族……一個失去這種信念的國家，也不再是一個國家。

——杜思妥也夫斯基，一八七一至七二年❸

民族。所有的民族聯合起來(?)

——福樓拜，約一八五二年❹

1

如果說這時期的國際、國內政治是緊密交織在一起的話，那麼聯繫國際和國內政治的最明顯因素，就是我們今天所謂的「民族主義」，不過十九世紀中期人們稱之爲「民族原則」(the principle of nationality)。若問一八四八到一八七〇年代的國際政治爲何?傳統的西方編年史官會毫不遲疑地說：是創建民族國家的歐洲。創建民族國家是這個時代的一個面向，此外還有與民族國家有明顯聯繫的其他面向，如經濟、自由，也許還有民主。它們之間的關係可能存在相當多的未知數，但有一點是毫無疑問的，那就是民族扮演了中心角色。

民族何以能具有這樣的地位呢?一八四八年這個「民族的春天」不管還有什麼其他特點，它顯然是(用國際術語說)各民族或相互競爭的民族堅決維護自己民族的年代。日耳曼人、義大利人、匈牙利人、波蘭人、羅馬尼亞人，以及其他人等，堅決認爲自己有權成立獨立的、統一的國家，並團結民族的所有成員反抗高壓政府。捷克人、克羅埃西亞人、丹麥人以及其他人等，也爲自己的獨立而奔走呼號，他們對較大民族的革命抱負日益不滿，而那些較大的民族看來已準備犧牲他們的願望。

法國已經是個獨立的民族國家，但其民族主義並未因此而減低。

革命失敗了。但此後二十五年歐洲政治的主題，仍是追求這種理想和抱負。就如我們所看到的，這些理想後來果眞一一實現，實現的方式不一，但都是通過非革命手段。法國模仿偉大的拿破崙恢復了「偉大民族」的地位；義大利和日耳曼分別被薩伏衣和普魯士王國統一；匈牙利因簽訂一八六七年的妥協方案而獲得實際自治；羅馬尼亞與兩個「多瑙河公國」合併成一個國家。唯獨波蘭例外。一八四八年革命時它沒有積極參加，一八六三年的起義也未能爲它贏得獨立或自治。

在歐洲的極西和極東南地區，「民族問題」最爲突顯。愛爾蘭芬尼亞運動成員（Fenians），以激進的暴動形式提出了民族問題，數百萬爲饑荒所迫、爲仇恨英國而移居美國的同胞，全力支持他們。多民族的鄂圖曼帝國爆發危機，受帝國長期統治、信奉基督教的巴爾幹各民族，也紛紛揭竿而起。希臘和塞爾維亞已經獨立，但國土比它們自認爲應有的要小得多。羅馬尼亞在一八五〇年代贏得某種獨立。一八七〇年代土耳其人民群眾的幾次造反，預告了土耳其另一次國內外危機的到來。這場危機使保加利亞人在一八七〇年代晚期獲得獨立，巴爾幹人的「巴爾幹化」也因此而加速。所謂「東方問題」（這是外交首長們一直絞盡腦汁的問題）現在看來主要是如何在領土不確、數量不定的新國家中，重新劃分土耳其歐洲部分的版圖（這些國家都聲稱有權、別人也相信它們確實有權代表「民族」）。再往北去一點，就是哈布斯堡帝國。它的內部麻煩更加明顯，同樣也是民族問題。有幾個民族——潛在而言，是所有民族——提出許多要求：從溫和的文化自治到脫離帝國。

甚至在歐洲以外地區，民族的組建也明顯展開。美國內戰如果不是爲了維護美國統一、反對分裂，又會是為了什麼呢？日本明治維新如果不是為了使一個新的、自豪的「民族」得以在日本崛起，又會是為了什麼呢？白芝皓將這種現象稱為「製造民族」。看來無法否認，「製造民族」已在全球展開，這是這個時代占主導地位的特徵。

這個現象的性質顯而易見，毋須再做探討和調查。「民族」是順理成章的事。白芝皓說：「我們無法想像會有人對這個問題還難以理解，你們不問我們也知道是怎麼回事，但我們無法很快解釋清楚，無法很快說得明明白白」❺，很少有人認為需要解釋。英國人肯定知道什麼是英國人，那麼法國人、日耳曼人、義大利人或俄國人對他們的集體特性難道還有疑問嗎？恐怕不會有。但在製造民族的時代，這也意味著「民族」必須同時合乎邏輯、順乎自然地轉變為有主權的民族國家，每一個國家有其連成一片的領土，領土則由「民族」成員居住的地方劃定，民族又由其過去的歷史、種族成分、共同文化，以及語言（這點愈來愈重要）來確定。然而上述的義涵並不合邏輯。人分不同群體，每個群體各有不同標準，因而能與其他群體明顯區別開來。如果說不同群體的存在是無法否認的事實，且自古以來便是如此，但若據此認為這些不同群體就是十九世紀所謂的「具有國家地位的民族」，卻是不合實情的。同理，若認為這些不同群體會組成十九世紀的領土國家，甚至組成與「民族」相吻合的國家，更是完全不具事實基礎的推論。須知民族的創建還是不久前的歷史現象，雖然有些較古老的領土國家——英格蘭、法國、西班牙、葡萄牙，也許還有俄國——可以並不十分荒唐地被認定為「民族國家」。更有甚者，就整體進程而言，希望從缺乏「民族國家」傳統特徵的國家中組成民族國家，乃是法國大革命的產物。所以我們必須相當清楚地將民族的組成與「民族主義」區分開來，只要它們是發生在本書所述時代，發生在民族國家的製造過程之中。

這不只是如何分析的問題，還是個實際的問題。因爲歐洲(世界其他地區就更不必說了)明顯分成兩種「民族」：一是對它們的國家或對它們成立國家的願望幾乎不存在什麼懷疑的民族(且不論其對與錯)；一是對它們的國家或對它們成立國家的願望存在相當多疑問的民族。判斷是否屬第一類的最安全辦法是看政治事實、機制歷史，以及有文字記載的文化史。法國、英格蘭、西班牙和俄國，不可否認的是「民族」，因爲它們有與法國人、英國人……相一致的國家；匈牙利、波蘭也是民族，因爲匈牙利王國即使隸屬在哈布斯堡帝國之內，也是一個分離存在的實體；一個波蘭國由來已久，直到十八世紀末才被消滅。日耳曼是個民族，理由是：一、雖然它有無數大公國，也始終未統一在一個領土國家之內，但它們早就結成所謂「日耳曼民族的神聖羅馬帝國」，並結成日耳曼聯邦，二、同文，所有受過教育的日耳曼人都使用同一書寫語言，共享同一種文學。義大利雖然終未組成一個政治實體，但義大利上層人物共享同一種文學文化，也許是最古老的文學文化。(現代的英國人、德國人或法國人，誰也看不懂他們國家十四世紀所寫的文學作品，除非他們專門學習，而這種學習等於是學一門新語言。但是今天所有上過學的義大利人在閱讀但丁作品時的困難，要比現代熟讀英語之人看莎士比亞作品的困難更少些。)如此等等。

因而民族資格的「歷史」標準，意思就是指統治階級或有教養的菁英們的機制和文化，這個機制和文化具有絕對重要的意義(假定統治階級、菁英與普通百姓打成一片，或不是與百姓明顯格格不入)。然而民族主義的**意識形態**論據與此不同，要激進得多，民主得多，也革命得多。其論據係基於這樣的事實：不管歷史或文化如何，愛爾蘭人是愛爾蘭的，不是英國的；捷克人是捷克的，不是德國的；芬蘭人不是俄國的，一個民族絕不應該被另一民族剝削、統治。這種說法可以找到（或發明出）歷史的支持——想找總能找到——但捷克運動基本上不是依靠這種說法而恢復溫塞斯拉斯（St. Wenceslas）的王位；愛爾蘭獨立運動也未依此說法而廢除一八〇一年（與英國的）聯合。這種分裂意識的基礎不一定是「種族」（這裏是說從不同的體徵外貌甚至語言很容易區分開的種族）。在本書所述時期，愛爾蘭運動（大多數愛爾蘭人已說英語）、挪威人（他們的文學語言跟丹麥語差不了多少）、芬蘭人（他們有操瑞典語的，有操芬蘭語的）均不以語言作爲支持他們分裂意識的根本理由。分裂意識的基礎如果是文化，那也不是「高級文化」（high culture），而是口頭文化——民謠、敍事詩等等——以及「老百姓」的風俗習慣和生活方式，老百姓，實際上就是農民。「民族復興」的第一階段，就是從民間流傳下來的遺產中蒐集、恢復和吸取自豪感，歷來都是如此（參見《革命的年代》第十四章）。但它本身不是政治性的。首先挖掘民間口頭文化的人，經常是外國統治階級裏的文化人士，如日耳曼路德教牧師和巴爾幹的知識型紳士，他們蒐集拉脫維亞和愛沙尼亞農民的民間傳說，以及古代民間風俗習慣。愛爾蘭人不是民族主義者，因爲他們信仰矮妖精（譯按：愛爾蘭民間傳說中常變成小老人指點寶藏所在的妖精）。

他們爲什麼是民族主義者，民族主義到什麼程度，下面我們就將進行探討。在此必須鄭重指出的是，所有典型的「不符合歷史事實的」或「半符合歷史事實的」民族乃是小民族，這使十九世紀的民族主義面臨一個迄今很少認識到的困惑。因爲，擁護「單民族國家」並爲之奮鬥的鬥士，他們所設想的國家不僅是民族的，而且必須是「進步的」，也就是說能夠發展出一個具生存力的經濟、技術、政府組織機構以及軍隊的國家，也就是說，這個國家必須至少相當大。事實上，這就是一個發展現代化、自由、進步，也就是資產階級社會的「自然」單位。「統一」是它的原則，就像獨立一樣，凡統一的歷史論據不存在的地方——例如義大利和日耳曼就具有這些論據——那麼，只要可行，就制定一個統一綱領。沒有任何證據說明巴爾幹的斯拉夫人曾經認爲他們是同一民族的一部分，然而民族主義意識形態家（他們出現於十九世紀上半葉）卻設想有個「伊利里亞」，一個「南斯拉夫」國，這個國家將把塞爾維亞人、克羅埃西亞人、斯洛文尼亞人（Slovenes）、波士尼亞人、馬其頓人，以及其他人等統一起來。這個設想並不比莎士比亞的想法更接近事實。今日的情況表明，南斯拉夫民族主義與克羅埃西亞、斯洛文尼亞等人民的感情是相悖的（這已是很溫和的說法）。

馬志尼是「民族的歐洲」（Europe of nationalities）最典型、最雄辯的衞士。他於一八五七年提出一份他理想的歐洲地圖❻：僅由十一個這類聯邦組成。他的「民族國家」的想法顯然與威爾遜（Thomas Woodrow Wilson）的想法大相逕庭。威爾遜於一九一九至一九二〇年主持凡爾賽會議，這是根據民族原則有系統重新劃分歐洲地圖的一次會議。威爾遜的歐洲由二十六個或二十七個（包括愛爾蘭）主權國家組成。按威爾遜的標準，還有理由再增加幾個。小民族怎麼辦呢？顯然它們得併入有生存能力的「民族國家」去，成立聯邦或其他什麼，有或沒有某些自治還有待確定。馬志尼看來忽略了這點。他曾提出將瑞士與薩伏衣、日耳曼的提羅爾（Tyrol）、卡林西亞（Carinthia）和斯洛文尼亞合併成一個聯邦，如此他遂很難有立場去批評，比如說，哈布斯堡帝國踐踏民族原則。

主張「民族國家」必須與進步相一致之人，其最簡單的論據，或是否認落後的小民族具備「眞正」民族的特性；或是辯說由於進步，落後的小民族必定降爲更大的「眞正」民族之內的一個地方性局部；或是謊稱由於同化，他們甚至已然消失，成了某種地方文化了。這似乎不是不切實際的。梅克倫堡人加入德國之後繼續使用他們的方言。這種方言與當地德語(High German，現在的標準德語)區別較大，與荷蘭語較接近，巴伐利亞人一句也聽不懂。同樣講盧薩蒂亞語的斯拉夫人(Lusatian slavs)，並未因語言問題而不加入一個基本上講德語的國家(現在仍是)。布列塔尼人，一部分巴斯克人(Basques)、加泰隆尼亞人(Catalans)，以及法蘭德斯人，更不必說操普羅旺斯語和朗格多克語(Langue d'oc)的人都是法蘭西民族的一部分，他們看來與法蘭西民族非常融洽。亞爾薩斯人有點麻煩，那是因爲另一大國——德國——對他們的忠誠存有戒心。此外還有一些例子說明小語言集團裏受過良好教育的上等人，毫無傷感地盼望他們的語言消逝。十九世紀中期許多威爾斯人聽任他們的語言消逝，有些人還表示歡迎，認爲這是使進步推廣到落後地區的好辦法。

這種論點很不平等，還有一種特別論點更不平等。有些民族——大的、「先進的」、一致公認的民族，當然包括思想家自己的民族——是歷史命定的勝利者或將成爲生存競爭下的優勝者(如果這些思想家喜歡達爾文術語的話)；其他民族則不然。不過，這種論點絕不能簡單解釋爲是某些民族意欲壓迫其他民族的陰謀，當然未被承認之民族的代言者也不能因爲有此看法而受到責難。這種論點之所以不是陰謀，是因爲它既反對異民族的地方語言和地方文化，也反對本民族的地方語言和地方文化；同時也因爲這種論點並不主張消滅地方語言與文化，只是要將它們降格，從「語言」降爲「方言」。加富爾並不曾剝奪薩伏衣人在統一的義大利內使用自己語言的權力（薩伏衣語跟法語更接近，跟義大利語差別較大）：他本人在多數的內部事務發言中，也使用薩伏衣語。他和其他義大利民族主義者，只是堅持只能有一種官方語言，只有一種下達指示的語言工具，亦即義大利語，至於其他語言是沉是浮，只能聽天由命。碰巧西西里人和薩丁尼亞人在此階段均未堅持其分離的民族地位，所以它們充其量被劃爲「地方行政區」。只有當小民族要求承認其民族地位時，它們在政治上才會顯出重要性，就像一八四八年的捷克人那樣，當時捷克人的代言人拒絕日耳曼自由人士邀請，不去參加法蘭克福國會。日耳曼人並不否認捷克人的存在，他們只是覺得所有受過教育的捷克人都會德文，會寫會說，都分享日耳曼高級文化（這是千眞萬確的），所以他們就是日耳曼人（這就錯了）。事實上，捷克上層人物也說捷克語，也跟當地普通百姓共享同一文化，然而這項事實在日耳曼人眼中似乎與政治無涉，就像普通百姓的一般態度和農民的特殊態度一樣。

「民族歐洲」的思想家們對付小民族的民族願望只有三種選擇：否認他們的合法性，甚至索性否認其民族的存在；把他們的強烈願望變成要求地方自治的運動；將他們作爲不可否認但又不能處理的事實接受下來。日耳曼人對斯洛文尼亞等民族，以及匈牙利對斯洛伐克人的處理是採取第一種方式。（這種態度一定要與社會革命家的態度區別開來。社會革命家根本不承認民族主義有何重要意義，因而他們對民族主義採取單純的實用觀點。對馬克思來說，一八四八年匈牙利人和波蘭人的民族主義是好的，因爲是站在革命那邊；捷克人和克羅埃西亞人的民族運動是壞的，因爲客觀上是站在反革命那邊。但我們無法否認這些觀點裏包含一種大民族成分，尤以極端沙文主義的法國革命家最爲突出（布朗基主義者就很明顯）。甚至在恩格斯的看法裏也不能輕易否認具有這種成分。）加富爾和馬志尼對待愛爾蘭運動係採取第二種方式。然而這樣一個具有不容懷疑的廣泛群眾基礎的民族運動，竟被加富爾和馬志尼排除在他們的民族主義模式之外，實在是非常自相矛盾，非常荒謬之事。形形色色的政治家被迫對捷克人採取第三種方式。一八四八年後，捷克人的民族運動不是辯論一下就能了事的，雖然他們並未想到要爭取完全的獨立。政治家們對這種運動只要可能，便會根本不予置理。幾個最早得到一致公認的「單民族」國家中，有幾個實際上是「多民族」國家（例如英國、法國、西班牙），幾乎沒有外國人會不怕麻煩地去注意這點，因為威爾斯人、蘇格蘭人、布列塔尼人、加泰隆尼亞人等等，既沒有造成國際風波，也沒有對他們本國的政治造成很大的麻煩（也許加泰隆尼亞人是個例外）。

2

因此，創造民族國家的運動與「民族主義」有著根本區別。前者是締造一個政治產物的綱領，聲稱它是建立在後者的基礎上。毫無疑問，許多人出於某種目的認為自己是「日耳曼人」，但他們所指的日耳曼並不是單一的日耳曼國家，一個特別樣式的日耳曼國家，更不是指一個涵括所有日耳曼人居住地的地方，就像過去民族歌謠裏唱的，西起繆斯河（Meuse），東到尼門河（Niemen），北自丹麥海峽（貝爾特〔Belt〕），南至阿第及河（Adige）。如果說俾斯麥拒絕接受「大日耳曼」計畫就意味著他不是一個日耳曼人，而是一個普魯士「容克」和國家公僕，俾斯麥是不會承認的，與俾斯麥情況相似的人也會加以否認。俾斯麥是日耳曼人，但不是一個日耳曼民族主義者，或許他也不是一個「小日耳曼」民族主義者，雖然他統一了全國（除了原屬神聖羅馬帝國的奧地利帝國地區，但包括普魯士從波蘭取得的土地，這塊土地從未成爲日耳曼的組成部分）。民族主義和民族國家發生歧異的最嚴重例子是義大利。義大利的大部分地方是薩伏衣國王於一八五九至一八六〇年、一八六六年和一八七〇年統一的。從阿爾卑斯到西西里的整個地區，只有在古羅馬時代才有單一的行政管轄（梅特涅非常正確地將其稱之爲「僅僅是地理名詞」），在此之前歷史上別無先例。在一八六〇年統一運動進行之際，日常生活中眞正說義大利語的人估計不超過百分之二點五，其餘人說的方言與義大利語相距甚遠，遠到義大利政府在一五六〇年代派往西西里的學校校長，竟被當地人誤認爲是英國人❼。在當時認爲自己基本上是義大利人的比例也許比以往要高，但仍是少數。無怪乎阿澤利奧（Massimo d'Azeglio, 1792-1866，義大利復興運動主要人物，薩丁尼亞王國首相）會在一八六〇年驚呼：「我們已經締造了義大利，我們必須接著締造義大利人。」

儘管如此，代表「民族理想」的運動，不論其性質、綱領如何，都發展壯大了。及至二十世紀初，民族綱領已形成了標準模式（和極端模式），這就是各「民族」有必要完全獨立，成立領土上、語言上同屬一個民族的世俗國家——也許是共和制／代議制。（猶太復國主義〔Zionism〕以其非常極端的主張清清楚楚地說明了這點，因爲猶太復國主義的意思，就是一個歷史上完全是在共同宗教活動中形成統一的民族，要占領一塊領土、創造一種語言並使這個民族的政治結構永久化。）不過，十九世紀中期的民族運動經常不（甚至正常情況下也不）代表這個模式。不過這些運動或多或少包含某些模稜兩可的政治變革，也正是這些變革才使它們成爲「民族主義」運動。我們現在就來看看這些變革，但是要避免「後見之明」的錯誤，同時要避免將振臂吶喊、嗓門高亢的民族主義領袖的思想，與其實際追隨者的思想相混淆。

我們也不應該忽略新舊民族主義的本質區別。後者不僅包括尚未建立國家的「歷史的」民族，也包括早已建立國家的民族。英國人的英國意識到底有多強呢？並不很強，儘管所有爭取威爾斯、蘇格蘭自治的運動此時實際上已經偃旗息鼓。英格蘭民族主義是存在的，但島上的小民族並不抱有英格蘭民族主義。旅居美國的英格蘭移民爲其國籍而驕傲，所以不願成爲美國公民，而威爾斯和蘇格蘭公民就沒有這份忠心了。他們成爲美國公民後仍是驕傲的威爾斯人和蘇格蘭人，就像他們當英國公民時感到自己是自豪的威爾斯人和蘇格蘭人一樣。他們自由自在，不受國籍束縛。法蘭西這個偉大民族的成員又有多濃的民族情感呢？我們不知道。但這個世紀初法國逃避服兵役的統計數字告訴我們，西部和南方某些地方(科西嘉人情況特殊，更不必提了)將服兵役視作強加在他們身上的討厭東西，而不是法蘭西公民的國民義務。至於日耳曼人，我們知道他們對未來統一的日耳曼國家的規模、性質和結構有不同的看法，但究竟有多少日耳曼人關心日耳曼統一？一般說來，農民不關心，甚至一八四八年革命之際，當民族問題成爲政治的中心問題時，他們也不關心。就這些國家的群眾而論，其民族主義和愛國主義是不可否認的，但這些國家的情形又說明，如果認爲其人民會理所當然、異口同聲地表示他們是同種同族，顯然是不夠明智。

至於其他民族，大多數，特別是突然出現的民族，在十九世紀中期，唯有神話和宣傳才會說它們的民族主義毫無問題。這些民族的「民族」運動，在經歷情緒階段和民間傳說階段之後趨向政治化，因爲湧現出大批致力於「民族理念」的骨幹，他們出版民族雜誌及其他出版物，組織民族社團，試圖建立教育和文化機構，進行各種更直率的政治活動。但整體而言，這時期的運動缺乏群眾的認眞支持。運動成員主要是介於一般民眾和當地資產階級或貴族（如果存在的話）之間的人士，特別是文化人士：教師、低層神職人員、某些城市店主和獨立手工業者，以及那些在階級社會裏處於從屬地位、爲了兒子而盡力往上爬的農民。最後還有學生，他們來自某些民族意識強烈的院校、神學院和中學，並成爲積極戰士的現成來源。對那些具有「歷史的」民族而言，只要趕走外來的上層統治者，便可成立國家，而地方的菁英分子——匈牙利和波蘭的士紳，挪威的中級官僚——更直接地提供了政治骨幹，有時還提供了一個更大的民族主要基地（參見《革命的年代》第七章）。整體而言，這個階段的民族主義於一八四八至一八六〇年代於北歐、西歐和中歐宣告結束，然而許多巴爾幹和斯拉夫小民族的民族運動，此時才剛剛開始。

在一個民族當中，最傳統、落後、貧窮的那些人，通常是最後捲入這種民族運動的人：即工人、傭人和農民。原因不言而喻，他們係跟在「滿腹經綸的」菁英人物後面。群眾性民族主義階段的到來，一般是在自由民主派的民族主義中產階層的組織影響之下發動起來的——除非是受到獨立工黨和社會黨的衝擊——這個階段在某種程度上與經濟和政治發展息息相關。在捷克，群眾性民族主義階段始於一八四八年，復甦於專制主義的一八五〇年代，但取得巨大進展的時期，還是在經濟高速發展的一八六〇年代。一八六〇年代的政治條件也更爲有利。一個土生土長的捷克資產階級，此刻已積累了足夠財富，得以開設一家有效率的捷克銀行，國家劇院等耗資巨大的設施也終於建立起來(國家劇院於一八六二年臨時開幕)。群眾性文化組織(如一八六二年建立的訓練協會〔Sokol society〕)深入到農村，奧匈帝國分立之後，許多政治運動都是透過一系列規模很大的露天集會進行的——一八六八至一八七一年間總共約有一百四十次集會，參加人數估計有一百五十萬人[8]——這些集會將群眾性民族運動的新奇之處和文化「國際主義」表現得淋漓盡致。由於這些活動缺少一個合適的名稱，捷克人遂從愛爾蘭運動中借來「集會」(meeting)這個詞，愛爾蘭運動是他們要想複製仿效的。(「集會」一詞也將被法國人、西班牙人借用於工人階級的群眾集會，這或許是從英國經驗中借來的。)不久，一個合適的傳統名字發明出來了，叫做「塔博爾」(tabor)，其構想是來自十五世紀的胡斯(Hussite)運動。「塔博爾」是捷克戰鬥精神的典範。克羅埃西亞民族主義者用「塔博爾」來稱呼他們的集會，雖然胡斯運動與他們並無關係。

這類群眾性民族主義是新鮮事物，明顯不同於義大利、日耳曼上層菁英或中產階級的運動。此外還有另一種早已存在的群眾性民族主義運動。這兩種民族主義運動都更加傳統，也更加革命，跟地方上的中產階級了無關係，因爲他們在政治和經濟上都無足輕重。但我們能把反對外國統治的農民和山民，那些只是由於感到自己受壓迫、由於仇外、由於眷念古老傳統、眷念古老信仰，以及模糊的相同種族感才團結起來的農民和山民稱爲「民族主義者」嗎？農民和山民的民族主義只有與現代民族運動緊密連結(原因不計)之時，才稱得上是民族主義運動。東南歐這類民族主義是否已與現代民族主義運動緊密相關，這問題還有待商榷。這類民族主義在東南歐的興起，使土耳其帝國的許多部分被毀，特別是在一八七〇年代（波士尼亞、保加利亞），當然它們也產生了宣稱自己是民族性國家（羅馬尼亞、保加利亞）。然而，充其量我們只能說那是一種原始的民族主義，就像羅馬尼亞人意識到他們的語言與周遭的斯拉夫人、匈牙利人和日耳曼人不同；或是斯拉夫人感覺到某種「斯拉夫成分」的存在，在本書所述時期的知識分子和政治家，曾試圖將這種「斯拉夫成分」發展成泛斯拉夫主義（Panslavism），其中甚至有些人覺得，東正教徒若團結在俄國這個偉大的東正教帝國之下，將可使泛斯拉夫主義在這個時期成爲一股現實力量。（泛斯拉夫主義對保守的俄國王室政治家和哈布斯堡帝國幾個小斯拉夫民族是有利的，因爲泛斯拉夫主義可擴大俄國的影響力；可爲哈布斯堡帝國小斯拉夫民族提供一個強大的同盟軍，也許還可提供一個希望組織「適當的」大民族而非一群沒有生存能力的小民族的希望，但這希望很渺茫。〔對巴枯寧那個革命的、民主的泛斯拉夫主義，大可嗤之以鼻，斥之爲烏托邦。〕所以左派強烈反對泛斯拉夫主義，因爲俄國被認爲是國際反動勢力的主要堡壘。）

然而，這些運動中有一個卻毫無疑問的是民族主義運動：即愛爾蘭。愛爾蘭在一八四八年前就有個祕密的兄弟會革命組織「愛爾蘭共和兄弟會」（The Irish Republican Brotherhood，即芬尼亞運動），至今仍然存在的愛爾蘭共和軍，就是這個祕密革命組織的後代，是同類組織中存在時間最久的一個。農村廣大群眾支持民族主義政治家，這本身毫無新鮮之處，因爲愛爾蘭被外國征服，遭受壓迫，又很貧困，再加上地主階級將英國新教強加在信奉天主教的愛爾蘭農民頭上，光是這點就足以將最不關心政治的人都動員起來。在十九世紀上半葉，這些群眾運動的領導人都屬於愛爾蘭中產階級，他們的目標相當溫和，只希望與英國取得妥協（教會支持這一目標，教會是那時唯一具有作用的全國性組織）。芬尼亞運動是以反抗英國、爭取獨立爲宗旨，最早出現於一八五〇年代後期。它的不同凡響之處便是：完全不和中產階級溫和派發生關係，其支持完全來自廣大群眾——儘管有教會和部分農民公開表示敵意——它是第一個提出脫離英國，爭取完全獨立的組織，並主張以武裝暴動達到此一目標。雖然它的名稱是來自愛爾蘭古代神話故事，它的思想卻是非傳統的。雖然它那世俗的、甚至反教會的民族主義無法掩蓋下列事實：對愛爾蘭芬尼亞運動的廣大群眾而言，愛爾蘭人的標準是（今天仍是）信仰天主教。他們全心投入一個由武裝暴動贏得的愛爾蘭共和國，完全忽視了社會計畫、經濟計畫，甚至國內政治計畫，而那些持槍起義者與殉國者的英雄傳奇，直到今天對那些想要清楚陳述其內容的人而言，仍舊太過強烈。這就是持續至一九七〇年代的「愛爾蘭共和傳統」，在北愛的內戰、在「臨時」的愛爾蘭共和軍中又重新出現。芬尼亞運動成員準備與社會主義革命者結盟，有些人準備承認芬尼亞主義的革命性質，不過奉勸諸君不要因此而產生幻想（馬克思鼎力支持他們，並與芬尼亞運動領導人保持通訊）。

但是我們也不應低估一個受到廣大愛爾蘭勞工大眾經濟支持的運動（這些勞工大眾因貧窮所逼、因仇恨英國而跑到美國），不應低估它的獨特之處和歷史意義，須知這個運動的成員均來自移居美國和英格蘭的無產階級——在現今的愛爾蘭共和國當時幾乎沒有什麼產業工人——以及來自愛爾蘭歷史十分悠久的「農村恐怖主義」（agrarian terrorism）大本營裏的年青農民和農業工人，這個運動的骨幹就是從這些人當中成長起來的，此外還有具革命性的下層城市白領工人；這個運動的領導人已將自己的生命獻給起義暴動。這個運動預見到二十世紀低開發國家革命式的民族運動而搶了先機。這個運動缺少社會主義工人組織作爲核心，有的或許只是社會主義意識形態的激勵，它使得民族解放與社會改造結合在一起，並在這個世紀演變成一支令人生畏的力量。愛爾蘭根本沒有社會主義，更不必說社會主義組織了，芬尼亞運動成員(他們也是社會革命者)只是將土地聯盟(Land League)裏關於群眾民族主義與農村群眾不滿兩者之間含糊不淸的關係搞得明確無誤而已，達維特(Michael Davitt, 1846-1906)便是其中著名的一位。甚至這點也是在本書所述時期結束後，在一八七〇年代晚期和一八八〇年代的美國大蕭條時期才做到的。芬尼亞主義是自由主義勝利時代的群眾民族主義運動。它只想透過革命手段趕走英格蘭，爲被壓迫民族取得完全獨立，希望如此可一舉解決所有的貧窮、剝削問題，除此之外它別無其他事情可做。但其效果不佳，因爲，儘管芬尼亞運動成員有自我克制精神和英雄主義精神，但他們組織的暴動(一八六七)和侵略(例如從美國入侵加拿大)明顯成效不佳。他們偏好突擊，像通常那樣一下取得了轟動的效應，但也就只是一時宣傳而已；有時只是喧嚣幾下。他們凝造出一股爲大部分愛爾蘭天主教徒爭取獨立的力量，除此之外，他們提不出其他計畫，於是只得把愛爾蘭的未來拱手讓給一個小農業國家的中產階級溫和派、有錢的農場主人和小城市裏的商人，這些人接收了芬尼亞運動長期奮鬥的成果。

雖然愛爾蘭的問題很獨特，但不可否認的是在本書所述時期，民族主義日益成爲一支群眾力量，至少在白人國家是如此。《共產黨宣言》說「工人無祖國」，這個說法雖然不像有些人認爲的那樣不切實際，但是工人階級的這種意識只能隨著政治意識的提高而提高，因爲從傳統上看，革命本身歷來就是非常民族性的事(例如法國)，而且新工人運動的領導者和意識形態家本身也都深深捲入民族問題之中（一八四八年幾乎各國皆是如此）。從實際運作的層面來看，替代「民族」政治意識的，不是「工人階級國際主義」，而是次政治(sub-political)意識。次政治意識涉及的範圍比民族國家的政治意識範圍要小得多，甚或完全無涉。曾在民族忠貞和超民族忠貞（如國際無產階級事業）之間做出明確選擇的左派人士幾乎沒有。左派的「國際主義」在運作層面上，意味著支持為同一事業進行鬥爭的其他民族，與他們團結一致，如果本身是政治難民，就準備就地參加鬥爭，不論身處何方。這跟非常強烈的民族主義信仰也不牴觸，就像加里波底、巴黎公社的克呂塞爾(Cluseret，他曾在美國協助芬尼亞運動），以及數不清的波蘭戰士所表現的那樣。

這也可能意味著拒絕接受政府及其他人提出的「民族利益」，然而在一八七〇年抗議「手足相殘」的普法戰爭的德國和法國社會主義者，並非像他們自己所說的對民族主義無動於衷。巴黎公社從雅各賓愛國主義那裏獲得的支持不亞於社會解放口號；馬克思主義者李卜克內西(Liebknecht)和倍倍爾(Bebel)領導的德國社會民主黨，也從一八四八年配合激進民主派的民族主義對抗普魯士式的民族計畫中，獲得許多支持。日耳曼工人憤恨的不是愛國主義，而是反動，而他們對反動派最最不能接受的地方之一，就是反動派將社會民主黨人稱作沒有祖國的傢伙，這不僅剝奪了他們當工人的權利，也剝奪了他們做個好日耳曼人的權利。當然，政治意識若不經過某種民族式的界定幾乎是不可能的。如同資產階級一樣，無產階級作為國際事實而存在的僅僅是個概念。現實中它是不同民族國家或不同種族／語言群體的聚合體：英國、法國、多民族國家的日耳曼、匈牙利、斯拉夫……等群體的聚合體。只要「國家」和「民族」在思想意識上與已經建立組織、統治民間社會的國家和民族相吻合，那麼國家方面的政治就是民族方面的政治。

3

然而，不論人們的民族感情有多強烈（當民族變成國家和國家變成民族時），不論對民族的忠誠度有多高，「民族」不是天生的，而是人爲的。從歷史上看它是個新事物，雖然它體現出人類群體某些非常古老的反對「外人」所具有的、或他們認爲他們具有的共性的東西。實際上民族是需要被建造的。因此建立強制推行民族一致性的機制至關重要。機制主要是指國家，尤其是國家教育機制、國家就業機制和軍隊（在實行徵兵制的國家）（法國、德國、義大利、比利時和奧匈帝國皆實行了徵兵制）。這時期先進國家的教育制度發展迅速。用現代標準衡量，大學學生人數仍不很多。一八七〇年代，德國除神學院學生外，約有大學生一萬七千人，占領先地位。其次是義大利和法國，各有九千到一萬名大學生，遠遠落在德國後面。再其次是奧地利，約八千名大學生❾。除非是受到民族主義的壓力，否則大學生的數量成長不大。美國是個例外，美國高等教育機構在這個時期成倍增長。（一八四九到一八七五年間，全世界新建了十八所新大學，其中九所在歐洲之外（五所在美國，兩所在澳大利亞，阿爾及耳和東京各一所），五所在東歐，兩個很小的大學在英國。）中等教育隨著中產階級的成長而發展。中學基本上仍是社會菁英們的領地（像大資產階級，學校是爲他們而設的）。在此美國又是個例外，美國的公立「中學」已開始其民主勝利的生涯（一八五〇年美國全國只有一百所中學）。在法國，接受中等教育的人數從一八四二年的三十五分之一增加到一八六四年的二十分之一。但是中學畢業生——一八六〇年代前半期平均每年約有五千五百人——只占達到服役年齡人數的五十五到六十分之一。當然這比一八四〇年代強多了，一八四〇年代只有九十三分之一❿。大多數國家處於兩極之間：完全沒有教育或教育完全受到限制的國家，如英國；和辦教育如飢似渴的國家，如德國。一八八〇年代德國高中學生很可能已達二十五萬人。英國卻只有二萬五千個男生分布在二百二十五所純私立的學校裏，而這些私立學校又被陰差陽錯地稱爲「公學」(public school)。

然而主要的進展是在小學方面。小學教育一般說來不僅是向學生傳授語文和算術的基礎知識，而且是(也許這點更爲重要)向學生強行灌輸社會價值(道德規範、愛國主義等等)。這個部分的教育正是以往世俗國家所忽視的，而它的發展恰與群眾進入政治密不可分。從英國在一八六七年改革法案通過後三年便建立國立小學教育體系，以及法國在第三共和頭十年間教育的巨大發展，便可見一斑。進步確實令人耳目一新：從一八四〇年到一八八〇年代，歐洲人口增加百分之三十三，而學校裏的小學生人數增加了百分之一百四十五。普魯士學生就學率一向很高，但在一八四三到七一年間，小學學生人數還是增加了百分之五十。在本書所述時期之內，學生人數增加最快的是義大利——增加了百分之四百六十。統一後十五年間，小學學生人數增加一倍，其中的原因該不僅是由於它的教育水準落後吧。

對新成立的民族國家來說，這些教育機構至關重要，因爲透過學校教育，「國語」便可眞正成爲其民族的口頭和書面語言(在此之前通常得經由個人努力)，至少爲達到某些目的時必須使用(當廣大公眾能閱讀和書寫標準國語時，「大眾媒體」——在此階段也就是新聞界——也就只能使用這種語言了）。學校教育對爲了「文化自治」而抗爭的民族運動也至關重要。「文化自治」亦即控有相關的國家機制，例如學校教學和政府行政應使用他們的語言。這個問題對文盲並無影響，因爲文盲說的方言是從母親那兒學來的；也不影響少數民族，少數民族是全盤吸收統治階級的語言。歐洲猶太人因保住自己的本族語言而感到滿足——從中世紀的日耳曼語衍生出來的意第緒語和從中世紀西班牙語衍生出來的拉迪諾語（Ladino）。母語是他們內部使用的語言，與非猶太人鄰居交往時便使用其他方言；一旦他們成爲資產階級，便放棄自己古老的語言，而使用周圍貴族和中產階級的語言：英語、法語、波蘭語、俄語、匈牙利語，特別是德語。（一場樹立意第緒語和拉迪諾語爲標準語的運動開始於十九世紀中期，後來是〔馬克思主義〕革命運動而非猶太民族主義〔猶太復國主義〕繼續進行這場運動。）但此時的猶太人還不是民族主義者。他們未能賦予民族語言足夠的重視，也未能占有一塊領土，致使許多人不相信他們能成爲一個「民族」。另一方面，這個問題對來自落後民族或次要民族的中產階級菁英們也十分重要。他們對有些本地人靠著其母語便是官方語言遂能占據要職的現象感到不平，即使他們（如捷克人）被迫具備的雙語才能使他們在事業上比只會說德語的波希米亞人占有優勢，他們仍然耿耿於懷。爲什麼克羅埃西亞人要成爲奧地利海軍就得學會義大利語，一個小民族的語言呢？

然而，當民族國家建立後，當公職和伴隨著進步文明而來的職業大量增加時，當學校教育更加普及時，尤其是當人口移動促使農業民族都市化時，這種不平便找到日益增多的普遍共鳴。對學校和教育單位來說，強行使用一種語言授課，也就意味著將某種文化、某種民族意識強加在眾人身上。

這在單一民族的地區毫無問題：奧地利一八六七年憲法承認小學教育可用「當地語言」。但是移居到德國城市裏的斯洛文尼亞人或捷克人為什麼要被迫成為德國人後才能學會識字呢？他們開始要求到本族學校上學的權利，即使他們是少數。為什麼布拉格或盧布雅那(Ljubljana，即萊巴赫〔Laibach〕)的捷克人或斯洛文尼亞人要用外國語來讀馬路上的街名和市裏的法令法規呢？須知他們已將日耳曼人從多數民族減到最小的少數民族了。哈布斯堡帝國的奧地利那一半問題十分複雜，以致政府不得不考慮到多民族問題。如果其他政府利用學校教育這個強大無比的武器來組建民族，系統地進行馬札兒化、德國化、義大利化，那又將怎麼辦呢？民族主義的一大怪事是，在組織自己的民族時，其他人就會面臨或被同化，或接受屈辱地位的處境，因而這部分人便自動產生反民族主義。

自由主義時代並未眞正弄懂這個似怪不怪的問題。其實自由主義時代並不理解它所批准的「民族原則」要靠它自己去體現，並在適當情況下給予積極支持。當時的觀察家認為(好像也這樣做了)民族和民族主義大體說來尚未形成，但可鑄成。毫無疑問他們是對的。例如美國這個民族就是在這樣的假設基礎上建立的：數百萬歐洲人遠涉重洋來到美國，他們很輕易的便快速放棄對其祖國的政治忠誠，也不要求承認自身語言、文化的正式地位。美國(或巴西，或阿根廷)不是多民族，而是將移民吸入自己的民族。在本書所述時期，事實就是這樣發生的，雖然移民社團並未在新世界這個「大熔爐」裏失去自己的特性，他們仍然淸醒自豪地成為愛爾蘭人、德國人、瑞典人、義大利人等等。移民社團可能是他們原來祖國的一支重要民族力量，就像美國的愛爾蘭人在愛爾蘭政治中所發揮的作用一樣；然而在美國，他們的重要性主要只針對參加城市選擧的候選人。居住在布拉格的德國人，光是他們的存在就給哈布斯堡帝國造成影響深遠的政治難題，然而居住在辛辛那提或密爾瓦基(Milwqukee)的德國人就沒有爲美國造成任何問題。

所以民族主義看來在資產階級自由主義的框架內還是容易處理的，而且與資產階級自由主義是一致的。據說民族的世界就是自由的世界，一個自由的世界是由民族組成的。未來將顯示，兩者之間的關係並非如此簡單。

註釋

❶ Ernest Renan, 'What is a Nation' in A. Zimmern (ed.), *Modern Political Doctrines* (Oxford 1939), pp.191-2.

❷ Johann Nestroy, *Haeuptling Abendwind* (1862).

❸ Shatov in F. Dostoievsky, *The Possessed* (1871-2).

❹ Gustave Flaubert, *Dictionnaire des idées reçues* (c. 1852).

❺ Walter Bagehot, *Physics and Politics* (London 1873), pp.20-1.

❻ Cited in D. Mack Smith, *Il Risorgimento Italiano* (Bari 1968), p.422.

❼ Tullio de Mauro, *Storia linguistica dell'Italia unita* (Bari 1963).

❽ J. Kořalka, 'Social problems in the Czech and Slovak national movements' in: Commission Internationale d'

Histoire des Mouvements Sociaux et des Structures Sociales, *Mouvements Nationaux d'Indépendance et Classes Populaires* (Paris 1971), I, p.62.

❾ J. Conrad, 'Die Frequenzverhältnisse der Universitäten der hauptsäch lichsten Kulturländer' *Jahrbücher für Nationalökonomie und Statistik* (1891) 3rd ser. I, pp.376ff.

❿ 感謝安德遜博士(Dr. R. Anderson)提供這些數據。

第六章
民主力量

資產階級應該知道，民主力量已在第二帝國期間應運而生了。資產階級將發現，這種力量根深柢固，重新發動反對民主的戰爭無疑是極不理智的。

——塔爾吉，一八六八年❶

但是，由於民主的進程是社會整體發展的結果，所以一個掌控較大政治權力的進步社群，必須在此同時保護國家免於民主的暴行。民主力量無論在什麼地方一時占了上風，都應立即加以鎮壓。

——梅爵士，一八七七年❷

1

如果民族主義是這個階段各國政府所承認的一種力量的話，那麼，「民主」，或者說一般人在國家事務中日益增強的作用，就是另一種歷史力量了。在本書所述時期，民族主義已成爲群眾運動，就此而言，民族主義和民主這兩種力量又是同一回事。毫無疑問，就這點來說，幾乎所有激進的民族主義領導者，都將認爲民族主義和民主是同一種力量。然而，我們認爲，儘管以新興工人階級爲代表的其他團體，主張掀起至少在理論上將共同的國際階級利益置於民族利益之上的運動，但實際上，由農民等普通人組成的大團體，仍然沒有受到民族主義的影響，甚至在參政受到高度重視的國度亦然。在統治階級眼中，重要的並非「群眾」所信奉的事物，而是他們的信念如今已成爲政治必須的考慮之一。從定義上講，群眾是爲數眾多、愚昧且危險的，正是由於他們十分單純，眼裏看到什麼就信什麼，所以他們也最危險，因爲他們看到的是統治者對他們的痛苦漠不關心，他們看到的是一條簡單的邏輯：既然他們占人民群眾的大多數，政府就應當首先爲他們的利益服務。

在西方先進的工業國家裏，這一點已經顯得越來越清楚，即政治制度遲早將不得不讓他們占有一席之地。此外，以下這點也很清楚，即構成資產階級社會基本意識形態的自由主義，已經無力從理論上防止這種情形發生。自由主義政治組織的特有形式，就是經由選舉產生的議會來組成代議政府。此政府代表的(如同封建國家一樣)不是社會或集體的利益，而是個人的總和以及法律上平等身分的總和。當政者從自身利益考慮，也出於小心謹愼和某種普通常識，很可能得出下列看法：即並非所有人都有能力決定政府的重大政策。不識之無者不如大學畢業生；因循守舊者不如思想開明者；無所事事的窮人不如那些可以透過正當手段興家致富的幹練之士。然而，這種論點不僅缺乏說服力，而且在社會底層民眾眼中，它們有兩大弱點（對最保守的人來說，情況當然又很不相同了）。如果法律上人人平等，那麼在理論上就不能將人做出這種區分。尤爲重要的是，由於社會流動和教育進步（二者對資產階級社會來說都是必要的），使得中產階層與下層社會之間的界線模糊不清，因此在現實社會中也很難將人們清楚劃分。我們可以看到愈來愈多「値得尊敬的」工人與下中階級接受了資產階級的價值觀，也在條件允許範圍內採納了資產階級的行爲標準，於是這條界線應劃在哪裏呢？無論這條界線劃在哪裏，只要它是涵括了多數的那邊，其中就可能包括相當一部分不支持資產階級自由主義若干觀點的公民，以及竭力反對資產階級自由主義的人（而資產階級認爲這些觀點對社會繁榮是不可或缺）。此外，最具決定性的一點是，一八四八年革命已經證明，群眾已有能力衝入統治者的封閉圈內；工業社會帶來的進步，更使他們造成的壓力甚至在非革命時期也越來越大。

一八五〇年代給了大多數統治者一個喘息機會。十餘年間，他們不必再爲歐洲會發生這類問題而憂心忡忡。然而當時已有一個國家，其政治和憲法時鐘已經處於無可逆轉的情況。在法國，由於過去已經發生過三次革命，因此想再把群眾排除在政治之外無疑是一種不切實際的幻想：他們從今往後都必須受到「駕馭」。路易拿破崙（即拿破崙三世）的第二帝國從此成了更具現代性的政治試驗場，儘管其與眾不同的特殊性對日後的政治管理形式啓發不大。這種試驗迎合了那些不可思議的頭面人物的口味，只是與他們的才智不太相稱。

拿破崙三世在與公眾的關係方面一直很不順利。他很不幸，因爲他未能把他那個時代最具影響力的能說善辯之士全都納入旗下。光是馬克思和雨果的聯合抨擊，就足以消除人們對他的記憶，這還不包括那些次要但在當時也同樣具戰鬥力的新聞界人才。他在國際和國內政治事業中的失敗，也使他臭名昭彰。希特勒之所以能夠倖免世界輿論的一致譴責，是因爲這個惡棍、瘋子和令人恐怖的人物，在通往或許是不可避免的大災難的道路上，做出了不同凡響的事情，最難能可貴的是他始終得到其隨從人員的忠誠支持。拿破崙三世顯然不像希特勒那麼非凡，也不像希特勒那麼瘋狂。一個在謀略上敗給加富爾和俾斯麥，一個才打了幾個星期的仗其政治支持便下降到危險點的人，一個把「拿破崙主義」從作爲法國的一支主要政治力量變成一樁歷史軼事的人，當然不可避免的會被譏爲「無足輕重的拿破崙」而黯然退出歷史舞台。拿破崙三世根本沒有扮演好自己的角色。他原想借助普法戰爭重建自己和法蘭西的聲榮，卻被這場戰爭嚇得嗦嗦發抖。這位心不坦誠、表情陰沉卻經常展示其魅力的人，這位留著絡腮鬍、健康狀況每下愈況的人，似乎只是因其官階最高而成爲帝國的當權者。

他基本上是一位失敗的政治家。然而，命運和個人背景使他扮演了一個全新的角色。在一八四八年之前，作爲法蘭西帝國皇位的覬覦者，他不得不從非傳統的角度來思考問題，儘管人們對他聲稱他是波拿巴家族成員表示懷疑。他成長於民族主義鼓吹者和聖西門主義者的社會環境中（他本人加入過燒炭黨〔Carbonari〕），這種經驗使他堅信，或許過分堅信民族主義和民主等歷史力量的必然性；也導致了他對社會問題和後來對他有所裨益的政治手法的堅信無疑。革命給他帶來了機會，因爲革命以壓倒性多數選舉姓波拿巴的人爲總統，當然，動機各不相同。事實上他不需要透過選舉掌權，一八五一年政變後，他也不需透過選舉宣布自己爲皇帝。但是，如果他不先取得選票的認定，光憑他耍陰謀詭計的能力是不可能說服那些將領和所有有權力、有野心的人支持他。除美國之外，他是第一個通過全民（男性）選舉當政的大國統治者，這點是人們永誌不忘的。當政之後，他繼續像最早經由公民投票產生的凱撒，更確切地說像戴高樂將軍（General de Gaulle）那樣運用選舉制度（選舉產生的代表制議會根本無足輕重），一八六〇年以後，也越來越常採用當時已習以爲常的議會制度。由於他相信這是當時業已爲人們所接受的歷史事實，因此，他也許認爲，他也不可能抗拒這種「歷史力量」。

拿破崙三世對選舉政治的態度是模稜兩可的，人們對這一點感到饒有興趣。作爲一名「議會政治家」，他玩了當時一般政治家都玩的政治遊戲，即把議會中足夠多數透過選舉產生的議員糾集起來，組成鬆散易變的聯盟，給它貼上一個絕不可能與現代政黨相混淆的、含糊不清的意識形態標籤。因此，如梯也爾（Adolphe Thiers, 1797-1877）之類的七月王朝政治家，以及未來第三共和的傑出人士如法弗爾（Jules Favre, 1809-80）、費里（Jules Ferry, 1832-93）和甘必大（Gambetta, 1838-82），才得以在一八六〇年代或恢復其名譽地位，或自此名聞遐邇。拿破崙三世在玩弄這種遊戲方面並非特別成功，尤其是當他決定放鬆對選舉和新聞出版機構實施有力的官僚控制之後。另一方面，作爲一名爲選舉制度而奮鬥的人，他還保留了公民投票這項武器（這點又像戴高樂將軍，只是比戴高樂更加成功)。在一八五二年的公民投票中，他一鳴驚人地以壓倒多數或者說權威性的票數獲勝。那次公民投票儘管受到了相當嚴密的「監控」，他還是以七百八十萬票贊成，二十四萬票反對，和二百萬票棄權的絕對優勢取勝，甚至在他垮台前夕的一八七〇年選舉中，他仍能保持一種日趨惡化的議會制局面，以七百四十萬票對一百六十萬票的多數獲勝。

這種公眾支持是沒有經過政治組織的(當然，透過官僚政治施加的壓力除外)。拿破崙三世不像現代民眾領袖那樣，他沒有進行「運動」，作為國家元首，他當然也不需要。公眾的支持也不是整齊劃一的。他本人就很希望得到「進步人士」的支持——雅各賓共和派總是那麼高不可攀，他們的選票集中在城市裏——同時他也希望得到工人階級的支持。與正統的自由黨人相比，他更加重視工人階級的社會和政治重要性。然而，雖然他有時也得到諸如蒲魯東(Pierre-Joseph Proudhon, 1809-65)之流的無政府主義重要代言人的支持，而且他也的確為調停、平息一八六〇年代日益高漲的勞工運動做出認真的努力——他於一八六四年使罷工合法化——但他還是未能打破勞工與左派之間傳統契合的密切關係。因此，他實際上依靠的是保守勢力，特別是占這個國家三分之二的西部農民。鑑於這些理由，他畢竟還是拿破崙，是堅決反對威脅財產的反動政府，是羅馬教皇的保護者——這是拿破崙三世出於外交原因竭力想要避免、但由於國內政治原因又無法避免的局面。

但是，從拿破崙三世與法國農民之間的實質關係來看，他的統治似乎更具意義。馬克思曾對法國農民做了以下評述：

無論是經由議會還是政治會議，農民都不可能以他們自己的名義加強他們自身的階級利益。他們不可能代表他們自己，他們必須由別人代表。他們的代表必須同時是他們的主人；是他們的權威；是保護他們免遭其他階級的損害，並給他們送來雨露和陽光的無限政治力量。操縱權力的人既將自己與他們繫聯在一起，小農終於在這些人身上找到表達政治影響的方式。❸

拿破崙三世就是這種權力的執行者。他是第一個與「不能以自己階級名義獲得本階級利益」的廣大群眾建立關係的政治人物。二十世紀的許多政治家——民族主義者、民粹主義者，以及以最危險形式出現的法西斯主義者——都將再次發掘他所倡導的那種與民眾的關係。他們還將發現，還有其他的人口階層在這方面與大革命後的法國農民極其相似。

在一八五〇年代，除了瑞士的革命憲法保持不變外，其他歐洲國家都不是在成年男子普選的基礎上當政的。（瑞士國會議員是由不受財產資格限制的二十歲和二十歲以上的男性公民選出，但上議院議員是由州代表選出。）有一點也許是人們應該注意的，即甚至在民主進展順利的美國，選舉投票率也要比法國低得多：一八六〇年美國大選共有四百七十萬選民投票，林肯僅以不到其中半數的選票當選總統。一般說來，除了在英國、斯堪的納維亞、荷蘭、比利時、西班牙和薩伏衣公國之外，代議會在其他國家幾乎都不具真正的權力或影響力，它們的情形都非常雷同，或是通過非常間接的選舉產生；或是有點類似古老的「階級會議」；或是對選民和候選人的年齡、財產做出或多或少的嚴格規定。這種選舉而成的議會，幾乎不可避免地都受到更加保守的上議院的攻擊和制約。上議院議員大多數是指派的，或是世襲的，或是由於官職而自然成爲上院議員。在英國的二千七百五十萬總人口中，約有一百萬人擁有選舉權，其選舉限制肯定比比利時少，比利時的四百七十萬人口中，只有大約六萬具選舉資格，但英國既不民主，也不打算實行民主。

一八六〇年代群眾運動的復甦，使政治不可能脫離民眾壓力。到本書所述的這個時代末期，歐洲只有沙皇俄國和土耳其帝國繼續維持純粹的專制制度，而普選權再也不是革命政權的顯著特點了。新的德意志帝國便是採用普選制選舉其國會議員，但很大程度是出於裝飾目的。在這十年間，沒有幾個政府能逃得過人民參政權的重大擴張，只是程度強弱不等。在此之前，選舉只在少數幾個國家具有實際意義。這些國家曾爲之絞盡腦汁的問題已成了大多數國家的頭痛問題——是採名單比例代表制，還是候選人制；是按「幾何圖形劃分選區」，還是爲某一方的利益擅自改劃社會和地理選區；上院凌駕下院的審核制度；把權力留給最高行政長官等等。所幸這些問題在當時還不十分尖銳。英國的第二次改革法案雖將選民人數增加了一倍左右，但仍然不超過人口總數的百分之八。而在不久前統一的義大利王國，選民僅占人口總數的百分之一。（根據一八七〇年代中期法、德、美的選舉情況判斷，這段期間擁有選舉權的成年男子實際上只占總人口的百分之二十到二十五。）儘管如此，情況還是有了變化。而且進一步的變化只能暫被推遲而已。

由於朝代議制政府方向取得不少進展，於是政治上又有兩個問題被凸顯起來：即中上層社會菁英的問題，和還未能參與官方政治的貧民問題。用當時英國的術語來說，就是「階級」和「民眾」的問題。在他們之間還有一個中間階層——小店主、手工業者，以及其他「小資產階級」和擁有地產的農民等——他們已經以財產所有人的身分部分捲入這種業已存在的代議政治。無論是舊式莊園貴族和世襲貴族，還是新生資產階級，都不具數量上的優勢。對於這種優勢，貴族階級並不需要，但資產階級卻很需要的。由於二者(至少他們的上層)都擁有財富，並在其社群中擁有使他們成爲至少是潛在「名流」的個人權勢和影響力，亦即他們都是政治上舉足輕重的人物。唯獨那些貴族階級，爲了維護他們的利益仍頑固反對選舉制度：英國堅持上議院制，普魯士和奧地利國會用臭名遠揚的額外代表制方式堅持「階級選舉權」，有的則堅持殘存的——但很快便消失的——古老封建階級制度。此外，他們作爲一個階級，在君主政體中一般仍能獲得有系統的政治支持。君主政體畢竟仍是歐洲國家的主要政府形式。

另一方面，由於資產階級擁有巨大財富，他們已是不可或缺的，他們肩負歷史的命運，因而他們以及他們的思想已成爲這個時期的「現代」基礎。但是，眞正使他們變成政府體制中的一股力量的，是他們動員非資產階級支持的能力。因爲非資產階級擁有人數上的優勢，當然也就擁有選票上的優勢。如果喪失這一點，如同一八六〇年代末在瑞典所發生的那樣，又如同後來在其他地方因眞正的群眾政治高張而很快發生的那樣，他們就會在選舉方面，至少在全國政治中，淪爲勢單力薄的少數。(在地方政治方面，他們還能維持一種較好的局面。)因此，對他們來說，至關重要的是繼續得到小資產階級、工人階級和農民(比較少見)的支持，至少要當這些階級的霸主。廣義上來說，在這個歷史時期他們是成功的。在代議政體中，一般都由自由黨(通常爲城市工商階級的政黨)掌權或執政，僅偶爾有所中斷。在英國，從一八四六到一八七四年間一直都是自由黨執政；在荷蘭，至少一八四八年以後的二十年間是這樣：在比利時，從一八五七至一八七〇年間是如此；在丹麥，直到一八六四年令人震驚的失敗之前，也或多或少是如此。在奧地利和法國，從一八六〇年代中葉到一八七〇年代結束，他們一直是各屆政府的主要正式支持者。

然而，自此以後，來自下面的壓力越來越大，更民主激進的一翼從他們之中分裂出來。這種激進派是進步的、主張共和的，但此時尚未成爲獨立的勢力。在斯堪的納維亞，農民團體從自由黨退出，變成「左派」，如一八四八年的丹麥，一八六〇年代的挪威；或者變成反對城市的壓力團體，如一八六七年的瑞典。在普魯士(德國)，以西南部非工業區爲基地的民主激進派餘黨，一八六六年後拒絕跟隨資產階級的國家自由黨人(National Liberals)與俾斯麥結盟，他們當中有些人加入了反普魯士的馬克主義社會民主黨。在義大利，當溫和派成了這個新近統一之王國的中流砥柱之際，共和黨人仍繼續扮演其反對者的角色。在法國，資產階級長期無法在自己的旗幟甚至在自由黨的旗幟下行進，其候選人打著越來越具煽動性的旗號來尋求民眾支持。「改革」和「進步」讓位給「共和」，「共和」又讓位給「激進」，甚至在第三共和時期，又讓位給「激進的社會主義」。在一次次的變化中，每次都隱藏了一批新一代具有相同本質的蓄著絡腮鬍、身著禮服外套、能言善辯和夸夸其談的立法改革者。當他們在選舉中戰勝左派之後，便迅速地轉向溫和。唯獨在英國，激進派長期屬於自由黨的一翼。也許這是因爲在英國，農民和小資產階級並未形成一個階級，不像其他地方，農民和小資產階級已取得政治獨立地位。

不過，實際上自由黨仍然是掌有權勢的，因爲它提出了唯一一套被認爲是有利於經濟發展的政策(德國人稱之爲「曼徹斯特主義」)，也是因爲在科學、理性、歷史和進步等問題上，無論持何種觀點的人，幾乎都一致認爲它代表了這些事物的力量。從這個意義來說，一八五〇和六〇年代的政治家(和文職人員)，無論其意識形態爲何，幾乎都是自由黨人，就像當今的政治家和文職人員都不是自由黨人一樣。激進派拿不出一套能夠取代資產階級的理論體系。在那個時期，要他們和眞正的反對黨聯手反對自由黨，即使並非不可能，但至少對他們來說在政治上是不可思議的。激進派和資產階級都是「左派」的組成部分。

眞正的反對黨(「右派」)來自那些反抗這種「歷史力量」的人(不論他們持什麼觀點)。在歐洲，很少有人眞正希望如一八一五年後的浪漫反革命分子一樣恢復到舊制度時代。他們的目的全在於阻止，或者說僅在於減慢目前這種令人恐懼的進步。我們可從那些主張「運動」和「穩定」、「秩序」和「進步」不可偏廢的知識分子身上找到最佳詮釋。因此，保守主義的主張往往很容易贏得自由資產階級中某些派別的讚賞，因爲他們已感到進一步發展將會有引狼入室的危險，使革命再度逼近。有些特殊團體的眼前利益與自由黨現行政策直接發生衝突(如農民黨和保護主義者)；也有些派別並不是出於反對自由黨政策而反對自由黨，如比利時的法蘭德斯人，他們憎恨本質上是瓦隆(Walloon)資產階級及瓦隆人的文化統治。保守黨自然得到這部分人的支持。還有一點也是毋庸置疑的，特別是在農村社會中，亦即家庭或地方敵對勢力自然會被與他們關係不大的意識形態二分法所同化。馬奎斯(Garcia Marquez)的小說《百年孤寂》(*A Hundred Years of Solitude*)中的本迪亞(Aureliano Buendía)上校，在哥倫比亞的窮鄉僻壤組織了總數三十二次自由黨起義中的首次暴動，這並不是因爲他是自由黨人，也不是因爲他懂得這個詞的含意，而是因爲他曾遭到一位當地官員的凌辱，而這位官員恰好也是保守黨議員。可能出於邏輯上或歷史上的原因，維多利亞時代中期的英國賣肉商大都爲保守黨人（是否與農業有關？）；而雜貨商又絕大多數爲自由黨人（是否與外貿有關？），但其中的原因都未得到證實。然而，需要解釋的也許不是這一點，而是爲什麼這兩類無所不在的店主不持同一種觀點呢？按常規，無論什麼樣的觀點，他們都應能求得一致才是。

從本質上看，保守主義者依靠的力量是：強調傳統、堅持陳舊且秩序井然的社會，以及墨守成規、不求改變且反對新興事物的人群。因此，在這方面，發揮官方教會和官方組織的作用至關重要，因爲凡是自由主義贊成的，都對二者形成威脅；同時二者還能動員十分強大的力量去反對自由主義。還有一點就更不用提了，即組織第五縱隊打進資產階級權力中心，辦法就是利用資產階級妻女講從孝道、恪守傳統美德的特點，以及利用牧師控制嬰兒的受洗、結婚典禮和葬禮，教會基本上掌控了一大部分的教育優勢。雙方都在激烈爭奪這些領域的控制權，事實上，這場爭奪戰成了許多國家保守派和自由派之間政治鬥爭的主要內容。

所有官方教會實際上都是保守的，羅馬天主教尤然，因此，它自然成爲堅決與不斷高張的自由浪潮作對的陣地。一八六四年，羅馬教皇庇護九世（Pius IX）在《現代錯誤學說彙編》（*Syllabus of Errors*）中，明確提出他的觀點。此彙編譴責了八十條錯誤，宣稱它們都是不可饒恕的，其中包括「自然主義」（因爲自然主義否認上帝創造人類及世界）、「理性主義」（使用與上帝無關的推理）、「溫和的理性主義」（拒絕基督教對科學和哲學的監督作用）、「信仰無差別論」（indifferentism，因爲它主張自由選擇宗教或者不信宗教）、世俗教育、政教分離，並對下述觀點（第八十條）進行總批判：「羅馬教皇可以並應當與進步、自由主義和現代文明協調一致」。於是，右派與左派之間的界線就不可避免地成爲教權與反教權之間的主要界線，後者在天主教國家主要係指公開表示不信教之人，也包括信奉國教之外的小宗教或獨立宗教者（英國最爲明顯，見第十四章）。（一般而言，國教屬於少數宗教的情況是異常的。荷蘭天主教徒可能就是站在自由黨那邊反對居主導地位的喀爾文教徒。德國的天主教徒既不能參加俾斯麥帝國的基督教右派，也不可能參加自由黨左派，遂於一八七〇年代組成一個特殊的「中央黨」。）

這個時期在「階級」政治方面的新產物，主要是自由資產階級開始成爲立憲政治舞台上的一股力量。其原因是專制主義在德國、奧匈帝國和義大利——即在占歐洲人口三分之一地區——的明顯衰落。（在歐陸，大約有不到三分之一的人口還生活在資產階級尚無法發揮這類作用的政府統治之下。）定期刊物的發展情況——除了英、美之外，定期刊物幾乎仍全是以資產階級爲讀者——生動地反映了這種變化：一八六二至七三年間，在奧地利（不含匈牙利），定期刊物的數目從三百四十五種增加到八百六十六種。而定期刊物的宣傳內容對一八四八年前透過選舉產生的議會來說，並沒有什麼不熟悉之處。

在大多數情況下，公民權仍然受到極大限制，因而不可能實行現代政治或其他任何群眾政治，其實，中產階級的生力軍往往可以取代他們聲稱要代表的眞正的「人民」。在一八七〇年代初期那不勒斯和巴勒摩的選舉中，分別有百分之三十七點五和百分之四十四的選民資格是得自他們大學畢業生的身分。但這是極其個別的例子。即使在普魯士，如果我們回顧一下一八六三年的選舉，自由黨雖然獲勝，但情況並不令人難忘。在那次選舉中，選民資格已受到嚴格限制。即使如此，只有三分之二的選民才會不厭其煩的到城裏去投票，結果是自由主義者獲得的百分之六十七的選票，實際上只代表百分之二十五的選民❹。一八八〇年代自由主義者在這些選舉權受到限制、選民反應冷淡的國家中取得如此輝煌的勝利，除了說明這個選舉結果只能代表那些體面的自由市民的觀點外，難道還能說明其他問題嗎？

在普魯士，至少俾斯麥就認為選舉結果無法說明其他問題。因而他只管統治，不與議會商量，從而簡單解決了自由黨議會和王室之間的本質衝突。（雙方曾在一八六二年的軍隊改革方案中發生衝突。）由於支持自由黨的人，除資產階級以外再無他人，而資產階級是不可能、也不願動員任何眞正的力量（無論是武裝的還是政治的），因此任何有關一六四〇年長期國會（Long Parliament）或者一七八九年三級會議的說法，也都只能是不切實際的幻想。（相反，在一些落後國家，自由黨人雖然處於少數派地位，但仍極具實力。其原因在於在這些國家存在著自由黨地主，他們對所在地區的控制實際上超過了政府的影響；或者說存在著已經聲明代表自由黨利益的官員。這種情況只在幾個自由黨執政的國家出現過。）俾斯麥認識到，「資產階級革命」完全是不可能的，因為只有資產階級以外的階級都動員起來，才可能能爆發眞正的革命；同時也因為商人和教授在任何情況下都絕不會自動去設置路障。但這並未妨礙俾斯麥實施自由資產階級的經濟、法律和意識形態綱領，只要這些綱領能與信仰新教的普魯士君主國的政治實情相配合，亦即地主貴族階級占支配地位的政治實情。他不希望迫使自由黨人和廣大群眾結成令人失望的聯盟。總之，資產階級的綱領顯然是當代歐洲國家必然要經歷的發展程序，或者說，這至少似乎是不可避免的。誠如我們所知，他贏得了輝煌的勝利。大多數自由資產階級接受了俾斯麥提出的「綱領減去政治權力」的方案——他們也沒有多少選擇的餘地——並於一八六六年改稱爲國家自由黨。該黨在本書所述時代的剩餘時間裏，成了俾斯麥在國內玩弄政治花招的基本力量。

俾斯麥和其他保守黨人都懂得，無論是什麼樣的群眾，他們都不是可和城市商人同日而語的自由黨人。所以，俾斯麥及保守黨人有時候認爲，他們能夠抑制自由黨人擴大公民權的威脅。他們甚至可能像英國保守黨創始人之一的狄斯累里在一八六七年，和比利時天主教在一八七〇年所做的那樣，將這種想法付諸實現。他們的錯誤在於把群眾想像成跟他們同樣的保守主義者。毫無疑問，歐洲大部分地區的大多數農民還是傳統主義者，他們向來自動支持教會、國王或者皇帝，以及僧侶統治集團，反對城裏人的邪惡圖謀。在法國，西部和南部的廣大地區甚至在第三共和時期，還投票選舉波旁王朝的支持者。還有一點也是毋庸置疑的，如同英國的民主無害理論家白芝皓在一八六七年頒布改革法案之後指出的那樣，包括工人的多數群眾，他們的政治行爲是受到「他們上司」的控制。但是，群眾一旦登上了歷史舞台，他們早晚會做一個具有自主性的正式演員，不會永遠像個單純的臨時演員，在戲劇中扮演精心設計的不重要角色。此外，許多落後地區的農民可能還是保守黨的依靠對象，但在工業日漸繁榮的城市地區則非如此。城市居民所希望的不是傳統的自由主義，但是，傳統的自由主義也不一定就受到保守主義統治者的歡迎，特別是不一定受到那些致力於眞正的自由經濟和社會政策者的歡迎。在一八七三年之後的經濟蕭條和不穩定年代裏，這點變得特別明顯。

在政治領域異軍突起並發揮重要作用的最危險社群，是新生無產階級，其數量因二十年的工業化而壯大。

2

工人運動沒有因爲一八四八年革命和此後十年經濟發展的失敗而遭到致命摧毀。那些研究新社會的未來，將一八四〇年代的動亂轉變成「共產主義幽靈」，給無產階級提出一個有別於保守派、自由派或激進派政治前景的各式理論家，有的被捕入獄，如布朗基；有的被流放，如馬克思和布朗；有的被人遺忘，如皮奎爾(Constantin Pecqueur, 1801-87)；有的三者兼而有之，如加貝(Etienne Cabet, 1788-1857)；有些人甚至與當局言歸於好，就像蒲魯東在拿破崙三世統治下占有一席之地一樣；有人相信資本主義即將滅亡，但時代顯然不站在他這邊。馬克思和恩格斯在一八四九年後的一、兩年內曾希望再次爆發革命，後來又曾把希望寄託在下一次大規模的經濟危機(即一八五七年那次)，但自那以後，他們也順應潮流，將革命視爲一種長期的打算。如果說社會主義已經徹底消亡，或許稍嫌誇張，然而甚至在英國，那些土生土長的社會主義者，在一八六〇和七〇年代也許都舒舒服服地進入略嫌窄小的官邸享福去了，也許一八六〇年的社會主義者，沒有一個不是在一八四八年就已經是社會主義者了。也許我們應該感謝這段中歇期強迫他們暫時脫離政治。這段隱晦時期使馬克思得以將其理論鍛鍊成熟，並爲其《資本論》打下基礎，但馬克思本人不知感恩。與此同時，倖存下來的工人階級政治組織，以及爲工人階級事業奮鬥的政治組織都紛紛垮台了，如共產主義者聯盟垮於一八五二年；或者逐漸淪爲沒沒無聞、無足輕重的組織，如憲章運動。

然而，工人階級的組織依然存在，而且只會漸漸壯大，但他們的經濟鬥爭和自衛行動比以往更有節制了。除了英國部分的明顯例外之外，工會和罷工幾乎在歐洲所有地方都是法律所禁止的。但是，那些互助會(Friendly Societies Mutual, Aid Societies)和合作組織——在歐陸一般爲生產組織，在英國一般爲商店——被認爲是可以接受的，不過談不上特別興盛：在義大利這類互助會勢力最強的皮德蒙地區，一八六二年互助會的平均人數也不足五十人❺。只有在英國、澳大利亞和——奇怪得很——美國，工人的工會組織才具有重要意義。澳大利亞和美國的工人工會，主要是由具有階級意識的英國移民組織而成的。

在英國，除了機器製造工業的熟練工匠和較古老行業的手藝人之外，棉紡工人也保持了強大的地方工會，這些工會在全國建立起有效的聯繫，而且有一兩次，即一八五二年的工程師聯合工會和一八六〇年木匠及細木工人聯合工會，它們曾在財政上(如果不能說在戰略上的話)協調了全國社團。它們雖然只是少數，但卻不是可以忽略的少數，而且在熟練工人中它們有時還占多數。此外，它們還爲工會制度的迅速擴大打下了基礎。美國的工會組織比起其他地方算是比較強勢的，儘管後來證明，它們未能抵擋住十九世紀末那場眞正飛快發展的工業化衝擊。然而，與組織有序、有勞動者天堂之稱的澳大利亞殖民地工會相比，美國工會只能算是小巫。澳大利亞的建築工人實際上早在一八五六年就贏得了八小時工作制，很快其他行業也都實行此一制度。在這個人口稀少而經濟蓬勃發展的國家中，工人討價還價的地位高於其他任何國家。一八五〇年代的淘金熱將數以千計的人們引至他方，留下來沒跟著去冒險的工人，其工資卻因之提高了。

敏感的觀察家並不認爲這類不甚重要的工人運動會維持很久。其實，大約從一八六〇年起，形勢已經很明顯，無產階級正與一八四〇年代的風雲人物一道重返歷史舞台，不過情緒不是那麼狂暴。它以未曾預料到的快速度出現了，接著又很快形成了與其後來運動相一致的思想體系：社會主義。這種成長過程是政治行爲和工業行爲的奇怪結合；是各種激進主義從民主主義到無政府主義的奇怪結合；是階級鬥爭、階級聯盟和政府或資本家讓步的奇怪結合。但是，首先它是**國際性**的，這不僅因爲它像自由主義的復活那樣，在各個國家同時產生，而且也因爲它與工人階級的國際團結密不可分，或者說與激進左派（一八四八年前那個時期的遺產）的國際團結密不可分。國際工人運動實際上組建爲國際勞工協會（International Workingmen's Association），即馬克思的第一國際（First International, 1864-72），並受其領導。《共產黨宣言》中「工人無祖國」的提法是否確切，可能尚有爭論：法英兩國有組織的激進工人必定都是愛國者，法國革命傳統向來就是眾所周知的民族主義（見第五章）。但是，在生產要素自由移動的經濟領域中，即使連不注重意識形態的英國工會，也已意識到制止雇主引進外勞的必要性，因爲這些外勞會破壞罷工的效果。對於所有的激進者來說，無論什麼地方的左派成敗，都似乎與他們自己的勝敗有著非常直接的關係。在英國，國際勞工協會是再度復活的選舉改革活動和一系列國際團結運動相結合的產物——一八六四年與加里波底的義大利左派相結合，美國內戰期間與林肯及北方相結合，一八六三年與不幸的波蘭人相結合等等。所有這類運動都曾以最少的政治色彩和最多的「工會主義」加強了工人運動。不同國家之間的工人所進行的有組織接觸，必然會對各自的運動產生反響。譬如，拿破崙三世在他允許法國工人派遣一個大型代表團赴倫敦參加一八六二年舉行的一次國際展覽後，就發現了這一點。

國際勞工協會成立於倫敦，並很快落入能幹的馬克思之手。它是英法工會領導人和舊時歐陸革命總參謀人員的奇怪結合。英國工會領導人有其傳統的島國孤立性和自由激進傾向，法國工會領導人的意識形態相當混雜，但更左傾些；而歐陸革命者們則各有各的觀點，且越來越無法協調。他們在思想領域的鬥爭最終毀了第一國際。由於有許多歷史家一直在研究他們，所以我們不需要在此多費筆墨。廣義而言，第一次重大鬥爭是發生在「純粹的」(實爲自由或自由激進的)工會主義者和那些更具野心的社會改革者之間，結果社會主義者贏得勝利，儘管馬克思小心翼翼地不讓英國人(他的主要支持者)參與這場鬥爭。隨後馬克思和其支持者又迎接(並擊敗)了蒲魯東「互助論」(mutualism)的法國支持者和階級意識強烈、反對知識分子的好鬥手工匠的挑戰；接著又遭到了巴枯寧無政府主義聯盟的挑戰，巴枯寧無政府主義聯盟更爲可怕，其祕密組織和派別的紀律相當嚴格，活動方式也絕不是無政府主義的(見第九章)。由於再也無法維持對國際勞工協會的控制，馬克思遂於一八七二年不動聲色地取消了國際勞工協會，將總部遷往紐約。至此，工人階級大動員的脊樑被折斷了，因爲國際勞工協會既是其中的一部分，又在一定程度上扮演協調角色。但事實證明，馬克思的思想還是取得了勝利。

在一八六〇年代，這一點是難以預料的。一八六三年以後，只有一次馬克思主義的，其實是社會主義的群眾性工人運動在日耳曼得到發展。(如果我們把一八七二年流產的美國國家勞工改革黨〔National Labor Reform Party〕除外，實際上只有一個不受「資產階級」或「小資產階級」政黨支配的全國性政治工人運動。美國國家勞工改革黨是全國勞工聯盟〔National Labor Union, 1866-72〕的政治延伸，這個野心勃勃的勞工聯盟乃是隸屬於國際勞工組織。)這指的是拉薩爾(Ferdinand Lassalle, 1825-65)的成就。拉薩爾是一位才華橫溢的鼓動家，由於貪戀高度放蕩的私生活而自食惡果(他在一次爭奪女人的決鬥中受傷而死)；如果說他曾跟隨過什麼人，那麼，他自認爲是馬克思的追隨者，但跟隨的時間不很長。拉薩爾的全日耳曼勞工協會(Allgemeiner Deutscher Arbeiterverein, 1863)是徹頭徹尾的激進民主派，而非社會主義派。其當下的口號是普選權，但是，它的階級意識和反資產階級情緒都十分強烈，而且，儘管起初它的會員人數不算太多，但從組織上看，卻很像一個現代的群眾黨派。馬克思不歡迎全日耳曼勞工協會，而支持一個與它敵對的組織。這個組織是由他的兩個更加忠心耿耿(至少是更加可以接受)的弟子所領導。這兩個人一個是記者李卜克內西，另一個是才華出眾的年輕車木工倍倍爾。這個組織的基地位於日耳曼中部，雖然它更具社會主義性質，但它令人難以置信的是，它竟與(反普魯士的)一八四八年舊革命者的民主左派結盟，遵循一條並非毫不妥協的政策。拉薩爾派幾乎是一個徹頭徹尾的普魯士運動，它所思考的重心是如何運用普魯士的方法解決日耳曼問題。因爲這是一八六六年後明顯奏效的一種解決方式，所以在日耳曼統一的十年間強烈感覺到的那些分歧就不再引人注意了。馬克思主義者於一八六九年，和一些從拉薩爾派分裂出來、堅持革命運動無產階級純粹性的人士，組成了社會民主黨，最後並在一八七五年與拉薩爾派合併——後來證明是接管了拉薩爾派——組成了勢力強大的德國社會民主黨（SPD）。

值得注意的是，這兩個運動在不同程度上都與馬克思有關。它們都認爲（尤其是在拉薩爾死後），馬克思在理論上鼓舞了它們，是它們的領袖。二者都把自己從激進的自由民主中解放出來，從而發揮了獨立工人階級運動的作用。而且，（在俾斯麥於一八六六年賜予日耳曼北部和一八七一年賜予整個德國的兩次普選中）二者都立即得到了群眾的支持。這兩個運動的領導人都當選爲議員。在恩格斯的出生地巴門（Barmen），早在一八六七年，社會主義者的得票率就達到百分之三十四，及至一八七一年，更高達百分之五十一。

儘管國際勞工協會對工人階級政黨並不具直接的激勵作用（甚至德國的兩個政黨均不是它的正式成員），但是，許多國家的工人運動之所以能以大規模的工業和工會運動形式出現，卻與國際勞工協會密切相關。國際勞工協會至少從一八六六年起，就開始有系統地進行這種促進工作。國際勞工協會究竟何時開始實際從事這項工作，現在還不大清楚。（國際勞工協會恰好碰上第一次國際工人抗爭高潮，其中有一些，如一八六六至六七年的皮德蒙毛紡工人罷工等，肯定與國際勞工協會無關。）然而，自一八六八年之後，這類抗爭就基於共同利益的考慮而與國際勞工協會結合在一起。因爲這些運動的領導人越來越引起國際勞工協會的注意，甚至已經成爲國際勞工協會的戰士。工人騷動和罷工的浪潮席捲了整個歐陸，遠至西班牙，甚至波及到俄國：一八七〇年聖彼得堡發生了罷工活動。它在一八六八年襲擊了日耳曼和法國，於一八六九年控制了比利時（其勢力在此維持了若干年），此後不久又侵入了奧匈帝國，最後於一八七一年到達了義大利（一八七二至七四年間在義大利達到高潮），並於同年進入西班牙。與此同時，一八七一至七三年間，英國的罷工也達到頂峯。

新的工會不斷湧現。它們賦予國際勞工協會群眾基礎：光是奧地利的數字便足以表明，在維也納，國際勞工協會的支持者據報導在一八六九至七二年間，就從一萬人發展到三萬五千人；在捷克，從五千人增至約一萬七千人；在施蒂里亞(Styria)和卡林西亞，則從二千人增至僅施蒂里亞一地就大約有一萬人❻。用日後的標準來衡量，這些數字還不算多。但它卻代表著比數字表面大得多的動員力量——據悉，日耳曼工會只在群眾大會上做出罷工決定，而且代表尚未組織起來的群眾做此決定——這當然使各國政府驚恐萬分，特別是在一八七一年，當國際勞工協會群眾運動的洪峯與巴黎公社革命正好碰上的時候，情況更是如此(見第九章)。

早在一八六〇年代，歐洲各國政府，至少是部分資產階級，就注意到工人階級正在興起的問題。自由主義太拘泥於經濟自由放任的正統觀念，因此不曾認眞考慮社會改革政策。但是，一些敏銳意識到有失去無產階級支持危險的激進民主主義者，甚至準備犧牲這項正統觀念，在「曼徹斯特主義」從未贏得徹底勝利的國家裏，官員和知識分子越來越認眞考慮社會改革政策的必要性。因此，在德國，在日益高張的社會主義運動影響下，一個稱呼很不恰當的「社會主義教授」(Kathedersozialisten)組織，於一八七二年組成了具影響力的「社會政策學會」(Verein für Sozialpolitik)。該會提倡用社會改革來代替或者對付馬克思主義的階級鬥爭。(「社會主義」一詞與更具煽動性的「共產主義」不一樣，所有提出國營經濟和社會改革之人都可以含混不清地使用社會主義這個詞，甚至在一八八〇年代社會主義工人運動普遍興起的時期，該詞仍被廣泛使用。)

然而，即使把公眾對自由市場機制的干預視爲某種毀滅性妙方的那些人，現在也都確信，工人組織和活動只要能夠駕馭，也必須予以承認。據我們所知，一些更具蠱惑性的政治家，甚至拿破崙三世和狄斯累里等人，都敏銳地意識到工人階級的選舉潛力。在一八六〇年代，整個歐洲都曾修法允許某些有限制的工人組織以及有限度的罷工；更確切地說，就是在自由市場的理論架構中，爲工人的自由集體交易留下一席之地。然而，工會的法律地位仍然很不確定。只有在英國，工人階級及其運動才擁有巨大的政治分量——主要係因工人占人口多數——在幾年的過渡(一八六七—七五)之後，英國終於建立了一套獲得立法通過的完整體制。這對工會主義非常有利，所以工會主義者此後便不斷進行嘗試，企圖削弱工人階級業已獲得的自由。

這些改革的目的，明顯在於防止工人階級以一種獨立的、進而是一種革命的力量出現在歷史舞台上。這一點在業已建立非政治性或自由激進工人運動的國度裏，取得了成功。在有組織的工人力量已然強大的地方，如英國和澳大利亞，一直要到很後期才出現獨立的工人階級政黨，而且即使在它們成立之後，實質上仍然是非社會主義的政黨。但是，就我們所知，在歐陸的大部分地區，工會運動是在國際勞工協會時期湧現的，大多由社會主義者領導。從政治上看，工人運動與社會主義是一致的，特別是與馬克思主義。例如，丹麥在一八七一年成立了以組織罷工和生產合作社爲目標的國際勞工協會，這個國際組織在一八七三年遭丹麥政府解散之後，其各派別遂組成了若干獨立工會，後來，其中的大部分又重組爲「社會民主聯盟」。這就是國際勞工協會最具意義的成就。它既使工人階級有了獨立性，又使工人階級具備了社會主義性質。

另一方面，國際勞工協會並沒有使工人成爲造反者。儘管各國政府已經感受到國際勞工協會煽起的恐怖，但是國際勞工協會並未打算馬上發動革命。馬克思本人雖然革命性不減當年，但此時也沒有把馬上革命視爲重要的前景。實際上，他對發動無產階級革命的唯一嘗試——巴黎公社——其態度顯然是小心謹愼的。他認爲，巴黎公社毫無成功的可能性。它可能贏得的最佳效果就是製造一次與凡爾賽政府討價還價的機會。在巴黎公社遭到不可避免的失敗之後，他以最動人的語句爲它寫了一篇訃文，但他撰寫這本具有重要意義的小册子《法蘭西內戰》〔*The Civil War in France*〕的目的，是爲了教育未來的革命者。在這方面，他是成功的。但是，當巴黎公社革命正在進行的時候，國際勞工協會，即馬克思，卻保持沉默。在一八六〇年代，他爲長遠的目標而工作，但對那些短期目標仍持溫和態度。只要能建立(至少在主要工業國家)獨立的政治性工人運動，(在法律許可的地區)爲贏得政權而組織群衆，擺脫自由激進主義(含純粹「共和主義」和「民族主義」)知識分子的影響，解除左翼思想(無政府主義、互助論等)的束縛，他就感到滿足了。他未曾期盼這些運動成爲「馬克思主義」運動。馬克思若眞有此想法，他就無異於烏托邦主義者了，因爲除了在德國和爲數不多的舊時移民當中，馬克思並沒有什麼眞正的追隨者。他既不期望資本主義立即崩潰，也不期望資本主義面臨馬上被推翻的危險。他只希望邁出組織群衆大軍的第一步，若能贏得這第一步，他就能和地位牢固的敵人展開長期鬥爭。

及至一八七〇年代初，工人運動看來似乎連這些並不過分的目的也沒有達到。英國的工人運動仍牢牢控制在自由黨人手中，其領導人太軟弱、太腐敗，竟然還利用他們掌握的決定性選舉力量來索取議會席位。法國的工人運動因巴黎公社失敗而全線崩潰，在一片廢墟之中，除了陳腐的布朗基主義、激進的共和主義和互助論之外，不可能找到比之更好的東西。一八七三至七五年爆發的工人騷動浪潮，並不曾使工會變得比一八六六至六八年更爲強大，甚至在某些情況下，還比那時更弱了。國際勞工協會自此停止活動，它消除不了舊時左派的影響，因而它的失敗已是顯而易見。巴黎公社革命被撲滅了。歐洲地區的另一場革命（即西班牙革命）也行將結束：波旁家族已在一八七四年重返西班牙，使下一個西班牙共和國延遲了將近六十年。唯有在德國，工人運動有了明顯的進展。於是衆人得到一個新結論：新革命的前景可能會出現在開發程度較低的國家（在此之前，這點尚不很明朗）。因此，從一八七〇年起，馬克思開始把某些希望寄託在俄國身上。然而，在這些工人運動中最令人感興趣的是，最可能動搖英國這個世界資本主義主要堡壘的那場革命，也失敗了。在愛爾蘭進行的芬尼亞運動也顯然遭到毀滅性的失敗（見第五章）。

馬克思晚年不乏退縮與失望的情緒。比較而言，他此時的作品很少，而且在政治上也不像以前那樣活躍。（馬克思死後，恩格斯將其遺留下來的大量資料整理成《資本論》第二卷和第三卷。〈剩餘價值說〉(Theories on Surplus Value)實際上在一八六七年《資本論》第一卷發表之前就已經完成。馬克思的主要著作中，除了一些書信之外，只有《哥達綱領批判》(*Critique of the Gotha Programme*, 1875)是在巴黎公社失敗後完成的。）然而，根據後見之明，我們可以說一八六〇年代革命有兩項成就是永恆的。其一是，從此以後，世界上出現了有組織的、獨立的、政治性的、社會主義的群衆性工人運動。其二爲，前馬克思的社會主義左派影響力，已經大大削弱了。結果是使日後的政治結構發生了永久性的變革。

這些變化絕大部分直到一八八〇年代末期，亦即國際勞工協會再次復甦之際，仍不明顯，國際勞工協會此刻主要是作爲馬克思群眾黨派的共同陣線。然而早在一八七〇年代，至少已有一個國家面臨了這個新問題，這個國家就是德國。德國社會主義者的選票(一八七一年爲十二萬二千張)在短時間的挫折之後，再度以一種不可抗拒的態勢明顯上升：一八七四年增至三十四萬張，一八七七年增至五十萬張。對於這種發展，沒人知道該如何應付。民眾既不保持消極被動的態度，也不準備聽從其傳統「長官」或資產階級的領導，而他們的領導者又不可能被同化，因此，他們在這種政治結構中顯得無所適從。俾斯麥本來可以爲了自身目的而玩弄自由議會主義的把戲，其實他比任何人玩得更好，可是此時他也想不出什麼別的高招，只能藉由法律手段來禁止社會主義者的活動。

註釋

❶ H. A. Targé, *Les Déficits* (Paris 1868), p.25.

❷ Sir T. Erskine May, *Democracy in Europe* (London 1877), I, p.lxxi.

❸ Karl Marx, *The Eighteenth Brumaire of Louis Bonaparte* (*Werke*, VIII, pp.198–9).

❹ G. Procacci, *Le elezioni del 1874 e l'opposizione meridionale* (Milan 1956) p.60; W. Gagel, *Die Wahlrechtsfrage in der Geschichte der deutschen, Liberalen Parteien 1848–1918* (Düsseldorf 1958), p.28.

❺ J. Ward, *Workmen and Wages at Home and Abroad* (London 1868), p.284.

❻ J. Deutsch, *Geschichte der österreichischen Gewerkschaftsbewegung* (Vienna 1908), pp.73-4; Herbert Steiner, 'Die internationale Arbeiterassoziation und die österr', *Weg und Ziel* (Vienna, Sondernummer, Jänner 1965), pp.89-90.

第七章 失敗者

最近（東方）掀起模仿歐洲習尚的風氣，包括借用危險的歐洲藝術。然而西方文明在東方統治者手裏不會開花結果，不但無法恢復他們搖搖欲墜的國家，反而會加速其滅亡。

——梅爵士，一八七七年❶

《聖經》不曾對溫馨現代的人類生活給予任何保證。……我們必須在所有的東方國家中建立恐怖政府。到那時，也只有那時，現代生活的益處方能得到理解和重視。

——凱伊，一八七〇年❷

1

在資產階級的世界裏，「生存競爭」是其經濟思想、政治思想、社會思想以及生物思想的基本隱喻。在「生存競爭」的環境中，唯有「適者」能夠生存。適者不僅有權生存，而且有權統治。對世上那些擁有經濟、技術以及軍事優勢的人來說，他們無往不勝。這些勝利者主要分布在西北歐、中歐，以及上述兩地移民在海外所建立的國度中（主要是美國），占世界絕大多數的其餘部分，便成了他們的盤中餐。在十九世紀第三個二十五年期間，除去印度、印度尼西亞和北非部分地區，幾乎沒有其他國家淪爲殖民地或具有殖民地的形式（我們暫且把盎格魯撒克遜人定居的地區，如澳大利亞、紐西蘭以及加拿大撇在一邊。它們雖然尚未正式獨立，但顯然不被視爲是「原住民」居住的地區。「原住民」是個中性詞，但有很強的輕蔑味道）。大家一致承認，這三個例外地區絕不是不值一提的小地方：光是印度一地，便占一八七一年世界人口的百分之十四。同時，在本書所述時期，雖然沒有增加多少新殖民地，但世界其餘地區享有政治獨立的國家幾乎微不足道。在經濟上，它們聽憑資本主義擺布，只要它們在資本主義所及範圍之內。在軍事上，它們的劣勢更是顯而易見。（西方）砲艦和遠征軍看來所向披靡。

事實上，當歐洲人在恫嚇虛弱的傳統政府時，他們並不像表面上那樣威風凜凜、不可一世。世界上有許多強悍民族（英國政府官員稱他們爲「尙武民族」），如果在陸地上與歐洲軍隊對壘，一定能將歐洲人打得落花流水，雖然在海戰中必敗無疑。土耳其士兵驍勇善戰，久負盛名。他們不僅能夠鎭壓反叛蘇丹的臣民，將他們斬盡殺絕，而且能夠勇敢面對他們最危險的宿敵：俄國軍隊。鄂圖曼帝國因此得以在歐洲列強之間巍然不動，至少延緩了其崩潰。英國士兵對印度的錫克族人（Sikhs）、印度西北部巴旦人（Pathans）和非洲的祖魯人（Zulus），以及法國士兵對北非的柏柏人（Berbers），亦都不敢輕視。從經濟上看，遠征軍在非正規戰或游擊戰的不斷打擊下，遭遇到嚴重的麻煩，特別是在邊遠山區，外國人在這類地區完全得不到支持。俄國人在對付諸如高加索人的反抗中，苦戰了幾十年。英國人知難而退，放棄直接控制阿富汗的企圖，而以監控印度西北邊界爲滿足。最後一點，由少數外國征服者對幅員廣闊的大國進行永久性占領是很難如願的，代價也很高。其實即使不永久占領，先進國家也能將其意志和利益強加在被征服國家身上，因此永久占領看似有些得不償失。不過從未有人懷疑在必要時永久占領是可以做到的。

因此，對世界大部分地區而言，它們無法決定自己的命運。它們充其量只能對加諸在它們身上那股越來越大的壓力做出一些反應而已。大體說來，任人宰割的那部分世界包括下列四個地區：首先是伊斯蘭世界及亞洲地區的殘存帝國或大型獨立王國，如鄂圖曼帝國、波斯、中國、日本，以及一些較小王國，如摩洛哥、緬甸、暹羅和越南。除日本之外——日本將另行闡述，參見第八章——這些大國日益受到十九世紀資本主義新興力量的破壞；小國則在本書所述時代結束之後，淪爲列強殖民地，只有暹羅因作爲英法勢力緩衝區而未遭占領。其次是西班牙和葡萄牙先前的美洲殖民地，在這段期間，它們是名義上的獨立國家。第三是撒哈拉以南的非洲地區。對於這個地區不需多費筆墨，因爲它在本書所述時期並未引起多大注意。最後是已被正式殖民化，或被正式占領的國家，主要是亞洲國家。

上述四類國家都面臨一個根本問題：對於西方正式或非正式的占領，它們應該抱持什麼態度。嗚呼，白人過於強大，無法拒之門外，這是再明顯不過的事了。墨西哥東南部猶加敦(Yucatan)叢林裏的馬雅(Maya)印第安人，爲了恢復自己古老的生活方式，曾在一八四七年試圖把西方人趕走，實際上由於一八四七年爆發的「種族戰爭」(Race War)，他們或多或少達到了自己的目的，然而最終——到了二十世紀——龍舌蘭和口香糖又將他們置於西方文明的羽翼之下。不過猶加敦的情況例外，因爲地處偏僻，離它們最近的白人國家(墨西哥)又太弱，英國在它們旁邊倒是有塊殖民地，近在咫尺，但英國人並沒有去恫嚇它們。善戰的游牧民族和山區部落民族可能嚇得白人不敢進犯。我們可以想像，白人之所以很少前往那些地區是由於力量不足，而非山高路遠，或是經濟效益不大。對於那些不屬於資本主義世界，但具完善政治組織的國家來說，問題並不是可不可能避開白人文明世界，而是應如何看待它的影響：照搬照抄耶？堅決抵制耶？或兩者兼而有之耶？僅此而已。

世上處於從屬地位的地方有兩類已在歐洲統治下被迫進行「西化」，或正處於「西化」過程之中：它們就是美洲的前殖民地，和實際已成爲殖民地的地區。

拉丁美洲已擺脫西班牙、葡萄牙殖民地的地位，而成爲法律上眾多主權國家的集合體。這些主權國家在西、葡留下的機制上，又加上一套大家熟悉的十九世紀(英國和法國)自由中產階級的機制和法制。西、葡留下的機制主要是帶有地方色彩的羅馬天主教機制。羅馬天主教在當地人民的生活中具有根深柢固的地位——當地人多半指印第安人，在加勒比海和巴西沿海地區主要爲非洲人。(來自非洲的奴隸仍繼續信奉他們的宗教〔或多或少已與天主教統一〕，除海地外，看來沒有與占統治地位的宗教發生衝突。)資本主義式的帝國主義，不會採取有系統的措施迫使其受害者改信基督教。該地都是農業國家，距離世界市場相當遙遠，如果不是靠近河流、海港或火車站，它們實際上也不可能進入世界市場。

除了奴隸種植園、難以深入的部落聚居地，以及極北極南的邊遠地區外，這些農業國家的居民主要是各種膚色的農人和牧人。他們住在自治的村社裏，直接受雇於大農場主人，很少人有本事自力更生。民眾受到大農場主人的財富奴役，這些有錢人的地位因西班牙殖民主義的廢除而得到明顯改善。西班牙殖民時期曾企圖對大地主維持某種掌控，包括給予農民(主要是印第安農民)村社某些保護。此外，他們也受武裝集團的統治(地主或其他任何人都可豢養一批武裝人員)，武裝人員是軍事首領的基礎，這些軍事領袖各自統率自己的軍隊，並已成爲拉丁美洲政治舞台上大家相當熟悉的組成要素。這個大陸的所有國家基本上都是寡頭政治。在現實歷史中，這代表著民族勢力及民族國家的體質都異常虛弱，除非國家面積微小，或獨裁者凶殘到足以使遙遠的臣民也懾於其淫威(至少是暫時的)。如果這些國家要與世界經濟建立聯繫，就得透過外國人，因爲外國人控制了其糧食的進出口，控制了運輸(智利例外，智利有其蓬勃發展的船隊)。本書所述時期，這些外國人主要是指英國人，也有一些法國人和美國人。當地政府就靠著從對外貿易中進行搜刮，靠著借貸發財，當然主要是向英國借貸。

獨立後的頭幾十年裏，經濟出現蕭條，許多地區人口下降。巴西、智利倖免於難。巴西在當地一位皇帝領導下，採取和平手段脫離葡萄牙，免去內戰浩劫，因此未遭破壞。智利孤零零地座落在太平洋沿岸氣候溫和的一條狹長土地上。新政權——拉丁美洲是世界上共和國最多的地方——進行了自由主義改革，但未取得實際結果。其中有些大國(後來成爲重要的國家)實行寡頭獨裁政治，當政者都是土生土長、只關心內政並且敵視創造發明的人，如阿根廷的獨裁者羅薩斯(Rosas, 1835

—52)。在十九世紀第三個二十五年資本主義向全球擴張的驚人過程中，這種寡頭政治的局面必定會因之發生重大改變。

首先是巴拿馬以北地區，自從西班牙、葡萄牙消失之後，拉丁美洲面臨了「先進」國家更加直接的干涉，這是它們以往未曾經歷過的。墨西哥是其中最大的受害者。美國於一八四七年對它發動侵略，結果墨西哥割讓給美國大片領土。接著，歐洲和美國發現這一大片未開發地區，不但物產豐富，而且都很值得進口——祕魯的海鳥糞，古巴以及其他各地的菸草，巴西及其他地方的棉花（特別是美國內戰期間），咖啡，特別是一八四〇年後的巴西咖啡，以及祕魯的硝酸鹽等等。其中有些產品受寵時間不長，大起大落，失寵的速度和它們看漲時一樣快：祕魯的海鳥糞在一八四八年前尚未開始出口，到一八七〇年代已告結束。拉丁美洲要到一八七〇年代以後才開始發展相對長期的出口產品，這些產品直到本世紀中葉，甚至今日仍然有一定的市場，經久不衰。外國資本開始投資拉美大陸的基礎設施——鐵路、港口等公共建設陸續修建；歐洲移民也大規模增加，古巴、巴西是主要移居國，而氣候宜人的拉布拉他河口尤是移民者的最愛。（據粗略統計，從一八五五到一八七四年，約有二十五萬歐洲人在巴西定居；在大約同樣長的時間裏，有八十多萬歐洲人移往阿根廷和烏拉圭。）

這些情況對於那些獻身於拉美大陸現代化的一小部分拉丁美洲人是個鼓舞。這個大陸當時很窮，但資源豐富，潛力雄厚，例如祕魯，一位義大利旅遊者形容它是「一個坐在一大堆金子上面要飯的乞丐」。外國人在某些國家，例如墨西哥，也眞正構成了威脅，但與當地崇尚傳統的農民、落後邊遠地區的老式地主，以及以教會爲代表的可怕惰性相比，其危害就又另當別論了。換句話說，如果不先克服這些落伍勢力，幾乎沒有機會能與外國匹敵。而克服它們的辦法，唯有殘酷無情地實行現代化和「歐洲化」。

受過良好教育的拉美人所鍾愛的「進步」思想，不只是共濟會和功利主義者提倡的「開明的」自由主義（在獨立運動中，這種思想甚受歡迎）。一八四〇年代形形色色的烏托邦社會主義（保證既有完美的社會，又有經濟發展）深深打動知識分子的心；從一八七〇年代起，孔德（Auguste Comte, 1798-1857）的實證主義深入巴西（時至今日巴西的民族格言仍是孔德的「秩序和進步」）和墨西哥（程度略輕一些）。儘管如此，古典「自由主義」仍舊很有市場。由於一八四八年革命和世界資本主義擴張，自由主義者有了大展鴻圖的機會。他們眞的砸碎了舊殖民主義的法制秩序。他們進行兩項彼此相關的重要改革：第一項是循序廢除土地占有權、使用權（私有財產除外）和土地買賣（巴西在一八五〇年頒布土地法，哥倫比亞則於同年取消對印第安土地分割的限制）；以及更重要的第二項，即對教會進行無情打擊，這項改革恰巧也必須取消教會對土地的占有。墨西哥在胡亞雷斯（Benito Juarez, 1806-72）總統領導下，根據一八五七年憲法，將反對教會的鬥爭帶至最高潮（墨西哥是政教分離的），人民不須再向教會繳納農產品什一稅，牧師被迫宣誓效忠政府，政府官員禁止參加宗教儀式，禁止教會土地變賣等等。其他國家也爭先恐後地進行反教會運動。

原先企圖透過政治權力強制實行組織現代化，並進而改革社會的嘗試，結果失敗了，根本原因在於經濟獨立無法跟上腳步。自由主義者是這塊農業大陸上受過良好教育的城市菁英，他們如果享有眞正的權勢，這權勢也是建立在一些靠不住的將軍的支持上，建立在當地一小撮地主家庭的支持上。拉丁美洲的地主出於莫名奇妙的、與穆勒（John Stuart Mill）或達爾文毫不相關的理由，將他們的族人聚集在自己的羽翼之下。就社會和經濟而言，直到一八七〇年代，拉丁美洲內陸地區的變化甚微，有的只是地主權力加強，而農民處境更糟罷了。由於這個變化是在世界市場對拉丁美洲的衝擊之下發生的，因此其結果肯定是傳統經濟不得不為進出口貿易服務，而進出口貿易卻是由外國人或外國殖民者藉由幾個大型港口或首都進行控制的。只有拉布拉他河口地區例外，該地集中了大量歐洲移民，最終並成為一個全新的、非傳統的社會結構下的新居民。十九世紀第三個二十五年期間，拉丁美洲以無比的熱情擁抱資產階級自由主義模式，從此走上「西化」道路（有時也很殘酷），除日本之外，世上其他地區的西化程度無出其右者。然而，結果卻頗令人失望。

歐洲殖民帝國主要可區分為兩大類型（澳大利亞、加拿大暫且不談，該地主要是歐洲移民居住區，當地居民很少，歐洲人來此也是不久前的事）：一是白人殖民者（不論他們在當地人口中所占比重多寡）與當地土生土長的主要居民彼此共存的幾個地區（南非、阿爾及利亞、紐西蘭）；二是只有少量歐洲移民的多數地區。（這些地區人種混雜的情況並不嚴重，與工業化之前的舊帝國不同——人種混雜的舊帝國殖民地有的依然存在〔如古巴、波多黎各、菲律賓〕，但從十九世紀中期起，殖民者就不鼓勵歐洲人與當地人通婚，至少在印度是如此。那些無法輕易被「有色人種」同化〔像美國那樣〕，或無法「充作」白人的混血兒，經常成為次級行政官員和技術人員的主要建構，像在印尼、印度那樣，這些人在印尼、印度壟斷了鐵路營運。然而原則上，「白人」與「有色人種」是涇渭分明的。）「白人殖民者」的殖民地製造了殖民主義者最難解決的棘手問題，雖然這在本書所述時期已不具重大國際意義。土生土長的當地人無論如何都得面臨一個大問題：如何抵禦白人殖民者的進攻。儘管祖魯人、毛利人和柏柏人拿起武器時也非常可怕，但他們在取得某些局部勝利後，就無所作爲了。如果殖民地人口中的當地人比重太高，問題就更嚴重，因爲白人太少，需要大量借用當地人代表統治者管理、壓迫當地人，而且無可避免得利用當地現有的機制來實行統治，至少在地方層級得如此。換言之，殖民統治者面臨兩個難題：製造一個被同化的當地人階層來代表白人；以及改造當地遠不合於白人利益的傳統機制。反之，當地民族所面臨的西化挑戰是更加複雜的問題，不是抵抗一下便能解決的。

2

印度——迄今最大的殖民地——充分說明了這個問題的複雜和荒謬。外來統治本身對印度而言並不是個大問題，因爲在這塊次大陸的歷史上，各式各樣的外國人(多數是中亞人)一次又一次征服過這片廣袤地域，外國人在此建立了有效政權，因而也就合法化了。現在這個歐洲統治者，其膚色比阿富汗人白一些，官方語言比古波斯語稍微難懂些，但這並不會造成特殊困難；統治者沒有逼迫當地人放棄他們稀奇古怪的宗教而改宗其他流派(傳教士對此傷心不已)，反倒給了他們一筆政治財富。然而歐洲統治者強行帶來了翻天覆地的變化，其規模超過以往任何從開伯爾(Khyber)山口之外帶來的變化，這些變動究竟是現代統治者有意造成的，還是他們古怪的思想意識和空前的經濟活動無心導致的，在此暫且不論。

變化是革命性的，但同時又是有限的。英國人努力使當地人西化——從某些方面說甚至是同化——其原因不僅是因爲當地諸如寡婦須火焚殉葬等陋習使他們打從心裏怒火中燒，忍無可忍，更是由於行政管理和經濟方面的需要。行政管理和經濟秩序打亂了業已存在的經濟結構和社會結構，雖然這種破壞並不是統治者的初衷。經過長期辯論，英國終於採納了麥考萊(T. B. Macaulay, 1800-59)的著名「備忘錄」(一八三五)，選送少數幾個印度人接受純英式教育，英印官方對這幾個印度人的教育和培養甚感興趣，主要是因爲他們將成爲次要的行政官員。一個小小的英國派菁英集團誕生了。這個英國派集團有時與印度大眾相去甚遠，不但姓名換成英國式的，甚至說起家鄉話也結結巴巴。儘管如此，那些被英國同化得最徹底的印度人，也不會被英國人當做英國人看待。(就此，我們應向英國左派致敬，英國左派具有強烈的平等觀念，一八九三年有一個或兩個印度移民在倫敦選區當選，進入英國國會，成爲印度移民出身的第一個左翼議員。)另一方面，英國不願或無法使一般印度大眾西方化，因爲：一、將印度人收爲臣民的目的在於**不讓**他們與英國資本主義競爭；二、肆無忌憚地干涉老百姓的風俗習慣，要冒很大的政治風險；三、英國人的生活方式和一億九千萬印度人(一八七一)差別太大，很難填平這道鴻溝，光靠屈指可數的幾個英國行政官員是辦不到的。曾在十九世紀統治過印度或在印度生活過的英國人，留下了許多極珍貴的文學作品，這些文獻對社會學、社會人類學和比較歷史的研究具有十分重要的貢獻(見第十四章)。在這個水火難容、誰也無能爲力的主旋律中，這是唯一令人欣慰的變奏曲。

「西化」最終造就了印度解放鬥爭的領導人物、意識形態，以及行動綱領。解放鬥爭的文化旗手和政治領袖，都是從與英國合作的人士中脫穎而出。他們以買辦資產階級的身分，從自己控制的領域或從其他支配方式裏獲益匪淺，他們決意模仿西方，使自己「現代化」。「西化」逐漸孕育出當地土生土長的工業資產階級。工業資產階級爲了維護自身利益，漸與宗主國的經濟政策發生矛盾。必須指出，不管這些「西化」菁英在這段時期有什麼牢騷怨言，他們還是認爲英國人爲他們提供了一種模式，同時也爲他們造就了新機遇。一位未署眞名實姓的民族主義者曾在《慕克吉雜誌》(*Mukherjee's Magazine*)上發表一篇大唱反調的文章，上面寫道：「當地菁英被周圍虛假的光澤照得頭暈目眩……他們全盤接受其上司的觀點(並)對他們賦予無限信任，就像是信奉商業吠陀經(veda)一樣。然而智慧之光終將把他們腦中的濃霧一掃而光。」❸(譯按：吠陀經是印度婆羅門教的根本經典，吠陀是梵文Veda的音譯，意指智慧和光明。這裏用商業吠陀經含有譏諷之意。)這樣的民族主義者顯然是個特例。一般而言，對英國的抵制均來自傳統主義者，然而，當時勢演變成如同另一位民族主義者提拉克(B. G. Tilak)所追憶的那樣時，傳統主義的抵制也告銷聲匿跡。提拉克說：人們「先是被英國的清規戒律弄得眼花撩亂。接著是鐵路、電報、公路、學校使人們目瞪口呆。騷亂停息了，人們享受了和平與安寧……人們開始說甚至盲人也能拿著鑲金手杖從貝那拉斯(Benares，即瓦拉納西)平安地走到拉梅斯沃(Rameshwar)」❹。

一八五七至五八年爆發於印度北方平原的偉大起義，是英國統治史上的轉捩點，這次起義在英國史上習稱爲「印度兵變」(Indian Mutiny)，至今仍被認爲是印度民族運動的先驅。這次起義是傳統印度(北方)反對英國直接統治的最後一搏，結果使得古老的東印度公司垮台。東印度公司原是殖民主義者的私營企業，漸漸成爲英國政府的附屬機構，最終爲英國政府所取代。直到此際，印度仍分成若干屬地。在印度總督達爾豪西(Dalhousie)爵士的統治下(一八四七—五六)，英國開始有系統地執行屬地合併政策，其中最要的是一八五六年對蒙兀兒王朝最後一個王國——奧德王國(Kingdom of Oudh)——的合併。(一八四八到一八五六年間，英國合併了旁遮普〔Punjab〕、印度中部大部分地區、西海岸的幾個部分，以及奧德王國〔北方邦境內，十二世紀前的印度教文明中心〕，從而使英國直接統治下的領土增加了三分之一。)英國這種不講策略、只求速度的強行合併，種下了起義的遠因。起義的導火線是英國規定軍隊必須在子彈上塗抹牛油，孟加拉士兵認爲這是蓄意用宗教敏感問題進行挑釁。雖然起義之初只是孟加拉軍隊的兵變(孟買和馬德拉斯〔Madras〕軍隊仍按兵不動)，但是很快便在北部平原演成一場大規模的群眾暴動。(基督教和傳教士的機構是群眾發洩憤怒的首要目標之一。)這場運動的領導者是傳統的王公貴族，目的是恢復蒙兀兒王朝。除上述原因外，英國對土地稅的修改也具有火上加油的助燃之效。土地稅是公共開支的主要財源，修改土地稅遂激化了經濟緊張氣氛。然而光是這些原因是否就足以產生規模如此龐大、範圍如此廣泛的造反起義呢？這很令人懷疑。人們之所以起而造反，是因爲他們相信一個外來的社會正以越來越快的速度、越來越殘酷的手段企圖消滅他們的生活方式。

「兵變」雖然在血流成河的情況下獲得鎮壓，但這次事件告誡英國必須謹愼從事。合併工作實際上停止了，只有在次大陸的東西邊境仍在進行。尚未置於英國直接統治之下的印度廣大地區，便交給當地的傀儡土王加以統治，土王實際上受制於英國，但表面上英國還得吹捧他們，尊重他們。

於是這些土王成爲政權的支柱，而政權則保證他們榮華富貴，有錢、有權、有地位。自此，英國統治政策開始轉向，他們遵循古代帝國「分而治之」的箴言，倚靠這個國家更爲保守的勢力，依靠地主，特別是實力雄厚的穆斯林少數民族。隨著時間推移，這項政策轉變已不僅是對印度傳統抗外勢力的承認。它已成爲印度新型抗外力量的平衡砝碼，這種新的抵抗力量是由印度新興中產階級菁英緩慢發展出來的。印度中產階級是殖民社會的產物，有時更是其名副其實的僕人。（《印度經濟史》〔*Economic History of India*〕和《維多利亞時代的印度》〔*India in the Victorian Age*〕作者杜特〔R. C. Dutt〕，最早從經濟角度對英國在印度的帝國主義行徑提出批評。杜特在英印政府中所享有的政治生涯，是當時印度人中最最輝煌的。同樣，印度國歌的作者也是英印官員，亦即小說家查特吉〔Bankim Chandra Chatterjee〕。）不管英印帝國採取什麼政策，它的經濟和行政實體仍持續削弱傳統勢力，持續加強創造發明的力量，並持續強化保守勢力與英國之間的衝突。東印度公司的傳統結束後，一個新的社會集團成長起來，亦即那些放棄英國國籍帶著妻子兒女前來印度定居的英國人。他們日益強調分裂，日益炫耀他們種族的優越性，並與當地新興中產階級發生社會衝突。十九世紀第三個二十五年出現的經濟緊張關係（見第十六章），更強化了反對帝國主義的因素。及至一八八〇年代末，印度國大黨（Indian National Congress）——印度民族主義的主要工具、獨立後的執政黨——業已存在。到了二十世紀，廣大的印度群眾便已追隨在新民族主義的思想領導之下。

3

印度一八五七至一八五八年的起義，並不是獨一無二的殖民地群眾反叛。在法蘭西帝國境內，一八七一年爆發了偉大的阿爾及利亞起義，這場起義在普法戰爭期間加速了法軍撤退，同時也促使大批亞爾薩斯人和洛林人移居到阿爾及利亞。這兩次起義頗有相似之處。不過整體而言，這類反叛的範圍十分有限。究其原因在於遭受西方資本主義迫害的國家，大部分並不是被征服的殖民地，而是那些已經日益衰敗、憤怒一觸即發的社會和國家。我們接著便看一看其中兩個國家在這段期間的命運：埃及和中國。

埃及實際上已是一個獨立主權國，雖然名義上還臣屬於鄂圖曼帝國。由於它的農業資源豐富，戰略地位重要，因此注定它要成爲犧牲品。犧牲的第一步是把它原有的經濟變成農產品出口經濟，爲資本主義世界提供小麥和棉花，尤其是棉花。棉花的出口急遽上升。在整個經濟大繁榮的一八六〇年代，埃及棉花出口總值占其出口總收入的百分之七十（美國棉花出口因內戰而中斷），甚至農民也能從中獲得一時的好處，儘管有半數農民也因擴建水利灌溉而得了寄生蟲病（在下埃及）。埃及貿易已紮紮實實地納入國際（英國）體系，同時也吸引了大批外國商人和冒險家。外國商人隨時準備提供貸款給伊斯梅爾巴夏(Khedive Ismail)。埃及早期的幾位總督在金融方面感覺遲鈍。一八五〇年代，埃及國家開支只超出歲入的百分之十；而在一八六一至七一年間，其歲入增加將近三倍，但平均開支卻超過國家收入的一倍以上，其間的鴻溝則由七千萬英鎊貸款來塡補，借貸人因之大發其財。形形色色的借貸人，從正經商人到進行不正當交易者，應有盡有。埃及總督希望藉此使埃及變成一個現代化帝國，並且依照拿破崙三世的巴黎模式重建開羅，對埃及總督之類的富有統治者而言，巴黎提供了標準的天堂模式。其次是戰略情勢。埃及的戰略地位吸引了西方國家及其資本家，特別是英國。由於蘇伊士運河開鑿，埃及的世界位置變得舉足輕重。此外，世界文化界恐怕也得感謝伊斯梅爾。爲慶祝蘇伊士運河通航（一八六九），伊斯梅爾在埃及新落成的歌劇院上演了義大利作曲家威爾第（Verdi）的《阿依達》（*Aida*, 1871）。這是該歌劇院上演的第一個節目。總督的老百姓爲了這場表演背負了沉重的經濟負擔。

埃及就這樣以農產品提供國的角色被納入歐洲經濟體系。銀行家透過巴夏（pashas，譯按：土耳其、埃及等國高級官銜）榨取埃及人民以自肥。總督和巴夏則大舉外債——光是一八六七年一年的貸款總數，便幾乎等於是國家年收入的一半——當他們無法償付利息時，外國人便向他們索討控制權❺。歐洲人也許已滿足於剝削一個獨立的埃及。然而，當總督政府的行政結構和政治結構崩垮之後，經濟繁榮宣告結束，歐洲的剝削也就困難了。總督政府是在兩種壓力下垮台的：一是經濟，二是埃及統治者受到的誘惑。統治者對這種誘惑的本質完全無知，更遑論駕馭。於是到了一八八〇年代，英國就成爲埃及的新統治者，因爲英國的地位已經比以前更強大，與埃及相關的利益也更多。

當埃及暴露於西方面前的同時，埃及也產生了一個由地主、知識分子、文職官員及軍官組成的新菁英集團。這個菁英集團在一八七九到八二年間領導了埃及的民族運動，該運動既反對埃及總督，也反對外來統治者。在十九世紀的發展過程中，舊式的土耳其統治集團都已被埃及化，而埃及人的地位則不斷攀升，變成有錢、有影響的一群，同時阿拉伯語也取代土耳其語，成爲官方語言。埃及在伊斯蘭知識分子中的地位原本就很重要，現在更獲加強，成爲伊斯蘭智識生活的中心。波斯人哲馬魯丁·阿富汗尼(Jamal ad-din Al Afghani, 1839-97)是現代伊斯蘭意識形態的著名先驅，他從一八七一至七九年在埃及講學，影響深遠，並擁有一大批熱情聽眾。(阿富汗尼繼承伊斯蘭知識分子世界主義的傳統，漂泊一生，從本國伊朗出發，到過印度、阿富汗、土耳其、埃及、法國、俄羅斯以及其他地方。)關於阿富汗尼有一點很重要，亦即他不主張一味採取伊斯蘭教的否定態度來對抗西方，他的埃及信徒和聽眾也抱持同樣觀點。雖然他很現實，知道宗教是一支強大的政治力量，也知道伊斯蘭世界的宗教信仰絕不能發生動搖，但他本人在宗教正統性方面仍一直受到強烈質疑(他在一八七五年成爲共濟會成員)。他高唱恢復一個能允許伊斯蘭世界吸收西方現代科學、向西方學習的伊斯蘭教；期盼伊斯蘭國家的確能夠掌握現代科學，擁有議會及國民軍[6]。埃及的反帝國主義運動是放眼向前，而非向後。

正當埃及的巴夏們效仿拿破崙三世巴黎的誘人榜樣時，十九世紀最偉大的一場革命在歐洲以外的最大帝國爆發了，即中國的太平天國運動(一八五〇—六六)。歐洲中心論的歷史學家對這場革命一直視而不見，但馬克思早在一八五三年就淸楚看到，「歐洲各國人民的下一次起義，在更大的程度上，恐怕要取決於天朝帝國目前所發生的事件，而不是取決於現時的其他政治因素。」這是一場最大規模的運動，不僅因爲中國當時擁有四億民眾，是世界上人口最多的國家(太平天國曾一度控制全國一半以上的領土），而且是因爲這場運動引起的內戰規模、強度實屬罕見。約有二千萬中國人在運動期間喪生。而這場騷動從幾個重要方面來看，無疑是西方對中國衝擊的直接結果。

中國素有群眾革命的傳統，包括思想革命和刀光劍影的革命，在世界傳統大帝國中，這也許是獨一無二的。從思想方面來說，中國的學者和人民認爲他們的帝國理所當然是永存的，是中心。它將永不消亡，在一個皇帝統治之下（除中間偶爾出現的分裂之外），由通過科舉考試的士大夫管理。這套科舉制度大約一千多年前就有了，直到一九一〇年帝國本身行將就木之際，才告廢除。然而中國歷史是一部王朝更迭的歷史，據說是按興起、危機、改朝換代的規律循環運轉：從獲得一位擁有絕對權威的「眞命天子」開始，到失去「天子」爲止。在改朝換代的過程中，人民造反扮演著重要作用。大規模造反是由社會上的打家劫舍、農民暴動，以及群眾祕密組織的活動演變而來。事實上，造反成功就代表「天子」快完了。作爲世界文明中心的永恆中國，就是這樣透過周而復始的改朝換代而延續下來的。這次革命也包括在改朝換代之中。

滿清王朝是十七世紀中葉北方征服者取代明朝而建立的，明朝則是（經由人民革命）於十四世紀推翻元代蒙古王朝而建立的。滿清王朝在十九世紀上半葉看來還很明智，統治還很有效——雖然據說貪污之風已經盛行——但是從一七九〇年代起，民間就出現不少危機和造反跡象。不管造成這些危機和造反跡象的原因是什麼，有一點是明顯的：即十八世紀全國人口劇增（人口上升的原因尚未完全剖析清楚）開始產生尖銳的經濟壓力。中國人口據信從一七四一年的一億四千萬，增至一八三四年的四億左右。而在這段期間，中國歷史上也出現了一個新的戲劇性因素，亦即西方的掠奪和征服。

滿清帝國在第一次鴉片戰爭(一八三九—四二)就被完全打敗，向一支規模不大的英國海軍投降。這消息使國人震驚無比，因為這暴露了帝國制度的脆弱。消息傳開，除少數直接受到影響的地區外，其他地方的群眾可能也獲悉此事。於是各種反對活動立即有了明顯增加，主要是來自長久以來致力於反清復明的祕密組織，如南方的大地會。帝國政府為對付英國而成立民團，民間因此獲得了武器。之後，只要有星星之火，就足以引起狂爆。

星星之火終於出現了，這就是思想窘困、也許有點精神變態的預言家和救世主洪秀全(一八一三—六四)。洪秀全是科舉應試的落第文人，這些落第文人很容易流洩出對政治的不滿。洪秀全應舉失敗後，精神顯然崩潰，有點失常，轉而從宗教上結交朋友。一八四七至四八年前後，他在廣西組織了「拜上帝會」，農民、礦工、大批赤貧游民、各少數民族及古老的祕密組織支持者蜂擁而至。在洪秀全宣講的主張中，有個頗有意義的新內容，即其受過的基督教教義影響。他在廣州時曾與美國傳教士共處過一段時間，他宣講的內容大多數是大家熟悉的有關反清、異教邪說和社會革命思想的大雜燴，但此外也有一些內容頗具西方色彩。起義於一八五〇年在廣西爆發，並很快向外蔓延，一年之內便宣告成立「太平天國」，由洪出任最高領袖「天王」。毫無疑問這是一個社會革命政權，它的支持者是人民大眾，指導思想是道教、佛教和基督教的平等觀念，太平天國是在以一家一戶為單位的基礎上組織起來的金字塔神權統治，廢除了私有財產(土地分給各家耕種，但不屬個人所有)，實行男女平等，禁止菸草、鴉片和烈酒，採用新的曆法(包括每週七天)，並進行了各種文化改革，且沒有忘記減低賦稅。到了一八五三年底，太平天國至少擁有一百萬現役作戰人員，控制了華南和華東大部分地區，攻克了南京，雖然未能有效推近到北方（主要由於缺乏騎兵）。中國陷入分裂，即使有些地方不屬於太平天國管轄，也因這次大暴動的震撼而引起連鎖反應，例如北方的捻亂直到一八六八年也未能平定；貴州苗族，以及西南、西北的少數民族也紛紛起事。

太平天國未能維持下去，事實上也不可能維持下去。它的激進主張使溫和主義者、傳統主義者和擔心失去財產的人——當然不僅是富人——對它敬而遠之；領導人無法信守他們自己制定的清教徒標準，從而對人民大眾失去了號召力；領導內部很快分裂，且愈演愈烈。一八五六年後，太平天國便在軍事上處於守勢，一八六四年，其設在南京的首都——天京——失守。清朝政府得救了，但付出的代價異常沉重，最終更證明是致命性的。太平天國運動同時也說明了西力衝擊的複雜性。

說句令人難以置信的話，中國統治者對西方文化的吸收情形還比不上慣於生活在意識形態世界裏的造反百姓，在百姓的精神世界裏，汲自外國的非官方思想是可以接受的（如佛教）。對儒家士大夫來說，凡不是中國的便是野蠻的，他們甚至抵制野蠻人賴以取勝的技術。時至一八六七年，大學士倭仁還上書朝廷，辯稱建立同文館教授天文、數學，「以誦習詩書者而奉夷爲師……恐不爲夷人所用者鮮矣」，終將使「誠實貽盡，邪惡橫行」❼。抵制修建鐵路等排外事件亦層出不窮。迫於明顯的時勢，一個主張「現代化」的黨派在逐漸形成當中，但我們可說他們並不想改變舊中國，只是想使舊中國具備製造西方軍火的能力而已（正因如此，他們在一八六〇年代發展軍火工業的嘗試收效不大）。無論發生什麼事，軟弱無能的清朝政府都感到無可奈何，它們只有向西方讓步，亦只能在讓步的程度上進行選擇。即使面對這樣一個重大的社會革命，清朝政府也不願去動員民眾強烈的仇外情緒，反將平息太平天國作爲它政治上最緊迫的問題。爲此，外國人的幫助如果不是必不可少，亦是求之不得，最起碼得與他們維持友好關係。於是清朝政府很快就跌入完全依賴外國人的處境。從一八五四年起，英、法、美三國完全控制了上海海關，但在第二次鴉片戰爭（即第一次英法聯軍，一八五六—五八），和一八六〇年洗劫北京（結果清朝政府完全投降）之後，英人赫德（Robert Hart）受命「協助」管理整個中國的關稅收入。他於一八六三到一九〇九年間擔任中國海關總稅務司，亦即中國經濟的主管。雖然他深受中國政府信任，也和中國人打成一片，但此舉實際上等於宣告清朝政府完全屈從於西方人的利益。

事實上，西方人在關鍵時刻還是會支持滿清，他們不願看到滿清被推翻，因爲如此一來，不是一個好鬥的民族主義革命政權上台，便是（這更可能）出現無政府狀態和西方還不願去填補的政治眞空（起初，有些西方人對太平天國裏明顯的基督教成分還表示同情，但這份同情很快就化爲烏有）。而滿清帝國卻採取向西方讓步的方式平息了太平天國危機：將恢復保守主義與嚴重削弱中央權力合爲一體。中國眞正的勝利者是舊士大夫階層。滿清王朝和王公貴族在生死存亡之際，被迫向中國菁英靠攏，因而喪失了以往的許多權力。當北京無能爲力之刻，最能幹的士大夫們——如李鴻章（一八二三—一九〇一）等人——用各省的人力物力財力組建起省的軍隊，從而挽救了帝國。但在此同時，他們也預見到中國將分裂成許多由「軍閥」當家的獨立地區。偉大古老的中華帝國，從此一蹶不振，奄奄一息。

從以上敍述可知，遭資本主義世界踐踏的社會和國家，在與資本主義世界取得妥協這點上，是失敗的（日本例外，見第八章）。它們的統治者及菁英很快便明白，單純拒絕接受西方白人或北方白人是行不通的；即使行得通，拒絕也只會使它們的國家永遠處於落後狀態。至於那些被西方征服、主宰和統治的殖民地，它們沒有什麼選擇餘地：它們的命運是由征服者決定的。其餘國家分成幾類情況：有的採取抵抗政策，有的採取妥協讓步，有的全心全意「西化」，有的進行某種改革，以圖獲取西方的科學技術，又不失去本身的文化機制。整體而言，美洲地區的歐洲前殖民地是無條件學習西方；一系列的獨立國家和古老帝國——從大西洋的摩洛哥到太平洋的中國——發現它們再也無法擺脫西方的擴張，遂開始採行某些改革。

中國和埃及的情況雖然不同，但都是第二類國家中的典型例子。它們兩個都是獨立國家，都有不同於歐洲的古老文明，然而卻在西方貿易和金融貸款（有的是自然接受，有的是被迫接受）的大舉滲透下國力大衰，無力抵抗西方陸海軍的攻擊，即使有，也只是做些輕微抵抗。在這個階段，資本主義國家沒有興趣去占領或統治這兩個國家，只要他們的人民能在中國和埃及爲所欲爲，享有絕對自由就行，包括享有治外法權。他們只是隱隱感覺到他們越來越深陷於這兩個國家的內部事務，同時越來越深陷於西方國家彼此的爭奪之中。中國和埃及的統治者拒絕採取全國抵抗政策，主張依賴西方——只要他們尚有選擇餘地——並藉此維持自己的政治權力。在這個階段，有些國家還想透過民族復興來抵抗西方。它們之中很少有人主張全盤「西化」，而是進行某種思想改革，希望在它們的文化體系中表現出促使西方強盛起來的某些東西。

它們的政策失敗了。埃及很快便被置於征服者的直接統治之下，而中國只是一具無可救藥、處於風化之中的龐大殭屍。由於政權當局及其統治者採取依靠西方的政策，所以這兩國的改革主義者不可能成功，因爲改革成功必須有個前提：革命。然而革命的時機尙未成熟。

4

因而，今天稱爲「第三世界」或「低開發國家」的地區，在當時只能聽任西方擺布，成了無可奈何的犧牲品。但是這些國家是否也從臣服西方中獲得一些好處呢？我們已經看到，有些落後國家認爲它們得到了一些好處。西化是唯一出路，如果西化不僅意味著向西方學習，亦步亦趨地模仿西方，同時也意味著同意與西方結盟以對付當地的傳統勢力，以維護自己的統治，那麼這個代價是必須付的。在日後的民族運動中，出現了一批竭力推崇「現代化」的人士，如果我們把他們單純視爲叛國者和外來帝國主義的代理人，那就錯了。他們也許只是認爲外國人除了無法戰勝之外，還可以幫助他們摧毀傳統勢力的碉堡，從而使他們創建一個有能力對抗西方的社會。一八六〇年代的墨西哥菁英都是親西方的，因爲菁英們對他們自己的國家完全絕望❽。西方革命家也支持這種觀點。馬克思本人對一八四六至四八年美國戰勝墨西哥一事表示歡迎，因爲這將使歷史進步，爲資本主義發展創造有利條件，亦即爲最終推翻資本主義創造了有利條件。他在一八五三年發表了有關英國之印度「使命」的看法，其中的觀點也很相似。他認爲英國的「使命」是：「在印度消滅古老的亞洲社會，爲建立西方式社會奠定物質基礎。」確實，他相信：

> 在不列顛本國現在的統治階級還沒有被工業無產階級推翻以前，或者在印度人自己還沒有強大到能夠完全擺脫英國的枷鎖以前，印度人民是無法從不列顛資產階級爲他們播下的新社會種子中採收到果實的。

不過馬克思認爲西方資產階級對其他國家的征服是積極的、進步的，儘管資產階級已將世界各族人民帶進「充滿鮮血和塵土的……悲慘屈辱之中」。

然而，不論這些國家的最終前景爲何（現代歷史學家對此不像一八五〇年代的馬克思那般樂觀），西方征服活動在當時產生的最明顯結果是「失去（整個）……舊世界而未產生一個新世界」，使「印度人民現在所遭受的災難蒙上一層特殊的悲慘色彩」❾，其他受西方侵害的人民也是如此。受害國家究竟從西方獲得什麼，這在十九世紀第三個二十五年裏，即使睜大眼睛也很難看得出來，而失去的東西卻是太明顯了。在積極面上，西方帶來的東西包括有：輪船、火車、電報、一小群西方教育出來的知識分子，和比這一小群人數更少的當地地主和商人。地主和商人控制了出口，掌握外國貸款，就像拉丁美洲的大農場主人或種植園主人那樣；或是成爲與外國人做生意的中介商，就像印度孟買的祆教（Parsi）百萬富翁。此外還有交流——包括物質和文化方面的。有些條件合適的地方還發展出出口商品，當然規模還不太大。還有（這點值得商榷）在殖民主義直接統治下，有些地區開始以秩序代替動亂、安全代替危機。然而，只有生性樂觀之人才會說這個時期的西方征服活動，其所產生的積極作用超過消極作用。

先進國家與落後國家之間最明顯的區別，那時是、現在仍然是貧窮與富裕之分。在先進國家當然也有窮人餓死，只是十九世紀當時認爲餓死的人不很多，比如說，英國平均一年餓死五百人；然而印度死於飢餓的人數卻以數百萬計——一八六五至六六年，奧立沙邦(Orissa)饑荒死去該邦總人口的十分之一；一八六八至七〇年，拉治普特(Rajputana)人口死去四分之一到三分之一；一八七六至七八年，本已災難深重的印度又發生了十九世紀歷史上最嚴重的饑荒，馬德拉斯死了三百五十萬人(約占當地人口的百分之十五)，邁所城(Mysore)也餓死一百萬人(約占當地人口百分之二十)[10]。中國在這段期間發生的饑荒多半與其他災難有關，但一八四九年的饑荒據說奪走了一千四百萬條人命；一八五四至六四這十年間，另有兩千萬人死去[11]。爪哇的部分地區在一八四八至一八五〇年的嚴重饑荒中被毀。從一八六〇年代下半期到一八七〇年代初，東起印度，西到西班牙的整個地帶裏，饑荒頻仍[12]。阿爾及利亞的回教人口在一八六一至七二年間下降百分之二十[13]。波斯總人口在一八七〇年代估計有六百萬至七百萬，但在一八七一至七三年的大饑荒中，死去將近一百五十萬至二百萬[14]。至於這種情況與十九世紀上半葉相比是更糟還是差不多，就很難估計，但對印度和中國而言，可能是變本加厲了。不管怎麼說，這種處境與同一時期先進國家的情況適成強烈對比。

總而言之，第三世界的大多數人民尚未從西方那種巨大、空前的進步中獲得多少好處。西方進步只是對他們古老生活方式的破壞，他們也只是把它視爲不具現實基礎的可能榜樣，是那些戴著怪帽、穿著長褲，來自遙遠國家或只在大城市出現的紅臉漢子，爲了他們自己而創造出來的東西。這些進步不屬於他們的世界，他們大多數人仍懷疑他們是否需要這種進步。但爲維護古老方式而抵制進步的人終於敗北，但人們拿起進步武器抵制（西方）進步的時機尚未到來。

註釋

❶ Erskine May, *op. cit.*, I, p.29.

❷ J. W. Kaye, *A History of the Sepoy War in India* (1870), II, pp.402–3.

❸ Bipan Chandra, *Rise and Growth of Economic Nationalism in India* (Delhi 1966), p.2.

❹ Chandra, *op. cit*.

❺ E. R. J. Owen, *Cotton and the Egyptian Economy 1820–1914* (Oxford 1969), p.156.

❻ Nikki Keddie, *An Islamic Response to Imperialism* (Los Angeles 1968), p.18.

❼ Hu Sheng, *Imperialism and Chinese Politics* (Peking 1955), p.92.

❽ Jean A. Meyer in *Annales E.S.C.* 25, 3 (1970), pp.796–7.

❾ Karl Marx, 'British Rule in India', *New York Daily Tribune* (June 25 1853) (*Werke*, IX, p.129).

❿ B. M. Bhatia, *Famines in India* (London 1967), pp.68–97.

⓫ Ta Chen, *Chinese Migration with Special Reference to Labour Conditions* (US Bureau of Labor Statistics, Washington 1923).

⓬ N. Sanchez Albornoz, 'Le Cycle vital annuel en Espagne 1863-1900', *Annales E.S.C.* 24, 6 (November-December 1969); M. Emerit, 'Le Maroc et l'Europe jusqu'en 1885', *Annales E.S.C.* 20, 3 (May-June 1965).

⓭ P. Leroy-Beaulieu, *L'Algérie et la Tunisie*, 2nd ed. (Paris 1897), p.53.

⓮ *Almanach de Gotha* 1876.

第八章

勝利者

什麼樣的階級或社會階層能在現階段眞正代表文化，能爲我們孕育出學者、藝術家及詩人，能爲我們提供創作藝術的人才呢？是否一切都變成商品了，就像美國那樣？

——布克哈特，一八六八—七一年❶

日本政府開明了、進步了；他們以歐洲經驗爲指引，聘請外國人出任政府顧問，東方的風俗習慣已在西方文明面前臣服。

——梅爵士，一八七七年❷

1

歐洲人對世界的統治從來不曾像十九世紀第三個二十五年那樣全面、那樣絕對。更準確地說，應該是歐洲白人祖先傳下的後代，從未遇到像這段期間這麼少的統治挑戰，因爲資本主義的經濟強權世界裏，至少包括一個非歐洲國家，或該說聯邦，亦即美利堅合眾國。美國那時還沒有在世界事務中扮演主要角色，歐洲政治家只有在他們的利益涉及到美國直接感興趣的兩大地區——即美洲大陸和太平洋——時，才會注意到它。然而除英國之外，沒有任何國家會經常不斷地捲入美洲大陸和太平洋這兩大地區。英國與眾不同，它的眼光一直緊盯全球。拉丁美洲解放運動已將中南美大陸上的歐洲殖民地全部解放，只剩下圭亞那(Guyanas)，該地曾是英國的食糖供應基地，是法國關押重刑犯的監獄，也是荷蘭人的懷舊紀念物，令他們經常回憶起過去與巴西的關係。加勒比海諸島嶼除伊斯帕尼奧拉島(Hispaniola，島上包括海地黑人共和國和多明尼加共和國，多明尼加最終擺脫了西班牙統治，也擺脫了海地的控制)外，其餘仍然是英國、法國、荷蘭、丹麥以及西班牙的殖民地(古巴和波多黎各)。歐洲各國對西印度群島殖民地都抱持無爲而治的態度。只有西班牙例外，它仍沉浸在帝國美夢裏。北美殖民地的情況則有所不同，直到一八七五年仍有許多歐洲人居住在英屬加拿大這塊殖民地上，一個疆土遼闊、杳無人煙、尚未開發的大地。加拿大與美國隔著一條長而開放的筆直邊界，東起安大略省邊境，西至太平洋，在這條直線似的邊界兩側有些爭議地區，但都在這個世紀經過和平談判做了調整，當然不乏外交上的討價還價——調整的結果大部分對美國有利。但在修建橫跨加拿大的東西大鐵路時，英屬哥倫比亞省可能禁不住美國太平洋諸州對它的引誘。至於在太平洋的亞洲那岸，歐洲大國直接駐紮的地方只有俄國的西伯利亞遠東、英國的香港殖民地和英國的馬來亞據點。法國此時也始侵占印度支那。西班牙、葡萄牙以及荷蘭殖民主義殘留下來的地區，在這個階段還沒有造成國際麻煩(前荷蘭殖民地即現今的印尼)。

美國領土擴張並未在歐洲引起重大政治騷動。美國西南部的大部分——加利福尼亞、亞利桑那、猶他、科羅拉多的一部分，以及新墨西哥的一部分——是在一八四八至五三年間經過一場災難性的戰爭從墨西哥手中取得的；阿拉斯加則是在一八六七年由俄國賣給美國。當這些西部新舊地區在經濟上具有足夠的利益或影響力時，便被收納為聯邦的一州：加利福尼亞在一八五〇年改建成州，奧勒岡一八五九年，內華達一八六四年。而中西部的明尼蘇達、堪薩斯、威斯康辛及內布拉斯加，則是在一八五八至六七年間成為州的一員。在這個階段，美國開拓疆土的野心並未超過這個限度，只是奴隸集中的南方數州還希冀將奴隸社會擴大到加勒比海幾個大島上去，甚至對拉丁美洲也懷有野心。美國統治的基本模式是間接控制，因為名義上獨立的外國政府知道它們必須與這個北方巨人保持同一立場，它們沒有一個能對美國提出直接、有效的挑戰。要到十九世紀末，帝國主義正式成為國際風尚之時，美國才一度打破它業已成型的傳統做法。墨西哥總統迪亞斯(Porfirio Diaz, 1828-1915)曾仰天長嘆道：「可憐的墨西哥，你離上帝太遠，離美國太近。」即使那些覺得萬能之主仍能保佑它們的國家的人，也越來越清楚地認識到，在這個世界上，華盛頓才是它們應該睜大雙眼密切注視的地方。這個北美冒險家有時試圖在連接大西洋和太平洋的那條狹窄陸橋及其周圍建立直接統治，但均無結果，後來巴拿馬運河鑿通了，一個小小的獨立共和國從略大一些的南美國家哥倫比亞當中分裂出來，美軍遂占領了這個共和國。不過這是後來發生的事。

世界大部分地區，特別是歐洲，對美國的舉動之所以十分關注，原因很簡單：一是在這個時期(一八四八—七五)有數百萬歐洲人移居美國；二是由於它的疆土如此遼闊，發展這般神速，已成爲全球技術進步的奇蹟。美國人自己首先提出，它是集眾優之大成的國度。一八五〇年的芝加哥只有三萬人口，不到四十年它便成爲世界第六大城市，擁有一百多萬人口，誰能在世界其他地方找到像芝加哥這樣的城市呢？美國那幾條跨越內陸的鐵路，其長度不是任何國家可與之比擬的，鐵路總里程亦不是任何國家可望其項背的(一八七〇年鐵路總里程達四萬九千一百六十八哩)。世上的百萬富翁中，沒有像美國百萬富翁那樣全是靠白手起家、個人奮鬥而致富。就算美國百萬富翁的錢財還不是世界百萬富翁之最——他們很快就會成爲首富——但他們的人數之多，則肯定是首屈一指。沒有一個國家的報紙像美國那樣甘冒風險，把它變成新聞記者們隨意說話的天地；沒有一個國家的政客像美國那樣明目張膽地貪污受賄；也沒有一個國家像美國那樣握有無限機會。

「美國」還是一個新世界，是在開放的國土上建立起來的開放社會。人們普遍相信，身無分文的移民來到這裏之後便能獲得新生(成爲「白手起家的人」)，而在每個人致力奮鬥的過程中，一個自由、平等、民主的共和國，一個在規模和重要性上都是獨一無二的國家，便在一八七〇年前建立起來了。美國一度標榜它的政治形象是革命的，與歐洲王室、貴族的舊世界，與四下征討的舊世界迴然不同。舊世界形象可能已不再那樣生動，至少在它邊界以外的地區已不再是。代之而起的美國形象，是一個擺脫貧困的地方，是一個經由個人致富活動爲個人帶來希望的地方。相較於歐洲，新世界的新愈來愈不在於它是一個新社會，而是一個新富起來的社會。

然而在美國國內，革命的美夢離結束尚遠。美國仍保持其平等、民主的形象，尤其是不受限制、無政府式的自由形象，以及充滿機遇的形象（日後變質爲「命定論」）。（「大西洋國家……不斷革新歐洲和非洲的政府及社會組成。太平洋國家必須在亞洲發揮同樣崇高而仁慈的作用。」William H. Seward, 1850. ❸）如果不了解這個烏托邦成分，就無法理解十九世紀的美國，就此而言，也無法理解二十世紀的美國，雖然這個烏托邦成分日益被志得意滿的經濟和技術活力所掩蓋，也日益轉化成經濟和技術活力，當然在發生（經濟）危機時除外。這種烏托邦成分淵源於自由土地上自力更生農民的農業烏托邦思想，與大城市、大工業世界格格不入，在本書所述時代尚不甘心向大工業世界俯首稱臣。甚至像新澤西紡織城帕特森(Paterson)這樣典型的美國工業中心，其商業氣息也還無法居於統治地位。一八七七年爆發紡織工人罷工，廠主們強烈抗議共和黨市長、民主黨參議員、新聞界、法院以及公眾輿論，抗議他們不支持業主❹。他們的抗議其實不無道理。

此外，美國的主體仍然是農村：一八六〇年時，只有百分之十六的人口居住在總人口八千或八千多一點的城市。這種道道地地的農業烏托邦——自由土地上的自由農民——能比以往的任何時候動員起更大的政治力量，主要是從人口日益增多的中西部。它爲共和黨的組建做出巨大貢獻，對共和黨反奴政策的貢獻更是自不待言（因爲無階級之分的自由農民共和國綱領，根本無法與奴隸制度牽扯到一起，對黑人也不感興趣，因此共和黨黨綱便排除了奴隸制度）。一八六二年共和黨在國會通過公地開墾法（Homestead Act），這是它取得的最偉大勝利。公地開墾法規定：凡在美國連續居住五年者，每家年滿二十一歲的男子可免費獲得一百六十英畝業經國家丈量的土地；居住滿六個月者，可以每畝一點二五美元的價格購買土地。不用多說，這種農業烏托邦失敗了。一八六二至九〇年之間，受惠於該法案的美國人不到四十萬戶，而這段期間美國人口卻增加了三千二百萬，其中西部諸州增加了一千萬。光是鐵路部門出售的土地就比公地開墾法分給農民的土地還要多，售價每畝五美元（鐵路部門因獲得無數公地，遂做起房地產和投機買賣，以便從房地產和投機的盈利中彌補修建鐵路和運營鐵路的虧損）。無償土地的眞正得利者是投機商，是金融家和資本主義企業家。到了十九世紀的最後幾十年，自由農民的田園生活美夢已很少被人談起了。

我們該將美國這種變化看作是革命美夢的結束，還是新時代的到來，這不重要，重要的是它發生在十九世紀第三個二十五年。神話本身便可爲這時代的重要性作證，因爲美國歷史上兩件影響最深刻、最久遠、最被大眾文化視爲珍寶的大事，就屬於這個時代：內戰和西部。而在涉及西部（更準確地說是南部和中部）開發時，這兩大事件又密切關聯。西部開發引起了共和國內部的衝突，即代表來美定居的自由移民且重要性日增的資本主義北方，與奴隸社會的南方之間的衝突。爲了將奴隸制度推行到中西部，在一八五四年發生了堪薩斯—內布拉斯加衝突。正是這場衝突促使共和黨誕生。一八六〇年林肯的當選總統，又促使美國南方於一八六一年從美利堅合眾國中獨立出去。（脫離聯邦的州包括維吉尼亞，南、北卡羅萊那，喬治亞，阿拉巴馬，佛羅里達，密西西比，路易斯安那，田納西，阿肯色，德克薩斯。一些邊境的州猶豫不決，但是沒有脫離聯邦，包括馬里蘭，西維吉尼亞，密蘇里，堪薩斯。）

移民居住區向西延伸本非新的舉措，只是在本書所述時期，由於有了火車，也由於加州的發展（見第五章），而使向西部擴展的速度大大加快而已——第一批移民於一八五四至五六年到達密西西比河，並到河的對岸定居——一八四九年後，「西部」不再是一望無際的邊境地區，而是夾在兩個高速發展地區之間的大片草原、沙漠和群山，那兩側飛快演變的地區，即美國東部和太平洋沿岸。橫跨內陸的幾條鐵路同時建成，東行的鐵路始於太平洋沿岸，西行的始於密西西比河，兩條鐵路在猶他州會合。一八四七年，摩門教(Mormon)將猶太人從愛荷華轉移至此，因為他們錯認為這裏太過偏僻，是非猶太教人到不了的。事實上密西西比和加利福尼亞之間的地區（「蠻荒的西部」），在本書所述時期仍然相當荒涼，和「已開墾的」地區或中西部大不相同。在「已開墾的」地區和中西部地區，定居的人口已經很多，土地成了良田，甚至日益工業化。據估計，從一八五〇到一八八〇年，在大草原、西南部及多山地區建設農場的總勞動力，與同期東南部或早有移民定居的大西洋沿岸中部的幾個州相比，幾乎不相上下❺。

密西西比河西部的大草原漸漸被農民占有，這就意味著他們已經把印第安人趕走了（強行轉移），把以前根據早期法令移居來此的人趕走了，把印第安人賴以生存的牛群消滅了（全部屠殺）。這種趕盡殺絕的活動於一八六七年開始，也就是國會設置印第安保護區的那年。及至一八八三年，約一千三百萬印第安人被殺死。山區從未成為農業定居區，依舊是「探勘員和礦工」的邊疆，直到發現了稀有礦藏之後——大多是銀礦區——人們才蜂擁而至。所有礦區中礦藏量最大的是內華達州的康斯托克礦區(Comstock Lode, 1859)。這個礦區二十年的產值高達三億美元，造就了六個巨富，二十個百萬富翁，以及許許多多有錢人，他們所發的財雖然比不上前面二者，但是依照當時標準，那筆財富已經相當可觀了。後來礦挖盡了，關閉了，只剩下一座空蕩蕩的維吉尼亞城，城裏住的都是些康瓦耳人(Cornish)和愛爾蘭礦工，終日無所事事地在以前的工會大樓及歌劇院裏遊蕩。科羅拉多、愛達荷和蒙大拿也曾發生過人擁如潮的情況❻。但人口並未因此而增加多少。科羅拉多在一八七〇年，只有不足四萬的居民(科羅拉多在一八七六年升格爲州)。

西南部基本上仍是以家畜爲主，是牛仔之家。大群的牛——一八六五至七九年間約有四百萬頭——從那裏趕往碼頭和火車站，然後西運，送到芝加哥的巨大屠宰場。這條運輸線使密蘇里、堪薩斯和內布拉斯加的移居區(如阿比林〔Abilene〕和道奇城〔Dodge City〕)聲名遠揚，它們的名字將與千部左右的西部電影共存，直至今日，仍未被嚴厲、正直而且熱情無比的大草原農民所掩蓋❼。

「蠻荒的西部」是一則神奇的謎，很難以現實主義的態度加以分析。關於它只有一個非常接近歷史準確性的事實，一個已成爲一般常識的事實：即其持續的時間很短，全盛時期是在內戰和開礦結束、家畜業興旺的一八八〇年代之間。西部的「蠻荒」並非印第安人之過，除了在西南部最邊遠的地區外，印第安人已做好準備與白人和平相處。西南部的部落，如阿帕契族(Apache，一八七一—八六)和(墨西哥的)亞基族(Yaqui，一八七五—一九二六)，他們爲了維護獨立、不受白人統治，而與白人打了幾個世紀之久。西部之所以蠻荒是由於制度的關係，或者說是由於美國缺乏有效的機制、缺少政府權威和法律。加拿大就沒有「蠻荒的西部」，加拿大的淘金潮也不像美國那樣雜亂無章，蘇族(Sioux)印第安人在加拿大生活得很平靜，而美國的蘇族人則和美國將軍卡士達(Custer, 1829–76)激戰，並擊敗卡士達，但最終仍被消滅。人們追求自由、渴望發財的夢想，使無政府狀態(或者換個中性說法：對武裝自立的強烈嗜好)更爲變本加厲(是黃金把人們吸引到西部)。只要出了農業居住區，出了維吉尼亞城，便看不到任何家庭。試看一八七〇年的維吉尼亞城：男女的比例是二點多比一，兒童只占百分之十。有人說取材自十九世紀下半葉美國西部生活的西部電影，實際上降低了自由夢、黃金夢的品味，此話確實不假。電影裏的主人翁經常是些亡命之徒和酒館槍手，如「凶野的比爾」希科克(Wild Bill Hickok)等，而不是加入工會當了礦工的移民。對希科克之流，人們能說出什麼好話呢？不過，我們也不應把自由夢、黃金夢理想化。他們的自由並不及於印第安人和華人(一八七〇年，華人約占愛達荷人口的三分之一)。在盛行種族主義的西南部——德克薩斯屬於一八六〇至六一年間南部十一州組成的南部邦聯——所謂的自由也肯定不是對黑人而言。在我們認爲是屬於「西部」的東西當中，從牛仔裝到「加利福尼亞習慣法」(後來成爲美國山區行之有效的開礦法)❽，有許多是來自墨西哥，具有墨西哥血統的牛仔恐怕也超過任何一個集團的牛仔，然而自由卻不適用於墨西哥人。自由是貧窮白人的夢。貧窮白人希望用賭博、黃金和手槍來取代資產階級世界的私營企業。

如果說「西部開拓」不存在任何含混不清的問題，那麼美國內戰的性質和起因，卻會引起歷史學家無止盡的爭論。爭論的焦點是南方奴隸社會的性質，以及南方是否有可能與朝氣蓬勃的資本主義北方和諧相處、共存共榮。南方究竟是不是奴隸社會呢？須知黑人在南方各地(除幾個小地方外)

總是少數，他們不是在典型大種植園裏工作的奴隸，而是人數不多的幾個黑人在白人農場上勞動或是在白人家裏幫傭。毋庸否認，奴隸制度是南方社會的核心機制；我們也不能否認奴隸制度是南北方摩擦和關係破裂的主要原因。然而眞正的問題是：爲什麼南北衝突會導致一八六一年南方十一州脫離聯邦？爲什麼會導致內戰？爲什麼其結果不是達成某種共處的方案。雖然北方大多數人憎恨奴隸制度，但單單是好鬥的廢奴主義者畢竟沒有足夠的力量決定聯邦政策。不管商人自己有何看法，但北方資本主義大可先與奴隸制度的南方達成妥協，然後再去剝削南方，就像國際商界與南非「種族隔離政策」達成妥協一樣。

當然，奴隸社會注定會滅亡，美國南方奴隸社會也不例外。沒有一個奴隸社會的延續時間能超過一八四八到一八九〇年這段時期——甚至古巴和巴西也不例外(見第十章)。奴隸社會在現實上和道德上都是孤立無援的。在現實上，由於廢除了非洲的奴隸貿易(及至一八五〇年代，奴隸貿易相當有效地被制止了)，奴隸來源宣告斷絕；在道德上，自由主義中產階級絕大多數一致認爲奴隸社會與歷史前進步伐背道而馳，在道德上不能允許奴隸制度存在。此外，在經濟上，奴隸制度的效益也很差。很難想像美國南方奴隸社會竟能生存到二十世紀，很難想像它能比東歐農奴制度存在的時間更長，即使我們認爲奴隸制度和農奴制度作爲一種生產制度是有能力生存下去的(有幾派歷史學家持這種看法)。但是促使南方在一八五〇年代走上危機點的，是下面這個更加具體的問題：它難以與朝氣蓬勃的北方資本主義共處，以及人口湧向西部。

從純經濟角度來說，北方並不擔心南方這個尙未進行工業化的農業地區。時間、人口、資源以及生產力等優勢都在北方那邊。主要的障礙是政治。南方實際上是英國的半殖民地，南方的大部分原棉都提供給英國，並從自由貿易中取得實惠；而工業的北方很久以來就堅定、激烈地主張保護關稅，但由於南方諸州的政治影響（別忘了，南方各州在一八五〇年幾乎占聯邦半數），北方才無法按其願望有效實施關稅保護政策。北方工業對全國分成一半奴隸社會一半自由社會的擔心絕對比不上對全國分成一半是自由貿易一半是保護關稅的狀況。還有一點，南方竭盡全力企圖打消北方的優勢，想把北方與內地隔開，企圖建立一個面向南方、以密西西比河流域為基礎的貿易和交通區，而不想面向東方朝著大西洋，而且只要可能就搶先下手，向西發展。這是極自然不過的事，因為南方的貧窮白人早已開始探測和開發西部了。

然而正因為北方擁有經濟優勢，所以南方不得不更加頑固地依賴其政治力量，用最正式語言提出其要求和主張（如堅持一定要正式接受西部新地方的奴隸制度）；不得不強調州的自治權（「州的權利」）可以不聽中央政府指揮；不得不在全國性政策問題上行使否決權；不得不對北方經濟發展潑冷水，如此等等。事實上，當南方實施其向西部擴張的政策時，它很難不成為北方的絆腳石。它的唯一本錢是政治。它絕對是逆歷史的潮流而動（它不能，也不會在一場發展資本主義的遊戲中擊敗北方）。交通運輸方面的每項改善都加強了西部與大西洋的聯繫。鐵路系統由東往西的長度基本上與由北往南的長度差不多，不會長多少。而且西部的人，不論他們是來自北方或南方，都不是奴隸，而是窮人，是白人，是自由人，是被這裏免費的土地、金子吸引來的，是來冒險的。將奴隸制度正式推廣到新的領地和新的州，這對南方極為重要。南北雙方的衝突在一八五〇年代之所以愈演愈烈，主要便是由於這個問題。同時，奴隸制度在西部很難存在，西部的發展事實上的確會削弱奴隸制度。南方領導人曾想要吞併古巴，並建立一個南方—加勒比海種植園帝國，以強化奴隸制度的效果，結果當然未如其所願。簡言之，北方處於能夠統一全國的有利地位，南方則不然。南方擺出進攻好鬥的架式，但它眞正的意圖是放棄鬥爭，脫離聯邦。當一八六〇年來自伊利諾的林肯當選總統，顯示南方已失去「中西部」時，南方所採取的行動正是分裂出去。

內戰之火燃燒了四年。就傷亡和損失而言，這是迄今規模最大的戰爭，本書所述時期的每個「先進」國家都曾參與，當然這和那個時代的南美巴拉圭戰爭相比，多少要遜色一些，與中國的太平天國戰爭相比，更是黯然失色。北方在軍事上表現欠佳，但最終贏得戰爭，因爲他們兵源充足，生產力高，而且技術先進。北方畢竟擁有全國百分之七十的人口，百分之八十的壯丁和百分之九十以上的工業產品。北方的勝利也是美國資本主義的勝利，是現代美國的勝利。然而，儘管奴隸制度取消了，但這並非黑人的勝利，不管他是黑奴，還是自由人。經過幾年「建設」（也就是強制推行民主化），南方恢復了保守的白人統治，也就是說回到種族主義者手中。北方占領軍最後於一八七七年撤出。從某種意義上說，南方似乎達成了其目的：南方淸一色是民主黨的天下，北方共和黨人無法與之共事，只好敬而遠之（共和黨在一八六〇到一九三二年的大多數時間裏，都把持了總統寶座）；南方因而保留了相當多的自治：南方在國會握有阻止議案通過的票數，從而可發揮某些全國性影響，因爲它的支持對另一大黨民主黨的成功是不可或缺的。事實上，南方仍是農業區，貧窮落後，憤世嫉俗，滿腹怨言。白人因永遠忘不了戰爭的失敗而耿耿於懷；黑人則因被剝奪公民權和白人的殘酷壓迫而憤恨詛咒。

內戰結束後，一度因戰爭而減慢速度的資本主義發展，開始以戲劇性的姿態突飛猛進，爲海盜式的商人們提供相當多機會（這些商人有個美名，叫做「強盜貴族」〔Robber barons〕，原意是封建時代對路過自己領地的旅客進行攔路搶劫的貴族），這個不同尋常的進展，構成了本書所述時期美國歷史的第三個部分。「強盜貴族」時代與內戰或「蠻荒的西部」不同，它沒有成爲美國家喻戶曉的神話，只有民主黨人和民粹人士把它當作魔鬼研究的一部分，但它仍是美國現實的一部分。「強盜貴族」在今日商界仍依稀可辨。他們曾使英語詞彙因之改變，如內戰爆發之初，「百萬富翁」（millionaire）還是個新詞，但當一八七七年第一代「強盜貴族」的頭號人物范德比爾特逝世時，他的財產高達一億美元，需要有個新詞來稱呼他，於是有了「億萬富翁」（multi-millionaire）一詞。有人一直在爲這些「強盜貴族」辯護，爲他們恢復名譽。有人爭辯道，美國大資本家中有許多人是創造發明家，沒有他們就沒有美國工業化的勝利（而美國工業化勝利是令人難忘的），就沒有如此迅速的工業化。所以他們的財產不是來自經濟上的搶劫掠奪，而是由於他們的慷慨，以及社會對他們的慷慨的獎勵。這種論點並不適用於所有的「強盜貴族」，因爲若碰到類似菲斯克或古爾德這類卑鄙無恥的金融家，就算再能幹的辯護士也會爲之語塞。然而，若硬要否認下列事實也是沒有意義的：這時期的許多大亨、巨頭，他們的確對現代工業經濟，或對與工業經濟頗不相同的資本主義企業運作，做出了積極的，有時是相當重要的貢獻。

不過這些辯論都沒有觸及問題要害，它們只是以不同的說法道出一個明顯事實。這個明顯事實就是美國是一個資本主義經濟，在這個飛快成長的世界經濟裏，以合理前瞻的手段有效運用一個幅員遼闊的大國生產資源，並因此致富。美國的「強盜貴族」時代有三大特色不同於同時代其他國家的資本主義，儘管其他國家的資本主義經濟也養肥了幾代貪得無厭的百萬富翁。

第一是對商業買賣完全不加控制、不予管理，不管商場上殘酷到什麼程度，欺詐之風猖獗到什麼地步。而盛行於中央和地方的貪污腐敗，著實令人吃驚——尤其是內戰後的若干年。用歐洲的標準衡量，美國事實上已無政府可言。眞正財大氣粗、富到不可思議程度的闊人，實際上只是有限的幾個。「強盜貴族」這個詞的重點應放在「貴族」上，而不是放在「強盜」上。中世紀弱小王國裏的人無法依靠法律，只能依靠自己的力量——而在資本主義社會，誰的力量能超過富人呢？在所有資產階級國家中，美國有個現象是獨一無二的：即它擁有私人法庭、私人軍隊，而私人法庭、私人軍隊的影響力在本書所述時代達到了前所未有的程度。從一八五〇到一八八九年間，自行其事的治安義勇隊總共槍殺了五百三十名眞眞假假的罪犯。美國這一特殊現象延續了一百多年（一七六〇—一九〇九）。在這段期間，未經任何法律程序便遭治安義勇隊打死的人數，竟占所有受害者的七分之六[9]（在治安義勇隊有記錄可尋的三百二十六次活動中，有二百三十次是發生在這一時期）。在一八六五和六六年，賓夕法尼亞的每條鐵路、每座煤礦、每個鐵廠和每個軋鋼廠，依法都有權雇用武裝警察，人數不限，任務不限，只要自己認爲合適即可，不過其他各州的司法長官和地方官員對這種私人武裝警察的人數通常有正式規定。私人武力中最臭名昭著的偵探、槍手，即「平克頓私家偵探公司」(the Pinkertons)，便是在這個階段獲得了令人質疑的聲望。他們的第一次行動是與罪犯交手，後來主要對付的卻都是勞工大眾。

美國大企業、大財閥、大亨先驅時代的第二大特徵是，他們當中的成功者多數與舊世界的企業家不同，舊世界的企業家經常被技術建設迷住，而美國大亨則是不擇手段地賺錢。他們要的只是最大限度的利潤，而他們當中的大多數人也正好相聚在偉大的賺錢機器時代：鐵路時代。范德比爾特在進入鐵路這行之前只有一、二千萬美元，十六年後就淨增八千至九千萬美元。看了下面的例子之後，這個奇怪現象也就見怪不怪了：像亨廷頓(Collis P. Huntington, 1821-1900)、史丹福(Leland Stanford, 1824-93)、克羅克(Charles Crocker, 1822-88)、霍普金斯(Mark Hopkins, 1813-78)這類加州幫，居然敢索取中央太平洋鐵路實際造價的三倍，而且毫不羞澀；而菲斯克、古爾德之流的騙子，更採取操縱交易和巧取豪奪的手法撈進千百萬美元，自己卻從未安放過一節車廂，也沒有發動過一輛火車。

第一代百萬富翁中，幾乎沒有一個人自始至終是在同一個領域活動。亨廷頓最初是在薩克拉門多淘金潮中為礦主提供五金。他的雇主中有肉類大王阿穆爾(Philip Armour, 1832-1901)。阿穆爾先是開採金礦，然後在密爾瓦基轉向食品業，內戰時期又突然從豬肉上發了一大筆財。菲斯克在馬戲團裏幹過，當過旅館侍者，沿街叫賣的小販，賣過乾貨，後來發現軍火生意油水很多，之後又混進證券交易所。古爾德原是製圖員和皮貨商，後來在鐵路股票上大賺一筆。卡內基(Andrew Carnegie, 1835-1919)直到四十歲時還沒有將精力全部放在鋼鐵工業上。他最初是當電報報務員，後來做過鐵路經理——他的投資迅速增加，收入則從投資而來——也涉獵了石油(石油是洛克斐勒鍾愛的領域，他的生涯係從俄亥俄小職員和書商開始），直到這段期間他才逐漸步入後來由他主宰的鋼鐵工業。這些人基本上都是投機商，只要能賺大錢，不管在哪兒，他們立刻跑去。他們都是無所顧忌的人。在盛行欺詐、貪污、受賄、誹謗的經濟環境裏，必要時開槍是競爭的正常現象，他們不能因顧及道德而略有遲疑。他們都是冷酷無情之人。若問他們是否誠實，大多數人會認爲誠實與他們的生意無關，在生意場上應問他們是否精明。「社會達爾文主義」宣稱，在人類叢林中只有能適者生存，能夠爬到人堆頂端就是最優秀的人。十九世紀的美國之所以把這種信條捧成國家神學，看來並非沒有原因。

「強盜貴族」的第三個特徵其實相當顯著，但被美國資本主義神話過分強調了。這項特徵是：美國百萬富翁中有相當一部分是「白手起家」、「自學成材」的，他們的財富和社會地位無人可比。當時的確出現過幾個「白手起家」、堪稱傑出的億萬富翁，但在《美國傳記辭典》（*Dictionary of American Biography*）中，本書所述時期商界名人只有百分之四十二是來自下層和下中階級（生於一八二〇至一八四九年的人也計算在內。這個統計是米爾斯〔C. Wright Mills〕做的）。其中多數仍出身於商人和專業人員家庭。只有百分之八的「一八七〇年代工業菁英」是工人階級家庭的兒子[10]。爲了進行比較，我們可以追溯一下英國的情況。在一八五八到七九年間，死去的英國百萬富翁共有一百八十九人，其中至少百分之七十是富家子弟，他們的家產是幾代、至少是一代人積累起來的，其中百分之五十以上是地主[11]。誠然，美國也有阿斯特（Astor）和范德比爾特這類富裕家庭出身的百萬富翁，而美國最偉大的財政家摩根（J. P. Morgan, 1837-1913）則是英國銀行家第二代——他的家族是將英國資本引入美國的主要中介者之一，並因此而發跡致富。然而美國最吸引人們注意的卻是年輕人的生涯，那批年輕人只要一看到機會便會牢牢抓住，並擊敗所有挑戰者。對一批準備遵循利潤至上原則，有足夠才幹、精力、又殘酷無情、貪得無厭的人來說，機會的確是多得很，大得很。很少有什麼東西能分散他們的注意力。老貴族的爵位或悠然自得的莊園生活，對他們沒有多大的吸引力。至於政治，這東西是可以用錢買的，不須親自費力。當然，如果政治是另一種賺錢途徑，那又另當別論。

因此，在某種意義上，強盜貴族認爲他們正代表了迄今尚無人能代表的美國。他們這種認知似乎也沒錯。那些頂級億萬富翁的名字——摩根、洛克斐勒——已進入神話領域，就像那些西部槍手和將領一樣。在本書所述時期，除了那些對美國歷史特別有興趣的人外，這些億萬富翁幾乎就是外國人僅知的美國人（也許林肯除外）。大資本家已成爲這個國家的標章。《國家勞工論壇》(*National Labor Tribune*)在一八七四年寫道：美國人民曾一度是他們自己的統治者，「沒有其他人能夠或應該成爲他們的主人」，而如今，「這個夢想已無法實現。……這個國家的勞動大眾……很快就會發現，資本就像專制王朝般堅不可摧」⑫。

2

在所有非歐洲國家中，眞正以其人之道還治其人之身，與西方進行較量並打敗西方的，只有一個國家，那就是令當時人略感驚訝的日本。對他們來說，日本是所有先進國家中他們了解最少的國家，因爲直到十七世紀初，日本實際上還未與西方進行直接聯繫，西方在日本只有一個孤零零的觀察站：荷蘭人被允許在這個觀察站上進行限制嚴格的貿易。到了十九世紀中葉，西方覺得日本與其他東方國家無甚區別，至少同樣是經濟落後、軍事脆弱，注定要成爲西方的盤中餐。美國艦隊司令官佩里(Perry)採取海上威脅的慣用手法，於一八五三至五四年迫使日本開放了幾個港口，不過此時美國對太平洋的野心遠超過捕捉幾條鯨魚(在不久前的一八五一年，鯨魚剛成爲梅爾維爾〔Herman Melville, 1819-91〕小說《白鯨記》〔*Moby Dick*〕的主角，該書堪稱美國十九世紀最偉大的藝術創作)。一八六二年，先是英國人，後是西方聯軍，隨心所欲地用砲轟擊了日本：鹿兒島遭到西方攻擊，只因爲有一個英國人被殺害，西方要爲這個英國人報仇。沒想到隔了不到半個世紀，日本居然變成一個強國，能夠單槍匹馬與歐洲國家進行一場大戰，並贏得勝利；居然在不到四分之三個世紀裏馬上要與英國海軍一爭高低；更有甚者，一八七〇年代有些觀察家竟然預測日本經濟將在幾年之內超過美國！

有些歷史學家成了事後諸葛。他們對日本成就的驚訝程度比他們原先可能感到的要小一些。他們指出，日本在文化傳統方面與西方完全不同，但在許多社會結構方面卻與西方有驚人相似之處。不管怎麼說，它有一種與中世紀歐洲封建秩序非常相像的社會秩序，有世襲的地主貴族，半奴隸的農民，一個由商人、企業家以及金融家組成的群體，加上群體周圍異常活躍的工匠，這個群體和工匠的基礎便是正在形成發展中的城市。與歐洲不同的是，日本城市不能獨立，商人沒有自由。但是由於武士階層日益往城市集中，他們對非農業人口的依賴日益增加，因而逐步形成一個封閉式的、沒有任何對外貿易的國民經濟，因而產生一個企業家群體，這個企業家群體對全國市場不可或缺，與政府的關係也十分密切。比如三井，十七世紀之初只是地方上一個釀造日本米酒的小廠，後來開了錢莊，一六七三年到江戶（東京）開了幾爿店，在京都和大阪設了分店。到一六八〇年，他們已活躍在歐洲人稱之爲證券交易的領域。在這之前不久，他們已成了天皇和幕府將軍（日本事實上的統治者）的財務代理，也是幾個大封建領主的財務代理（三井至今仍是日本資本主義的重要力量之一）。另一至今仍占有重要地位的公司是住友，它起初是在京都做藥材和五金生意，很快成爲巨商並開始進入煉銅業，十八世紀晚期他們著手開採銅礦，並成爲管理銅礦的地方官員。

如果讓日本自行其事，它會獨立自主地沿著資本主義經濟方向演變嗎？這並非不可能，雖然這個問題即使提出也永遠得不到解答。不過有一點卻是毫無疑問的：與許多非歐洲國家相比，日本更願意向西方學習，也更有能力學好。中國顯然具有在西方擅長的領域擊敗西方的能力，只要它充分掌握爲達此目的而須具備的技術、知識、教育、管理和商務等條件。但是中國幅員太大，自給自足能力太強，太習慣於將自己看成是世界文明中心，以致它無法接受大鼻子野蠻人的危險文明，認爲這種文明的流入會使中國立即全盤放棄自己古老的生活方式。因此中國不想學習西方。反之，如果學習西方只是爲了使國家富強，以便抵禦北方鄰國的話，受過教育的墨西哥人確實會想要向以美國爲典範的西方自由資本主義學習。然而墨西哥的傳統勢力太強，墨西哥人無力打破，無力摧毀，於是他們無法有效學習西方。教會以及農民的傳統勢力，不論是印第安式的，還是中世紀西班牙式的，對於願向西方學習的墨西哥人來說都太過強大（而他們人單力薄，心有餘而力不足，只能徒呼負負）。但日本既有願望，又有能力。日本菁英知道日本是許多面臨被征服、被統治的國家之一，在漫長的歷史中他們一直正視這種危險。日本是個潛在的「民族」(用那時歐洲人的術語來說),而不是一個普遍的帝國。與此同時,日本擁有十九世紀經濟所需要的技術和其他能力,以及一支骨幹隊伍。也許更重要的條件是,日本菁英擁有一套能夠控制整個社會運動的國家機器和社會結構。一個國家能進行由上而下的改革,且不會導致消極抵抗、四分五裂,或引起革命,一般而言是極難做到的。日本統治集團居然能夠動員起傳統機器進行突如其來、激烈但在掌控之下的「西化」運動,同時沒有引起大型反抗,只有零星的武士不滿和農民造反,這在歷史上實屬罕見。

如何對付西方這個問題已使日本苦思冥想幾十年——至遲從一八三〇年代已開始考慮。英國在第一次鴉片戰爭中戰勝中國,充分展現了西方的成功之道及其潛力。如果連中國都打不過它們,它們不就是世界無敵了嗎?加州發現金礦這件震動當時的世界大事,不但把美國帶進太平洋地區,同時也使日本成為西方想要「開放」的市場中心,就像鴉片戰爭所打開的中國市場一樣。直接抵抗毫無獲勝希望,幾次軟弱無力的抵抗運動,已經完全證明了這一點;一味讓步和外交迴避也不過是權宜之計。受過教育的政府官員和知識分子於是就是否需要進行改良,採納西方相關技術,同時恢復(或創立)民族救亡信心進行激烈辯論,結果產生了一八六八年的「明治維新」運動,開始進行一場激烈的「由上而下的革命」。在西力開始入侵的一八五三、五四年間,統治集團對於如何應付外來侵略意見分歧,莫衷一是。政府首次徵詢「大名」的意見,多數「大名」主張抵抗或虛與應付。幕府此舉說明它本身已不能進行有效統治,其軍事政策不僅無濟於事,而且開支龐大,使日本行政管理體系的財政緊張更形加劇。當幕府官僚暴露其笨拙無能之時,當其內部派系鬥爭日益加劇之時,中國適巧在英法聯軍中再次敗北，中國戰敗同時凸顯出日本的弱點。然而由於對外來侵略的妥協讓步，也由於國內政治結構日益嚴重的四分五裂，年青的武士階層知識分子開始有了強烈反應。武士在一八六〇至六三年間，掀起日本歷史上著名的恐怖暗殺浪潮（既殺外國人，也殺不得人心的領導人）。自一八四〇年代起，愛國積極分子隨時準備戰鬥，他們聚集在各藩和江戶（東京）的武館裏研究軍事和思想，在武館接受到哲學家的適當影響後，又各自回到封建藩國，提出「攘夷」、「尊王」兩句口號。這兩句口號很合邏輯：日本絕不能成爲外強的犧牲品，幕府既然無能，保守派自然就將注意力轉向依然存在的傳統政治力量，即天皇。天皇是理論上的最高權威，但實際上是無所作爲、無足輕重。保守派改革（或謂自上而下的革命）想要採取的方式可說是利用恢復王權來反對幕府。外國對極端分子恐怖主義做出的反應（例如英國砲打鹿兒島），更激化了日本的內部危機，在內外交迫之下，幕府政權搖搖欲墜。一八六八年一月（即德川慶喜繼任將軍、孝明天皇駕崩、太子睦仁即位之後）終於宣布恢復王政，在某些強大勢力和對幕府不滿的地方官員支持下，經過短暫的內戰，最終建立了王政，開啓了「明治維新」。

如果說「明治維新」只是保守勢力的仇外反應，那麼它的意義相對來說就不太重要。日本西部的強藩和皇室公卿，特別是薩摩藩和長州藩，一向厭惡壟斷幕府的德川家族，他們推翻了舊的幕府政權，但拿不出一套具體計畫，好戰且代表傳統勢力的年輕極端主義者也拿不出一套計畫。此刻掌握日本命運的主要是年青武士（一八六八年時，他們平均年齡爲三十歲），他們在這個經濟和社會形勢日趨尖銳的歷史時刻登上舞台。緊張的形勢反映在兩方面：一是政治色彩不太明顯的地方農民起義風起雲湧；二是出現了由豪商豪農組成的中產階級。但是掌握國家命運的武士階層，他們代表的並不是社會革命力量。從一八五三至一八六八年，年青武士（其中有幾個最仇外的已在恐怖活動過程中被消滅）大多數已認識到他們的救國目的需要靠有步驟地進行西化才能實現。及至一八六八年，他們當中已有幾個人與外國建立聯繫；還有幾個人到國外進行考察。他們一致認識到救國意味著要進行改革。

在改革上，日本與普魯士有不少相似之處。兩個國家都正式確立了資本主義制度，但都不是藉由資產階級革命，而是通過自上而下的革命，即通過官僚貴族的舊秩序，因爲舊秩序認識到捨此無法圖存。兩國後來的經濟—政治制度也都保留了舊秩序的重要特徵：一個紀律嚴明的民族，一個具有自尊的民族。這兩項重要特徵不但根植於中產階級和新興無產階級的靈魂之中，同時也幫助資本主義（雖然並非故意）解決了勞動紀律的難題；解決了私營企業經濟在很大程度上依賴官僚政府協助和監督的難題；以及經久不散的軍國主義難題。軍國主義可在戰時顯示其強大威力，也是激昂、病態的政治右翼極端主義的一股潛在力量。然而日本和普魯士的改革仍然有所區別。在日耳曼，自由資產階級的勢力相當強大，同時也意識到自己是個階級，是支獨立的政治力量。正如一八四八年革命顯示的那樣，「資產階級革命」的確是可能的。普魯士是藉由下列兩股力量的聯合而走上資本主義道路，一是透過不願意發動資產階級革命的資產階級，二是準備在不發動革命的情況下給予資產階級大部分他們想要得到的東西的容克政府，容克政府以此爲代價保存了地主貴族和官僚君主政體的政治控制權。這項變革並非容克階級倡議的，他們之所以願意改變只是爲了確保他們不會被打倒，不會被變革埋葬(這得感謝俾斯麥)。而在日本,「自上而下的革命」的倡議、指令和骨幹力量,都是來自部分封建領主和皇室公卿。日本資產階級(或與資產階級相等的階級)只能在一個方面發揮作用:商人和企業家階層的存在使得從西方學來的資本主義經濟制度行之有效。所以「明治維新」不能被視爲眞正的「資產階級革命」,甚至不能被稱作發育不全的資產階級革命,不過倒可看作是與資產階級革命相等的、行得通的革命的一部分。

因此,「明治維新」的變革竟然還能十分激進,就更令人刮目相看。維新運動廢除了舊封建領主的領地戶籍,並代之以中央政府管理體系:中央政府發行了十進制的貨幣;借用美國方式建立起銀行系統,然後在銀行基礎上,透過向公眾借貸,打下財政基礎;並(在一八七三年)實行一項全面的土地稅收制度(不要忘記,在一八六八年時中央政府尙無獨立收入,只能暫時依靠封建諸藩幫助,而諸藩不久便告撤銷,於是只能強行借貸,只能依靠前德川幕府將軍的私人莊園)。這項財政改革意味著另一項激進的社會改革,即土地財產法(Regulation of Landed Property, 1873)的出爐。土地財產法規定了個人(不是集體)納稅義務,最終並允許土地私有和自由買賣。至於以前的封建權利就像逐漸縮小的耕地那般,終歸全部拋棄。大貴族和少數武士乃保有一些山地和森林,但在政府接管了以前的集體財產,農民日益成爲富有地主的佃戶之後,大貴族和武士遂失去其經濟基礎,當然他們曾獲得政府的賠償和幫助,但由於他們的處境變化太過劇烈,政府的補償協助顯然是不夠的。軍事改革對他們震動更大,特別是一八七三年徵兵令的頒布。徵兵令按照普魯士模式,實行徵兵制,其影響最爲深遠的結果是平等主義,因爲它取消了武士作爲一個階層所單獨享有的更高地位。總之,農民反抗和武士暴亂都不太困難地被鎮壓下去了(從一八六九到一八七四年間,平均每年約有三十次農民起義,武士則於一八七七年發動一場相當大規模的叛亂)。

取消貴族和階級區別不是新政權的目的,雖然新政權使得這方面的問題簡化了、現代化了。當時甚至出現了新的貴族統治。與此同時,西化意謂著廢除舊的社會階層,也就是說社會地位應由財產、教育和政治影響力來決定,而不是由家庭出身來決定,這種純正的平等主義傾向,對每下愈況的武士十分不利,他們當中已有很多人淪爲一般工人;不過對普通百姓卻挺有利,他們自一八七〇年起獲准擁有自己的姓氏,能夠自由選擇職業和居住地。對日本統治者來說,這些措施本身並不是他們的計畫,而是達到民族振興計畫的工具,這是不同於西方資產社會的。這些措施因爲是必要的,所以必須採取。對舊社會的骨幹分子來說,這些措施還算合理,在「爲國服務」這個傳統觀念的強烈影響下,他們認爲「加強政府的力量」是必須的;加上新日本爲其骨幹中的多數人在軍界、管理界、政界、商界提供了大量機會,因此這些措施也就不那麼難以吞嚥了。傳統的農民和武士則不然,特別是新日本根本沒有爲他們提供任何光明前途的武士,他們反對這些舉措。然而,那些本身構成舊社會、屬於舊社會顯赫軍事貴族階級的人,竟能在幾年的時間裏如此大刀闊斧,如此激進的推行改革,甚至今天來看也仍是異乎尋常、獨一無二的現象。

改革的動力是西化。西方顯然擁有成功的奧祕,所以日本必須向西方學習,而且要不惜一切代價地學。將另一個社會的價值、觀念、組織機構全盤接收過來,其前景會如何呢?這個問題對日本來說不像其他國家那樣不可想像,因爲日本已經從外國引進過一次——是從中國——但無論如何這次的舉措仍是令人震驚，造成的傷害很大，問題也很多。向西方學習是無法淺嘗輒止，搞些表面文章，或有選擇、有控制地引進，特別是對文化與西方有如此巨大差別的日本而言。所以許多爲西化而奔走呼號的人士，便以極大熱情全心投入這項使命。對有些人來說，西化看來得放棄日本的一切，因爲日本的過去種種全都是落後的、野蠻的：日語太繁瑣，要簡化，甚至索性放棄；要利用與優秀的西方人通婚來改良日本人種……他們如飢似渴地吞下了西方社會達爾文主義的種族歧視理論，而這種種族主義理論在日本最高層居然一度受到支持⑬。日本接受西方服飾、髮式、飲食的熱情不亞於接受西方的技術、建築風格和思想⑭。不過日本並未全盤西化，他們沒有採納西方的意識形態（然而包括基督教在內的西方意識形態對西方的進步卻具有根本意義），沒有放棄所有古老的、包括天皇在內的機制。

然而西化與早期的中國化不同，西化在這裏有個很爲難的問題。「西方」不是一個單一、協調的體系，而是許多相互競爭的機制和思想複合體，日本該效法其中的哪一個呢？實際上，日本並未躊躇太久，便做出選擇。英國模式自然作爲鐵路、電信、公共建築和市政工程、紡織工業以及許多商業方法方面的模範；法國模式用來改革法制、改革軍事（後來採取普魯士模式），海軍當然還是學習英國；大學則歸功於德國和美國的榜樣；小學教育、農業革新和郵政事業則歸功於美國。日本聘請的外國專家——在日本人的監督下——從一八七五至七六年的五、六百人，上升到一八九〇年的三千人左右。然而政治和意識形態方面的選擇就困難了。英國和法國都是資產階級自由主義國家，但它們是兩個相互競爭的體系；德意志則是較爲獨裁的君主國家，日本該選擇哪一個呢？尤其是在以傳教士爲代表的知識型西方和以斯賓塞(Herbert Spencer)和達爾文爲代表的科學型西方之間，日本又該如何選擇?(武士作爲一個階層已被消滅。失去方向和判斷力的武士已準備將他們傳統的忠誠從世俗的主轉到天上的主)。在互爲對手的世俗和宗教之間，又應如何抉擇呢?

於是不到二十年便出現一股反對極端西化、極端自由化的勢力。這股勢力一方面受助於向來對完全自由化持批判態度的西方國家，如德國(一八八九年「明治憲法」的觀念便是來自德國)，但主要是來自以新傳統主義爲訴求的反對勢力。新傳統主義實際上是想製造一個新的以崇拜天皇爲核心的國教,即神道崇拜。最終獲勝的是新傳統主義加上選擇過的現代化的結合體(一八九〇年頒布的「帝國教育敕令」是兩者相結合的典型)。然而日本對西化的態度仍然分成兩派:一派認爲西化應該進行根本性革命;另一派認爲西化僅是爲了建設一個強大的日本。革命沒有到來，而將日本改造成一個令人敬畏的現代化強國的確實現了。一八七〇年代的日本在經濟方面取得的成就還較有限，而且幾乎完全建築在與經濟自由思想大相逕庭的「政商」基礎上。而此際日本新軍隊的軍事活動更完全是爲了對付舊日本的頑固鬥士，雖然早在一八七三年軍方便策劃了朝鮮戰爭，但因明治政府裏的冷靜菁英認爲這種冒險一定要等(朝鮮)內部改革明朗化後再做計議，於是暫緩。因此西方遂低估了日本改革的意義。

西方觀察家很難理解這個陌生而奇怪的國家。有些觀察家在日本身上除了看到頗具外國情調的美感，以及優雅、順從的女人外，其他就看不到什麼了，而日本女人又特別容易讓人聯想到男人和西方的優越性(當時認爲西方是優越的)，他們看到的是一個平克頓和蝴蝶夫人的國度。其他觀察家則太相信凡不是西方人就是劣等人，因而對日本視而不見。《日本前鋒報》(*Japan Herald*)在一八八一年這樣寫道：「日本人是個快樂的民族，即使沒有多少東西也會感到滿足，因而他們也不會有多大的成就。」⑮西方人認爲日本的技術上只能造出廉價的西方複製品，這個看法一直到第二次世界大戰結束，仍是白種人虛假宣傳的一個部分。然而那時已經有些精明實際的觀察家——主要是美國人——看到日本在農業方面的高效率(「日本農民務農時非常節儉、經濟，很會幹農活，他們沒有牲畜，沒有輪作制度，但他們把荒地上茂盛的草變成自己田裏的肥料……他們沒有任何機器，但每英畝土地每年收穫的莊稼，在美國得要四個耕作季才種的出來。」⑯)，看到日本手工業者的技巧，看到日本軍人的潛力。早在一八七八年一位美國將軍就曾預言，有這樣的軍人，這個國家「注定要在世界歷史上發揮重要作用」⑰。當日本人證明他們能夠贏得戰爭之後，西方人對他們的看法馬上變了，自鳴得意的成分也就少了許多。然而直到本書所述時期結束之際，日本人仍被視爲西方資產階級文明勝利的活見證，是西方資產階級文明比其他文明優越的活見證；而這個階段的日本人對這樣的看法想來亦無異議。

註釋

❶ Jakob Burkhardt, *Reflections on History* (London 1943), p.170.

❷ Erskine May, *op. cit.*, I, p.25.

❸ Cited in Henry Nash Smith, *Virgin Land* (New York 1957ed.), p.191.

❹ Herbert G. Gutman, 'Social Status and Social Mobility in Nineteenth Century America: The Industrial City, Paterson, New Jersey' (mimeo) (1964).

❺ Martin J. Primack, 'Farm construction as a use of farm labor in the United States 1850-1910', *Journal of Economic History* XXV (1965), pp.114ff.

❻ Rodman Wilson Paul, *Mining Frontiers of the Far West* (New York 1963), pp.57-81.

❼ Joseph G. McCoy, *Historic Sketches of the Cattle Trade of the West and South-west* (Kansas City 1874; Glendale, California 1940). 此書作者將阿比林建設成牛隻買賣中心,並於一八七一年出任該市市長。

❽ Charles Howard Shinn in *Mining Camps, A Study in American Frontier Government* ed. R. W. Paul (New York, Evanston and London 1965), chapter XXIV, pp.45-6.

❾ Hugh Davis Graham and Ted Gurr (eds.), *The History of Violence in America* (New York 1969), chapter 5, especially p.175.

❿ W. Miller (ed.), *Men in Business* (Cambridge [Mass.] 1952), p.202.

⓫ 感謝霍普金斯大學的羅賓斯坦博士(Dr. William Rubinstein)提供相關數據。

⓬ Herbert G. Gutman, 'Work, Culture and Society in Industrializing America 1815-1919', *American Historical Review*, 78, 3 (1973), p.569.

⓭ John Whitney Hall, *Das Japanische Kaiserreich* (Frankfurt 1968), p.282.

⓮ Nakagawa, Keiichiro and Henry Rosovsky, 'The Case of the Dying Kimono', *Business History Review*, XXXVII

(1963), pp.59-80.

⓯ V. G. Kiernan, *The Lords of Human Kind* (London 1972), p.188.

⓰ Horace Capron, 'Agriculture in Japan' in *Report of the Commissioner for Agriculture, 1873* (Washington 1874), pp.364-74.

⓱ Kiernan, *op. cit.*, p.193.

第九章 變化中的社會

根據(共產黨)原則，應是「各盡其能，各取所需」。換言之，誰也不能因爲自己力氣大、能力強或工作勤奮而得到任何利益，而是要去照顧弱者、愚者和懶漢的需要。

——梅爵士，一八七七年❶

政府正由擁有財富之人的手中傳到一無所有者手中；正從那些基於物質利益致力維護社會之人的手中，交到那些對秩序、穩定以及現狀漠不關心之人的手中。……也許，依照地球變化法則，工人贊成我們這個現代化社會，而過去的野蠻人則贊成古老社會，贊成分化、瓦解的騷動因素？

——龔固爾兄弟，巴黎公社期間❷

當資本主義和資產階級社會高唱勝利凱歌之際，雖然出現過一些群眾性政治運動和工人運動，但希望有個新社會能取而代之的前景是非常黯淡的，尤其是在一八七二至七三年間，然而幾年之後，這個曾經取得如此輝煌勝利的社會再一次發生動搖，在其前途朦朧之際，它必須再一次嚴肅對待那些想要取代它、推翻它的運動。所以我們有必要檢視一下發生在十九世紀第三個二十五年的激進社會改革和政治改革運動。這樣的檢視不能只根據後見之明，當然歷史學家也沒有理由放棄這項最強大的武器，還必須透過當時人的眼光。今天有錢有勢的人信心十足，他們不怕其統治會因爲翻舊帳而結束。而且革命是不久前發生的事，記憶猶新。一八六八年時，任何一個四十歲的人，在歐洲發生最偉大的革命之時，他已將近二十歲；五十歲的人則已經歷了一八三〇年代的革命，雖然那時他還是個孩子，但在一八四八年革命時他已成年。義大利人、西班牙人、波蘭人以及其他人等都曾在本書所述時期的最後十五年裏經歷過動亂、革命以及其他頗具動亂味道的大事，例如加里波底解放義大利等等。無怪乎當時的人們會對革命抱有強烈深刻的希望或恐懼。

我們知道，這種情況不是一八四八年後若干年裏的主流。這幾十年的社會革命就像英國的蛇一樣：有是有，但不是英國動物裏非常重要的部分。在那充滿希望和失望的偉大一年，歐洲革命曾經近在眼前——也許非常眞實——但又轉成過眼雲煙。我們知道馬克思和恩格斯曾希望革命之火能在幾年後再度燃燒。例如一八五七年發生全球性經濟蕭條之時，馬克思和恩格斯便眞切盼望經濟蕭條能引發革命的再次總爆發。但革命沒有發生。自此，他們不再期待革命會在可預見的未來爆發，更肯定一八四八年革命不會再度重演。但若因此而認爲馬克思變成某種漸近式的社會民主黨人（按照這個詞的現代意義），或認爲馬克思希望以和平方式過渡到社會主義，那就錯了。就算有些國家的工人能藉由選舉獲勝，用和平手段取得政權（他提到美國、英國，也許還有荷蘭），但在他們奪得政權、砸碎舊政治和舊機制（馬克思認爲這是必不可少的）的時候，也必然會導致舊統治者的暴力反抗。毫無疑問，馬克思在這方面是很現實的。政府和統治階級可能準備接受一個不會威脅到其政權的工人運動，但是沒有任何理由認爲他們會接受一個會威脅其政權的工人運動，特別是在巴黎公社遭到血腥鎮壓之後。

因此，在歐洲先進國家發動革命不再是可行的政治活動，遑論社會主義革命。誠如我們已看到的，馬克思對革命前途深感懷疑，甚至認爲在法國也行不通。歐洲資本主義國家眼前的發展取決於工人階級獨立的群眾性政黨組織，而群眾政黨組織近期的政治要求卻不是革命。馬克思向採訪他的美國記者口述德國社會民主黨黨綱時，刪掉了其中設想社會主義未來的一條（「建立社會主義生產合作社……在勞動人民的民主管理下」），以作爲對拉薩爾派的讓步。他認爲社會主義「將是運動的結果。但仍需取決於時間、教育，以及社會新形態的發展」❸。

前途遙遠，不可預測，但仍可望透過資本主義社會邊緣地區，而非中心地區的演變，大大縮短其距離。從一八六〇年代晚期，馬克思開始從三個方向認眞設想採取間接方法推翻資產階級社會的戰略，其中兩個已證明是正確的預測，而另一個是錯誤的。這三條思路是：殖民地革命、俄國，以及美國。殖民地革命是他分析愛爾蘭革命運動（見第五章）的結論之一。英國那時對無產階級革命具有決定性意義，因爲英國是資本的中心，是世界市場的統治者，同時又是「革命物質條件已發展到一定成熟度的唯一國家」❹。所以國際勞工協會的主要目標必須是鼓勵英國革命，鼓勵的唯一辦法便是協助愛爾蘭獨立。愛爾蘭革命（或更籠統地說，各附屬國人民的革命）不是爲了愛爾蘭自己，而是希望它能在資產階級國家的中心地區扮演革命的催化劑，或成爲資本主義宗主國的阿奇里斯腳跟（意爲致命的弱點）。

俄國的角色也許更具企圖心。從一八六〇年代起，如我們將看到的那樣，一場俄國革命已不僅是一種可能，而且是非常可能，甚至是肯定的。俄國革命若發生在一八四八年，當然也會受歡迎，因爲它可搬掉西方革命勝利道路上的主要絆腳石，但若發生在此時，其本身就具有重大意義。一場俄國革命也許眞的是「西方無產階級革命的信號，雙方並可進而互相補充」（摘自馬克思和恩格斯爲俄國版《共產黨宣言》所寫之序言）❺。我們還可進一步推想，俄國革命也許能直接導致俄國的土地公有制，越過成熟的資本主義發展階段，成爲共產主義發展的起點——但馬克思對此推論從未表示完全支持。馬克思的推測非常正確，革命的俄國的確改變了世界各地的革命前景。

美國的作用將比核心角色差一些。其主要功能是消極性的：憑藉自己神速的發展，打破西歐，特別是英國的工業壟斷；並由於大量農產品出口，砸碎了歐洲大小土地產業的基礎。這個評估當然是正確的。但它是否也能對革命勝利具有積極貢獻呢？在一八七〇年代，馬克思和恩格斯肯定認爲美國政治制度會出現危機。這種推論並非不切實際，因爲農業危機將削弱農人的力量，削弱「整個憲法的基礎」，而投機商和大財閥所攫取的政治權力越來越大，也將使公民產生反感。他們還指出美國的群眾性無產階級運動正在形成。也許他們對這種趨勢不抱太多期望，但馬克思表示過某些樂觀態度，說美國「人民比歐洲人民更加堅決……每樣東西都成熟得更加快些」❻。然而他們把俄國和美國這兩個《共產黨宣言》原先刪去的大國相提並論就不對了：俄國和美國未來的發展將有天壤之別。

馬克思的觀點在他逝世後被證明是正確的，但在當時，他的思想尙不是重要的政治力量，儘管在一八七五年已有兩個跡象能說明他後來的影響：其一是一個強大的德國社會民主黨，其二是他的思想深入俄國知識分子心中——這點他本人從沒想到，但若追溯當時情況，這也不是非常出人意料的。一八六〇年代末到一八七〇年代初，這位「紅色博士」常爲國際勞工協會籌劃活動（見第六章），同時也是該協會最具影響力的地位崇高之士。但是我們已經看到，國際勞工協會在任何意義上都不是馬克思主義運動，甚至也說不上是涵括足夠馬克思主義者的運動（這些馬克思主義者大多數是移居國外的德國人，是馬克思的同代人）。國際勞工協會由許多左翼團體組成，它們之所以組成聯盟，主要是（也許完全是）因爲它們都想把「工人」組織起來。國際勞工協會取得了很大的成功，但不全是一勞永逸的成功。國際勞工協會的思想代表了兩類人士的思想：一是一八四八年革命的倖存者（甚至是在一八三〇至四八年間經過改造的一七八九年革命倖存者），他們代表的是某種改良式工人運動的期望；其二是無政府主義，那是一種乖戾革命理想的亞變種。

從某種意義上來說，所有革命理論都要、也必須與一八四八年革命經驗相吻合，馬克思是如此，巴枯寧、巴黎公社社員以及俄國民粹派皆如此（關於俄國民粹派我們將在下文續論）。有人也許會說，他們都是從一八三〇至一八四八年的動盪歲月中走過來的，但他們沒有把一八四八年前的那面大旗從左派隊伍裏永遠扔除：即烏托邦社會主義。主要的烏托邦傾向已不復存在。聖西門思想已割斷了與左派的聯繫，轉入孔德的實證論，而且變成一群資產階級冒險家（主要是法國人）共有的不成熟經驗。歐文（Robert Owen, 1771-1858）的追隨者將他們的理論研究轉向唯心論和世俗主義，將他們的實踐活動轉向合作商店這一不大的領域。傅立葉（Charles Fourier, 1772-1837）、加貝，以及其他提倡共產主義社區的人物（主要是生活在自由土地上，享有無限機會的人）都被淡忘了。格里利（Horace Greeley, 1811-72）提出「年輕人，往西走」的口號，這比他早期的傅立葉式口號強多了。烏托邦社會主義到一八四八年時已告銷聲匿跡。

法國大革命的後代在一八四八年後仍活躍在舞台上，其類型從激進的民主共和派到布朗基式的雅各賓共產黨人都有。民主共和派時而強調民族解放，時而強調對社會問題的關心。他們是傳統左派，既未學到什麼，也未丟失什麼。巴黎公社的某些極端分子，除了想再發動一次法國大革命外，根本別無他求。布朗基主義靠著它頑強的決心和巧妙的組織，終於在法國生存下去，並在公社裏發揮重要作用，但這是它最後一次亮相機會，此後再也未曾扮演過重要角色，且即將在法國新社會主義運動的不同趨勢撞擊下消失殞滅。

民主激進主義的生命力較爲頑強，因爲它的主張眞正表達了各地「小人物」（店主、教員、農民的願望，亦即工人願望的基本要求；同時也投自由主義政客所好，希望自由主義政客支持他們。自由、平等、博愛也許不是具有精確意指的口號，但面對有錢有勢的大人物，窮人和普通百姓仍知道這個口號的含意。然而即使民主激進主義的正式綱領實現了，一個像美國那樣藉由平等、無條件普選產生的共和國成立了(所謂無條件普選係針對男子選舉權而言,當時尚無任何國家認眞考慮婦女的公民權,只有美國富戰鬥精神的鬥士開始爲此努力,維多利亞·伍德哈爾〔Victoria Woodhull〕便於一八七二年參加總統競選),民主的熱情也不會因之降溫,因爲「人民」需要行使眞正的權利來對付富人和貪官,光是「人民」的需要就足以使民主熱情存續下去。不過,民主激進主義的綱領當然還未成爲現實,甚至是在規模不大的地方政府當中,也不曾實現過。

然而這個時期,激進民主本身已不再是革命口號,而成爲爲達到目的而採用的一種手段。革命的共和國就是「社會的共和國」,革命的民主就是「社會的民主」——這是馬克思主義政黨越來越常採用的標題。不過民族主義的革命家對此還不很了然,如義大利的馬志尼黨人,他們認爲既然獨立和統一是建立在民主共和主義之上,那麼取得獨立和統一之後,一切問題也都解決了。眞正的民族主義當然會是民主的、社會的;如果不是,那它就不是眞正的民族主義。馬志尼黨人並沒有不主張社會解放,加里波底就宣稱他本人是社會主義者,暫且不論他所說的社會主義者是指什麼。在人們對統一、共和大失所望之後,新社會主義運動的骨幹便將從以前的激進共和分子中脫胎而出。

無政府主義顯然是一八四八年後的產物,更準確地說是一八六〇年代的產物,雖然我們可以從一八四〇年代的革命騷動中找到它的蹤跡。無政府主義的奠基人是蒲魯東和巴枯寧。蒲魯東是位法國印刷工人,自學成材,後來成了多產作家,不過他從未實際進行過政治宣傳鼓動工作。巴枯寧是位俄國貴族,他隨時都準備投身到無政府主義運動中(我們可以列出一個無政府主義的「家譜」,但這與眞正的無政府運動發展沒有多大關係)。他們兩人在早期就受到馬克思的注意。馬克思不喜歡他們,他們敬重馬克思，但也回敬了馬克思的敵意。蒲魯東的理論本身並沒多少有趣之處，系統紊亂，偏見太深，毫無自由主義色彩——他既反對女權主義，又反對猶太人，反倒是極右派對他推崇有加——但他的理論對無政府主義思想有兩大貢獻：其一相信小型的互助生產組織，而不相信沒有人性的工廠；其二痛恨政府，痛恨所有政府。這對自力更生的工匠，自主權較高、抵制無產化的技術工人，尚未忘記其農村小鎮童年生活的城裏人，以及鄰近工業發達地區的居民特別有吸引力。無政府主義正是對這些人，對這些地方有其最大的號召力：國際勞工協會當中最忠實的無政府主義者，正是瑞士小村莊「侏羅聯合會」(Jura Federation)裏的鐘錶匠。

巴枯寧對蒲魯東的思想沒有什麼新的補充，他只是一味鼓動革命熱情，想實際進行革命。他說：「破壞的熱情同時也是創造的熱情。」殊不知其所鼓動的只是罪犯和社會邊緣人的革命潛力，是一種魯莽的熱情，一種農民的、直觀的意識。他根本不是什麼思想家，而是一個預言家，一個煽動家，一個詭計多端的恐怖組織家——儘管無政府主義在紀律嚴明的組織裏沒有市場，無政府主義也等於提前警告政府應該進行專政。巴枯寧將無政府主義運動擴大到義大利、瑞士，並藉由其門徒擴展至西班牙，並於一八七〇至七二年組織了分裂國際勞工協會的活動。他實際上創造了無政府主義運動，因爲(法國)蒲魯東主義團體只是一個不甚發達的工會互助組織，在政治上它們的革命性格並不太強。上述所言並不表示無政府主義在本書所述時期結束之際已是一支強大的力量，而是說它在法國以及法屬瑞士已有一些基礎，在義大利已播下某些種子，尤其是在西班牙已取得驚人的進展，西班牙加泰隆尼亞的手工業者和工人，以及安達魯西亞的農業勞動者都相當歡迎這個新福音。它與西班牙國內滋長出來的思想一拍即合，合而爲一，認爲如果能將國家的上層建築摧毀，將富人消滅，農村和工廠自然能治理好，一個由自治城鎮構成的理想國家自然很容易實現。這種「小行政區主義」(cantonalism)運動居然試圖在一八七三至七四年的西班牙共和國實現這種「理想國」。小行政區主義的主要理論家是馬加爾(F. Pi y Margall, 1824–1901)。馬加爾將與巴枯寧、蒲魯東——以及斯賓塞——一起被迎進無政府主義的萬神殿。

無政府主義既是前工業時期對現代的反叛，同時又是那個現代的產物。它反傳統，然而其直覺和本能又使它保留——甚至更加強調——許多傳統成分，如反猶太人，或更籠統地說，仇恨一切外國人。蒲魯東和巴枯寧兩人身上都有這些因素。與此同時，無政府主義十分痛恨宗教、教會，頌揚進步的事業，包括科學、技術、理性，尤其頌揚「啓蒙運動」和教育。由於無政府主義反對一切權威，它便奇怪地與主張自由競爭的資產階級超個人主義沆瀣一氣。主張自由競爭的資產階級也反對一切權威。從思想上說，斯賓塞跟巴枯寧一樣，也是無政府主義者(他曾撰寫《反對政府的人》〔*Man against the State*〕)。無政府主義唯一不去闡述的是未來。關於未來它無話可說，他們認爲在革命發生之前沒有未來。

無政府主義一旦出了西班牙就根本不具政治重要性，對我們來說它只是那個時代歪曲現實的哈哈鏡而已。這個時代最饒有趣味的革命運動是一個完全不同的革命運動：俄國的民粹主義。民粹主義在當時並非群眾運動，也從來沒有形成群眾運動。它最引人注目的是進行恐怖活動，這是本書所述時期結束以後的事，結果暗殺了沙皇亞歷山大二世(Alexander II, 1881)。然而它是二十世紀落後國家許多重要運動的先驅，也是俄國布爾什維克主義(Bolshevism)的先驅。它把一八三〇年代、一八四〇年代的革命與(俄國)一九一七年革命直接聯繫起來，我們可以說它們之間的關係比巴黎公社更爲直接。由於這場運動幾乎淸一色全由俄國知識分子組成，而俄國所有嚴肅知識分子的生活亦都帶有政治色彩，所以它便藉由同時代的俄國天才作家如屠格涅夫(Turgenev, 1789-1871)、杜思妥也夫斯基等人的作品立即反映到國際文壇之上。西方同代人很快便聽到民粹主義者(Narodniks)這個名詞(譯按：該詞亦有「虛無主義者」，「無政府主義者」之意)，甚至把他們與(巴)枯寧的無政府主義相混淆。這也不難理解，因爲巴枯寧曾像插手其他國家的革命運動那樣插手俄國的運動，並一度和另一位眞正的杜思妥也夫斯基式人物，年輕的涅恰也夫(Sergei Gennadevich Nechaev)混淆不淸。涅恰也夫提倡不顧一切地進行恐怖和暴力活動。然而，俄國民粹主義根本不是無政府主義。

俄國「應該」有場革命，歐洲從最溫和的自由主義者到最激進的左派，沒有人對此提出質疑。尼古拉一世政權(一八二五—五五)是十分露骨的獨裁，他是陰錯陽差上台的，從長遠看不可能維持很久。政權之所以未倒，是因爲俄國還沒有出現強大的中產階級，尤其是因爲落後的農民階級對沙皇依舊保有傳統忠誠，或逆來順受的消極態度。俄國農民階級主要是農奴，他們接受「貴族老爺」的統治，因爲他們認爲這是上帝的旨意，因爲沙皇代表神聖的俄羅斯，同時因爲他們大多甘願平靜地在村莊裏做好自己的點滴小事。俄國和外國觀察家從一八四〇年代起，就注意到俄國村莊的存在及其意義。農民確實不滿。儘管他們很窮，儘管貴族老爺不斷壓迫，但他們從不同意貴族有權占據莊園裏的土地。農民是屬於貴族老爺所有，但土地是屬於農民的，因爲是農民在耕種土地。農民是因爲無能爲力，所以才無所作爲。如果農民能擺脫消極情緒，起而抗爭，那麼他們會使沙皇和俄國統治階級坐立難安。如果思想左派和政治左派將農民潛在的動亂因素鼓動起來，其結果將不只是一場十七世紀、十八世紀式的偉大起義——俄國統治者始終覺得「普加喬夫起義」(Pugachevshchina)①陰魂不散——而是一場社會革命。

克里米亞戰爭結束後，一場俄國革命已不再是想望，而是日漸具有可能性。這是一八六〇年代最重大的變化之一。俄國政權既反動，又無能，但在一八六〇之前，它給人的印象是：從內部看它固若金湯，從外部看它強大非凡，當歐陸於一八四八年深陷革命浪潮之時，俄國政權卻能倖免於難。然而到了一八六〇年代，它的弱點暴露無遺，內部很不穩定，對外則比想像中虛弱許多。其關鍵弱點既是政治的，又是經濟的。亞歷山大二世所推行的改革與其說是振衰起敝的靈丹妙藥，不如說是暴露疾病的症狀。我們將會看到，解放農奴(一八六一，見第十章)事實上是爲農民創造了革命條件，而沙皇在行政管理、司法以及其他方面的改革(一八六四—七〇)，非但沒有克服沙皇專制統治的弱點，更不足以補償它日漸失去的農民忠誠。在俄國爆發一場革命已不再是烏托邦遐想。

由於資產階級和(這個時期)新興工業無產階級的力量還很弱小，因此當時只有一個人數極少，但很是能說善道的社會階層能夠「承擔」政治鼓動任務：此即**知識分子**。在一八六〇年代，這個階層業已覺醒，與政治激進主義發生聯繫，並享有「知識分子」的美名。正是因爲它的人數極少，所以這個階層裏受過高等教育的人深深感受到他們是緊密相連的團體：遲至一八九七年，全俄受過教育的男人不超過十萬，婦女約六千多一點❼。人數確實不多，但增加速度很快。一八四〇年莫斯科的醫生、教師、律師以及各種藝術工作者總數不超過一千二百人，但到了一八八二年，莫斯科已有五千名教師、二千名醫生、五百名律師以及一千五百名「藝術界」人士。關於他們有一點相當重要：他們既不加入商業階層（十九世紀各國商界除德國外，均不需要學歷，除非為了提高社會層次），也不參加官僚隊伍（官僚機構是知識分子的唯一大雇主）。一八四八至五〇年間，聖彼得堡大學畢業生共有三百三十三人，其中只有九十六人加入文官隊伍。

俄國知識分子有兩點不同於其他國家的知識分子：首先他們承認自己是一個特殊的社會集團；其次在政治上他們多半是激進主義者（為了社會而非為了民族）。第一點與西方知識分子不同，西方知識分子很容易被獨領風騷的中產階級所吸收，很容易接受占主導地位的自由主義思想和民主思想。除了文學藝術上的放蕩不羈（見第十五章），除了一些得到批准、勉強可以忍受且與眾不同的特殊文化外，在西方知識界看不到太多滿腹牢騷的政治異議者，而放蕩不羈的牢騷話與政治關係不大。直到一八四八年（包括一八四八年），大學一直是頗富革命性的，如今他們在政治上也已循規蹈矩了。在這個資產階級大獲全勝的時代，知識分子何苦再另提一套呢？第二點又使俄國知識分子有別於那些剛形成的歐洲民族國家的知識分子，他們的政治熱量幾乎完全消耗在民族特徵上，也就是說消耗在為建設一個能夠將他們整合進去的自由資產階級社會的鬥爭上。俄國知識分子不能遵循（西方）第一條道路，因為很明顯俄國不是資產階級社會，對沙皇制度來說，即使是溫和的自由主義也會被當做政治革命口號。沙皇亞歷山大二世在一八六〇年代進行的改革——解放農奴、司法改革、教育改革，以及為貴族士紳建立某種地方政府（一八六四年的地方自治會）和城市（一八七〇）——都過於羞羞答答，拖泥帶水，不足以長期激勵改革主義者的潛在熱情，而且改革的時間太短，只是曇花一現。俄國知識分子也無法遵循歐洲知識分子的第二條道路，倒不是因爲俄國已是一個獨立民族，也不是因爲他們缺乏民族驕傲，而是因爲俄國民族主義的口號——神聖的俄羅斯、泛斯拉夫主義等等——已經被沙皇、教會，以及所有的反動力量扼殺了。在托爾斯泰（Tolstoi, 1828-1901）文學巨著《戰爭與和平》（*War and Peace*）的所有人物當中，最典型的俄國人別祖霍夫（Pierre Bezuhov）不得不去尋求世界主義的思想，甚至不得不爲侵略者拿破崙辯護，因爲他對這樣的俄國無法滿意；而他精神上的姪、孫輩（全是一八五〇年代、一八六〇年代的知識分子）也被迫走上同一條道路。

他們要求現代化，亦即要求「西化」——作爲生長在歐洲落後國家的有志之士，他們也非如此不可——但他們不能只進行「西化」，因爲西方自由主義和資本主義此刻還不能爲俄國提供一個有生命力的模式，也因爲俄國此刻唯一潛在的群眾革命力量是農民。結果是他們只能進行「民粹主義」，「民粹主義」可使矛盾一時勉強得到解決。「民粹主義」充分說明了二十世紀中葉第三世界的革命運動。在本書所述時代結束後，俄國資本主義發展突飛猛進，也就是說能組織起來的工業無產階級已迅速成長。資本主義的發展消除了民粹主義時代的種種疑團，而民粹主義英雄階段的崩潰——民粹主義大約始於一八六八年，終於一八八一年——又使大家從理論上對它進行重新評估。從民粹主義廢墟上生長起來的（俄國）馬克思主義者，是道道地地的西化論者，至少理論上是。他們認爲俄國應走西方道路，聚集同樣的社會和政治變革力量——一個將建立民主共和國的資產階級，和一個爲資產階級挖掘墳墓的無產階級。然而有些馬克思主義者很快——在一九〇五年的革命過程中——便認識到這種前景是不切實際的。俄國資產階級太過衰弱，不堪擔此歷史重任，而無產階級在「職業革命家」領導下，在農民階級不可阻擋的力量支持下，勢將推翻沙皇統治，也將埋葬尚未成熟便注定死亡的俄國資本主義。

民粹主義者主張現代化。他們夢想中的俄羅斯是一個全新的社會主義國家，而非資本主義國家，是一個進步的、科學的、教育發達且生產革命化的俄國。新俄國將是建立在「村社」(obshchina)這個俄國最古老、最傳統的民間機制之上，它將因此成爲社會主義社會的母體和模型。民粹派知識分子在一八七〇年代再三詢問馬克思他們的設想是否可能實現，馬克思苦苦思索這個誘人的、但按其理論是不可能的想法，最後只能吞吞吐吐地說也許可能吧。另一方面，俄國必須拒絕西歐的傳統——包括西歐自由主義和民主理論的模式——因爲俄國沒有這種傳統。民粹主義有一點與西歐自一七八九至一八四八的革命傳統直接相連，但即使是這一點，在某種意義上說來也與西歐革命傳統不同，是新的。

如今聚集在一起密謀暴動、暗殺推翻沙皇統治的男女知識分子，他們不只是雅各賓派的繼承人，也不只是衍生自雅各賓派的職業革命家，他們將砸碎與現有社會的一切聯繫，將把自己的生命完全獻給「人民」，獻給革命，將深入到人民當中，表達人民的願望。於是，他們擁有強烈的情感，極度的自我犧牲精神，毫無浪漫之處，這種情形在西方很難找到。他們更接近列寧，而不是法國革命家布納羅蒂(Buonarroti)。他們也像後來眾多的革命運動一樣，在學生當中培養了第一批骨幹，特別是在已經進入大學的新生和窮學生當中，而不再局限於貴族子弟。

這個新革命運動裏的積極分子的確是「新」人，而非貴族家的孩子。一八七三至七七年間，關在牢房或遭流放的政治犯共有九百二十四人，其中只有二百七十九人出身貴族家庭，一百一十七人出身非貴族的官僚家庭，三十三人來自商賈家庭，六十八個猶太人，九十二個城市小資產階級或說城裏人(meshchane)的子弟，一百三十八個出身所謂的農民家庭——可能是與城市環境相似的農民家庭——不下於一百九十七人是牧師的孩子。民粹派中年輕婦女的人數多得驚人。在約一千六百名被捕的宣傳員中，女性的比例不下於百分之十五❽。民粹派運動起初在無政府主義恐怖活動(受巴枯寧和涅恰也夫影響)和到「人民」當中進行群眾政治教育之間搖擺不定，但最終卻成爲雅各賓—布朗基式紀律嚴苛的祕密陰謀組織。不管他們的理論爲何，在現實上他們都自認爲是高人一等的傑出人物。他們預見了布爾什維克的問世。

民粹派之所以重要，倒不是因爲他們取得什麼偉大成就，他們實在也沒取得什麼成就；也不是因爲他們動員了多少人(充其量也不超過數千人)。民粹派的意義在於他們標誌著俄國連續不斷(五十年)的革命鼓動工作從此揭開序幕，最後推翻了沙皇統治，建立起世界史上第一個致力於社會主義建設的政權。民粹派是沙皇俄國注定將被革命推翻的徵兆，他們在一八四八到一八七〇年間，以極快的速度將沙皇俄國從世界反動力量不可動搖的支柱變成一個泥足巨人(對大多數西方觀察家來說也是出乎意料的)。民粹派的意義還不止於此。他們好像建立了一座化學實驗室，把十九世紀主要的革命思想都放到這裏進行試驗、綜合，然後發展成二十世紀的各種思想流派。毫無疑問，在某種程度上這是由於運氣不錯——其原因倒是相當令人費解——世界歷史上有幾次最光輝、最教人吃驚的知識和文化創作的大爆炸，而民粹主義正好與其中一次爆炸巧遇。落後國家在尋求現代化的道路時，通常是從國外引進思想。其思想不是土生土長的，當然實踐時不一定是如此。它們在向外援借之時，不帶偏見，不持保留：巴西、墨西哥的知識分子不加批判地接受孔德的思想[9]，西班牙知識分子也在這段時期接受了十九世紀初日耳曼二流世俗哲學家，一個名叫克勞斯(Karl Krause)的思想。俄國左派不只接觸了這時期最好、最先進的思想，並把這些思想變成自己的——喀山(Kazan)的學生在《資本論》譯成俄文之前便閱讀了馬克思著作——且幾乎立即將先進國家的社會思想加以改造，大家也承認他們確實有此能力。當時出現了幾位赫赫有名的人物，雖然他們的知名度僅限於國內——車爾尼雪夫斯基(N. Chernishevsky, 1828-89)、別林斯基(V. Belinsky, 1811-48)、杜勃羅留波夫(N. Dobrolyubov, 1836-61)，還有傑出的赫爾岑(Alexander Herzen, 1813-70)。其他還有一些人只做了改造西方社會學、人類學和編年史的工作——也許這是一、二十年以後的事——例如在英國的維諾格拉多夫(P. Vinogradov, 1854-1925)，以及在法國的盧欽斯基(V. Lutchisky, 1877-1949)和卡雷遼夫(N. Kareiev, 1850-1936)。馬克思本人對俄國讀者取得的成就立即表示讚賞，這不僅因爲他們是他學術思想上的最早知音。

我們已經討論了社會革命家，那麼革命呢？這時期最偉大的一次革命實際上卻是大多數西方觀察家一無所知，而且肯定與西方革命思想毫無聯繫的，那就是中國的太平天國革命(見第七章)。革命最頻繁的地區是拉丁美洲，它們的革命多半是發表一份(軍事政變)檄文或是地區性的奪權篡位，國家局勢很少因革命而明顯改變，以致其中有些國家的社會要素常被忽略。歐洲的革命或是以失敗告終，如一八六三年的波蘭暴動；或是被溫和派自由主義同化，如一八六〇年加里波底征服西西里和義大利南部的革命；或是雖然成功，但純粹是一國一族之事，如西班牙一八五四年革命和一八六八至七四年的革命。一八五四年革命如同哥倫比亞一八五〇年代初的革命一樣，只是一八四八年大革命的夕陽餘輝。伊比利世界的節拍總比歐洲其他部分慢一些。一八六八至七四年的革命則使當時人緊張了一陣，因爲當時正處於政治動盪和國際勞工協會的活躍期，因此擔心它會是新一輪歐洲革命的預兆。但是新的一八四八年沒有到來。來的卻是一八七一年的巴黎公社。

就像這個時期的許多革命一樣，巴黎公社的重要性不在於它取得了什麼成就，而在於它預示的信息；作爲一個象徵它確實十分可怕，但作爲事實則不然。巴黎公社在法國以及(透過馬克思)國際社會主義運動中產生了無與倫比的神話，一個直到今天還響徹雲霄的神話，尤其是在中華人民共和國❿。巴黎公社是異乎尋常的、重要的、激烈的、悲壯的，但也是十分短暫的，大多數嚴肅的觀察家都認爲它注定會失敗。巴黎公社是由城市工人造反所成立的政府，公社的主要成就是它確實是個政府，儘管它只存在不足兩個月。列寧在十月革命成功後開始數日子，直到他高興地宣布：蘇維埃政府已比巴黎公社存在的時間還長了。然而奉勸歷史學家在回憶往昔之際不要低估巴黎公社。雖說巴黎公社並沒有嚴重威脅到資產階級秩序，但光是它的存在就足以把資產階級嚇得魂不附體。恐慌和歇斯底里包圍了巴黎公社的誕生與死亡，尤其是國際輿論界。國際輿論界指責公社建立共產主義，沒收富人財產，分占富人妻子，進行恐怖大屠殺，製造混亂和無政府主義，以及其他一切纏住高貴階級不放的惡夢——毋須多言，這一切都是國際勞工協會故意策劃的。各國政府感到有必要採取行動來對付危及秩序和文明的國際威脅。於是警察進行國際性合作，剝奪逃亡的公社社員作爲政治難民所應接受的保護地位（當時人對這項舉措的反感更甚今日，認爲十分無恥）。除此之外，奧地利首相建議——俾斯麥全力支持，須知此公不是容易驚慌失措的——組織一個資本主義反國際勞工協會。德國、奧地利、俄國出於對革命的恐懼，於一八七三年組織了「三帝同盟」（Three Emperors' League），這就是被人們視爲「爲了對付已經威脅皇帝和政府的歐洲激進派」的新神聖同盟⑪，但是等到這個同盟簽約之際，國際勞工協會已迅速削弱，因而同盟的任務已不具緊迫性。不過緊張畢竟是事實，其意義在於它說明了各國政府如今所懼怕的不是一般社會革命，而是無產階級革命。馬克思主義者認爲國際勞工協會和巴黎公社本質上是無產階級運動，因此在這一點上，他們與各國政府和此時「值得尊敬的」輿論看法是一致的。

事實上，公社是一場**工人**暴動——如果工人是指介於「人」和「無產者」之間的男女，而不是工廠工人，那麼這個字也適用於這個時期其他工人運動的積極分子⑫。被捕的三萬六千人公社社員，實際上都是巴黎各階層的勞動人民：百分之八是白領工人，百分之七是僕人，百分之十是小商店店主之類，其餘絕大多數是工人——來自建築業、冶金業、一般勞動行業，緊接他們之後的是更加傳統的、懂技術的手工業（家具、奢侈商品、印刷、製衣）工人，許多革命骨幹也出自這部分人（在國民軍中，被捕的印刷工人有百分之三十二是軍官和士官，木材工人占百分之十九，建築工人只占百分之七），還有一向激進的鞋匠。然而巴黎公社是不是一場社會主義革命呢？差不多肯定是的，雖然公社的社會主義基本上仍是一八四八年前的夢想，即自我管理的生產者合作社或社團單位，不過公社此時也開始有系統地強力干預政府。公社的實際成就非常有限，不過這不是公社的錯。

因爲公社是個被包圍的政權，它對打仗沒經驗；由於巴黎被圍困，起義是拒絕投降之舉。當一八七〇年普魯士人向法國挺進之時，拿破崙三世帝國的脖子便被折斷了。推翻拿破崙三世的溫和共和派，起初仍半心半意地繼續將戰爭打下去，然後當他們認識到要抵抗普軍只剩下一個辦法，亦即對群眾進行革命動員，建立一個新的雅各賓社會共和國，於是他們便放棄對德作戰。政府和資產階級放棄了被圍困的巴黎，巴黎實權自然落入各個區(arrondissements)的區長和國民軍手中，實際上也就是落入人民和工人階級之手。法國政府與德國訂立城下之盟後，便立刻宣布解散國民軍，此舉觸發了革命，巴黎獨立的城市組織(公社)遂告成立，公社幾乎立即被凡爾賽的全國政府包圍——巴黎四周的普魯士勝利之師則作壁上觀。公社在其存在的兩個月期間，幾乎一刻也沒間斷對占絕對優勢的凡爾賽軍隊作戰：公社三月十八日宣布成立，不到兩個星期公社便失去主動。五月二十一日敵人進入巴黎，最後一個星期只是向世人表示巴黎勞動人民活得艱難，死得壯烈。凡爾賽軍隊的陣亡和失蹤人數大約是一千一百人，公社或許還殺了一百個人質。

但，有誰知道多少公社社員在戰鬥中犧牲了嗎？公社被鎮壓後，無數社員遭屠殺。凡爾賽方面承認它們殺了一萬七千人，但這個數字連實際被害的半數都不到。四萬三千人被俘，一萬人被判刑，其中一半被流放到新喀里多尼亞(New Caledonia)，其餘一半被監禁，這就是那些「受人尊敬之人」所進行的報復。從此，巴黎工人和他們「上司」之間就被一條血河隔開。從此，社會革命家知道，如果他們無法保住政權，等待他們的將是什麼。

註釋

❶ Erskine May, *op. cit.*, I, pp. lxv-vi.

❷ *Journaux des Frères Goncourt* (Paris 1956), II, p.753.

❸ *Werke*, XXXIV, pp.510–11.

❹ *Werke*, XXXII, p.669.

❺ *Werke*, XIX, p.296.

❻ *Werke*, XXXIV, p.512.

❼ M. Pushkin, 'The professions and the intelligentsia in nineteenth-century Russia', *University of Birmingham Historical Journal*, XII, I (1969), pp.72ff.

❽ Hugh Seton Watson, *Imperial Russia* 1861–1917 (Oxford 1967), pp.422–3.

❾ A. Ardao, 'Positivism in Latin America', *Journal of the History of Ideas* XXIV, 4 (1963), p.519.

❿ G. Haupt, 'La Commune comme symbole et comme exemple', *Mouvement Social*, 79 (April-June 1972), pp.205–26.

⓫ Samuel Bernstein, *Essays in Political and Intellectual History*(New York 1955), chapter XX, 'The First International and a New Holy Alliance', especially pp.194–5 and 197.

⓬ J. Rougerie, *Paris Libre 1871* (Paris 1971), pp.256-63.

① 編按：普加喬夫(Emelyan Pugachev, 1742-75)爲俄國頓河地區的哥薩克人，凱薩琳大帝的丈夫，自稱沙皇彼得三世，曾以恢復農民自由之名發動起義。一七七四年失敗被俘，翌年遭酷刑處死。普加喬夫起義以殘暴著稱，後來演變成俄國農民革命精神的代名詞。

第三篇 — 結果

第十章 土地

印第安人現在每星期能掙九個小銀幣。一旦他們每天能掙到三個小銀幣後，他們每週的工作時間便絕對不會超過一半，因爲這樣他們仍能拿到九個小銀幣。當你改造了一切之後，你還得回到你的起點：回歸自由，不需要爲發展農業而制訂賦捐、法律條令和規章制度的眞正自由；回到無限美好的、堪稱政治經濟最高境界的放任自由。

——墨西哥一地主，一八六五年❶

所有過去用來反對大眾階級的偏見，今日仍用在農民身上。由於農民得不到中產階級所受的教育，所以就得忍受不同待遇；忍受別人的輕視，於是鄉下人遂強烈渴望擺脫這種輕蔑的壓迫，於是就發生了咄咄怪事：我們舊有的風俗習慣蛻化了，我們的種族腐朽變質了。

——曼圖亞一家報紙，一八五六年❷

1

一八四八年時，世界人口、甚至歐洲人口中絕大部分都居住在農村。即使在第一個工業化經濟的英國，城市人口在一八五一年前仍未超過農村人口，一八五一年也只剛剛超過(百分之五十一)。除了法國、比利時、薩克森、普魯士和美國外，沒有一個國家的城市人口超過其總人口的十分之一，而那時全世界的城市不過一萬多個。到一八七〇年代中後期，情況大有改觀。然而除個別例外，農村人口仍雄居城市人口之上。所以直到那時，大部分人的生存運氣仍取決於土地莊稼的好壞。

土地收成好壞一方面有賴於經濟、技術和人口因素，這些因素存在於全球各地，至少存在於地理—氣候的大區域裏。即使各地有其特殊性和落後現象，這些因素同樣在發揮作用。另一方面，土地收成也取決於社會、政治、立法等機制因素。這些因素千差萬別。即使世界透過這些機制的運轉，形成了一致的發展趨勢，但各地的機制因素仍是迥然不同。從地理上看，北美大草原、南美大草原、俄羅斯南部和匈牙利南部的無樹林大草原，有很多相似之處：都程度不同地處於溫帶，都是大平原，都適於大規模開墾種植。從世界經濟角度來看，它們也都發展了相同類型的農業，成了主要糧食出口國。但從社會、政治和法律上看，北美草原與歐洲草原就有很大區別：北美草原上除狩獵的印第安人外，基本上無人居住；歐洲草原很早就有人來定居，來務農，即使人煙還不算很稠密；新世界(美洲)的自由農和舊世界(歐洲)的農奴有天壤之別；一八四八年後匈牙利發生的農民解放形式與一八六一年後俄羅斯發生的農民解放形式截然不同;阿根廷的大莊園主人與東歐的貴族地主和鄉紳也不一樣;各有關國家的法律制度、行政管理和土地政策也各不相同。對歷史學家來說,忽略它們的區別跟忽略它們的共性一樣,都是不應該的。

不過全世界的農業在下列這點上的確越來越相似:服從工業世界經濟的需要。由於工業世界的需求擴大,農產品商業市場遂成倍增加——多數是糧食和紡織工業的原料,以及工業用糧,不過這一點的重要性不大——國內外市場同時增加。國內市場增加是因爲城市迅速發展。工業世界所擁有的技術,使通過鐵路和汽船將迄今未遭剝削地區有效地納入世界市場範疇的情形成爲可能。當農業改採資本主義經營方式,或至少是改用商業化大規模經營的方式後,社會受到強烈衝擊,人與土地之間那種代代相傳的密切關係鬆懈了,特別是當他們發現自己家無寸地,或只有極少土地,無法養家活口的時候。與此同時,新興的工業和城市又貪得無厭地渴求勞動力,先進的城市與落後的、「黑暗的」農村之間,距離日益擴大,終於迫使他們離鄉背井,遠走他方。在這個時期,我們見到農產品貿易(這是農產品使用範圍明顯擴大的標誌)與較大範圍的「從土地上遠走高飛」的現象——至少是在受世界資本主義發展直接影響的國家裏——同時增長,且增長幅度極大。

在十九世紀第三個二十五年裏,這個進程顯得特別迅速,迅速的原因有二,即世界經濟在廣度和深度兩方面的急速發展。這兩方面的急速發展,是這個時期世界歷史的主旋律。拜科技進步之賜,偏遠及無人地區的開拓度大增,原本的不毛之地,如今已成爲糧食出口區,其中最爲突出的是美國中部平原和俄國東南部。一八四四至五三年間,俄國每年出口糧食約一千一百五十萬公石,但到了一八七〇年代下半葉，出口已達四千七百萬到八千九百萬公石。在一八四〇年代，美國出口的糧食幾乎可忽略不計（也許只有五百萬公石），此時卻向國外出售一億多公石❸。與此同時，我們也發現「先進」世界已開始嘗試將國外某些地區變成其特殊產品的供應地——孟加拉的靛青和麻，哥倫比亞的菸草，巴西和委內瑞拉的咖啡，埃及的棉花更不用提了，如此等等。這些新的出口作物取代或補充了當時同類的傳統出口農產品——加勒比海和巴西正在減少的糖、內戰時期美國南方諸州的棉花。整體而言，除了個別例外（如埃及的棉花和印度的麻），這些經濟特殊作物並非一成不變，即使有些固定不變，其規模也不能與二十世紀相比。恆久不變的世界農業市場模式，在帝國主義經濟於一八七〇至一九三〇年間形成之前，尚未確立。看似欣欣向榮的產品也可能潮起潮落，時升時降；十九世紀第三個二十五年期間生產這類出口農產品的主要地區，後來不是停滯不前，便是完全放棄。聖保羅州（São Paulo）曾是這個時期生產咖啡的主要基地。如果說巴西已成爲主要咖啡生產國，聖保羅的咖啡產量充其量只占全國產量的五分之一，只及里約（Rio）的四分之一，印度尼西亞的一半，錫蘭（Ceylon）的兩倍。錫蘭的茶葉種植業在這段期間還無足輕重，一八七〇年代晚期茶的出口還未單獨註册，一八七〇年代後也只少量出口。

儘管如此，農產品此時已成爲主要的國際貿易項目，這通常會導致農業高度專業化，甚至使出口農產品的地區只種植單一作物（其理由顯而易見）。技術的發展使這種局面成爲可能，因爲大量散裝貨物在進行長距離陸上運輸之時，其主要運輸工具只能依靠鐵路，而鐵路在一八四〇年代之前尚未問世。與此同時，技術顯然隨需求而誕生，或預測到市場需求而加以開發。這在美國南部的遼闊平原和南美若干地方最爲明顯。那些地區的牲口實際上並不需要人們精心飼養，只要由高卓人(gauchos)、拉內洛斯人(llaneros)、瓦克羅人(vaqueros)和牛仔放牧就行。然而成倍增加的牲口，正大聲呼喊著唯利是圖的城裏人找個運輸途徑把牠們轉換成錢。德克薩斯人將牲口趕到新奧爾良，一八四九年後又進而趕到加利福尼亞。促成農場主人長途跋涉開拓這條牲口之路的原因，正是東北部已顯示出它將成爲一個大型市場。這條牲口之路成了「蠻荒的西部」英雄浪漫史的組成部分。這條路將偏僻的西南部與緩慢延伸過來的大車站連接起來，又藉由一座座火車站與芝加哥相聯繫。一八六五年芝加哥的儲貨場開放了。內戰爆發之前，每年有成千上萬頭牲口來到這裏；內戰結束後的二十年裏，每年來到這裏的牲口更不下幾十萬頭，這種盛況一直延續到鐵路網絡的完成，延續到一八八○年代「蠻荒的西部」因耕種技術提高而告別了它的古典時期，告別了以畜牧爲主要經濟的時期。與此同時，人們也開始試探新的家畜利用法：一是傳統的方法，即在家畜屠宰後將肉醃製並風乾；二是某種濃縮法(一八六三年拉布拉他河諸州已開始把李比希〔Liebig〕的肉類萃取法應用到生產上)；三是製成罐頭；四是冷藏法，也是最具決定性的方法。波士頓在一八六○年代後期開始收到一些冷凍肉，倫敦也自一八六五年起從澳大利亞運來少量冷凍肉，但在十九世紀第三個二十五年結束之前，冷凍肉並沒有很大的進展。不過這也沒什麼好奇怪，因爲美國企業的兩大先驅，亦即美國兩大包裝公司大王斯威夫特(Swift)和阿穆爾，直到一八七五年還未在芝加哥站穩腳跟。

因此，農業發展的活躍因素是需求，是世界各城市和工業地區對食品需求的日益成長，對勞動力需求的不斷增加。這兩項與日俱增的需求結合在一起，遂出現了欣欣向榮的經濟。經濟成長促進了大眾消費水準的提高，也提升了每個人的平均需求。隨著名副其實的全球性資本主義經濟的建立，新市場仍無處可尋（誠如馬克思和恩格斯指出的），但老市場卻方興未艾。自工業革命以來，新資本主義經濟提供就業的能力首次與其擴大生產的能力並駕齊驅（見第十二章）。結果是，舉個例子來說，英國在一八四四到一八七六年間，每人平均的茶葉消費量增加三倍，同期的每人平均食糖消費量從大約十七磅增加到大約六十磅❹。

於是，世界農業日趨分成兩個部分：一部分是由國際和國內資本主義市場所壟斷，另一部分是基本上獨立於資本主義市場之外。所謂的獨立農業並不意謂不進行任何買賣，更不代表那裏的農業生產者過的是自給自足的生活。它指的是在這片農民擁有的土地上，自然經濟很可能占相當高的比例，交易行爲可能局限在鄰近的狹窄範圍內，而這些地區的小城市食糧是由直徑一、二十哩之內的農村所供應。這兩種農業經濟儘管都有買賣，卻有本質上的區別：一種是向外界出售的東西十分有限，且有選擇；另一種則是自己的命運係由外部世界主宰。換句話說，一種是被歉收和因歉收而必然造成的飢餓幽靈所困擾，另一種則是被相反的情況，即被豐收或突然出現的市場競爭以及價格急遽下降的鬼魅所糾纏。到了一八七〇年代，造成全球性和具有政治爆炸性的農業蕭條的原因很多，世界農產品充足是其中的第二大原因。

從經濟角度看，傳統農業是股消極力量，它對大市場的波動無動於衷，如受波及，也會竭盡全力進行抵制。在條件好的地方，土地能使男男女女維持生計，傳統農業能把他（她）們束縛在土地上，或是季節性地派出多餘人手沿著傳統小路出去找工作，就像巴黎的許多建築工地吸引了法國中部的小自耕農一樣。有些駭人聽聞的鄉間情事，城裏人根本無法想像。巴西東北部的旱災就像降下殺人刀般，迫使足不出戶但又飢腸轆轆、骨瘦如柴、與其豢養的瘦小家禽相差無幾的男男女女外出逃荒；等到旱災過後，他們又回到龜裂、長滿仙人掌的故土，而任何「文明的」巴西人是從來不屑去那種地方，除非他們要對某個住在窮鄉僻壤，眼裏布滿血絲的救世主進行軍事討伐。在喀爾巴阡山區，在巴爾幹，在俄羅斯西部邊陲地區，在斯堪的納維亞，以及在西班牙——我們只舉世上最先進的（歐洲）大陸的幾個地區——世界經濟，也就是除了這些地區以外的現代世界，包括物質和精神兩方面，對這些地區來說意義不大。時至一九三一年，當波蘭人口統計官員進行人口普查，問波里西亞（Polesia）居民屬於哪個國籍時，他們根本不懂國籍是什麼意思，只能回答說「我們是這一帶的人」，或說「我們是本地人」❺。

市場方面的情況就更複雜，因爲市場的命運既取決於市場的性質（某種情況下是取決於市場供銷機制的性質），取決於生產者專業化的程度，也取決於農業的社會結構。新的農業地區有可能出現一種極端：單一經濟。這是爲了滿足遙遠的世界市場需求所造成的。這些地區的出口貿易受控於大型港市，而大型港市裏的外國貿易公司又以其獨特機制加劇了（如果不是製造了）這種單一經濟——守舊的希臘人經由奧德薩（Odessa）控制俄國的玉米貿易，來自漢堡的邦奇（Bunge）家族和波恩（Born）家族也即將透過布宜諾斯艾利斯和蒙特維的亞（Montevideo）對拉布拉他河諸國發揮同樣的作用。當大型農牧地區的產品也到了像熱帶產品（如蔗糖、棉花等等）一樣，總是爲了出口而生產的時候（君不見，國外大牧牛場和牧羊場的產品幾乎毫無例外都是爲了出口嗎？農作物的出口產品略少一點），專業化的分工局勢便告完成。在這種情況下，大規模的農牧生產者——土生土長的當地人，而非外國人——大商行、買辦，以及代表歐洲市場和供應商的政府政策，都會由於利益一致而形成一種共生現象。美國南方擁有奴隸的貴族，阿根廷的大農場主人，以及澳大利亞的大牧場主人，他們對自由貿易和外國企業的熱情絲毫不亞於英國人，因為他們依靠英國，他們的收入完全依賴自由出售農場裏的產品，又準備不顧一切地買回他們客戶出口的任何非農業產品。一旦大農場主人、小農場主人，乃至農民都準備出售農產品時，情況就顯得愈加複雜。當然，在農民的經濟體系中，由大農場主人投放到世界市場（此處是尚未被占領的市場）的產品，絕對比農民投放到世界市場的產品來得多，這是不言可喻的。

另一種極端的情況是，由於城市地區擴大，食品的需求也變得五花八門，成倍增長。這些食品需要精心培植，運輸費用昂貴，且技術不易掌握。農人耕地面積的大小與能否充分利用這些機會並無特殊關係。生產糧食作物的人，可能要為國內及國際市場競爭而憂心忡忡，而出售乳製品、雞蛋、蔬菜、水果，甚至鮮肉——或是任何容易變質、不能長途運輸的農業副產品——的人，則不須對市場競爭太過擔心。一八七〇年代和八〇年代的農業蕭條，基本上是國內和國際糧食作物的蕭條。多角經營的農業、小農農業，特別是以經商為主的富裕農民，他們在農業蕭條期間，多半仍能發財。

這也就是為什麼在這個階段，某些最先進、工業化程度最高的國家，它們對農民破產所做的預測通常不準的原因所在，有的甚至不像要發生危機。如果某農戶的土地和其他自然資源（這因土質、氣候、產品種類等因素不同而異）在某個最低限度的水平之下，要斷定他無法生存，是輕而易舉的事。

但是，如要說明大農場經濟一定比擁有中等或小塊土地農民的經濟優越，這就困難得多了，特別是這些中小農戶的勞動力大多數是來自大家庭成員，不需另付工資。有的農民土地太少，不足以養活自己，因而不斷無產階級化。有些農民由於家裏人口增加，吃飯的嘴多了，自己田裏所種的糧食不足以讓他們塡飽肚子，只得離鄉背井，出去尋找生計。農民階級的隊伍因此而削弱。農民階級當中多數是貧困之家，占有小塊土地的農民和貧困農民的比例日漸上升。然而占有中等數量土地的農民，且不論在經濟上他們的重要性有多大，就人數而言，他們不僅沒有下降，有時還有增加。（在萊茵地區和西發里亞（Westphalia），從一八五八年至一八七八年，占有極少量土地的農民，數量大規模下降；占有較少土地（一點二五至七點五公頃）的農民，數量亦明顯下降，而擁有大量土地的農民，數量則稍有增加。由於數量眾多的小農消失——可能進入工業部門——占地稍多的農民就占了總數的一半以上，而以前他們只占三分之一。在比利時，從一八四六年至一八七〇年代的農業危機期間，這部分農民的數量仍持續增加，到了一八八〇年，估計這部分農民（二至五十公頃）擁有的耕地占總數的百分之六十，其餘百分之四十爲大農場主人和小農所有，二者大致平分秋色。在典型的工業化國家中，小農農業只能維持原有的地位[6]。）

資本主義經濟的成長靠著其大量需求改造了農業。因此我們無須驚訝於本書所論時期農業用地的增加，也無須爲因生產力提高而大增的產量感到詫異。但是農業用地究竟擴大到什麼程度，這是一般人無從認識的。從已有的統計資料看，從一八四〇到一八八〇年，種植農作物的土地增加了一半，或者說從五億英畝增加到七點五億英畝[7]，其中又有半數位於美洲。美洲耕地在這段期間增加了三倍（澳大利亞增加五倍，加拿大增加二點五倍），增加的方式主要是從地理上將農業地區往內地拓展。從一八四九年到一八七七年，美國小麥產區的經度往東推了九度，而其中主要發生在一八六〇年代。當然，密西西比河以西地區相對而言尚未開發，這是值得牢記的。「圓木小屋」現在成了農民開拓者的標誌，這個事實說明：在這一望無垠的大草原上，那時木材並不豐富。

不過，歐洲耕地增加的數字更令人吃驚，儘管不是一眼就能看出，因爲增加的部分多半分散在耕地之中和耕地周圍。瑞典的耕地在一八四〇到一八八〇年間增加一倍，義大利、丹麥增加一半以上，俄國、德國和匈牙利增加約三分之一❽。增加的耕地有許多是由於放棄休耕，由於將荒地、沼澤變成良田，以及，很不幸的，由於毀壞森林。在義大利南部及鄰近諸島嶼上，約有六十萬公頃的森林——是這片乾枯土地上尚存的、總數並不可觀的樹木的三分之一——在一八六〇到一九一一年間全告毀滅❾。在一些得天獨厚的地區，包括埃及和印度，大規模興建的水利灌溉工程意義也很重大，雖然由於盲目迷信技術，而產生了災難性和難以預見的副作用，這種情形在今日依然可見❿。只有英國才擁有風靡全國的新農業，而英國種植穀物的農業用地只增加不到百分之五。

光是羅列農業產量增加和生產力提高的統計數字是件非常乏味的事情。如果能進一步查看一下農業產量和生產力的提高在多大程度上是由於工業化的關係，在多大程度上是因使用了與改造工業相同的方法和技術，這將更爲有趣。在一八四〇年代以前，這個問題的答案會是：依靠工業化、依靠類似改造工業的方法和技術的程度非常小。甚至在十九世紀第三個二十五年期間，絕大多數的農民仍採用一百年前，甚至二百年前大家所熟悉的耕作方法。這種情形其實是很自然的，因爲光是將前工業時期的最佳方法加以普及，便能取得驚人的效果。美洲的處女地是用火與斧開墾出來的，與中世紀一模一樣。用炸藥清除樹樁充其量只是輔助手段。灌水渠是用鐵鍬挖出來的，是用馬和牛套上犁拉出來的。就提高農業生產力而言，用鐵犁取代木犁，甚至——這一點很重要，但被忽視了——用大鐮刀取代鐮刀，其意義比使用蒸汽動力更爲重要，蒸汽動力在農村永遠找不到情投意合的夥伴，因爲蒸汽動力大體說來是端坐不動的。收割是唯一的重要例外，因爲收割包含一整套標準程序，需要臨時增添很多勞力。勞動力從來就貴，那時勞動力又日益缺乏，其費用當然是直線上升。先進國家廣泛採用打穀機來收割糧食。刈、割、收穫等機器的重大發明大體上局限於地廣人稀、勞動力奇缺的美國。不過大體說來，農業採用的創造發明的確明顯增加。從一八四九到一八五一年，美國平均每年通過一百九十一項專利；一八五九到一八六一年則平均每年增加到一千二百八十二項；一八六九到一八七一年平均最少不低於三千二百一十七項⓫。

不過，在整體上，世界絕大多數地方的農田和農業耕作方法仍然一如既往。隨著先進地區的農業日趨繁榮，於是有越來越多的金錢得以投資在農業改進及大興土木等方面，然而這些改變還不至於使傳統的農村面目全非，無法辨認。甚至在新大陸以外的地區，工業及工業技術也還是原地爬行。陶瓷排水管大規模生產並埋入地下，這恐怕是工業對農業做出的最大貢獻，掛在牆上、灌木樹籬上、木製圍牆上的金屬細網和帶刺的鐵絲網，只有在澳大利亞和美國的牧場才派得上用場。因鐵路而開發出來的波狀鐵皮，迄今也未從鐵路上解放出去。縱然如此，工業生產此刻對農業資本的貢獻已十分巨大，現代科學也在有機化學(主要是德國的)方面對農業做出很大的貢獻。化學肥料(碳酸鉀、硝酸鹽)尚未大量使用．智利出口到英國的硝酸鹽到一八七〇年尚不到六萬噸。但在另一方面，有項大宗買賣正在形成和發展之中，這宗買賣對祕魯財政暫時有利，對幾家英國和法國公司則是長期的滾滾財源，那就是海鳥糞這種自然肥料。從巔峯之初的一八五〇年到巔峯結束的一八八〇年，短短三十年間，祕魯總共出口約一千二百萬噸海鳥糞。在全球性的大規模運輸時代到來之前，這項貿易的規模之大是無法想像的⑫。（海鳥糞於一八四一年開始出口，到一八四八年出口額已達六十萬英鎊。一八五〇年代平均每年出口二百一十萬英鎊，一八六〇年代達二百六十萬英鎊，此後便逐年下降。）

2

農業有些部門容易接受改革，推動這部分農業前進的經濟力量是一種蓬勃向上的力量。然而在世界絕大部分地區，這種農業經濟力量不可避免會遇到社會和機制方面的障礙，使其前進受阻，或使其完全停頓。同時受到影響的還有資本主義工業（其實是所有一切工業）發展為土地部門規定的其他偉大使命。農業在現代經濟中所扮演的角色不僅是提供數量急速增加的糧食和原料，同時還要為非農業部門提供一部分（實際上是唯一的）勞力資源。它的第三個作用是為城市及工業發展本身提供資金。這對農業國家而言幾乎是義不容辭的，即使它完成得很吃力，很不完全。須知在農業國家，政府和富人捨此之外，幾乎沒有其他收入來源。

阻力來自三個方面：農民本身，農民的社會、政治和經濟領域的領導人，以及組織健全的整個傳統社會。在前工業時期，農業既是社會的心臟，又是社會的軀體。所有這三者注定要成為資本主義的犧牲品，雖然，誠如我們已經看到的，農民階級還沒有立即遭到滅頂之災的危險，以農村爲基地、騎在農民階級身上的社會統治結構亦無馬上崩潰的危險。然而歸根結柢，這三者結合起來的特殊整體與資本主義無論如何是水火不相容的，是肯定要與資本主義抗衡的。

對資本主義來說，土地是一種生產因素，是一種商品，如果有何特殊的話，就是土地不可移動，而且，土地有一定數量，不能再生，儘管那時新開拓了許多土地，「不能再生」一時顯得不很重要，當然，這也只是比較而言。那些壟斷這種「天然專賣品」的人，因而能對經濟的其他部門進行勒索。那麼應該拿這些人怎麼辦呢？既然土地也是商品，這就比較容易處理。農業是一種「工業」，像其他經濟部門一樣，是以最大利潤這個煞有介事的原則爲指導的，農場主人則是企業大亨。整個農村是一個市場，是勞動力的泉源，是資金的泉源。農業因爲具有頑固的傳統習慣，因而無法遵循政治經濟的要求，但最終一定要使農業服從於政治經濟的要求。

要使農民和地主的觀點與上述觀點妥協、調和，根本是不可能的。對農民和地主來說，土地不僅是最大限度的收入來源，同時也是生活的基本框架。而要使這種社會制度與上述觀點妥協也是不可能的，因爲在這種社會制度中，人與土地的關係，以及人與人的關係（就土地而言），是不能自由選擇，而是必須服從的。政府和政治思想可能會越來越容易接受「經濟法則」，但即使在這一層次，衝突也相當尖銳。傳統的地主所有制在經濟上也許誰也不喜歡，但正是這樣一個制度把整個社會結構緊緊地黏在一起，少了它，這個社會便會陷入混亂和革命之中（英國在印度進行的土地政策正是在這個頭疼的問題上吃盡苦頭）。從經濟上說，如果沒有農民也許問題會簡單得多。然而，難道不正是農民堅定不移的保守思想才確保了社會的穩定嗎？身強力壯，一代又一代綿延不絕的農民子孫不正是絕大部分政府軍隊的主要成分嗎？當資本主義顯而易見地在蹂躪和毀滅其工人階級之時，難道能有一個政府敢坐視不管，不從力大如牛的鄉下人中儲備起人力資源以滿足城市的需要嗎？（康拉德〔J. Conrad〕寫道：「……農民就體質而言，是全人口中最棒、最強壯的，城市特別需要從他們之中招募人員。」這段話代表了歐洲大陸普遍存在的看法。「農民是軍隊的核心……從政治上來說，農民一成不變的性格和與土地相依為命的特點，使他們成為繁榮中的農村公社基礎……農民無論在哪朝哪代都是全國最保守的部分……由於農民捨不得割棄其家產，捨不得離開他們生長的土地，他們自然成為城市革命思想的敵人，成了反對社會民主力量的堅強堡壘。所以難怪農民被說成是每個穩健國家裏最堅定的支柱。隨著大城市飛速發展，農民作為穩定社會中堅的影響力也不斷增加。」⑬）

縱然如此，資本主義仍不得不摧毀政治穩定的農村基礎，特別是與先進西方毗鄰，或在先進西方所屬邊陲地區之內的農村基礎。正如我們所見，在經濟上，向市場生產過渡，特別是向出口型單一經濟過渡，既打破了傳統的社會關係，又打亂了經濟秩序。在政治上，「現代化」對要進行現代化的人來說，是意味著要與傳統主義的主要支柱、與農村社會進行正面衝突（見第七章和第八章）。英國、德國和法國的統治階級，他們可以信賴農民的耿耿忠心。在英國，前資本主義的地主和農民已不復存在；德國和法國已與農民在繁榮國內市場的基礎上達成暫時妥協。而義大利、西班牙、俄國、美國、中國及拉丁美洲，則發生了社會騷動，甚至暴亂。

由於種種原因，使下列這三種土地經營方式遭受到特別強大的壓力：奴隸制種植園，農奴制莊園，和傳統非資本主義的農民經濟。在十九世紀第三個二十五年期間，美國及除巴西、古巴之外的大多數拉丁美洲國家都取消了奴隸制度(巴西和古巴奴隸制度的日子也屈指可數)，因此第一種土地經營方式便不復存在。巴西和古巴於一八八九年也正式宣布取消奴隸制度。出於實際原因，在十九世紀第三個二十五年晚期，奴隸制度的陣地已退縮到更爲落後的中東和亞洲地區，而中東和亞洲農業的作用在此時已不很顯著。至於第二種土地經營方式，已於一八四八至六八年間正式從歐洲消失，雖然南歐和東歐大莊園裏的農民，尤其是無地農民，仍處於半奴隸狀態，因爲他們仍受到非經濟性的強大壓力。只要農民在法律上和公民權益上所享有的權利低於那些有錢有勢的人，不管理論上怎麼說，農民事實上就是飽受經濟之外的強大壓力，瓦拉齊亞(Wallachian)和安達魯西亞的情形就是如此。許多拉丁美洲國家並未廢除強制性勞役，事實上似乎更形加劇了，以至於我們無法籠統地宣稱該地已經取消了農奴制度。(當地對強制性勞役有許多不同稱呼，此等強制性勞役不可與其他作用相似的奴役，如債務奴役等相混淆，就如不可將從國外引進的契約勞工與奴隸制度等同一樣。這兩種勞役都承認以前的奴隸制和農奴制已告廢除，卻又都企望在一個契約的基礎重新建立起奴隸制和農奴制，而這個契約從文字上看又都是嚴格依據法律規定的「自由」原則。)不過，強制性勞動看來似乎越來越局限於印第安農民身上，剝削印第安農民的乃是非印第安地主。第三種土地經營方式，即傳統農民經濟，正如我們看到的那樣，仍能維持。

前資本主義的土地隸屬關係，即非經濟性的隸屬形式基本上廢除了。廢除的原因很複雜，有些情況顯然是政治因素起了決定性作用。一八四八年的哈布斯堡帝國就像一八六一年的俄國一樣，廢除前資本主義依附形式的原因與其說是農民對農奴制度極不贊成（農民毫無疑問是不支持農奴制度，農民在農奴解放運動上扮演了決定性角色），倒不如說是因爲懼怕非農民革命。非農民革命運動若能將農民的不滿情緒動員起來，便可立即獲得一支橫掃千軍的力量。農民造反的可能性隨時存在，例如一八四六年加利西亞農民起義，一八四八年義大利南部農民起義，一八六〇年西西里農民起義，以及克里米亞戰爭結束後那幾年的俄國情形。然而使各國政府惶惶不可終日的不是盲目的農民起義——農民起義無法持久，甚至自由黨人都能用火與劍將其撲滅，就如我們在西西里見到的那樣⑭——他們害怕的是農民騷動被一股向中央當局提出政治挑戰的力量所動員。哈布斯堡帝國統治者於是竭盡全力將各種要求自主權的全國運動與農民根據地隔離開來。俄國沙皇在波蘭的做法也如出一轍。在農業國家，若沒有農民支持，自由激進主義者的運動是掀不起大風大浪的，至少是可以對付的。哈布斯堡帝國的統治者與（俄羅斯）羅曼諾夫（Romanovs）家族都深知這一點，也都採取了相應的對策。

但無論是農民或是其他階級發動的暴亂和革命，都無法說明任何問題，更不能解釋奴隸制度的廢除，而只能說明若干農奴解放的時機。奴隸造反與農奴暴動不同，奴隸造反相對說來並不多見——美國發生的奴隸起義更少，比其他任何地方都少⑮——奴隸起義在十九世紀從未構成非常嚴重的威脅。那麼，要求取消農奴制度和奴隸制度的壓力是不是經濟因素呢？就某種程度而言當然是的。現代經濟史學家引經據典，說明奴隸制度和農奴制度下的農業實際上比自由勞動者的農業利潤更高，甚至效益更好（這個高論在奴隸制度問題上說得詳詳盡盡，頭頭是道，而對農奴制度的闡述就不似這等詳盡了⑯)。這種說法當然是有可能的,論據也頗充足,不過結論還是得由具有數學頭腦的歷史學家以及其他人進行熱烈辯論之後方可得出。而另一方面不可否認的是,以現代方法和現代審計標準進行工作的當時人深信,奴隸制度和農奴制度下的農業比不上自由勞動者的農業。他們對奴隸制度和農奴制度是深惡痛絕的。至於他們的感情色彩在他們的計算工作中究竟占了多少分量,我們就不得而知了。不過,鐵路企業家布拉西以商界人士切合實際的判斷力對農奴制度進行觀察後說,實行農奴制度的俄國糧食產量只及英格蘭和薩克森的一半,也比其他任何歐洲國家來得低。在談到奴隸制度時他說,奴隸制度的生產力「明顯」低於自由勞動者,成本也比人們想像的高,別忘了把採購、飼養和維修保養的費用都包括在內⑰。英國駐伯南布哥的領事估計(毋須諱言,他是在向竭力反對農奴制度的政府做報告時說這番話的),奴隸主人若將購買奴隸的錢改作他用,將可多得百分之十二的利潤。暫且不論這些看法是對是錯,它們都是除了奴隸主人之外的其他人的共同看法。

很明顯,奴隸制度確實在步步退出歷史舞台,其原因並非出於人道主義。由於英國的施壓,國際販奴貿易快速趨向結束(巴西被迫於一八五〇年廢除奴隸制度),供應奴隸的路線顯然被切斷了,因此奴隸價格飛漲。一八四九年從非洲賣到巴西的奴隸約有五萬四千人,到了一八五〇年代中期,實際上已降爲零。雖然主張禁止販賣奴隸的人士宣稱國內的販奴貿易依然存在,但在那時,這點活動已無傷大雅了。從另一方面看,奴隸轉爲非奴隸勞動者的速度也是驚人的。及至一八七二年,巴西有色人種的自由勞動者幾乎爲奴隸總數的三倍,即使在純黑人當中,自由勞動者與奴隸的人數也幾乎相等。一八七七年古巴奴隸人數已減至一半,從四十萬下降到二十萬⑱。蔗糖業傳統上是使用奴隸最多的領域，從十九世紀中葉起，糖廠由於實行機械化，糖在加工過程中所需要的勞動力也減至最小程度，儘管在古巴等蔗糖業快速發展的國家，其甘蔗田裏所需要的勞力相應增加了。不過，由於歐洲甜菜糖的競爭力越來越強，而蔗糖生產所需要的高勞動力，使蔗糖業面臨亟需降低勞動成本的壓力。雇用奴隸的種植園主，他們能在爲機械化進行大量投資的同時又購買和養活一大批奴隸嗎？略加計算之後，種植園主自然選擇以雇工取代奴隸，不過他們雇用的倒不是自由勞動者，而是種族戰爭(見第七章)中的受害者，即從猶加敦地區的馬雅印第安人當中雇用契約勞工，或從門戶剛被打開的中國雇用契約勞工。毫無疑問，拉丁美洲甚至在奴隸制度廢除之前，剝削奴隸的方式已不時興了；同樣毫無疑問的是，一八五〇年後，以奴隸充當勞動力在經濟上也越來越不合算。

至於農奴制度，在經濟上要求廢除它的理由既有一般的，又有特殊的。一般說來，工業發展需要自由勞動力，而將農民普遍束縛在土地上顯然對工業發展不利，取消農奴制度，使勞動力自由流動，便成了(工業發展)必須具備的先決條件。再者，農奴制度的農業在經濟上怎能行得通呢？借用一八五〇年代俄國某位捍衛農奴制度人士的話說，農奴制度「排除了準確核算生產成本的可能性」⑲。農奴制度也剝奪了對市場需求進行充分、合理調整的能力。

主張廢除農奴制度的特殊原因是，如果要爲各式各樣的糧食產品和農業原料開拓國內外市場——主要是糧食——那麼農奴制度就得被摧毀。俄國北部從來就不是非常適合大面積種植糧食，於是小農便將莊園式生產丟在一旁，種起大麻、亞麻和其他精耕細作的作物，而手工藝品又同時爲農民進一步打開了市場。充當勞動力的農奴一直爲數不多，此刻總數又更下降。農奴只要按市場要求，將勞務折成租金，付錢給地主即可。空曠的南部大草原是片未開墾的處女地，後來變成牧場，而後又變成麥田，農奴在這裏更是微不足道。地主的出口業務日益昌盛，他所需要的是更好的交通條件、貸款、自由勞動者，甚至機器。農奴制度在俄國還得以一息尙存的地區，如同羅馬尼亞一樣，主要是在人口稠密的糧食產區。這些地方的地主或是以增加（農奴）勞動量的辦法來彌補自身競爭力不足的缺陷，或是以同樣的方法廉價地擠進糧食出口市場，不過所謂的廉價也是暫時的。

然而，不能自由流動的勞動力的解放，不能單單從經濟角度來分析。資產階級社會之所以反對奴隸制度和農奴制度，不只是因爲他們認爲奴隸制度和農奴制度在經濟上不可取，也不是由於道德上的原因，而是因爲奴隸制度和農奴制度無法與市場社會並存，市場社會是以個人自由追逐私利爲基礎的。奴隸和農奴主人則相反，他們之所以在整體上堅持其制度不放，是因爲他們看到這項制度正是其社會和階級的基石。一旦奴隸和農奴確立他們自己的地位之後，奴隸和農奴主人也許根本無法想像他們該怎樣活下去。俄國地主沒有造、也不能造沙皇的反，因爲只有沙皇能賜予他們壓迫農民的某些合法性，農民則執迷不悟地認爲土地是沙皇的，由沙皇支配；農民並虔誠地相信他們世世代代都得服從上帝的代表和沙皇的統治。他們還相當固執地反對解放，解放是外部和上面以極大壓力強加給他們的。

奴隸制度的廢除和奴隸、農奴的解放，如果只是經濟力量的產物那就好了，俄國和美國就不會產生如此無法令人滿意的結果。奴隸制度和農奴制度在那些薄弱環節和確實「不起經濟作用」的地區——即俄國北部和南部、美國西南部幾個邊境州——很容易進行調整，實現解放；然而在核心地區，問題就沒那麼容易解決。一八八〇年代晚期，在俄國的純「黑土帶」各省（與烏克蘭和邊境大草原明顯不同），資本主義農業發展緩慢，長工勞役依然相當普遍，耕地面積的擴大也遠遠落後於南方糧食產區（從一八六〇到八〇年代，黑土帶耕地平均增加百分之六十。烏克蘭南部、窩瓦河〔Volga〕下游、高加索北部和克里米亞，耕地增加了一倍，而庫斯克〔Kursk〕、利森〔Ryazan〕、奧勒爾〔Orel〕和佛洛奈士〔Voronezh〕〔從一八六〇至一九一三年〕，其耕地只增加不到四分之一⑳），而擴大的耕地又是以犧牲近河草地和山區草地，以強化舊式的三年輪耕為代價。總而言之，結束強制勞動經濟，其所獲得的純經濟效益究竟有多大，還是個值得研究的問題。

這種現象在先前的奴隸制經濟之下，是很難從政治角度清楚剖析，因為美國南方被征服了，舊式的種植園貴族至少暫時處於無權狀態，儘管時間不長，他們的權力不久又告恢復。俄國地主階級的利益當然得到無微不至的照顧和保護。這裏的問題是：為什麼貴族和農民對奴隸解放在農業方面所產生的結果都不滿意；為什麼這種結果對名副其實的資本主義農業發展前景也不盡理想。對這兩個問題的回答要看究竟是什麼樣的農業，特別是什麼樣的大型農業，是資本主義條件下的最佳模式。

資本主義農業主要有兩種模式，列寧稱它們為「普魯士」模式和「美國」模式：一個是資本主義地主企業家經營的大農場，雇用勞工；另一個是獨立農場主人經營的規模大小不等的農場，他們以銷售為目的，必要時也雇工，只是雇用的人數少得多。兩種模式都包含市場經濟成分。然而甚至在資本主義大功告成之前，作為生產單位的大農場（土地當然不一定就是生產單位。地主可將土地出租，從租賃人手中收取租金，或收取實物，或收取一定比例的農作收成，承租人則是眞正的生產單位），多半都將自己收成的很大一部分拿去出售，而大多數擁有土地的農民則主要還是自給自足，不靠出售產品維生。因此從經濟發展角度來看，大農場的優勢與其說是在於其具有技術優勢、高生產力，和經濟規模等等，倒不如說在於其擁有為市場需要而生產剩餘農產品的非凡能力。當農民仍處於「前商業」階段的時候，如俄國大部分地區農民，以及美洲獲解放的奴隸(他們進入了實質上是小農經濟的隊伍)，大農場此刻已取得這種優勢，只是當時已無農奴或奴隸可供強制性勞動之用。大農場要在農奴或奴隸當中尋覓勞動力，變得比以前更困難了，除非前農奴或奴隸沒有土地，或土地很少，不得不去當雇工，以及除非他們找不到有吸引力的工作。

然而整體說來，前奴隸確實獲得了一些土地(雖然沒有他們朝思暮想的「四十英畝地加一頭騾」)，農奴也變成了自耕農，雖然他們的一部分土地被地主奪去，特別是在商品農業不斷擴大的地區(但是在黑土帶中央地區，農民損失的土地較少，甚至有人還增加了一些土地)。事實上，舊的村社保存了下來——甚至強化了、壯大了——村社不時進行公平的土地再分配，小農經濟因之得到保護。所以地主更加傾向於出租土地、收取田租，而非從事他們感到更難進行的農產品生產。至於俄國的地主貴族和莊園主人，如托爾斯泰筆下的羅斯托夫(Rostov)伯爵和契訶夫(Chekhov)筆下的雷奈夫斯卡雅(Ranevskaya)夫人，他(她)們是否更有可能或更不可能將自己改造成資本主義農業企業家，而不是美國南北戰爭前的農場主人(這卻是史考特〔Walter Scott〕最得意的生活模式)，則是另一個問題了。

不過，如果說「普魯士」模式未被有系統地全盤接受的話，那麼「美國」模式也未被採納。要採取這些模式必須要有一個由小農場主人組成的大群體，這些小農場必須是以企業經營的，且基本上是種植棉花、菸草、蔬菜等經濟作物。種植經濟作物必須要有一塊最低限度面積的土地，大小則視作物不同而異。內戰後的美國南方，「經驗證明，農人每年收成如不足五十捆（譯按：每捆約五百磅），他是否還有利可圖，就非常令人懷疑了……一個人若不能賺至少八捆或十捆，根本就難以維生，更談不上追求生活品質。」㉑所以大部分自耕農仍選擇種糧食來養家活口，如果他們的土地夠多，足以養家的話；若土地不多，不足以養家，他們就出賣勞動力以彌補不足的部分（他們不僅土地少，經常也沒有牲口，沒有大車）。在自耕農內部，毫無疑問，已有相當一部分人發展成為商業性的農場主人——到一八八〇年代，這部分人在俄國具有相當重要的意義——但是由於種種原因，使得階級之間的區分受到壓抑，例如美國的種族主義，和俄國頑強堅持的有組織村社，遂使得農村當中那些完全商業化和資本主義化的人士，多半是外地商人和貸款者（商業公司和銀行）。（在俄國，農奴解放產生的結果——從自由主義觀點看有點啼笑皆非——確實是將自耕農帶出政府的法律王國，使他們正式服從農民的習性，而這種習性對資本主義遠非有利。）

所以，無論是奴隸制度的廢除還是農奴的解放，均未使「農業問題」取得令人滿意的結果，順利走上資本主義道路，甚至究竟是否能夠走上資本主義道路也頗令人懷疑，除非是在那些已具備發展資本主義農業條件，並處於奴隸制／農奴制經濟邊緣的地區，如德克薩斯州、（歐洲的）波希米亞和匈牙利的一部分地區。在這些地區我們可以看到「普魯士」模式或「美國」模式正在演進。當貴族大莊園轉變成資本主義企業之時，有時他們可因失去奴隸或農奴勞動力而獲得賠償。（在捷克農村，施瓦岑貝格〔Schwarzenberg〕家獲得二百二十萬盾〔Gulden〕的賠償，洛布科維茲〔Lobkowitz〕家得到一百二十萬盾，瓦爾德施泰納〔Waldsteins〕家和利希滕施泰因〔Alois Lichtenstein〕家各得約一百萬盾，金斯基〔Kinsky〕家、迪特里克斯坦〔Dietrichstein〕家、科洛雷多〔Colloredo〕—曼斯費爾德〔Mansfeld〕家，各得約五十萬盾[22]。）

一八七○年代初期，莊園貴族在捷克農村裏擁有百分之四十三的啤酒廠，百分之六十五的製糖廠和百分之六十的酒廠。當地需要密集勞力的農作物不僅使雇用農工的大莊園發了財，也使土地較多的農民致了富。（在十九世紀第三個二十五年，以匈牙利爲例，約零點六公頃土地，如用作牧場，只需要一個勞動日，如種牧草，則需要六個勞動日，如種穀類作物，則需要八點五個勞動日，如種玉米，則需要二十二個勞動日，如種馬鈴薯，則需要二十三個勞動日，如種塊根植物，則需要三十個勞動日，如作花圃，則需要三十五個勞動日，如種甜菜，則需要四十個勞動日，如作酒坊，則需要一百二十個勞動日，如種菸草，則需要一百六十個勞動日[23]。）在匈牙利，農民占有主導地位，寸土全無的農奴獲得的只是自由，沒有半片土地[24]。將農民區分成富農、貧農和赤貧農的情形，在先進的捷克農村也可看到，山羊的頭數也可反映這項事實。山羊是窮人擁有的典型牲口，從一八四六到一八六九年間，山羊的數量整整增加了一倍。（另一方面以農村人口計算，平均每人的牛肉產量也增加了一倍，這反映出城市食品市場需求的增加。）

然而在強制性勞動根深柢固的核心地區，如俄羅斯和羅馬尼亞（農奴制度在這兩國的壽命最長），農民階級卻相當一致，有同是天涯淪落人之感（除非因種族、國籍不同而有所隔閡），他們都表現出相同的不滿，也都潛伏著革命的因子。他們或是在種族壓迫下，或是由於缺少土地、種子而變得軟弱無力，他們只得忍氣吞聲，就像美國南方農村中的黑人和匈牙利平原上出賣勞動力的人一樣。

然而從另一方面來說，傳統的農民卻可能成爲更可怕的力量，特別是透過村社把他們完善組織起來之後。一八七○年代的大蕭條，開創了農村動盪和農民革命的時代。

如果採取一種「更爲合理的」解放形式，是否就可避免這種情況呢？誰也無法肯定。有些地區爲了給資本主義農業發展創造條件，而採行一條更爲一般的程序，即採取資產階級自由主義的法律形式：將土地變成個人財產，使土地像其他東西一樣，成爲可以自由出售的商品，而不是簡單地出張告示，宣布全盤廢除強制性勞動制度。然而其結果跟上述結果大同小異，就如我們所看到的那樣。從理論上來說，這個演進過程在十九世紀上半葉已廣泛實施（見《革命的年代》第八章），但從實踐情況來看，一八五○年後這個演進過程又因自由主義的勝利而得到極大加強。這意味著，首先也是最重要的，舊有村社組織的解體，也意味著對集體所有的土地和教會等非經濟機構所有的土地，進行重新分配或沒收。這項活動在拉丁美洲進行得最激烈，也最殘酷，例如，一八六○年代胡亞雷斯統治下的墨西哥和獨裁者梅爾加雷荷（Melgarejo）統治下的玻利維亞（一八六六—七一）。經過一八五四年革命後的西班牙，以及統一在皮德蒙自由機制領導下的義大利，也都曾發生這類大規模事件，而且在自由主義經濟法制高奏凱歌的所有地方，也都發生過此等事件。自由主義勇往直前，即使在那些政府致力於維護村社組織和集體土地的地方，自由主義依然所向披靡。阿爾及利亞的法國當局採取一些措施保護其穆斯林臣民的村社財產，儘管拿破崙三世（在一八六三年元老院法令中）認爲：「凡有可能及條件成熟的地方」，便應在穆斯林社群中正式確立私人土地所有權。一八六三年措施的實際效果，是首次允許歐洲人用錢購買土地，不過這項措施遠不同於一八七三年的法律，還不是土地大批轉讓的宣言。一八七三年的法律(於一八七一年大暴動之後實施)要求立即將當地地產轉讓給有法國合法身分的人，這項措施「除了對(歐洲)商人和投機商有利外，對任何人都沒有好處」㉕。政府支持也好，不支持也罷，反正穆斯林的土地終究都進了白人殖民者和房地產公司手裏。

人性的貪婪在這場土地轉讓中起了推波助瀾的作用：政府企望從出售土地和其他收入中獲取利潤，地主、殖民者和投機商企圖輕而易舉又極其廉價地獲得房地產。不過立法人士認為：若能將土地變成可以自由出售的商品，將公有的、教會所有的、限嗣繼承的，以及業已過時的歷史遺產轉變成私人財產，便可為令人滿意的農業發展打好基礎。立法人員的這項信念倒是發自眞心，我們如不承認這點便有失公正。然而無論眞誠與否，這種信念並未給農民階級帶來好處。大體而言，農民並不願變成蓬勃發展的商業農場主人，即使有機會他們也不想(大多數農民並無此機會，因為他們買不起投放在市場上的土地，甚至也弄不懂轉賣過程中一系列非常複雜的法律問題)。「大地主領地」——這一用語非常含糊，在政治詞彙裏它又包上了一層厚厚的外衣——或許也未從中獲得加強。不管是誰從中得到好處，反正受益的不是自給自足的農民。無論是原有的還是新生的農民，他們都住在村邊上，種的是公有土地，或是住在有待砍伐森林或土壤沖蝕的地方，即那些不再由村社控制用途的地方。(卡爾〔Raymond Carr〕指出，自十九世紀中葉起，「森林問題在西班牙復興主義者的作品中開始成為中心話題」㉖。)自由化的主要效果是加劇了農民的不滿。

農民不滿的奇妙之處在於左派可進行煽動和利用。事實上，這種不滿在南歐部分地區尚未煽動起來。一八六〇年西西里和義大利南部的農民暴動，與加里波底密不可分。加里波底是個金髮神奇人物，愛穿一件紅襯衫，看上去是十足的人民解放者。他的信仰是建立一個激進民主、貼近人民，甚至帶點模糊社會主義色彩的政府。然而他的信仰與農民的信仰居然水火不容。農民信仰的是聖徒、聖母瑪麗亞、教皇和(西西里以外地區)波旁王朝國王。共和主義和(巴枯寧式)國際社會主義與共產主義，在西班牙南部取得了飛速進展：一八七〇到七四年間，安達魯西亞每座城市都不乏「勞工協會」的組織[27]。(當然，一八四八年後，作為左派最時髦政治信仰的共和政體，在法國某些農村地區已站穩腳跟，而且一八七一年後，又在某些地區贏得大多數人的適度支持。)隨著一八六〇年代芬尼亞運動而出現的愛爾蘭農村革命左派，在一八七〇年代末到八〇年代，也曾突然出現在令人生畏的土地聯盟中。

我們應該承認，歐洲許多國家——以及實際上歐洲大陸以外的所有國家——的左派，不論是革命或非革命的，在農民階級中都還沒有什麼影響力，正如一八八〇年代，當俄國民粹主義者(見第九章)決定「到人民中去」時發現農民對他們的態度一樣。只要左派還局限在城裏，還是世俗主義者，與教會勢不兩立(見第十四章)，對農村問題一無所知，因農村「落後」而對農村抱不屑一顧的態度，那麼農民對他們就仍可能滿腹狐疑，充滿敵意。西班牙好鬥的反基督無政府主義者和法國共和主義者確實取得了勝利，但他們是例外。不過在這段期間，農村的舊式暴動也很罕見，至少在歐洲是如此，這類舊式暴動多半是為擁戴教會、國王，反對不信上帝的城市自由派。甚至在西班牙，其第二次王室正統派戰爭(Carlist War, 1872-76)比起一八三〇年代的第一次，其廣度已大為遜色，只限於巴斯克(Basque)人集居的省分。不過，當一八六〇到七〇年代初的經濟繁榮讓位給一八七〇年代末到八〇年代的農業蕭條時，我們再也不能理所當然的將農民階級視爲保守的政治成分了。

農村生活結構被新世界的力量撕碎了，但究竟碎到什麼程度，站在二十世紀末的我們是很難衡量出來的，因在本世紀下半葉，農村生活業經徹底改造，其變化之大超過農業問世以來的任何時期。回首過去，我們會覺得十九世紀中期的農村男女在生活方式上沒有什麼變化，仍然是古香古色，或是變化十分緩慢，宛如蝸牛爬行。當然這只是錯覺。至於變化的確切性質現在實難辨明，除非是對那些基本上便屬於新一類的農人，例如美國西部的殖民者，他們已有機器設備，已透過新發明的郵購目錄從城裏購買物品，能根據價格走向重新安排自己的農田和作物，也能進行一些投機。

然而農村畢竟有變化。農村中有了鐵路，有了小學。小學增加的速度越來越快，學校裏教授全國通用的語言（對大多數農家子弟來說這是新的語言，是第二語言）。在學校教育、國家行政管理和全國政治的綜合影響下，代表個人的稱謂也變了。過去在諾曼第山區裏，人們彼此之間或以綽號相稱，或使用當地非正式姓氏。據報導，到了一八七五年，這些綽號、姓氏實際上已完全消失。這「完全是由於校長不允許在校學生使用除正式姓名以外的任何名字[28]」。也許綽號和非正式姓氏並未完全絕跡，在教育落後、農民尚無閱讀能力的地方，人們用當地語言進行私人交談或非正式談話時仍舊使用。農村中的教育水準參差不齊，而這種差距正是人們求變的巨大力量。因爲，在教育落後靠口語傳播的地方，除了少數因工作關係必須具備讀寫能力的人外（這些人很少是務農的），一般人不識字、不懂國語、不知國家機制爲何物根本無關緊要；然而在文化發達的社會裏，文盲必定遭到輕蔑，他們會強烈希望消除這種羞恥，至少希望他或她的孩子不必再忍受這種恥辱。一八四九年，當匈牙利革命領袖科蘇斯起兵舉事之時㉙，摩拉維亞(Moravia)的農民政治很自然地採取傳說形式，宣稱匈牙利這位領袖是「人民皇帝」約瑟夫二世的兒子，而約瑟夫二世又是古代國王斯瓦托普盧克(Svatopluk)的近親。到了一八七五年，捷克的農村政治就沒這麼簡單了，如果還有人希望「人民皇帝」(不管是古代的還是現代的)的親戚來拯救全國的話，他們在承認這點時可能會感到有點尷尬。抱有這種希望的人越來越局限於文化比較落後的國家，俄國便是其中之一。俄國的民粹派革命黨人此刻正試圖——未遂——用以「人民國王」取代沙皇㉚的口號來組織農民革命。這種舉措甚至連中歐農民也覺得落伍了。

相對而言，除了西歐和中歐部分地區，(主要是新教地區)，以及北美之外，世界各地的鄉下農民幾乎皆是不識之無的。(一八六〇年的西班牙，有百分之七十五的男人和百分之八十九的女人是文盲；一八六五年的義大利南部，居民百分之九十是文盲，甚至在最先進的倫巴底和皮德蒙地區，文盲亦高達百分之五十七至五十九；一八七〇年前後，在達爾馬提亞〔Dalmatia〕的士兵中，文盲占百分之九十九。法國情況則相反，到了一八七六年，鄉下百分之八十的男人和百分之六十七的女人受過教育；荷蘭幾乎百分之八十四的士兵受過教育；甚至在教育明顯落後的比利時，能看書寫字的士兵亦高達百分之六十五〔一八六九〕。至於識字程度，當然是十分一般㉛。)然而即使在落後守舊的地區，也只有兩種鄉下人才是繼承古老文化的主要支柱——老年人和女人。他(她)們將「老太太的神話故事」一代又一代傳下去，有時連城裏蒐集民間故事、民間歌曲的人也來聽。然而說也奇怪，所有的新事物在這段期間也是透過婦女傳到鄉村生活。在英格蘭農村中，女孩的識字程度比男孩來得高——這種情形似乎開始於一八五〇年代。在美國，「文明方式」的代表非婦女莫屬——讀書、講究衛生、「漂亮」的房屋、按城裏樣式布置的住宅，以及端莊、不酗酒——與男人粗野、凶暴、醉酒的方式恰成對比・，芬恩(Huckleberry Finn, 1884)便是在吃了大虧後才明白這點。母親督促兒子「檢點長進」的可能性遠遠大於父親。也許此等「現代化」的最佳途徑，是年輕的鄉下姑娘進城裏爲中產階級和下中階級家庭當女傭。事實上，對男人和女人而言，偉大的提升過程不可避免的便是破壞古老方式和學習新方式的過程。接著我們就談談這方面的情況。

註釋

❶ Cited in Jean Meyer, *Problemas campesinos y revueltas agrarias(1821–1910)* (Mexico 1973), p.93.

❷ Cited in R. Giusti, 'L'agricoltura e i contadini nel Mantovano (1848–1866)', *Movimento Operaio* VII, 3–4 (1955), p.386.

❸ Neumann-Spallart, *op. cit.*, p.65.

❹ Mitchell and Deane, *op. cit.*, pp.356–7.

❺ M. Hroch, *Die Vorkämpfer der nationalen Bewegung bei den kleinen Völkern Europas* (Prague 1968), p.168.

❻ 'Bauerngut', *Handwörterbuch der Staatswissenschaften* (2nd ed.), II, pp.441 and 444.

❼ 'Agriculture' in Mulhall, *op. cit.*, p.7.

❽ I. Wellman, 'Histoire rurale de la Hongrie', *Annales E.S.C.*,23, 6 (1968), p.1203; Mulhall, *loc. cit.*

❾ E. Sereni, *Storia del paesaggio agrario italiano* (Bari 1962), pp.351-2.工業化對森林的破壞也不應忽視。鮑爾曼在一八六八年寫道：「美國蘇必略湖區熔礦爐所需的大量燃料，已對附近的森林造成決定性影響。」(H. Bauermann, *A Treatise on the Metallurge of Iron*〔London 1872〕, p.227)每座熔礦爐每日所需要的燃料需砍掉一畝森林。

❿ Elizabeth Whitcombe, *Agrarian Conditions in Northern India, I, 1860-1900* (Berkeley, Los Angeles and London 1972), pp.75-85.

⓫ Irwin Feller, 'Inventive activity in agriculture, 1837-1900',*Journal of Economic History*, XXII (1962), p.576.

⓬ Charles McQueen, *Peruvian Public Finance* (Washington 1926), pp.5-6. 海鳥糞的收入在一八六一至六六年間占祕魯政府各項收入總和的百分之七十五；一八六九至七五年間，升至百分之八十 (Heraclio Bonilla, *Guano y burguesia en el Peru* 〔Lima 1974〕, pp.138-9, citing Shane Hunt)。

⓭ 'Bauerngut', *Handwörterbuch der Staatswissenschaften* (2nd ed.), II, p.439.

⓮ 參見義大利作家維爾加(G. Verga)根據布龍泰(Bronte)起義事件所寫的短文〈自由〉。有關該文的討論見D. Mack Smith, 'The peasants' revolt in Sicily in 1860' in *Studi in Onore di Gino Luzzatto*(Milan 1950), pp.201-40。

⓯ E. D. Genovese, *In Red and Black, Marxian Explorations in Southern and Afro-American History* (Harmondsworth 1971), pp.131-4.

⓰ 這個論題最詳盡的闡述見 R.W. Fogel and S. Engermann, *Time on the Gross* (Boston and London 1974)。

⓱ Th. Brassey, *Works and Wages Practically Illustrated* (London 1872).

⓲ H. Klein, 'The Coloured Freedmen in Brazilian Slave Society', *Journal of Social History* 3, 1 (1969), p.36; Julio Le Riverend, *Historia economica de Cuba* (Havana 1956), p.160.

⓳ P. Lyashchenko, *A History of the Russian National Economy*(New York 1949), p.365.

⓴ Lyashchenko, *op. cit.*, pp.440 and 450.

㉑ D. Wells, *Recent Economic Changes* (New York 1889), p.100.

㉒ Jaroslav Pruš, 'Die Entwicklung des Kapitalismus in der Landwirtschaft der böhmischen Länder 1849-1879', *Jahrbuch für Wirtschaftsgeschichte* (1963), III, p.38.

㉓ I.Orosz, 'Arbeitskräfte in der ungarischen Landwirtschaft', *Jahrbuch für Wirtschaftsgeschichte* (1972) II, p.199.

㉔ J.Varga, *Typen und Probleme des bäuerlichen Grundbesitzes 1767-1849* (Budapest 1965), cited in *Annales E.S.C.* 23, 5 (1968), p.1165.

㉕ A. Girault and L. Milliot, *Principes de Colonisation et de Législation Coloniale. L'Algérie* (Paris 1938), pp.383 and 386.

㉖ Raymond Carr, *Spain 1808-1939* (Oxford, 1966), p.273.

㉗ Josē Termes Ardevol, *El Movimiento Obrero en Espana. La Primera Internacional (1864-1881)* (Barcelona 1965), unpag. Appendix: Sociedades Obreras creadas en 1870-1874.

㉘ A. Dubuc, 'Les sobriquets dans le Pays de Bray en 1875', *Annales de Normandie* (August 1952), pp.281-2.

㉙ Pruš, *op. cit.*, p.40.

㉚ Franco Venturi, *Les Intellectuels, le peuple et la revolution. Histoiré du populisme russe au XIX siècle* (Paris 1972),

II, pp.946–8.

㉛ M. Fleury and P. Valmary, 'Les Progrès d'instruction élementaire de Louis XIV à Napoléon III', *Population XII* (1957), pp.69ff; E.de Laveleye, *L'Instruction du Peuple* (Paris 1872), pp.174, 188, 196, 227–8 and 481.

第十一章

移動的人

我們問她：「你丈夫在哪兒？」

「在美國。」

「他在美國做什麼？」

「當沙皇。」

「猶太人怎麼能在美國當沙皇呢？」

「在美國又有什麼事是不可能的」，她答道。

——阿萊切姆，一九〇〇年左右❶

我敢說，普天下給人家當僕役的愛爾蘭人比比皆是，他們開始在各地取黑人而代之……這是普遍現象，世界各地幾乎沒有一個僕役不是愛爾蘭人。

——卡萊爾的信，波士頓，一八五三年❷

1

歷史上最偉大的一次移民浪潮始於十九世紀中葉。移民的具體情況無法確知，因爲那時的官方統計數字反映不出男女老幼在國內乃至在國際之間流動的全部情況：從農村湧向城市，跨地區以及跨城市的人口流動，漂洋過海的移民，前往邊遠地區定居的人們，如此等等，川流不息。至於流動的方法，現在更難說得清楚。儘管如此，有關這次移民的大致輪廓還是可以勾畫出來。從一八四六到一八七五年間，約有九百多萬人離開歐洲，其中大部分到了美國❸。這個數字等於是一八五一年倫敦人口的四倍。在此之前的半個世紀裏，離開歐洲的總人數不超過一百萬。

人口流動與工業化形影相隨。現代世界的經濟發展需要大量流動人口，而新式改良的交通條件又使人口流動更加容易、更加便宜。當然，現代經濟發展又使世界能夠養活更多人口。在本書所述時期發生的大規模遷徙並非突如其來，不見徵兆。早在一八三〇和四〇年代，就已有人預測到不久必定會有大遷徙爆發(見《革命的年代》第九章)，然而預測畢竟是預測。原本還是潺潺流動的小溪，如今一下子似乎突然變成了滔滔不息的急流。一八四五年前，每年前往美國的外國人數目只有一年超過十萬人；但在一八四六到一八五〇年之間，平均每年離開歐洲的人數多達二十五萬人以上，此後五年平均每年達三十五萬；而僅是一八五四年，前往美國的人數就不下四十二萬八千人。移民繼續以空前規模發展，數量大小不等，隨遷出國和接受國的經濟好壞而定。

當時的移民不可謂不多，但與以後的移民規模相比，卻是小巫見大巫。一八八〇年代，平均每年移居國外的歐洲人達七十萬至八十萬，一九〇〇年後，平均每年達一百萬至一百四十萬。因此光是一九〇〇至一〇這十年間移居美國的人數，便遠高於本書所述的整個時期。

對移民最明顯的限制因素是地理條件。暫且撇開因販賣非洲奴隸而造成的移民不談（奴隸貿易此時已屬非法，英國海軍相當有效地掐死了奴隸貿易路線），我們可以說國際上的移民主體是歐洲人，或者更確切地說是西歐人和德國人。當然中國人此時也在流動當中，流向中國北部邊境，流向中央帝國的邊緣地區，流入漢族故鄉以外的地區；住在南方沿海地區的人則移入了東南亞的半島和島嶼上，但人數究竟有多少，我們還說不準。也許人數不是很多。一八七一年在海峽殖民地（即馬來亞）大約有十二萬人❹。印度人在一八五二年後開始向鄰國緬甸移民，不過數目不大。因禁止奴隸貿易而造成的勞動力短缺，在某種程度上由主要來自印度和中國的「契約勞工」填補了，他們的狀況比起奴隸實在也好不了多少。從一八五三到七四年，約有十二萬五千個中國人移往古巴❺。他們在蓋亞那和千里達，在印度洋群島及太平洋地區與印度人組成少數民族的雜居區；與古巴、祕魯和英屬加勒比海的華人組成規模較小的華人區。一些具有冒險精神的華人已爲美國太平洋沿岸最早開拓的地區所吸引（見第三章），他們爲當地報人提供了不少有關洗衣工和廚師的笑料（舊金山的中國餐館是他們在淘金潮期間開創的〔波士頓《銀行家雜誌》說：「此地最好的餐館是從中國來的冒險家開設的」〕❻）；在經濟蕭條時期他們又成爲政客們進行種族排外的宣傳材料。國際貿易使得世界性的商船隊發展神速，商船隊船員大部分是「東印度水手」，他們在世界各大港口都滯留和儲備了一批數量不多的有色人種。在殖民地招募軍隊又使一部分有色人種首次踏上歐洲土地(這時期英國的殖民部隊絕大部分是從印度招募來的,並用於印度,或用於印英政府統治範圍之外、屬於倫敦英國政府統治範圍之內的一些地區)。徵召殖民軍的國家主要是法國。法國希望藉由此舉抵銷德國在人口上的優勢(這是一八六○年代的熱門話題)。

就歐洲移民而言,大規模穿洋過海的洲際移民僅局限於少數國家,在本書所述時期,絕大部分移民是英國人、愛爾蘭人和日耳曼人,從一八六○年代起加上了挪威人和瑞典人——丹麥人從未到達類似的移民高潮——由於挪威、瑞典移民的絕對數字不大,從而掩蓋了它們在其總人口中實際所占的巨大比重。在挪威新增的人口當中,約有三分之二跑到了美國,超過其比例的只有不幸的愛爾蘭。愛爾蘭移居國外的人數已超過其人口成長總額:自一八四六至四七年的大饑荒之後,愛爾蘭每一個十年的人口均呈下降趨勢。英國和日耳曼的移民雖沒超過其人口成長部分的百分之十,但從絕對數字上看,這仍是一支非常龐大的隊伍。從一八五一年到一八八○年,約有五百三十萬英國人離開了英倫三島(其中三百五十萬去了美國,一百萬去了澳大利亞,五十萬去了加拿大),這是直到那時爲止世界上最大規模的越洋移民大軍。

南歐的義大利人和西西里人,很快也會像潮水般湧向美洲大城,但此刻他們尚未從其土生土長的貧窮農村向外挪動。東歐人,包括天主教和東正教徒,基本上也穩坐不動,只有猶太人漸漸滲入或蜂擁奔向省城,此後又進入大一點的城市(匈牙利城市直到一八四○年才對猶太定居者開放),在此之前,猶太人從未能在大城定居。俄國農民在一八八○年前尚未移入西伯利亞的廣闊天地,但他們已大批流入俄羅斯歐洲部分的大草原，到一八八〇年代基本上完成了在草原定居的過程。一八九〇年前魯爾礦區幾乎還見不到波蘭移民，不過此時捷克人已向南移入維也納。斯拉夫人、猶太人和義大利人向美洲移民的熱潮約始於一八八〇年代。大致說來，英國人、日耳曼人和斯堪的納維亞人構成了國際移民的主力軍，此外便是自由自在的加利西亞人、巴斯克人等少數民族，他們在拉丁美洲世界無所不在。

由於大多數歐洲人是鄉下人，所以大多數移民也是鄉下人。十九世紀是一部清除鄉下人的龐大機器。多數鄉下人都進了城，至少是離開了鄉下傳統的飯碗，盡其所能地在陌生的、可怕的、但也充滿無限希望的新天地裏尋找生計，在據說馬路是用黃金鋪成的城裏尋找出路，不過這些新來的移居者充其量只能偶爾撿到幾塊銅片。有人認爲鄉下人的蜂擁進城與都市化是同一回事，這話不完全正確。因爲有幾批移民是從較糟糕的農業環境離開，遷移到較好的農業環境定居，這些人主要是在美國大湖區定居的德國人和斯堪的納維亞人，以及稍早來到加拿大定居的蘇格蘭人。一八八〇年前往美國定居的外國移民當中，只有百分之十從事農業。一位觀察家說：「從購買和裝備一個農場所需的資金來衡量」，他們「或許」還稱不上是農場主人❼。一八七〇年代初期，僅農場設備一項就要花費九百美元。

鄉下人從地球表面的這一邊跑到了那一邊，如果說這種人口重新安置的現象已不容忽視，那麼鄉下人成群結隊脫離農業的情況就更令人吃驚了。人口流動與都市化形影相隨，十九世紀下半葉處於都市化過程中的主要國家(美國、澳大利亞、阿根廷)，其城市人口集中的速度超過了除英德工業區以外的任何地方。(一八九〇年人口數量排名前二十的西方城市中，有五個在美國，一個在澳大利亞。)男男女女不斷湧進城市，雖然其中有越來越多人也許是(在英國則一定是)來自其他城市。

如果他們只是在國內移動，那麼他們並不需要借助新技術和新發明。在絕大多數的情況下他們都走不遠，如果得要遠行，那麼那條連接其居住地和城市之間的小路一定早已被親朋鄰居踩平了，就像法國中部的叫賣小販和農閒季節去巴黎充當建築工的人們早已走慣的路一樣。隨著巴黎建築業的興盛，這類季節性雇工的人數也不斷增加，直到一八七〇年後他們才在巴黎永久定居[8]。新的路線有時會因新技術，例如鐵路的問世而開闢。鐵路把布列塔尼人帶到巴黎，他(她)們在抵達巴黎蒙帕納斯(Montparnasse)火車站出入口時便放棄了自己的信仰，便把最具姿色的女孩提供給巴黎妓院。布列塔尼姑娘們從此替代了洛林姑娘，成了巴黎煙花巷裏人所皆知的妓女。

在國內流動的婦女絕大部分成了家庭女傭。她們的女傭生活通常要到她們與同鄉結婚後；或找到其他的城市職業後方告結束。舉家出走或夫婦同行的例子並不常見。男人在城裏從事的職業，有的是他們家鄉世代相傳的傳統職業——卡迪根郡(Cardiganshire)的威爾斯人不管跑到哪兒都是賣牛奶、奶油、乾酪；奧弗格納特人(Auvergnats)也總是經營燃料生意——有的幹自己的老本行，如果他們具有一技之長的話；有的去做買賣，開個小鋪子，經營食品和飲料。除此之外，其他人就在兩大部門就業：建築和運輸。這兩種行業不需要鄉下人具備他們所不熟悉的技術。以一八八五年的柏林爲例，計有百分之八十一的食品供應人員，以及百分之八十三點五的建築工人和百分之八十五的運輸工人是外地移民[9]。雖然他們很少有機會能從事技術性較強的體力勞動(除非他們在家學過某種手藝），他們的生活還是比最窮的柏林本地人略好一些。最低工資階層和接受臨時救濟的貧困大軍更可能是由當地人，而不是外來移民所組成。在本書所述時期，工廠生產這種方式在許多大城市裏還不多見。

而此等純屬工業生產形式的工廠，大部分集中在中等規模、但發展極快的城市裏，甚至是在農村和小城鎮裏——主要是採礦業和幾種紡織工業。這些工業生產不需要多少外來妹（紡織工業除外），外地男工所能從事的也只有不需要技術的粗活，工資非常微薄。

穿越國境和大洋的移民造成了一些比較複雜的問題，而且這些問題根本不是由於他們移入一個語言不通的國家所引起的。事實上，移民中最大的一部分係來自英倫三島，他們沒有嚴重的語言障礙問題，不像某些國家（例如中歐和東歐的多民族帝國）的移民容易在新移居地遇到語言困難。不過，暫且撇開語言問題不談，移居國外的僑民帶來一個尖銳的問題：他或她屬於哪一個國籍（見第五章）？僑民如留居在新國家，他（她）是否要割斷與祖國的關係，如要割斷，移民願意嗎？僑民如居住在本國的殖民地，這問題自然就不存在，他們仍然是住在紐西蘭的英國人，或是住在阿爾及利亞的法國人，只是把原來的國當作「家」。問題最尖銳的地方是美國。美國歡迎移民，但又對移民施加壓力，要他們盡快變成使用英語的美國公民，理由是任何一個理智的公民都希望成爲美國人。事實上多數移民也的確如此。

改變國籍當然不是意味著與原先國家一刀兩斷。恰恰相反，移民們典型的例子是，當他們到了一個新的環境後，便很自然地與命運相同的人抱成一團，原因是新環境對他們太冷淡了——一八五

○年代，美國當地人對如潮水般湧來、飢腸轆轆、「一無所知」的愛爾蘭人的反應，就是仇視和尋釁滋事——他們於是自然而然地退到他們的同胞當中，同胞是他們唯一熟悉的、能夠給予幫助的群體。美國對移民而言不是一個社會，而是一個掙錢的地方，它教給移民的第一句正式英語是：「我聽到笛聲響，必須趕快進工廠。」（這個順口溜刊登在國際收割機公司爲波蘭勞工學習英語而印製的小冊子上。這是第一課，隨後的句子是：我聽到五分鐘的笛聲／是去上工的時候了／我從大門口的牆上拿了牌子，把它掛到工作部門的牆上／換好衣服，準備工作／午飯鈴響了／趕快吃飯／不打鈴不准吃飯／五分鐘後鈴又響了／丟下飯碗準備上工／專心做工，直到鈴響才下班／換上乾淨衣服／我必須回家[10]。）第一代移民，不論是男是女，不論如何勤奮學習新生活的技巧，他們仍強迫自己聚居在一起，從古老的習慣中，從自己的同胞中，從對他們輕率拋棄的故國懷念中，獲取支持和安慰。生活豪放不羈的愛爾蘭江湖藝人，即將在美國大城創立現代流行音樂這一行，他們那對天生會笑的眼睛使他們發財致富，但其成功不是無緣無故的。甚至富庶的紐約猶太大財東，如古根漢家族(Guggenheims)、庫恩家族(Kuhns)、薩克斯家族(Sachses)、塞利格曼家族(Seligmanns)以及雷曼家族(Lehmanns)的人，他們腰纏萬貫，凡能用錢買到的東西他們都有，而一切東西幾乎都能用錢買到，但他們還是不是美國人，不像住在維也納的沃特海姆斯泰因家族(Wertheimsteins)自認是奧地利人，住在柏林的布萊克魯德爾家族(Bleichroeders)自認是普魯士人，甚至已經國際化了的羅思柴爾德家族，住在倫敦的便自認爲是英國人，住在巴黎的便自認爲是法國人，而住在美國的既是美國人，又是德國人。他們說話用德語，書寫和思維也用德語，參加德國的結社，倡議發起德國人的組織，他們常把孩子送回德國上學[11]。

然而移民出國需克服多不勝數的基本物質困難。他們首先要弄清楚該去哪兒，以及到了那裏能做什麼。他們必須從遙遠的挪威石質高原前往明尼蘇達，從波美拉尼亞(Pomerania)或布蘭登堡(Brandenburg)前往威斯康辛州的綠湖地區，從愛爾蘭凱里郡(Kerry)的某個市鎮到芝加哥。要花多少錢還不是一個不可克服的難關，然而遠洋郵輪統艙的條件，卻是極其糟糕，就算還未糟到眞能致人於死，也是夠惡名遠揚，特別是在愛爾蘭大饑荒後。一八八五年移民從漢堡到紐約的船票是七美元。從南安普頓到新加坡的船票，已從一八五〇年代的一百一十英鎊減到一八八〇年代的六十八英鎊⓬，當然，這條航線的客輪是爲身分較高的旅客所提供的。船票之所以便宜，不僅是因爲身分低賤的船客不會要求比豬狗好多少的吃住條件，他們也不允許；也不是因爲移民所占空間較少；甚至也不是因爲交通量的增加而降價，而是由於經濟原因：移民是非常合算的散裝貨。也許對大多數移民來說，到達登船口岸——哈佛爾、不來梅、漢堡，尤其是利物浦——的路費，要比橫渡過大西洋的費用貴得多。

即使如此，對許多非常貧窮的人來說，這筆錢也未必拿得出來，雖然他們在美國、澳大利亞工資較高的親戚能輕易籌措這筆費用，送回國內。事實上，這筆錢只是他們從國外匯回祖國的衆多匯款中的一部分，因爲移民不習慣國外新環境中的高消費，遂都成了儲蓄能手。僅以愛爾蘭人爲例，一八五〇年代早期，他們一年匯回的款子便有一百萬到一百七十萬英鎊⓭。然而，如果窮親戚愛莫能助，形形色色的承包商、中介人便會爲了賺錢而出面安排。只要一方需要大量勞動力(或土地，住在威斯康辛州普林斯頓市的一位德國鐵匠買了一塊農田，然後以信貸方式出售給自己的移民同胞⓮)，另一方對接納國的情況又一無所知，雙方遠隔重洋，代理人或中介人便可從中大發其財。

這些人把兩條腿的牲口往輪船上趕。輪船公司急於塡滿統艙裏的空隙，政府則希望把移民送到杳無人煙的廣闊天地裏去。中介人便與政府和礦廠、鐵砂公司聯繫，將人送到礦主、鐵廠廠主以及其他亟需勞動力的雇主手中。中介人從礦主、廠主處獲得報酬，也向可憐的男女移民索錢。這些孤立無援、不知所措的男男女女，可能得被迫穿越半個陌生的歐洲大陸，才能抵達大西洋登船港口：從中歐到哈佛爾，或渡過北海，穿過雲霧繚繞的本寧山脈到達利物浦。我們可以猜想出，這些中介商是如何利用移民舉目無親，對情況一無所知，手足無措的困境進行盤剝勒索，雖然那時的契約勞工、負債農奴可能已不多見，只有一船船從國外運到農場充當勞工的印度人和華人（這麼說並不表示受騙的愛爾蘭人不夠多。不少愛爾蘭人曾在故鄉付錢給某個「朋友」，但這筆錢卻無法幫他在新世界找到一份工作）。大致說來，移民中介人的活動是控制不了的，頂多只能對海運條件進行某些檢查，這項工作還是因爲一八四〇年代末發生了可怕的流行性傳染病後才開始進行。中介人的背後通常有大人物支持。十九世紀的資產階級仍然認爲歐陸人口過剩是因爲窮人太多，窮人輸出越多，對資產階級越有利（因爲他們可以進一步改善自己的生活條件），對留下的人也越有利（因爲勞工市場上勞動力過剩的情況可獲紓緩）。慈善機構，甚至工會組織對付貧窮和失業的唯一可行辦法，就是幫助那些向他們求援的窮人或是工會會員移居到國外去。在本書所述時期，工業化進展最快的國家也就是那些對外移民的大戶，如英國和德國。這項事實證明慈善機構和工會組織的做法似乎不無道理。

從今天的觀點來看，那時提出的移民論據是錯誤的。整體而言，輸出移民的國家如果將其人力資源予以利用，而不是將他們趕走，對國家的經濟會更有利。新世界（美國）卻與它們相反，它從蜂擁而至的舊世界（歐洲）移民中，獲得了無法估量的經濟好處。當然，移民自己也獲得莫大好處。移民在美國窮困潦倒、慘遭剝削的最嚴重階段，要到本書所述時期結束之後才告出現。

人們爲何要移居國外呢？絕大部分人是出於經濟原因，也就是說因爲他們窮。儘管一八四八年後加上了政治迫害因素，但在龐蕪的移民大軍中，政治和意識形態難民只占很小一部分，甚至在一八四八至一八五四年間也是如此，雖然移民中的激進分子一度控制了美國的半數德文報刊，利用報刊控訴自己國家對難民的迫害⓯。激進分子中的基本群眾，像大多數不帶意識形態的移民一樣，很快便在國外定居下來，其革命熱情也轉移到反奴運動上。出於宗教原因而到美國尋求更大自由並進行相當古怪的宗教活動的移民不能說沒有，但與半個世紀前相比也許不太突出，如果其原因是在於維多利亞政府對正統的看法不像以前那麼嚴厲就好了。不過對於國內摩門教教徒的逃往國外，英國和丹麥政府倒是挺高興的，摩門教的一夫多妻制爲它們帶來不少麻煩。東歐的反對猶太人運動也是後來的事，該運動造就了大規模猶太移民。

人們移居國外是爲逃避國內的貧窮情況，還是爲了到國外尋求更好的生活條件？這個問題爭論已久，意義不大。毫無疑問，窮人移居國外的可能性比富人出走的可能性更大，如果他們的傳統生活難以維持或根本無法維持時，移居國外的可能性就更大。因而在挪威，工匠移居國外的可能性比工廠工人大；船民、漁民在汽船問世、他們的小帆船無法與之匹敵之後，便準備一走了之。同樣毫無疑問的是，在這一時期，任何拋棄祖輩居住地方的想法都被認爲是大逆不道的。因而要想把人們從老家推進一個未知的世界，就需要有某種變革的力量才行。一位原本在英國肯特郡農場出賣勞力的雇工從紐西蘭寫信回家，感激原先的農場主人採用停業的辦法迫使他遠離家園，因爲他現在的境況比以前好多了。要不是迫於無奈，他是不會離鄉背井的。

當大規模移民成爲普通人經歷中的一部分時，當基爾代爾郡(Kildare)的每個孩子都有表兄、叔叔或哥哥在澳大利亞或美國時，離家出走(不一定永不復返)便成爲人們常見的選擇。選擇的依據是對前景的估計，而非單憑命運，如果有消息說澳大利亞發現金礦，或美國就業機會很多，待遇很高，移民便蜂擁而至。反之，一八七三年後的若干年裏，移民人數急轉直下，因爲當時美國經濟極不景氣。還有一點也毫無疑問，本書所述時期的第一次移民狂潮(一八四五—五四)，基本上是因爲饑荒和人口增加對土地造成的壓力而引起的，主要發生在愛爾蘭和日耳曼。在這波移民狂潮中逃往大西洋彼岸的移民，愛爾蘭人和日耳曼人便占了百分之八十。

移民並不一定一去永不返。許多移民夢想在國外賺足錢，然後衣錦還鄉，接受家鄉父老的尊敬——這部分人占多大比例我們尙不得而知。其中有相當一部分人——約占百分之三十到四十——也的確回到老家的村子裏，回國最常見的原因是他們不喜歡新世界，或無法在美國立足。有些人回去後又移居國外。由於交通領域的革命，勞工市場終於擴大到囊括整個工業世界。特別是對有技術的男性工人而言。以英國行業工會的領袖爲例，他們可能在美國和國外某地工作過一段時間，也可能在新堡和巴羅(Barrow-in-Furness)工作過一段時間。事實上，對義大利和愛爾蘭那些隨季節移居他國的農民和鐵路工人而言，在這個階段，利用農閒淡季前往大西洋對岸工作，已經是可能的事了。

實際上，在這大幅度增加的移民浪潮中，也有相當數量的非永久性活動——臨時的、季節性的、或僅僅是流浪性的活動。這種活動本身並無新鮮之處。在工業革命之前，收完莊稼的農民、流浪漢、走街穿巷的修補匠、沿街叫賣的小販、運貨的馬車夫以及牲畜販子，早已屢見不鮮。新經濟的飛速發展以及向全世界的輻射，肯定需要——因此也產生了——新形式的行蹤不定之人。

首先讓我們考察一下新經濟擴展和輻射的象徵：鐵路。鐵路是以全球作爲業務擴展範圍的企業。企業家帶著工頭、技術工人和核心工人（大多數是英國人和愛爾蘭人）前往國外創建公司，其中有一部分人就此定居國外，娶妻養子，他們的孩子就成了下一代的英裔阿根廷人。（印度鐵路當局主要招聘歐亞混血兒當雇員，即招聘印度婦女與英國工人生的孩子。英國工人與當地人通婚不像中產階級和上層階級的顧慮那麼多。）他們有時還會從一個國家跑到另一個國家，像當時爲數不多的石油開採工人一樣。鐵路到處都要興建，但鐵路公司不一定能在每個地方都找到工人，於是只好建立一個流動的勞工隊（這些勞工在英國被稱作navvies，即：挖土工，無特殊技術之工人），直至今日，許多大型工程計畫依然沿襲這種做法。大多數國家是從邊遠地區招募無家庭牽累，能說走就走的人。他們不怕工作苦，只求工資高，能拚命幹活，也能拚命玩，把掙到的每個銅子都喝光賭光，不想未來。這些浪跡天涯的勞工跟海員一樣，不愁沒活幹：這艘船幹完了，還有下一艘；這個工程結束後，自會還有其他大工程等著。他們是尙待進一步開發的鐵路工業裏的自由人，是民間傳說中的鐵錚錚英雄漢，會令各階級的體面人物同感震驚。他們扮演的角色跟海員、礦工、探勘工一樣，只是掙的錢比他們多，而且根本不存發財致富的幻想。

在更爲傳統的農業社會裏，這些四海爲家的鐵路工人，在農業生活和工業生活之間搭起重要橋樑。義大利、克羅埃西亞和愛爾蘭等地的貧窮農民，他們於農閒時結成一群，或組成一隊，在選出來的隊長帶領下穿山越嶺，爲城市、工廠和鐵路的建造商提供勞務（隊長負責洽談招工條件和分配勞動所得）。一八五〇年代，這類移民在匈牙利平原上發展起來。組織較差的農民對那些效率高、紀律強（或是更溫順馴服），以及準備接受更低工資的農民憤懣不已。

不過，單只考察這支被馬克思稱爲資本主義「輕騎兵」的隊伍是不夠的，我們還沒觀察先進國家之間的差異，更準確地說，還沒看到舊世界和新世界之間的重要區別。經濟擴張在世界各地豎立起了一道道「疆界」。在某些情況下，一個礦區就是一個「新世界」，例如德國的蓋爾森基興（Gelsenkirchen）便是一個可以和布宜諾斯艾利斯及賓州工業城相提並論的新世界，這個礦區在半輩子的時間裏（一八五八—九五），便從三千五百人增加到九萬六千人。不過整體而言，舊世界對流動人口的需求，只要一支規模不大、非長期流動的人口隊伍便能滿足。當然，大港口除外，那些地區的人口似乎總在流動，而人們又無計謀生的傳統中心地區（如大城市）也除外。這也許是因爲舊世界的成員多半結成了社群，或者能夠很快在這些社群裏扎根，而這些社群又是結構嚴密的社會組織中的一部分。只有在海外移民區的邊緣或附近地帶，由於那裏人煙稀少，流動人口尙無雇主，所以人們才會感受到這群眞正的獨立流動個人是一個群體，至少是人們「肉眼可見」的群體。舊世界不乏牧人和牲畜販子，但在本書所述時期，他們誰也沒像美國「牛仔」那樣吸引了眾多注意，雖然澳大利亞的牧人，在內地專門爲人家剪羊毛的流動剪羊毛手，以及其他的農業勞動者，他們也都在各自的區域內創造了驚心動魄的傳說和故事。

2

窮人出門遠行的特有方式是遷徙，中產階級和富人則越來越常是爲了旅遊。旅遊從本質上說，乃是鐵路、汽船和郵遞事業達到新規模、新速度後的產物。（郵遞事業隨著一八六九年萬國郵政聯盟〔International Postal Union〕的建立而完成全球系統化）。住在城裏的窮人，他們出門遠行通常是爲了生活，很少是爲了休閒，而且時間多半不長。鄉下的窮人根本不會爲了遊山玩水而出門遠行，充其量是在趕集或到市場上做買賣時順便遊玩一下。貴族出門遠行大多是基於非實用的目的，然而與現代的旅遊也無共同之處。貴族家庭每年到一定季節便從城裏的府第移到鄉下去住，隨從的僕人和行李車足可排成長長一列，彷彿一支小部隊般（克魯泡特金〔Kropotkin〕親王的父親，事實上就像軍事指揮員一樣爲妻子和傭人下達恰當的行軍口令）。他們會在鄉下住上一陣，然後才返回城中。他們也可能在適當的社交生活圈子裏暫時安頓下來，就像下面那個拉丁美洲的貴族家庭一樣。據一八六七年的《巴黎指南》（*Guide of Paris*）記載，這家貴族下鄉時整整帶了十八車行李。按傳統習慣，年輕貴族都會展開一趟宏偉之旅（Grand Tour，譯按：係指舊時英國貴族子弟的歐陸之旅，其目的在完成自己的教育階段，他們通常下榻在豪華的旅館內），但即使是這類貴族青年的旅行，也與資本主義時代的旅遊業不同。一方面是因爲旅遊業此時正處在開發階段——最初通常是與鐵路的發展聯繫在一起——另一方面是因爲貴族不會屈尊在小酒店裏過夜。

工業資本主義產生兩種奇妙的享樂型旅行：爲資產階級設計的旅遊和夏日假期；以及某些國家(如英國)爲廣大群眾所設計的一日遊，人們乘坐機械化交通工具，當天往返於旅遊地。這兩種旅行都是蒸汽機運用在運輸方面的直接結果。有史以來人們首次可以定期、安全地運載數目眾多的旅客和行李，不論地形如何複雜，不論水域是深是淺。火車和公共馬車很不一樣，公共馬車只要到了稍微偏僻的地方，便很容易被盜匪搶劫，而火車只要開動之後，就不會有這種意外——除美國西部外——即使在治安壞得出名的西班牙、巴爾幹等地亦可倖免此難。

如果把遊艇除外，以廣大群眾爲服務對象的一日遊活動，是一八五〇年代——更準確地說是一八五一年萬國博覽會——的產物。這場博覽會吸引了許多人前來倫敦欣賞令人驚嘆的景觀，數不勝數的地方協會、教會及社團爲群眾組織了這場活動，由於火車票減價，因而來的人更多。從安排郊遊活動起家的庫克(Thomas Cook)，更利用一八五一年的機會發展出龐大的旅遊業，此後二十五年，他的名字就成了有組織旅遊團的代名詞。此後萬國博覽會(見第二章)一場接一場舉辦，每個博覽會都將大批參觀者帶到各主辦國首都，使各國首都獲得重建，煥然一新。各省省會受此啓發，紛起效法，企望創造類似奇蹟。除此之外，這個時期的大眾旅遊便毋須多說了。大眾旅遊業仍局限於短途遊覽，即使以現代標準來看也常常是客滿的，小小的「紀念品」工業也因此興盛起來。鐵路部門一般說來對出售三等車票不感興趣，英國鐵路公司尤其如此，但政府勒令它們提供最低限度的三等車票。直到一八七二年，英國鐵路公司普通客票營業額方達到客運總收入的百分之五十。其實，三等車票的運輸量增加後，短途旅遊專車的重要性就下降了。

中產階級更把旅行當作重要大事。就數量而言，旅行的最重要形式是全家的夏日假期，或(對更富有和身體太胖的人來說)每年到某個溫泉療養地去做治療。這種度假、療養勝地，在十九世紀第三個二十五年蓬勃發展——英國的位於海邊，歐陸則多集中於山上(顯然由於拿破崙三世的眷顧，畢亞里茨〔Biarritz〕在一八六〇年代已很時髦，印象派畫家對諾曼第沙灘也表現出明顯興趣，但歐陸的資產階級還沒有下定決心去嘗嘗苦鹹的海水滋味和海邊陽光)。到了一八六〇年代中期，中產階級掀起的旅遊熱已使英國沿海部分地區改觀，海邊的景觀步道、棧橋以及其他美化海邊的設施，都一一修建。原本在經濟上毫不起眼的山谷和海灘，如今卻可讓土地商人神不知鬼不覺地從中獲得大量利潤。海邊活動可說是中產階級和下中階級的特有休閒。在一八八〇年代之前，工人階級到海邊休閒的情形還不很明顯，而貴族和紳士們幾乎不可能考慮將伯恩茅斯(Bournemouth，法國詩人魏爾蘭〔Verlaine〕常去之處)或文特諾(Ventnor，屠格涅夫和馬克思常來此處呼吸新鮮空氣)作爲合適的夏日度假場所。

歐洲大陸的溫泉度假勝地可說是各具風格(英國的度假場所無法與其媲美)，它們競相爲闊綽的旅客準備了豪華旅館，提供各種娛樂場所，如賭場以及相當高級的妓院等。維琪(Vichy)、斯帕(Spa)、巴登巴登(Baden-Baden)、艾克斯(Aix-les-Baines)，尤其是哈布斯堡王室常去的著名國際度假勝地：加施泰因(Gastein)、馬麗安溫泉(Marienbad)溫泉、查理士山谷(Karlsbad)等等，它們對十九世紀的歐洲來說，就像巴斯(Bath)對十八世紀的英國一樣，貴族在這些度假勝地舉辦時髦聚會，在聚會上可以免喝難以下嚥的礦泉水，盡情享受某種由仁慈的醫學獨裁者監製的飲料。（來這裏度假的達官貴人，其地位可從他們在這時期外交活動中扮演的角色來判斷。拿破崙在畢亞里茨會晤俾斯麥，在普隆比耶（Plombières）會晤加富爾，在加施泰因舉行過一次會議：這次會議開了在河上或湖上舉行外交會議的先河。一八九〇至四〇年的半個世紀裏，這種河上外交會議多不勝舉。）然而不爭氣的肝臟扮演了偉大的協調者，使礦泉遊覽勝地不致被冷落。許多非貴族出身的有錢人和中產階級專業人士，由於事業興旺，財源滾滾，因而吃得太多，喝得太多，於是便熱中於前往礦泉勝地度假。庫格爾曼醫生(Dr. Kugelmann)曾推薦一位極不具其階級代表性的中產階級——馬克思——到查理士山谷休養。馬克思爲避免被認出，遂在旅館登記時小心翼翼地寫下「以個人方式謀生的人」，後來他發現以「馬克思博士」的身分住店可免繳一部分高得驚人的稅款，他才又更改過來⑯。在一八四〇年代簡單得一目了然的鄉村裏，是絕不會發現這種類型的溫泉療養地，直到一八五八年，《默里指南》(*Murray's Guide*)還說馬麗安溫泉開放時間是「不久前的事」，並說加施泰因只有二百個房間，但到了一八六〇年代，這些溫泉療養地的旅遊業已如鮮花怒放。

索默弗里西奇(Sommerfrische)和庫羅特(Kurort)是一般資產階級光顧的地方，崇尙傳統的法國和義大利，直到今天仍證實說每年保養一次肝臟是那時資產階級的習慣。弱不禁風的人需要多一點溫和的太陽，因此冬天該到地中海去。蔚藍海岸(Côte d'Azure)是布魯厄姆(Brougham)爵士發現的，這位激進政客的塑像今天仍矗立在坎城(Cannes)。雖然俄國的貴族士紳成了最愛光顧此地，而且花錢如流水的常客，然而尼斯(Nice)的「英國俱樂部」之名，已明白點出是誰開闢了這塊新的旅遊金礦區。蒙地卡羅(Monte Carlo)於一八六六年落成其巴黎飯店(Hôtel de Paris)。蘇伊士運河通航後，特別是沿尼羅河的鐵路修好後，埃及便成了那些抵禦不了北國潮濕秋冬者的遊覽勝地，這是一個集溫暖氣候、異國情趣、古代文化遺址和歐洲統治（此刻尚非正式統治）於一身的度假勝地。永不疲倦的貝德克爾(Baedeker)，於一八七七年出版了他的第一本埃及指南。

對當時人而言，在夏天前往地中海仍是瘋狂之舉，除了爲尋找藝術和考古的人外。直到進入二十世紀很長一段時間後，人們才開始崇尚太陽和曬黑的皮膚。在炎熱的夏天裏，只有少數幾個地方，如那不勒斯灣、卡布里島(Capri)等，是勉強可以忍受的，這些地方是由於俄國女皇的鍾愛而興盛起來。一八七〇年代地中海國家的便宜物價，預示著早期旅遊業即將到來。富裕的美國人，當然，不管有病沒病，都開始追蹤歐洲文化的中心，到本書所述時代結束，沿新英格蘭海灣修建夏季別墅的舉動，已成爲美國百萬富翁的標準生活之一。而炎熱國家的富人就躲進深山裏去。

我們必須將兩種不同的假日做個區別：時間較長的（夏天或冬季）定點式度假，和愈來愈實際快速的旅遊。旅遊的熱門焦點總是浪漫的風景區及文化古蹟遺址。不過在一八六〇年代，英國人（像往常一樣，又是先驅者）開始熱中在瑞士高山上進行體育鍛練，並將對此體育鍛練的熱情傳播給其他人。他們後來在瑞士山上發明了冬季體育活動：滑雪。阿爾卑斯俱樂部(Alpine Club)成立於一八五八年，懷伯爾(Edward Whymper)於一八六五年攀上了馬特洪峰(Matterhorn)。在令人心曠神怡的景色裏進行這種頗消耗體力的運動，對盎格魯撒克遜族的知識分子和自由主義專業人士具有很大的吸引力，箇中原因很模糊，說不清也道不明（也許有個原因：與他們作伴的當地導遊個個年輕力壯，富有陽剛之氣)。爬山加上長距離健行,已成了劍橋學界、高級文官、公學校長、哲學家以及經濟學家特有的活動,拉丁語系和日耳曼語系的知識分子(雖然不是全體)對這種現象驚奇不已。對活動量少一些的旅遊者來說,他們的腳步是在庫克及這時期出版的厚重導遊書的指導下邁開的。《默里指南》是導遊書的先驅,但旅遊者的聖經當數德國的《貝德克爾》(*Baedekers*)。《貝德克爾》在當時已被翻譯成多國語言,《默里指南》在它面前黯然失色。

這樣的旅遊並不便宜。一八七〇年代,兩個人從倫敦出發,經比利時、萊茵山谷、瑞士和法國,最後返回倫敦,六週的行程——也許現在仍是這個標準路線⑰——要花八十五英鎊。這大約是一個週薪八英鎊的男人全年收入的百分之二十。那時候週薪八英鎊是相當令人羨慕的收入,已可在家裏雇個女傭。這筆數目可能要占一個收入甚豐的技術工人年收入總額的四分之三以上。很顯然,那些被鐵路公司、旅館、旅遊指南瞄準的旅遊者,是屬於生活優裕的中產階級。這些中產階級裏的男男女女,毫無疑問對尼斯的高昂房租也是牢騷滿腹:從一八五八到七六年,不帶家具的房子年租金從六十四英鎊增加到一百英鎊,女傭的年工資從八至十英鎊增加到離譜的二十四至三十英鎊⑱。但我們可以非常有把握地說,這些人是付得起這個價錢的。

一八七〇年代是不是已完全被移民、旅行及人口流動所主宰了呢?人們很容易忘記,地球上大多數人仍生活在且最後死在他們的出生地,說得更準確些,他們的活動範圍比工業革命之前大不了多少,甚或說沒有什麼變化。法國的統計數字顯示,一八六一年有百分之八十八的法國人生活在他們出生的地方,若根據教會記事簿記載,更有高達百分之九十七的人生活在他們出生的教區——世界上跟上述法國人相類似的人數，肯定多於流動人數和移民人數[19]。不過，人們漸漸拋開了他們魂繫夢牽、精神依託的地方。他們看見的事物是他們父輩從來未曾見過的，甚至他們自己也想不到他們會親眼目睹，他們已習慣於在這樣的環境中生活。在本書所述時期行將結束之際，移民不僅構成了諸如澳大利亞等國，和紐約、芝加哥諸城市人口的多數，而且也成爲斯德哥爾摩、克里斯蒂安尼亞（Christiania，現奧斯陸〔Oslo〕）和布達佩斯的人口多數，外來移民占柏林和羅馬總人口的百分之五十五到六十，巴黎和維也納的移民約占百分之六十五[20]。整體而言，城市和新工業區像塊磁鐵般吸引了他們。那麼，等待他們的是怎樣的生活呢？

註釋

❶ Scholem Alejchem, *Aus den nahen Osten* (Berlin 1922).

❷ F.Mulhauser, *Correspondence of Arthur Hugh Clough* (Oxford 1957), II, p.396.

❸ I. Ferenczi, ed. F. Willcox, *International Migrations*; Vol. I *Statistics*, National Bureau of Economic Research (New York 1929).

❹ Ta Chen, *Chinese Migration with Special Reference to Labor Conditions*, United States Bureau of Labor Statistics (Washington 1923), p. 82.

❺ S. W. Mintz, 'Cuba: Terre et Esclaves', *Etudes Rurales*, 48 (1972), p.143.

❻ *Bankers Magazine*, V (Boston 1850-1), p. 12.

❼ R.Mayo Smith, *Emigration and Immigration, A Study in Social Science* (London 1890), p. 94.

❽ M-A.Carron, 'Prélude a l'exode rural en France: les migrations anciennes des travailleurs creusois', *Revue d' histoire économique et sociale*, 43, (1965),p.320.

❾ A.F.Weber, *The Growth of Cities in the Nineteenth Century* (New York 1899),p. 374.

❿ Herbert Gutman, 'Work, Culture and Society in industrializing America, 1815-1919', *American History Review*, 78 (3 June 1973), p. 533.

⓫ Barry E. Supple, 'A Business Elite: German-Jewish Financiers in Nineteenth Century New York', *Business History Review*, XXXI (1957), pp.143-78.

⓬ Mayo Smith, *op. cit.*, p. 47; C.M.Turnbull, 'The European Mercantile Community in Singapore, 1819-1867', *Journal of South East Asian History*, X, I (1969), p.33.

⓭ Ferenczi, ed. Willcox, *op. cit.*, Vo1. II, p.270n.

⓮ K.E.Levi, 'Geographical Origin of German Immigration to Wisconsin', *Collections of the State Historical Society of Wisconsin*, XIV (1898), p. 354.

⓯ Carl F. Wittke, *We who built America* (New York 1939), p.193.

⓰ Egon Erwin Kisch, *Karl Marx in Karlsbad* (East Berlin 1968).

⓱ C.T.Bidwell, *The Cost of Living Abroad* (London 1876), Appendix.瑞士是這條旅遊路線的主要目的地。

❽ Bidwell, *op. cit.*, p. 16.

❾ Georg V. Mayr, *Statistik und Gesellschaftslehre*; II, *Bevoelkerungsstatistik*, 2. Lieferung (Tübingen 1922), p.176.

⓴ E.G. Ravenstein, 'The Laws of Migration', *Journal of the Royal Statistical Society*, 52(1889), p. 285.

第十二章
城市・工業・工人階級

如今我們每人吃的麵包，
都用蒸汽機和渦輪機烘烤；
也許有朝一日，麵包
將由機器塞進我們嘴裏。

特勞泰諾有兩個教堂墓地，
一是窮人的，一是富人的；
即使在陰曹地府裏，
窮鬼與富鬼也分成貴賤高低。

——《特勞泰諾周報》（*Trautenau Wochenblatt*）上的一首詩，一八六九年❶

從前如果有人把富有手藝的工匠叫作工人，他會跟你反目……如今人們告訴工匠，工人是國內最高職銜，於是工匠都說他們要做工人。

——梅爵士，一八四八年❷

貧窮問題就像死亡、疾病、嚴冬以及其他自然現象問題。我不知道如何結束貧困。

——薩克萊，一八四八年❸

1

如果說「新移民來到了工業和技術世界」，或說「工業和技術世界的新一代誕生了」，這話顯然都是對的，但都無法生動描繪出工業和技術世界是怎樣的一個世界？

首先，這個世界與其說是由工廠、廠主、無產階級組成的世界，倒不如說是一個被工業的巨大進步改造過的世界。工業遍地開花，城市拔地而起，變化翻天覆地。然而變化無論如何巨大，其本身都不足以成爲衡量資本主義影響的尺度。一八六六年，波希米亞紡織中心賴興貝格（Reichenberg，今利貝雷茨〔Liberec〕）的產量，有一半是手工業工人用手搖出來的。當然，如今大部分產品都是從幾個大工廠生產出來的。從工業組織上來看，賴興貝格顯然不如蘭開夏先進。蘭開夏最後一批使用手搖紡織機的工匠，已於一八五〇年代轉至其他部門就業了。但我們如否認賴興貝格的紡織業是工業，這便有失偏頗。捷克蔗糖業在一八七〇年代早期蓬勃發展，在其巔峯時期，全國蔗糖廠裏只雇用四萬人。這個數字貌不驚人，但從甘蔗田面積的擴大便可看出新興蔗糖工業所產生的巨大影響。從一八五三至五四年到一八七二至七三年間，波希米亞農村的蔗田面積增加了二十多倍(從四千八百公頃增加到十二萬三千八百公頃)❹！從一八四八年到一八五四年，英國乘坐火車的人數幾乎增加一倍——從大約五千八百萬人增加到大約一億零八百萬人——同時鐵路公司貨運收入也幾乎增加了兩倍半。這個數字比工業產品或公務旅行的準確百分比更能說明問題。

再則，我們可以斷言，工業工作本身特有的組織結構，以及都市化——急速發展的城市生活——可說是新生活最戲劇化的形式。說它新，是因爲當時仍有某些地方性職業和城鎮繼續存在，掩蓋了它的深遠影響。在本書所述時代結束後的若干年(一八八七)，德國教授特尼斯(Ferdinand Tonnies)劃分了禮俗社會(Gemeinschaft)和法理社會(Gesellschaft)之間的區別，這對孿生兄弟如今已成爲每位社會學學生耳熟能詳的名詞。特尼斯的劃分與他同時代學者的劃分(即後來習慣上稱之爲「傳統社會」和「現代社會」的劃分)很相似——例如梅因(Henry Maine)爵士將社會的進步總結爲「從地位決定一切到契約決定一切」。問題核心在於特尼斯的分析不是以農民社團和都市化社會之間的區別爲基礎，而是以老式城鎮和資本主義城市之間的區別爲基礎，他稱資本主義城市「基本上是商業的城鎮，由於商貿控制了生產勞動，因此也可說是工廠的城鎮」❺，……這個工廠城市的新奇環境及其結構正是本章所要探討的問題。

除鐵路外，城市是工業世界最突出、最明顯的外部象徵。都市化的現象在一八五〇年代後發展神速。十九世紀上半葉，只有英國的都市化年成長率高於零點二❻。比利時幾乎可與這個水平媲美。但在一八五〇到一八九〇年之間，奧匈帝國、挪威和愛爾蘭的都市化已達到了這個成長率，比利時和美國的成長率則在零點三到零點四六之間，普魯士、澳大利亞和阿根廷在零點四到零點五之間，英格蘭、威爾斯(仍以微弱優勢領先)以及薩克森的年成長率更在零點五以上。如果說人口往城市集中是「本世紀最突出的社會現象」，這只是道出了有目共睹的事實❼。以今日的標準來看，這種進展還不算很快——直到十九世紀末，都市化速度及於一八〇一年英格蘭和威爾斯水平的國家還不到十二個。

這個時期典型的工業城鎮，從現代標準來看，也只是一個中等規模的城市。中歐和東歐有些首都(它們都向特大型城市發展)也成了主要製造中心——如柏林、維也納和聖彼得堡。一八七一年奧爾丹(Oldham)的人口有八萬三千人，巴門七萬五千人，魯貝六萬五千人。事實上，前工業時期的著名老城市，沒有幾個能吸引新型產品前去安家落戶，因而典型的新工業區，一般說來是先由幾個村子共同發展成小城市，幾個小城市又進而發展成較大的城市，但它們和二十世紀的工業區還是不一樣(二十世紀的工業區是一大片緊密連在一起的地區)，雖然它們的工廠煙囪(經常是聳立在河谷邊、鐵路旁)、褪了色的單調牆面，以及籠罩其上的煙幕，的確也使它們有種連貫性和一致性。城裏居民離田野很近，只要步行便可到達。直到一八七〇年代，德國西部的工業大城，如科隆和杜塞多夫(Düsseldorf)，都是靠其四周農村提供食糧，農民每週一次把物品送到市場上賣❽。在某種意義上，工業化的衝擊確實造成一種反差強烈的對照：一面是灰暗、單調、擁擠和驚恐萬狀的居民區，一面是色彩絢麗的村莊以及與村莊緊密相連的山巒，就像英國的雪菲爾德(Sheffield)，人聲嘈雜，濃煙滾滾，令人厭惡，但其四周卻是世上最迷人的鄉村景色[9]。

這就是爲什麼工人可以在新工業化地區保持半農狀態的原因。一九〇〇年以前，比利時礦工在農忙期間是不下礦的，他們要到田裏照看他們的馬鈴薯。必要時他們還會舉行一年一度的「馬鈴薯罷工」。一八五九年蘭開夏帕迪漢姆(Padiham)紡織工人罷工，原因是他們要翻曬乾草[10]。甚至在英格蘭北部，城裏失業人員夏天也可輕而易舉地在附近農場找到工作。不過這種半農狀態很快便告消失。

大城市——不過，這一時期的大城市也只有二十多萬人，加上城市周圍的小鎮人口也不超過五十多萬(在一八七〇年代中期，歐洲四大城市〔倫敦、巴黎、柏林、維也納〕據信人口超過一百萬；六個城市有五十多萬人口〔聖彼得堡、君士坦丁堡〔Constantinople〕、莫斯科、格拉斯哥〔Glasgow〕、利物浦、曼徹斯特〕，二十五個城市有二十多萬人口。這二十五個城市中，五個在英國，四個在德國，三個在法國，兩個在西班牙，一個在丹麥，一個在匈牙利，一個在荷蘭，一個在比利時，一個在俄屬波蘭，一個在羅馬尼亞，一個在葡萄牙。四十一個城市有十萬以上人口，其中九個在美國，八個在德國[11])——沒有多少工業(儘管市內也許有不少工廠)，城市是商業、交通、行政和服務業的中心。許多人加入服務業，而服務業本身的發展又使其從業人員的數字進一步膨脹。城市的大多數人的確是工人，工種五花八門，還包括一大批僕人——倫敦幾乎每五個人當中就有一個是傭人(一八五一)。(令人驚訝的是巴黎傭人所占的比例要小得多[12]。)僕人隊伍如此龐大，說明了中產階級和下中階級的人數一定很多，一定占有相當比重——在倫敦和巴黎都占了百分之二十至百分之二十三。

城市發展神速。維也納的人口從一八四六年的四十多萬人增加到一八八〇年的七十萬人，柏林從三十七萬八千人(一八四九)增加到近一百萬人(一八七五)，巴黎從一百萬增加到一百九十萬人，倫敦從二百五十萬人增加到三百九十萬人(一八五一—八一)。雖然這些數字與海外幾個城市如芝加哥、墨爾本相比，又相形見拙，但是城市的形狀、形象和結構都改變了。改變的原因有出於政治考慮而加以重新規劃和建設的(巴黎和維也納最爲明顯)，也有因企業追逐利潤而造成的。政府和企業都不歡迎城裏的窮人，但由於窮人是城市居民的絕大多數，政府和企業只能不無遺憾地承認窮人是必不可少的。

對城市規劃當局來說，窮人是種危險。由於他們居住集中，鬧事的潛在因子較高。城市規劃當局希望能拆遷貧民區，改修馬路，或蓋高樓，然後把擁擠不堪的居民隨便趕到某些衛生條件可能好些，危險程度確定少些的地方。鐵路公司也竭力鼓吹這種做法，它們處心積慮想將鐵路鋪進城裏，最好是穿越貧民窟，因爲貧民窟地價便宜，居民提出的抗議亦可充耳不聞。對建築公司和房地產公司來說，窮人是個無錢可賺的市場，是從特種商店和商業區裏，從中產階級的堅固宅邸裏，以及從郊區開發區裏扔出來的垃圾。只要窮人不擠進舊區，不住進比他們有錢一點的人所放棄的房子，他們就可以搬進新住宅。新住宅或由小投機營造商承建，這些人跟鄉下工匠差不了多少；或由專造乾癟瘦小的一排排街區房屋的建築商承建，德文當中有個極其生動的名詞可以形容這些房子，即「出租的兵營」(Mietskasernen)。格拉斯哥在一八六六至七四年間造了不少這類住房，其中三分之二是兩房一廳。然而，即使這樣簡陋的房子，也很快就擠滿了人。

人們在談起十九世紀中葉的城市，總喜歡以下面這句話概括：「貧民窟人滿爲患、擁擠不堪。」城市發展越快，擁擠情況便越嚴重。儘管有個粗略的衛生改革規劃，但城市過於擁擠的問題仍然有增無減。有些地方的衛生健康沒有惡化，死亡率沒有增加，但情況也絲毫沒有改善。衛生健康狀況要到本書所述時期結束後，才開始有了較大、較明顯、持續的改善。城市仍在拚命吸收外來人口，也許只有英國例外。作爲工業時代資格最老的國家，英國城市此時已很接近自體繁殖，換言之，它已進入不需要靠緜緜不絕的大量移民便能自行發展的階段。

就算要滿足替窮人建造房屋的需要，倫敦建築設計師的人數也不會在二十年裏增加一倍（即從一千多一點增加到兩千，一八三〇年代建築設計師總數也許只有不到一百人），儘管營造和租賃貧民區房子非常有利可圖，因爲地價便宜，每立方呎的收入相當可觀[13]。當時沒有任何力量企圖將資金流向轉移到爲城市窮人的服務上，因爲窮人顯然根本不屬於這個世界。其實，建築業和房地產興盛發達的確切原因，是有錢人要蓋房子，正如一八四八年《建設者》(*The Builder*)雜誌所說，「世界的這一半不斷在尋求合適的家庭住宅，世界的另一半……密切注視著將資金投在這一方面。」[14]十九世紀第三個二十五年是全世界城市房地產和建築業第一個飛速發展的時代——爲資本階級蓋房造樓。巴黎的房地產和建築業歷史已反映在小說家左拉(Zola)的作品裏。只見房屋在地價昂貴的工地上不斷升高，「電梯」或「升降梯」誕生了，一八八〇年代美國第一批摩天大樓也落成了。值得一提的是，當曼哈頓(Manhattan)的建築業營業額開始高入雲霄之際，紐約下東城恐怕是整個西方世界最爲擁擠的貧民窟，每平方英畝擠了五百二十人，誰會爲他們蓋摩天大樓呢？不過，不蓋也許還是好事。

說也奇怪，中產階級隊伍越龐大、越興盛，花在住宅、辦公室、百貨公司（這一時期極具特色的事物）以及足以炫耀的大樓上的錢越多，工人階級的獲益也就相對越少，除了最最一般的社會開支之外——馬路、下水道等環境衞生、照明以及公共事業。在包括建築業的所有私營企業當中，唯一（市場和小店除外）以大眾爲主要訴求的是小酒館以及從中衍生的劇場、音樂廳——小酒館成了一八六〇年代和七〇年代的「豪華酒館」。人們進城之後，他們從鄉下或前工業小城鎮裏帶來的古老習氣，因無法與城市生活取得協調，因此便難以爲繼了。

2

大城市的人口在總人口中雖然只占少數，但許多稀奇古怪的事將在這裏發生。大型工業企業尚不很多，按現代標準衡量，這些企業的規模並不非常令人敬畏，當然它們會繼續發展。在一八五〇年代的英國，一家三百人的工廠就算是非常大的廠了。直到一八七一年，英國棉紡廠平均只有一百八十位員工。中等規模的機械製造廠只雇用八十五人⑮。眾所周知，重型工業是這個時期具有代表性的工業部門，其規模比起一般企業要大得多，它們不但集中資金（這些資金足可控制整個城市甚至地區），更將極爲龐大的勞動大軍置於其掌控之下。

鐵路公司是一種規模龐大的企業。在一八六〇年代晚期英國鐵路系統達到穩定之前，從蘇格蘭邊境到本寧山脈，從海邊到亨伯河(Humber)，這中間的每一呎鐵路都是控制在東北鐵路公司(North-east Railway)之下。煤礦大體上屬於大型個體企業，雖然偶爾也有規模很小的公司。我們可從不時發生的煤礦傷亡事故中，看出它們規模的一二：一八六〇年里斯卡(Risca)事故中有一百四十五人喪生；一八六七年芬代爾(Ferndale，也在南部威爾斯)事故中有一百七十八人死亡；一八七五年約克郡(Yorkshire)的一次事故造成一百四十人斃命；在蒙斯(Mons，比利時)事故中一百一十人被埋在礦坑裏；一八七七年在蘇格蘭海布蘭太爾(High Blantyre)事故中共有二百人飲恨黃泉。企業兼併日益興盛，尤其是在德國，這種同行之間與不同行業之間的合縱連橫，使它們成爲控制千萬人生命的企業王國。這種現象自一八七三年便開始受到關注，因爲Gutehoffnunshütte A. G.這家位於魯爾區內的公司，此時已從單純的煉鐵業發展到採掘鐵礦和煤炭——實際生產二十一萬五千噸鐵礦和它自己需要的四十五萬一千噸煤的半數——並擴展到交通運輸、橋樑、造船和各種機器製造業[16]。

位於埃森(Essen)的克魯伯軍工廠，在一八四八年只有七十二個工人，一八七三年已增加到幾乎一萬二千人；法國的施奈德(Schneider)公司已以幾何級數成長，及至一八七〇年已增至一萬二千五百人，以至於克勒索(Creusot)市有半數居民是在它們的鼓風爐、軋鋼、鍛造以及工藝加工等部門工作[17]。重工業並沒有造就出像「公司城鎮」那麼多的工業區，在這類「公司城鎮」裏，男女老幼的命運都取決於同一個主人的盛衰榮辱和喜怒哀樂，這位主人背後有法律和國家權力的支持，政府認爲他的權威是不可或缺的，是造福眾生的。（一八六四年修訂的「法國刑事法典」第四一四條規定，任何人爲達到增加或削減工資目的，而企圖或眞正造成，或繼續維持集體停工，或採取暴力、威脅，或施展陰謀詭計干涉工業自由操作，或干涉勞動，都構成犯罪。有些地方的立法，例如義大利，並不以此爲典範，但即使在這些地方，這部法國法典幾乎仍然代表了法律的普遍態度⑱。）

原因在於，統治企業的不是非人格化的「公司」權威，而是企業「主人」，不論企業是大是小。甚至連公司也是認同於某一個人物，而非董事會。在多數人的頭腦裏和現實生活當中，資本主義仍意味著由一個人，或一個家族擁有和管理的企業。然而這樣情形爲企業結構帶來兩個非常嚴重的問題。這兩個問題關係到企業資金的提供和企業管理。

整體而言，十九世紀上半葉大部分具特點的企業都是由私人籌措資金——資金是來自家財產——並利用利潤的再投資來擴大規模，這意味著，由於大部分資金已挹注在這上面，所以企業爲維持當前的運作必須依賴相當數量的貸款。但是對那些規模及產值不斷提升的企業，如鐵路、治金以及其他開支巨大的工業，資金籌措是個相當困難的問題，特別是在一些剛開始進行工業化且缺少大量私人資金的國家。當然有些國家已儲備了大量資金，不僅能充分滿足自己的需要，且亟盼其他國家前來借貸（從中獲得適當的利息）。英國在這段期間的國外投資可說是空前的，或相對而言——據某些人說——也是絕後的。法國亦然。法國的國外投資恐怕已損害了本國工業，致使法國工業發展速度落後於它的競爭對手。然而即使在英國和法國，也必須設計一個新的辦法來調動這些資金；去引導這些資金流向需要的企業；並將這些資金組織成聯合股份，而不是私人籌資的活動。

所以十九世紀第三個二十五年，可說是爲工業發展測試資金調動的結果期。除英國這個明顯的例外，大多數調動資金的做法無論如何都會直接或間接涉及銀行。所謂間接就是透過當時很時髦的信用動員銀行，這是一種工業金融公司，它們認爲正統銀行不很適合爲工業籌措資金，銀行對此也不感興趣，於是它們便與銀行展開競爭。受到聖西門啓發並獲拿破崙三世支持的工業先鋒皮爾耶兄弟，率先開發了這種金融機構的模式。他們將這類機構擴展到整個歐洲，並與他們的死對頭羅思柴爾德展開競爭。羅思柴爾德並不喜歡這種構想，但卻被迫奉陪，而其他國家則紛紛效仿，尤其是德國——這種一窩蜂模仿的現象在金融資本家躊躇滿志、挺胸凸肚、財源滾滾的繁榮時期，是司空見慣的事。不動產銀行自此風靡一時，直到羅思柴爾德擊敗了皮爾耶兄弟後方告結束，其間——又如繁榮時期屢見不鮮的那樣——有些人做得太過火，越過了生意上的樂觀主義與欺詐行爲之間永遠存在的模糊界線。不過其他各種金融機構也紛紛面世。它們異曲同工，目的相似。其中最著名的是投資銀行。當然，證券交易所也呈現了前所未有的興旺景象。在這段期間，它主要是經營工業和交通方面的股票。一八五六年，僅巴黎證券交易所便提供了三十三家鐵路和運河公司、三十八家礦產公司、二十二家冶金公司、十一家港口和海運公司、七家公共汽車和公路運輸公司、十一家煤氣公司，和四十二家各色各樣、範圍極廣、從紡織到馬口鐵和橡膠，應有盡有的工業公司，其價值約五百五十萬金法郎，占所有證券交易額的四分之一強⑲。

這類調動資金的新方法，其需要度究竟有多高？而其效用又有多大呢？工業家素不喜歡金融家，而具有實力的工業家也盡其可能不跟銀行家打交道。里耳的一位當地觀察家於一八六九年寫道，

「里耳不是一個資本主義城市，它是一個偉大的工業和商業中心」⑳，里耳的人們不斷將利潤投入自己的企業中，他們不玩弄賺來的錢，也希望永遠不必去借錢。沒有一個工業家會將自己置於貸款人的股掌之上。當然工業家也許不得不舉債。例如克魯伯在一八五五至六六年間，便曾因發展太快而導致資金短缺。歷史上有個令人信服的模式：經濟越落後、工業化起步越晚的國家，越依賴大規模調動、引導儲蓄流向的新方法。西歐先進國家已有足夠的私人財力和資本市場。在中歐，銀行以及與銀行相似的機構，不得不更有系統地充當起歷史的「開拓者」角色。在南歐、東歐以及海外，政府不得不進行干預，一般是加入爭取國外援助的工作，為貸款作保，或(這個可能性更大)設法保證使投資者有利可圖——至少使投資者認為其利潤已有保證——光是利息這項誘因便足以動員投資者的錢，或令投資者投入經濟活動。不管這個理論正確到什麼程度，有一點是毫無疑問的，即在本書所述時期，銀行(或類似機構)所發揮的工業開發者、導演和指揮者的作用，在德國這個偉大的工業化新兵身上，要比在西歐國家大得多。是否銀行的本意就是要充當工業的開拓者和導演——就像信貸公司那樣——或只是因為它們擅長此道？這問題就更難說清楚了。答案很可能是當認識到如今確實需要一個更為精密複雜的籌資機構，當大工業家已將大型銀行納為其殖民地後，銀行才成為精通此道的專家，一八七〇年後的德國便是如此。

金融對企業的政策也許會有某些影響，但對企業的組織影響不大。企業面臨的管理問題困難更多。個人所有或家庭所有的企業，其基本管理模式是家長統治。對十九世紀下半葉的企業來說，家長作風的管理是日益行不通了。一八六八年一本日耳曼手冊上說：「最好的指導是口述，是由企業主親自講解，所有東西都放在面前，一應俱全，一目了然。業主並應親做示範，當雇員經常可親眼目睹雇主以身作則，那麼雇主的命令也就更有力量了。」㉑這個金玉良言對小作坊的雇主和農場主人是合適的，對大銀行、大商人的辦公室或許也有意義，而且對剛步入工業化的國家來說，只要指導還是企業管理必不可少的一部分，這條經驗也將繼續有效。有些人即使當過小作坊(最好是金屬製造方面)的工人，受過基本訓練，但還是得學會工廠熟練工人應具備的特定技術。克魯伯公司的絕大部分技術熟練工人，以及日耳曼所有機器製造業的技術工人，都是這樣在其崗位上培訓出來的。只有英國例外。英國雇主可招到現成的、大部分是自學成材的、具有工業經驗的技術工人。歐陸許多大企業裏的工人跟企業的關係非常深切，他們幾乎是隨企業長大，並將繼續依賴企業。這種情況的存在與眾多大企業所採行的家長管理制不無關係。然而，人們不會期盼鐵路、礦山及鐵廠的大老闆們時時像家長般照看其工人，而他們當然不會這樣做。

取代或補充指導的是指揮。家長式統治或小規模作坊工業的營運或商業活動，對眞正大型的資本主義工業組織均無指導意義。說來也許不信，當私營企業處於最雜亂無章、最無政府狀態時，它們還是願意採取當時僅存的一種大型企業管理模式：軍事加官僚。鐵路公司是最極端的例子。它們那些呈金字塔形分布的工人，身穿制服，紀律嚴明，工作有保障，晉級看工齡，甚至享有退休金。早期英國鐵路公司的負責官員和大港口的經理，普遍都佩戴軍銜。但人們偏愛軍銜的原因，並不是像德國人那樣爲自己的軍階感到自豪，軍銜之所以有吸引力，是因爲私營企業迄今尙未設計出一套大型企業特有的管理方式。從組織觀點來看，軍銜顯然有其優勢，但不能解決如何使工人埋頭苦幹、勤奮老實、忠於企業的問題。軍銜在崇尚制服的國家裏——英國和美國肯定不屬此列——是行得通的，能使工人養成軍人的優秀美德，而對低工資無怨言顯然是這些美德中必不可少的一項。

我是一個兵，一個工業大軍裏的兵，
跟你一樣，我也有戰旗飛揚。
我的勞動使祖國繁榮富強，
我會讓你知道，我的生命無限光榮。㉒

這是法國里耳一位蹩腳詩人唱的一首贊歌。然而僅靠愛國主義是不夠的。

在資本主義時代，這個問題很難解決，資產階級想方設法使工人埋頭幹活，高唱忠貞、守紀、知足的高調，但其眞正用意卻是另一回事。是什麼呢？從理論上說，資產階級要工人努力勞動，是爲了使工人可盡早脫離工人生涯，跨入資產階級天地，正像「E・B」在一八六七年《英國工人高唱的歌》中所說：

好好幹，男孩們，好好幹。
只要有頓飯，吃苦也心甘。
這個你可信賴的人，

將越來越有錢，

只要他能全心把工幹。㉓

對少數即將跳出工人階級隊伍的人來說，這點希望也許足矣；對更多只能在斯邁爾斯（Samuel Smiles）《自助》（*Self-Help*, 1859）或其他類似手册當中夢想成功的人來說，這點希望也許也夠了。然而事實證明，絕大多數的工人一輩子仍是工人，現存的經濟體系也要求他們一輩子當工人。「每個人的背囊裏都有根元帥權杖」的諾言，從來就不是爲了把每個士兵都提升爲元帥。

如果升遷的刺激還不夠使工人拚命幹活，那麼錢呢？對十九世紀中期的雇主而言，「盡可能的低工資」是其堅信不移的定理。當然有些開明的、具國際經驗的企業家，如鐵路巨頭布拉西已開始指出，英國的高工資勞動力事實上比工資低得不可再低的苦力還要合算，因爲前者的產值高得多。但這個似非而是的觀點是不可能說服經營者的。深受「工資基金」（wages-fund，一定時期、一定社會的總資本中用於支付工資的部分）經濟理論薰陶的經營者認爲，「工資基金」已透過科學數據證明提高工資是不可能的，工會也注定要失敗。然而到了一八七〇年前後，「科學」已變得更有彈性，因爲那時有組織的工人看來已成爲工業舞台上的終身演員，而不是偶爾上台客串的臨時角色。經濟學的偉大權威穆勒（此君碰巧同情勞動大眾），已在一八六九年就此問題修改了他的立場，自此，「工資基金」理論再也不是經濟學裏顛撲不破的眞理。然而經營原則仍一如既往。很少有雇主願付高於他們不得不付的工資。

暫時撇開經濟不談，舊世界國家的中產階級認為：工人理應貧窮，這不僅是因為他們一直就窮，也因為他們的經濟狀況應該就是其階級地位的指數，階級越低的人，經濟自然愈差。如果有些工人錢掙多了——例如在一八七二至七三年的大繁榮時期，不過為時很短，而且這等好事發生的機率也極少——居然買起奢侈品來，雇主會打從心底感到不舒服。他們認為奢侈品只有他們才有權購買，礦工怎麼能跟鋼琴、香檳扯在一起呢？他們確實惱怒了。有些國家勞動力缺乏，社會階級不很森嚴，加之勞工大眾的戰鬥精神又強，民主意識較高，這些國家的情況就可能不太一樣；英國、德國、法國和哈布斯堡帝國就不同於澳大利亞和美國。英、法等國給勞動階級定下的經濟最高標準就是吃得飽，吃得稍好（最好有點烈性酒，但不能多）；有間不算十分擁擠的住房；衣服嘛，以不傷風化、禦寒和舒服為度，但不能不恰當地效仿環境較好者的衣著。但願資本主義的發展最終能使勞工大眾接近這最高標準，然而遺憾的是，為數如此眾多的工人離這個「最高標準」仍相距甚遠（壓低工資是不難做到的）。無論如何，對中產階級而言，將工資提高到超過這個最高標準是不必要、不合適，甚至危險的事。

事實上，經濟理論與中產階級自由主義的假想社會是對立的，在某個意義上來說，理論勝利了。在本書所述時期，工資關係逐漸改革，變成一種純市場關係，一種現金交易關係。因此我們看到英國資本主義在一八六〇年代便放棄了非經濟性的強制勞動（如「主僕法」，工人如違反該法，要判入獄），放棄了長期雇傭契約（例如北部礦主實行的「一年契約」），以及實物工資制。平均雇傭期限縮短了，工資平均發放時間漸漸縮短到一個星期，甚至一天或一小時，使市場的討價還價變得更敏感，更靈活。另一方面，中產階級認爲自己的生活方式是理所當然，天經地義的，但工人如果要求和他們過相同的生活，他們會驚得目瞪口呆；而如果工人看來似乎就要享有這種生活，他們更會嚇得惶惶不可終日。生活和期望的不平等，已經灌鑄在制度之中。

這遂限制了他們準備提供的經濟刺激。他們願意採取各種計件工資制度，把工資與產量捆在一起（按件計酬似乎已在這段時期擴展開來），並指出工人最好知恩圖報，應該感謝有份工作可做，因爲外面有一大群勞動後備大軍正等著接替他們的工作。

由產量定工資確有幾個明顯好處，馬克思認爲這是資本主義最合適的工資給付標準。它確能爲工人帶來眞正的物質刺激，鼓勵工人提高勞動強度，從而提高其生產力。這是對付懶散的最佳良方；是蕭條時期自動減少工資發放的好辦法；也是減少勞務開支和防止工資報酬提到高於必要或高於合適程度的方便之舉。它將工人區別開來，即使在同一個單位工作的工人，其工資也可能差別甚大；而不同工種的工資發放方法更可能完全不同。有時技術熟練工人可能就是某種分包人。他雇用非技術工人，計時付酬，監督他們保持生產速度，而他本人的工資則由產量決定。問題的麻煩在於計件工資制經常受到抵制，特別是受到技術熟練工人的抵制；麻煩也在於這種方法不僅是對工人，而且對雇主來說也過於複雜，而由於雇主對標準工作量應設在哪裏通常只有個最模糊的想法，因此這種給付方式也常流於含混不清。此外，按件計酬在有些工業部門也不易執行。工人試圖消除按件計酬的負面影響，辦法就是透過工會或非正式途徑重新採用「標準速率」的基本工資法，而「標準速率」是不可壓縮，也是可以預見到的。雇主也將採用美國倡導的一種管理方法來取代他們的管理，美國人稱其管理方法為「科學管理」。不過在本書所述時期，雇主才剛開始探索這種解決辦法。

也許正是如此，人們才強調應尋找其他刺激經濟的辦法。如果說有一種因素主宰了十九世紀工人的生活，那麼這因素就是毫無保障。一星期開始之初，他們不知道週末能拿多少錢回家，他們不知道眼前這份工作能幹多久，如果他們失去這份工作，他們也不知道要等多久才能找到新工作，或在怎樣的條件下才能找到新工作。他們不知道何時工傷事故會降臨到他們頭上。他們知道的是，到了中年——非技術工人也許是四十至五十歲，技術工人則五十至六十歲——他們就無法承擔壯年勞工所能負荷的工作量，但他們不知道從此時起直到生命最後一刻，將會有什麼災難降臨到他們頭上。他們的無安全感不同於農民的無安全感，農民是靠天吃飯，聽命於不時發生的——老實說，更是殺人不見血的——天災，諸如乾旱和水災，但他們仍能相當準確地預見到一個農人的一生是怎麼度過的，從出世那天起直到進墳墓。對工人來說，生活就諱不可測了，儘管有相當比例的工人其大半生都是被同一個雇主所雇用。甚至技術最精湛的工人，其工作也無保障。在一八五七至五八年的經濟衰退期間，柏林機械工程工業的工人總數幾乎減少三分之一[24]。那時沒有任何與現代社會保險相似的措施，只有赤貧的兄弟們所給予的愛和救濟，有時連這兩樣也少得可憐。

對自由主義世界來說，為了進步，為了自由，更不必說為了財富，不安全感是必須付出的代價，而持續不斷的經濟擴張，使這種不安全感被限制在可以忍受的程度內。安全感是要花錢買的——至少有時要花錢買——但不是對自由的男人和自由的女人而言，而是對自由受到嚴格限制的「僕人」(servants)而言：「家庭傭人」、「鐵路服務員」甚至「百姓的公僕」(或謂擔任公職的官員)。僕人中最主要的一群是城裏的家庭傭人，但即使是這群人也享受不到以前老貴族和富紳家裏的侍從、僕人所享有的那種安全感，他們時時刻刻要面對一個最可怕的威脅：立即被解雇，而且「不寫一張字條」，即原來的主人(更可能是主婦)不把他(她)推薦給下一個雇主。資產階級世界本身基本上也是不穩定、不安全的，是處於戰爭狀態。他們隨時可能被競爭、欺騙以及經濟蕭條所傷，商人的處境更是險惡。但從實際情況看，商人在中產階級中只占少數，而且他們失敗後得到的懲罰也很少是體力勞動，更不是去濟貧院乞討。他們面臨的最大危險是家裏賺錢的男人突然死亡，因爲如此一來，那些並非出自本人意願但確實依附在他們身上的女眷，便會有立遭滅頂之災。

由於經濟的成長，這種時刻存在的不安全感得到了紓解。沒有多少證據顯示歐洲的實際工資到一八六〇年代後期已有明顯增加，但在先進國家，人們甚至在此之前就普遍感到境況改善了，與動盪、絕望的一八三〇、四〇年代形成鮮明對比，這一點是毋庸置疑的。一八五三至五四年全歐生活費用暴漲，一八五八年發生全球性大蕭條，但這兩大事件均未造成嚴重的社會混亂。原因就在於：經濟大繁榮爲國內和國外移民提供規模空前的充分就業機會。經濟蕭條是件壞事，但先進國家所發生的嚴重周期性蕭條，如今看來不像是經濟崩潰的證明，而只是成長過程中的短暫間歇。顯而易見的是，勞動力並非絕對短缺，因爲作爲勞動後備大軍的國內外農村人口，有史以來第一次進入工業勞動市場。所有學者一致認爲此刻工人階級除環境狀況不佳外，其他各方面都有明顯的、雖然幅度不是很大的提高。後備大軍的競爭並未使工人階級的生活改善發生逆轉，從這個事實我們便可看出經濟成長的規模和動力。

然而，工人與中產階級不同，工人與貧民、乞丐的距離只在毫髮之間，所以其不安全感是時刻存在，而且非常眞實的。工人根本沒有可觀的儲蓄。能靠積蓄活幾個星期或幾個月的人，是屬於「稀有階層」㉕。他們的工資不高，即使是熟練技術工人的工資，充其量也只是過得去而已。在正常的年月，普雷斯頓(Preston)紡織廠的監工，加上他七個已經上班的孩子，在完全就業的情況下每個月也只能賺四英鎊。然而這點工資已足以令其左鄰右舍羨慕不已。在蘭開夏棉花短缺的那段期間(由於美國內戰原料供應受阻)，這樣的家庭也不用幾個星期便告斷炊，得去慈善機構求助。一條正常的生活道路上不可避免地橫臥著幾個斷層，工人及其家庭經常會因無法跨越而跌入其中，不能自拔。這些斷層便是生兒育女、年邁、退休。以普雷斯頓爲例，即使在經濟情況好得令人難忘的一八五一年，仍有百分之五十二需撫育子女的工人家庭，全年無休的所得工資，也只能維持低於貧困的生活水平㉖。至於年齡大了，那根本就是災難潦倒的噩夢：從四十多歲體力逐漸下降，掙錢的能力隨之遞減——特別是非技術工人——接踵而來的便是貧困，只能依靠慈善機構和窮人救濟。對中產階級的中年人來說，十九世紀是個黃金時代：事業到達巔峯，收入、活動及生理等方面的衰退還不明顯。可是被壓迫者——勞動階級的男人和婦女，以及所有階級的婦女——的生命之花，卻只在年青時代綻放。

所以，經濟刺激和不安全感都不是眞正能使勞動力拚命工作的有效總機制，前者是因爲其範圍有限；後者是因爲許多不安全因素看似不可避免的，就像氣候一樣。中產階級會覺得下面這點很難理解：爲什麼最可能組織工會的人恰恰就是那些最好、最理智冷靜、最能幹的工人呢？要知道只有他們才能領到最高工資，只有他們才能正常就業啊！然而工會是由這些人組成，並確定是由這些人領導，雖然資產階級神話將他們形容成愚蠢、迷失的暴徒，是受到別人的煽動，而煽動者捨此便無法獲得舒適的生活云云。當然這裏面沒有任何神祕的謎。雇主競相雇用的工人就是這些人：他們不僅擁有足夠的談判力量使工會切實可行，而且也是最清醒意識到光靠市場本身並不能保證他們的安全，也不能保證他們獲得他們認爲有權擁有的東西。

不過，只要工人還未組織起來——甚至有時他們組織起來以後——工人自己就爲雇主提供了解決勞動管理的方法：整體而言他們喜歡工作，他們期望不高。沒有技術的工人以及從農村來的「生手」，爲他們有股蠻勁而自豪，他們來自以勞動爲本的世界，他們的價值是以能幹苦活爲標準，擇妻不是看她們有無漂亮臉蛋，而是看她們有無勞動潛力。一八七五年美國一位鋼鐵廠的監工說道：「經驗告訴我們，如果動點腦筋將德國人、愛爾蘭人、瑞典人以及『美國蕎麥』(Buckwheats)——這是我起的名字，就是美國農村來的青年——組合在一起，你就能找到效率最高、最聽話的勞動力量。」事實上任何人都比英國人好，英國人調皮搗蛋，要求高工資，生產不賣力，罷工倒是高手[27]。

另一方面，技術熟練工人爲一種非金錢的刺激所推動：即他們對專業知識的自豪感。這段期間所保存下來的一些機器，雖然經過一個世紀的滄桑歲月，但由於是用鋼鐵和銅精心製成，銼得光光的，磨得亮亮的，到今天仍然可以使用，它們正是當年工人技術水準的生動證明。萬國博覽會上陳列著多不勝數的展品，從美學角度看，它們也許不登大雅之堂，但它們卻是其創造者的驕傲。這些工人對命令、監督不以爲然，時常擺脫有效控制，但從不破壞部門裏的集體合作。他們也很痛恨按件計酬，痛恨所有使複雜和困難任務加快完成從而降低工作品質的方法，須知工作品質是他們的自豪所在。但是他們也不會無視於勞動產量。他們自定的標準產量如果不算多、不算快，也絕不會比規定的少，比規定的慢。他們不需要任何人提供特殊的物質刺激，便能拿出自己的最佳傑作。他們的信條是「憑良心掙錢」。如果說他們期待工資能使他們滿意，他們同樣也期望他們的工作能使每個人滿意，包括他們本人。

這種對待工作的態度基本上不是資本主義的工作態度。我們不必解釋便可知道這種工作態度對雇主有利，對工人不利。在勞動市場上，買主的原則是到最便宜的市場上去買，到最貴的市場上去賣，當然他們對正確的計算方法有時知之甚少。但是出賣勞力的人，一般都不是只想得到最高工資，且只肯付出最低勞力的人。他努力地想過一種像人的生活。他們也許在爲讓自己變得更好而努力。總而言之，他們要的是人的生活，不是一筆經濟交易，當然這不表示他們對工資高低的區別無動於衷。（這方面最突出的例子是職業性、觀賞性的體育運動項目。當然現代體育運動的模式在本書所述時期還處於嬰兒階段。英國職業足球員開始出現於一八七〇年代後期，他們基本上是爲了一份工資，加上榮譽，有時再加一點意外收穫而踢球，雖然他們在市場上的現金價值很快便高達成千上萬英鎊。這種情況一直維持到第二次世界大戰結束後。當足球明星要求以其市場價值支付其工資之時，亦是足球運動發生根本變化之日；運動員在美國成名要比在歐洲成名得早。）

3

然而，我們能否把「工人」視爲同一類型的人或階級呢？不同的工人群體之間有著明顯的區別：他們的環境、他們的社會出身、他們的形成、他們的經濟狀況，有時甚至他們的語言和風俗習慣都不盡相同。但他們之間又有什麼共同點呢？

貧窮不是共同點，雖然用中產階級的標準來衡量，他們所有人的收入都只是說得過去而已——勞工天堂的澳大利亞例外，在一八五〇年代，澳大利亞的報紙撰稿人每週工資高達十八英鎊㉘——但若用窮人的標準來衡量，工資較高、大體上正常就業的技術熟練「工匠」，與破衣爛衫、飢腸轆轆、吃了上頓愁下頓、不知如何爲其家人尋找下頓飯著落的人之間，就存在著巨大差別。前者在星期天出門甚至在上下班的路上，還會穿一身仿自令人尊敬的中產階級的服裝。然而確實有條共同的紐帶把他們團結起來：體力勞動和受剝削感，以及靠工資吃飯的共同命運。他們之所以團結一致，是因爲資產階級竭力把他們排擠在外。資產階級的財富猛增，而他們的境況依然岌岌可危。（在一八二〇年到一八七三至七五年之間，里耳（資產階級）上層階級的人數從占總人口的百分之七增加到百分之九，而其遺囑上所載明的財富則從百分之五十八增加到百分之九十。「大眾階級」從總人口的百分之六十二增加到百分之六十八，而遺囑寫明的財富只占百分之零點二三。一八二一年時他們的財產尚占百分之一點四，雖然百分之一點四也不是多大的數字㉙。）資產階級越來越排外，對可能爬上來加入他們隊伍的人們竭力抵制。有些成功的工人或前工人可能已經爬上舒適的小丘，但小丘與眞正由巨大財富堆積起來的高山相比，卻又有天壤之別。工人不僅被社會的兩極化所逼迫，而且被彼此共同的生活方式和思想方式所驅使，從而產生共同的意識——小酒館是城市工人生活方式的核心，一位資產階級自由主義者將小酒館稱爲「工人的教堂」。階級意識最差的沉默不語，逆來順受；最高的，則成了激進分子，成了一八六〇和七〇年代國際勞工協會的支持者，成了未來的社會主義信徒。這兩種不同態度的工人又進而聯合在一起，因爲傳統的宗教歷來就是社會團結的紐帶：透過宗教活動而維繫了自己的社團。然而在法蘭西第二帝國時期，宗教儀式衰敗了。一八五〇年代，維也納的小工匠對壯觀肅穆的天主教儀式還感到無限虔誠和欣慰，然而之後便無動於衷了。在不到兩代人的時間裏，他們的信仰轉到了社會主義㉚。

參差不齊的「勞工貧民」，毫無疑問逐漸成爲城市和工業區「無產者」的一部分。這點可從一八六〇年代工會的重要性日益加強這一事實得到證明，同時若沒有無產者，國際勞工協會也不會存在——且不論其力量大小。然而「勞工貧民」並非由不同群體組成的烏合之眾，他們已形成了一個具有一致性的龐大群體，一致對現實不滿，一致備受壓迫，特別是在十九世紀上半葉那個艱難的、毫無希望的年代。不過這種和諧一致如今正在消失。繁榮穩定的資產階級自由主義時代，爲「工人階級」提供一種可能性：透過集體組織改善集體命運的可能性。但不加入集體的「零散窮人」，就不能指望工會給予多大幫助，而「互助會」(Mutual Aid Societies)能給的幫助就更少了。總的說來，工會乃是少數驕子的組織，雖然大規模罷工有時可動員廣大群眾參加。此外，自由資本主義還按照資產階級的模式向個別工人提供非同一般的光明前景，但勞動人口中的絕大多數都無法或不願接受這個機會。

因而分野便貫穿在正在快速形成的「工人階級」之中。它將「工人」與「窮人」分開，或換個說法，將「受人尊重的人」與「受人蔑視的人」分開，用政治術語來說（見第六章），就是將諸如「聰慧的工匠」（英國中產階級激進派非常樂於支持他們）與危險的、衣衫襤褸的大眾分別開來。中產階級決心將大眾排斥在外。

在十九世紀中葉的工人階級詞彙中，沒有一個比「受人尊重」（respectability）一詞更難分析，因爲它同時包含了中產階級滲透進來的價值觀，以及冷靜、犧牲、不輕言滿足的態度，少了這種態度，工人階級的覺悟便無從談起，集體鬥爭運動也無從進行。假如工人運動顯然是革命的，或至少是與中產階級世界分道揚鑣的（如同一八四八年以前那樣，第二國際時代也是如此），那麼分野就十分明顯了。但是在十九世紀第三個二十五年期間，個人改善與集體提升的界線，模仿中產階級與好像是用自己的武器挫敗中產階級的界線，經常不是那麼涇渭分明、那麼容易區分。我們該將馬克洛夫特（William Marcroft, 1822-94）置於什麼地位呢？我們很容易把他描繪成斯邁爾斯所倡導的自助典範——他是農村女傭與紡織工的私生子，完全沒有接受過正規教育，從奧爾丹紡織廠工人爬到機械工程廠的工頭，一八六一年當了牙醫，開設個人診所，死時留下一萬五千英鎊遺產，這當然不是一筆可忽略不計的財產。他終身是激進的自由黨人，終身主張自我克制。然而他在歷史上的區區地位，是由於他同樣終身熱情推崇合作生產（即藉由自助的社會主義），他爲此獻出了畢生精力。與他相反，艾倫（William Allan, 1813-74）則毫無疑問堅信階級鬥爭，而且，用他訃文中的話說，「在社會問題上，他傾向於歐文提倡的烏托邦社會主義」。然而這位激進工人是從一八四八年前的革命大學裏鍛鍊出來的，他是工程師聯合工會(Amalgamated Society of Engineers)——「新型態」技術工人工會中最偉大的組織——的領導人，以謹慎、溫和以及高效率聞名；他既是英國聖公會的牧師，「在政治上又是一個忠實堅定的自由主義者，不向任何形式的政治恫嚇或欺騙屈服」㉛。

事實上在這段期間，能幹、聰敏的工人，特別是技術熟練工人，既是擁護中產階級社會控制和工業紀律的支柱，又是工人集體自衛的最積極幹部。他們之所以支持中產階級，是因爲一個穩定、繁榮、發展的資本主義需要他們，也向他們提供了少許改善的前景，而且這個資本主義現在無論如何已不可避免，它看來不再是曇花一現。反之，偉大的革命與其說是更大變革的頭期款，不如說是過去時代的尾款：充其量只能留下一個五彩繽紛的輝煌記憶，而最壞也不過是證明前進的道路上並無捷徑可言。他們同時也是工人的幹部，因爲工人階級知道，單單是自由主義的自由市場並不能賦予他們權利，不能爲他們帶來他們的所需，他們得組織起來，得鬥爭。美國可能是個例外。這個國家看來已向窮人做出保證：窮人有條擺脫窮困的道路；已向工人保證：工人有個走出工人階級的大門；也向每個公民保證：他們可取得與其他任何人平等的權利。英國的「工人貴族」是英國特有的社會階層，他們包括由獨立的小廠廠主及商店老闆構成的階級，也包括由白領工人和低層官僚組成的下中階級，但前者的重要性不如後者。英國的「工人貴族」幫助自由黨發展成對廣大群衆眞正具有吸引力的政黨。與此同時，它又是異常強大的、有組織的工會運動核心。在德國，即使最「受人尊重」的工人也被打入無產階級隊伍，與資產階級隔著一道鴻溝。德國有個「自我提升」協會(Bildungsvereine)，在一八六三年時有一千名會員，到一八七二年，單是巴伐利亞就有不下二千人。一八六〇年代進入「自我提升」協會的人，很快便能擺脫這些組織的中產階級自由主義，至於中產階級的文化，由於反覆灌輸的結果，他們尚未完全擺脫㉜。他們即將成爲新社會民主運動的幹部，特別是在本書所述時期結束之後。然而歸根結柢，他們都是自學成材的工人，「受人尊重」是因爲他們懂得尊重自己，並且因爲他們將自我尊重的好、壞兩面全部帶進拉薩爾和馬克思的政黨裏去。只有在革命有理、唯革命方能解決貧苦勞工大眾境況的地方，或在勞工大眾的主要政治傳統仍是造反和爭取建立革命社會共和國的地方——如法國——「尊重」才是比較次要的因素，或者說「尊重」只限於中產階級以及希望被認作是中產階級的人群之中。

工人階級當中的其他人又怎麼樣呢？雖然對他們的探討比對「受尊重的」工人的探討多得多（但對這一代人的探討明顯少於一八四八年以前和一八八〇年以後），但我們對他們仍知之甚少，只知道他們貧窮邋遢。他們不公開發表言論，那些組織、工會幹部（不論有無政治背景）也很少提及他們，只有需要他們支持時，才不惜屈尊垂詢。甚至特別爲「不值得尊重」的窮人組織的「救世軍」(Salvation Army)，也無法發揮免費街頭演出（有制服，有樂隊，有動聽的聖歌）和募捐之外的功能。事實上，對許多非技術工人，或謂出力出汗的工人來說，那些在勞工運動中嶄露頭角的組織是與他們無緣的。在政治運動的高潮時期（如一八四〇年代的憲章運動），他們可能被吸收：梅休(Henry Mayhew)筆下的倫敦小販都是憲章派。大革命也可將受壓迫最深、最不關心政治的人鼓動起來（也許只是短暫的）：一八七一年巴黎公社期間，巴黎妓女便積極支持公社。然而，資產階級勝利的時代肯定不是革命的時代，甚至也不是群眾運動的時代。巴枯寧認爲：這樣的時代可將積鬱在無產階級邊緣人胸中、至少是潛在的革命精神慢慢煽動起來。他的這項假設沒有什麼大錯，但他說這些人可以成爲革命運動的基礎，就大錯特錯了。在巴黎公社期間，窮人中的散兵游勇雖也支持公社，但公社的積極分子仍是技術工人和手工藝者；而站在窮人最邊緣的那部分人——青少年——在公社運動中所占比例極小。成年人，特別是記得一八四八年歷史的人，不管他們的記憶如何模糊，都是一八七一年的傑出造反派。

勞動貧民當中，有的是勞工運動的潛在鬥士，有的則不是，兩者之間的界線不很明顯，但確有界線。「協會」(association)是自由時代的神奇組織，透過協會，甚至即將放棄自由主義的勞工運動也可得到發展[33]。想要參加協會和成功組成協會的人，對不想或不能參加協會的人——不止是婦女——通常是聳聳肩膀，最壞的情況也只是投以蔑視的眼光而已(婦女事實上被排除在俱樂部之外，不列入程序，不能申請入會)。工人階級當中的這部分邊緣人即將變成一支社會政治力量。這部分人恰巧與各種俱樂部一拍即合——諸如互助會、兄弟慈善會(一般帶有濃厚宗教色彩)、合唱隊、體操或其他體育俱樂部，甚至志願宗教組織、工會和政治團體。宗教組織和工會政治團體是其中的兩個極端。這部分人通常也與獨立手工藝者、小業主、甚至小企業主相重疊。協會涵括了各式的工人階級——在本書所述時期結束時，英國這部分人約占工人階級的百分之四十——但還是有許許多多人被排除在外。這些被排除在外的人，是自由時代的客體，而非主體。其他人的願望和所能得到的東西已經夠少了，但他們甚至更少。

如果我們回過頭來看看所有勞動人民的境況，我們很難得出一個平衡不倚的看法。這段時期擁有現代城市和現代工業的國家很多，工業發展的階段也不相同，很難一概而論。即使我們將範圍限制——我們也必須限制——在相對比較先進，與落後國家有明顯區別的國家，限制在與農村人口和農民有明顯區別的城市工人階級，我們也無法籠統地做番綜述，因爲這樣做的意義不大。就工人而言，當時他們大多數仍很窮困，周圍物質環境無法忍受，精神寂寞空虛。這是其中的一個面相；另一個方面，自一八四〇年代起，他們的現狀大致說來有了好轉。難題是如何在這兩者之間做個不偏不倚的評價。自鳴得意的資產階級發言人，過分強調其改善的那面。吉芬(Robert Giffen, 1837-1900)在回顧了一八八三年前半個世紀的英國情況後，巧妙地將工人稱作「尙未改善的社會底層」。對此結論我們誰也不會反對，我們不反對說「甚至用最低的願望來衡量，當時的改善也是小得不能再小」；也不會反對說「爲改善人民群眾境況而苦思冥想的人，都會希望來場革命之類的運動」[34]。不十分滿意的社會改良主義者，並不否認工人情況有所改善——就工人菁英而言，情況的改善相當可觀，因爲具備他們那種條件的工人相對來說還不算多，這使他們可持續處於有利於賣方的市場——但與此同時，社會改良主義者也描繪了一幅色彩欠艷的圖畫：

> 大約仍有一千萬工人……包括技術工人和一般體力勞動者，他們的生活不再經常籠罩於「靠教區救濟」的恐怖中。有些工人是「貧户」，有些則不是，但這兩者之間並沒有明確、長期不變的界線，而是經常處在變化之中。除了那些長期受低工資困擾的工人外，工匠、買賣人和農村

裏的莊稼漢，也經常會不斷陷入貧困深淵，有些是他們自己的過錯，有些則不是。一千萬工人當中，究竟有多少屬於春風得意的工人貴族？這就不易判斷了。工人貴族是政客願意與之交往的一群，其中一部分人甚至被社會迫不及待地奉爲上賓，稱爲「工人代表」。……我坦承我不敢奢望有超過二百萬的技術工人（他們代表了五百萬人口）能經常生活在安逸舒適的狀態，享有某種起碼的保險……至於其他五百萬人（包括男工和女工）的最高工資，只夠買些生活必需品，維持最勉強像樣的生活所需，一旦他（她）們喪失工作，就意味著他們將一貧如洗，立即滑入貧民範圍，靠救濟度日。㉟

上述這些看法的資料詳盡，用意亦佳，但仍有粉飾之嫌，理由有二：首先，因爲（自一八八〇年代末便有社會調查，社會調查表明）窮苦工人——倫敦工人階級中貧戶幾乎占百分之四十——很難有什麼「維持最勉強像樣的生活所需」的東西，即使用社會下層最勤儉的標準來衡量也沒有；其次，「生活在安逸舒適的狀態，享有某種起碼的保險」云云，等於是說擁有的東西少得可憐。曾隱姓埋名跟貝克普（Bacup）的紡織工人住在一起的畢翠絲·波特（Beatrix Potter），無疑曾體驗過「舒適安逸的工人階級」的生活。所謂「舒適安逸的工人階級」，即那些既與雇主唱反調又跟他們合作的集團，其中不包括無所事事、「不值得尊重」的工人，他們多半「有很高的工資、生活大致優越」，「住房舒適，家具齊全，茶很好喝」。然而這位觀察能力極強的人，卻又幾乎無視於先前的描述，聲稱這同一群人在生意繁忙的時候，會因過分勞累而疲憊不堪，吃得很少，睡眠也不足；因用腦過度而筋疲力竭，「機器常故障，這意味著要付出更多體力」。這些男工和女工之所以循規蹈矩，小心翼翼，她認爲這是因爲他(她)們擔心生活會「山窮水盡」。

僅爲生存而掙扎的人，以「進天堂」和到另一世界生活來聊以自慰。去「另一個世界」的希望淨化了他們，平息了他們心中蠕動的渴望，對現實世界美好事物的渴望，使他們將失敗看成一種「莊嚴的事」，不去卑鄙地追求成功。㊱

這不是一幅即將從睡夢中醒來的受凍挨餓者的圖畫，也不是一幅「生活比五十年前改善了，大大改善了的男女」的圖畫，更不是一幅如躊躇滿志然卻十分無知的自由主義經濟學家所說的「幾乎擁有近五十年來一切物質利益」(吉芬語)㊲的階級圖畫。這是一幅自尊、自立者的圖像，他們的期望小得可憐，他們知道他們可能會更窮，他們記得過去那段比現在更窮的歲月，他們如今仍時刻被窮困(他們所知道的窮困)的幽靈所糾纏，中產階級的生活水準是他們永遠不敢存有的奢望，而救濟生活卻與他們只有咫尺之遙。正如波特的房東所說：「好東西要適可而止，因爲錢很容易就花光了。」這位房東將波特遞給他的一枝香菸抽了一兩口後就掐滅，放到窗台上，等待第二天晚上再抽。今天誰如果忘了那時的男男女女就是這樣看待生活消費品的話，他就永遠無法理解這場資本主義的偉大擴張，如何在十九世紀第三個二十五年爲相當一部分的工人階級帶來小小的，然而卻是實實在在的改善。只是，這部分工人階級與資產階級世界的鴻溝仍然很深很寬——永遠無法彌合。

註釋

❶ J. Purš, 'The working class movement in the Czech lands', *Historica*, X (1965), p.70.

❷ M.May, *Die Arbeitsfrage* (1848), cited in R. Engelsing, 'Zur politischen Bildung der deutschen Unterschichten, 1789-1863' *Hist. Ztschr*. 206, 2 (April 1968), p.356.

❸ *Letters and Private Papers of W. M. Thackeray*, ed. Gordon N.Ray,II, 356 (London 1945).

❹ J. Purš, 'The industrial revolution in the Czech Lands', *Historica*, II (1960), pp.210 and 220.

❺ Cited in H.J.Dyos and M. Wolff (eds.) *The Victorian City* (London and Boston 1973), I, p.110.

❻ Dyos and Wolff, *op. cit.*, I, p.5.

❼ A.F.Weber(1898), cited in Dyos and Wolff, *op. cit.*, I, p.7.

❽ H.Croon, 'Die Versorgung der Staedte des Ruhrgebietes im 19.u.20.Jahrhundert' (mimeo) (International Congress of Economic History 1965), p.2.

❾ Dyos and Wolff, *op.cit.*, I,p.341.

❿ L.Henneaux-Depooter, *Misères et Luttes Sociales dans le Hainaut 1860-96* (Brussels 1959), p.117; Dyos and Wolff, *op.cit.*, p.134.

⓫ G.Fr.Kolb, *Handbuch der vergleichenden Statistik* (Leipzig 1879).

⓬ Dyos and Wolff, *op. cit.*, I, p.424.

⓭ Dyos and Wolff, *op. cit.*, I, p.326.

⓮ Dyos and Wolff, *op. cit.*, I, p.379.

⓯ J.H.Clapham, *An Economic History of Modern Britain* (Cambridge 1932), II, pp.116-17.

⓰ Erich Maschke, *Es entsteht ein Konzern* (Tübingen 1969).

⓱ R.Ehrenberg, *Krupp-Studien* (Thünen-Archiv II, Jena, 1906-9), p.203; C. Fohlen, *The Fontana Economic History of Europe, 4: The Emergence of Industrial Societies* (London 1973), I ,p.60; J.P.Rioux, *La Révolution Industrielle* (Paris 1971), p.163.

⓲ G.Neppi Modona, *Sciopero, potere politico e magistratura 1870-1922* (Bari 1969), p.51.

⓳ P.J.Proudhon, *Manuel du Spéculateur à la Bourse* (Paris 1857),pp.429ff.

⓴ B.Gille, *The Fontana Economic History of Europe, 3: The Industrial Revolution* (London 1973), p.278.

㉑ J.Kocka, 'Industrielles Management: Konzeptionen und Modelle vor 1914', *Vierteljahrschrift für Sozial - und Wirtschaftsgesch.* 56/3 (October 1969),p.336, quoting from Emminghaus, *Allgemeine Gewerbslehre*.

㉒ P.Pierrard, 'Poesie et chanson.... à Lille sous le 2e Empire', *Revue du Nord*, 46(1964),p.400.

㉓ G.D.H.Cole and Raymond Postgate, *The Common People* (London 1946), p.368.

㉔ H.Mottek, *Wirtschaftsgeschichte Deutschlands* (East Berlin 1973), II, p.235.

㉕ E.Waugh, *Home Life of the Lancashire Factory Folk during the Cotton Famine* (London 1867), p.13.

㉖ M.Anderson, *Family Structure in Nineteenth Century Lancashire* (Cambridge 1973), p.31.

㉗ O.Handlin (ed.) *Immigration as a Factor in American History* (Englewood Cliffs 1959), pp.66-7.

㉘ J.Hagan and C.Fisher, 'Piece-work and some of its consequences in the printing and coal mining industries in

Australia, 1850–1930', *Labour History*, 25(November 1973), p.26.

㉙ A.Plessis, *De la fête impériale au mur des Fédérés* (Paris 1973), p.157.

㉚ E. Schwiedland, *Kleingewerbe uber Hausindustrie in Österreich* (Leipzig 1894), II, pp.264–5 and 284–5.

㉛ J.Saville and J.Bellamy (eds.), *Dictionary of Lobour Biography*, I, p.17.

㉜ Engelsing, *op. cit.*, p.364.

㉝ Rudolf Braun, *Sozialer und kultureller Wandel in einem ländlichen Industriegebiet im 19. u. 20. Jahrhundert* (Erlenbach-Zürich and Stuttgart 1965), p.139.

㉞ *Industrial Remuneration Conference* (London 1885), p.27.

㉟ *Industrial Remuneration Conference*, pp.89–90.

㊱ Beatrice Webb, *My Apprenticeship* (Harmondsworth 1938), pp.189 and 195.

㊲ *Industrial Remuneration Conference*, pp.27 and 30.

第十三章
資產階級世界

汝知否，於吾等所處之世紀裏，人之價値乃以其自身素質而定。每天每日總有某個精力不夠充沛、對事業不十分盡心的膿包從其高高在上的社會層級上摔下來。他以爲他可永遠占有這個階梯，殊不知他麾下某位頭腦敏捷、膽識過人的傢伙，已突然取其位而代之。

——莫特博敍夫人(Mme Mott-Bossut)給兒子的家書，一八五六年❶

他注視著圍著他的孩子們，孩子們臉上綻開笑靨；
他笑容可掬，孩子們對他嘻鬧嘰喳。
他偉大崇高，孩子們對他頂禮膜拜。
他至愛至仁，孩子們對他笑語嘩嘩。
他言行一致，孩子們對他感佩莫名。
他令出如山，孩子們對他敬重有加。

他的至交皆人中俊傑；
他的府第一塵不染，潔淨幽雅。

——圖佩爾，一八七六年❷

1

我們現在來看一看資產階級社會。有時候最最膚淺的表面現象卻反映了最深刻的內涵。讓我們先分析一下這個社會。在本書所述的這個時期內，資產階級社會達到巔峯。從資產階級社會成員的衣著及他們家裏陳設便可知其一斑。德國有句成語：「人靠衣裝。」在資產階級巔峯時代，這句話更成了至理名言，人們對它體會之深超過任何時代。在這個時代，社會變化很大，爲數頗多的人被實實在在地推上歷史重要地位，扮演起新的(更高級的)社會角色，因而他們不得不恰當地穿戴打扮起來。一八四〇年奧地利作家內斯特羅發表其非常有趣，然而十分辛辣的鬧劇《護符》(*The Talisman*)，劇中說的是一個紅頭髮窮漢撿到一頂黑色假髮，後來假髮丟了，其命運也隨著假髮得失而發生天翻地覆的變化。資產階級巔峯時代與這部作品發表的時間相距不遠。

家是資產階級最美滿的世界，因爲在家，也只有在家，資產階級社會裏的一切難題、矛盾方可置於腦後，似乎業已化爲烏有，一切全都解決。在家裏，也只有在家裏，資產階級，尤其是小資產階級，方可悠然自得，沉浸在和諧、溫馨、只屬於統治階級才有的幸福和幻覺之中。家中擺滿的家具陳設展示了這種幸福，也使他們享受到這種幸福。這種夢境似的生活在聖誕節表現得最爲淋漓盡致。聖誕節是爲展示這種富有舒適生活才系統發展起來的家庭宗教活動。聖誕晚餐(狄更斯爲之謳歌)、聖誕樹(是德國人首創的，但由於英國王室支持便迅速在英格蘭普及開來)、聖誕歌(以德國《平安夜》最爲著名)皆象徵了室外的嚴寒與室內的溫暖，以及室內、室外兩個世界在各個方面的巨大反差。

在十九世紀中葉，資產階級家庭室內陳設給人最直接的印象是東西甚多，放得滿滿當當，蓋得嚴嚴實實，常用窗簾、沙發墊、衣服、牆紙等掩飾起來，不論是何物件，皆求精品，沒有一張畫不鑲上框架且是回紋雕花、金光閃閃的框架，甚至外面還罩上絲絨；沒有一張椅子不配上墊子，或加上罩子；沒有一塊紡織品不帶穗子；沒有一件木器不帶雕花；沒有一樣東西不鋪上布巾，或不在上面放個裝飾品。毫無疑問，這是富有和地位的象徵：德國比德邁風格(Biedermayer)的資產階級室內裝飾給人一種樸素的美，這與其說是由於這些地方上的資產階級的天生愛好，不如說是因爲他們還囊中羞澀。像資產階級僕人房間裏的擺飾便極其簡單，因爲家飾表明了他們的身分。當家具主要是靠手工製成時，它們的裝飾及材料就成了它們身分的主要指數。錢是可以買來舒適。舒適與否是肉眼看得見的，是感覺得出來的。家具還不僅僅是爲了使用，不僅僅是主人地位和成就的象徵。家具還有其內涵：表達了主人的個性，表達了資產階級生活的現狀和打算，同時也表示它們具有使人**潛移默化**的作用。所有這些都在資產階級家裏集中表現出來。因此資產階級家裏要擺放這些家具、陳設。

資產階級使用的家具、物品，就像放置這些家具、物品的房子一樣，非常堅固結實(堅固結實是當時企業界使用的最高讚美詞)。它們在製作時就要求結實，它們也果眞經久耐用。與此同時，它們還得透過自身的美表達出對生活更高的追求和精神方面的渴望，要不就是它們存在的本身已代表了這些追求和抱負，如書籍和樂器(令人驚訝的是，書籍和樂器的設計除表面的細小改進外，一如既往)，否則它們就只是純粹的消費品、日用品，如廚具、行李箱等。美就意味著裝飾。資產階級住宅裏的家飾，建造時固然美觀，但還不足以包涵精神的美、道德的美，就像碩大的火車、輪船一樣。火車、輪船的外觀基本保持原裝，但內部變了，屬於資產階級的部分變了，如新設計的普爾曼式(Pullman)臥鋪車廂(一八六五)，以及輪船頭等艙、貴賓艙等。這些都經過裝飾和布置。因而美就意味著裝飾，物件的表面要塗抹或黏貼。

既要堅固，又要美觀，要集物質與想像、肉體與精神於一體。這種雙重性正是資產階級世界的一大特徵；然而物件包含什麼樣的精神和想像，取決於物件本身，也只有透過物件本身來表達，或至少透過購買物件的錢來表達。所有代表精神方面的事物，恐怕無一能超過音樂。音樂進入資產階級家庭最典型的形式是鋼琴，一種體積龐大、十分精巧、極其昂貴的樂器。爲照顧階級層次稍低、但熱中於資產階級價值觀的人的需要，遂有豎立式小鋼琴的出現，其價格和品質雖有所降低，但仍然非常華貴。資產階級家庭如缺少一架鋼琴，室內陳設就稱不上完整，然而資產階級家裏的千金小姐，是不會無休止地在鋼琴上撥弄。

資產階級以外的社會階層都能清楚看出道德、精神與貧困之間的關係，然而資產階級對這三者的關聯卻不能完全理解。大家都承認，一味追求高級精神方面的東西很可能無利可得，除了某些商品化的藝術品外。即使是這些藝術品，也得等到相當年限後方能賣出好價錢。邀請落魄書生和年輕畫家來家裏參加星期天晚宴，或聘雇他們充當家庭教師，已成了資產階級家庭的組成部分之一，至少在文化極受重視的家庭當中是如此。但是我們無法從中歸結出：物質成就與精神成就不能兼而有之，結論應是兩者相輔相成，物質成就與精神成就互爲必要的基礎。小說家佛斯特(E. M. Forster)如是形容資產階級：「贏利滾滾而進，崇高思想的火花四下飛出。」對一個哲學家來說，他最合適的命運就是生爲銀行家之子，就像盧卡奇(George Lukacs)一樣。德國知識界的一大光榮，便是他們的「私人學者」(Privatgelehrter，即不受人聘雇靠自己收入進行研究的學者)。窮相畢露的猶太學者應娶當地最大富商的千金爲妻，這是完全正確的，因爲一個尊重學問的社群，如果只對其學術傑出之士給予一些讚美之詞，而不拿出一些實質的東西，是不可思議的。

如此這般的精神與物質關係，顯然十分虛僞。冷眼旁觀的觀察家認爲這種虛僞性不僅滲透在資產階級各個方面，而且是資產階級世界的根本特徵。就肉眼所見，性問題比任何問題更爲明顯。這不是說十九世紀中葉的資產階級(以及希望像資產階級的人，男性)是道地的僞君子，滿嘴仁義道德，實際上故意逼良爲娼。不過在某些方面，正經宣傳的道德標準是一回事，人性的本能要求又是另一回事，兩者之間存在著不可逾越的鴻溝。大凡在這些方面，明知故犯的僞君子經常比比皆是，這是顯而易見的事實，在本書所述時期，情況經常如此。比徹爾(Henry Ward Beecher)是紐約一位偉大的傳教士，宣揚一個人在宗教上和道德上應潔身自好，謹言慎行。此君顯然應該避免捲進那麼多、且傳得沸沸揚揚的婚外戀，否則就該另選職業，選擇一個不要求他成爲如此嚴格的性克制宣傳家的職業；雖然人們對他在一八七〇年代遇到的厄運不能完全不表示同情。這場厄運把他和美麗的維多利亞・伍德哈爾牽扯在一起，伍德哈爾是一位女權運動者，性自由的倡導者，在她的信念中，隱私權是很難得到尊重。（這位傑出女性，是一對頗具吸引力的姊妹中的一個。他曾使馬克思惱火了好一陣子，因她要把國際勞工協會美國支部變成宣揚性自由和唯靈論的組織。這兩姊妹與范德比爾特均有關係，並從中獲益不少。范德比爾特照管她們的財產帳務。最終她結了一門好親事，卒於英格蘭伍斯特郡〔Worcestershire〕。卒時蜚聲鵲起❸。）然而如同最近幾位研究這位「另類維多利亞」的作者所言，認爲這時期正式宣傳的性道德純係裝飾品，乃是一種時代錯置的誤謬。

首先，這個時代的虛僞性不是一個簡單的說謊問題，除非是那些性欲強烈卻難被公眾允許的人，如那些需仰仗潔身自好、選民厚愛的傑出政客和地方上備受敬重的同性戀商人，他們非說謊不可。在許多國家裏（主要是羅馬天主教國家），露骨的雙重標準並不算虛僞，而是可以接收的，待字閨中的資產階級小姐要守貞操，已婚的資產階級夫人要守婦道，而資產階級的青年男子可像蝴蝶逐香一樣撲向所有女人（也許中等和上等階級家的閨閣小姐除外），已婚者也可允許有些越軌行爲。這種遊戲規則是大家完全理解的，並且知道資產階級有時處於某些尷尬境地，需要謹慎處理，否則其家庭穩定及其財產便會受到威脅：時至今天，每個義大利中產階級仍舊懂得，情欲是一回事，「我孩子的母親」則是另外一回事。在這種行爲模式中，虛僞只在下述情況下發生：即資產階級婦女完全置身於這場遊戲之外，對男人與除她們之外的女人發生的勾當渾然不知。在新教國家裏，男女雙方都要信守性節制和潔身自好的道德標準，然而那些明知這條道德約束卻又違反這條道德的人，不但沒有僞君子的玩世自在，反倒是深深陷入痛苦之中。把處於這種窘境的人當作騙子看待是完全不恰當的。

而且，資產階級道德規範在很大程度上已被各方採納：當爲數眾多的「受人尊重的」工人階級接受占統治地位的價值標準時，當人數不斷增加的下中階級也遵守這個道德規範時，資產階級的道德標準可能更加行之有效。這種道德標準甚至抑止了資產階級世界對「道德統計數字」的濃厚興趣，誠如十九世紀末葉某本參考書不無悲哀地承認，所有企圖以妓女人數增加反映道德失敗程度的統計均被打消。這段時期對性病只進行過一次調查（性病顯然跟某些過於頻繁的婚外性生活有很大關係），但其中透露的信息極少，唯普魯士例外。性病在柏林這個特大都市中比在其他地方高得多（正常情況下性病隨城市和村莊規模大小而遞減），這也不是無法理解的事，港口城市、駐軍城市和高等學府集中的城市，即遠離家鄉的未婚年輕男子高度集中的地方，性病的發病率最高。（當時政府曾要求普魯士醫生提供一九〇〇年四月正在接受治療的所有性病病人的數字。沒有任何理由相信，這個相對準確的統計數字與三十年前的數字會有很大差別[4]。）沒有任何理由認爲維多利亞時代的英、美中產階級、下中階級以及「受尊重的」工人階級，其一般男女成員未能達到性道德標準。年輕的美國姑娘享有單獨外出和由美國男青年陪同外出的自由（這是父母允許的），這把拿破崙三世時代巴黎城裏那批少見多怪、游手好閒的男人嚇呆了。這就是美國男女青年良好性道德的有力證明，就像記者披露維多利亞時代中期倫敦罪犯巢穴的資料一樣令人信服；恐怕有過之而無不及[5]。用後佛洛伊德學派的標準去衡量前佛洛伊德學派的世界，或認爲當時的性行爲模式確定跟我們今天的想法一樣，顯然都是不合理的。

用現代的標準來看，那些簇立著修道院、牛津大學、劍橋大學的地方，簡直就像是一本又一本的性變態病歷。我們今天會怎樣看待專愛拍攝裸體小女孩照片的卡羅爾（Lewis Carroll）之流呢？按維多利亞時代的標準，他們的罪名充其量莫過於耽溺拍攝裸體小女孩照片而已，說不上是性欲過盛。同樣可以確定的是，許多大學教授喜歡接近男大學生也不是精神上的嗜好，而是柏拉圖式的戀愛——這個詞很能說明問題。將英語語彙裏的「求愛」（to make love）一詞變成直截了當的性交同義語，是我們這個時代的事。資產階級世界被性死死纏住難以解脫，但他們不一定就是亂交。小說家湯馬斯・曼（Thomas Mann）對問題看得入骨三分：資產階級墮落犯罪**一次**，便會失去天恩，受到懲罰，就像《浮士德》（*Dr. Faustus*）裏的作曲家萊弗庫恩（Adrian Leverkuehn）得了第三期梅毒一樣。資產階級有些人對此噤若寒蟬，說明當時普遍存在的天眞和無知。（從北美奴隸主人對待他們女奴隸的態度中，可見新教國家普遍的道德水平之高，道德力量之大，不但與一般的猜想相反，也與地中海天主教國家的情況相反。從古巴諺語「世上沒有味甜的羅望子果，世上沒有黑白混血的處女」看來，在美國南方白人主人與黑人女奴的混血兒及私生子的數量是相當少的❻。）

正是這種天眞和無知，使我們認淸資產階級著裝上的巨大性感成分：資產階級服裝是誘惑與禁錮兼有的奇怪組合。在維多利亞時代中葉，資產階級穿得密密實實，除面部外，其他部位很少露在外面，甚至在熱帶也是如此。更有甚者（例如在美國），使人聯想起人體的東西（如桌腿）也要遮蓋起來。與此同時，人們的每個次要性特徵如男子的鬍鬚、毛髮，女子的頭髮、乳房、臀部等都要使用假髮髻，或某些裝飾物等進行過分的渲染，將這些部位誇張到無以復加的怪異程度。（一八五〇年代時與有襯架支撐的女裙，襯架完全張開後可遮住下半身，突出楊柳細腰，隱隱約約顯出臀部曲線，巨大下襬與纖細腰肢，形成強烈的對比。這是過渡階段的服飾。）這種情況以一八六〇年代和七〇年代爲最。一八六三年馬奈(Manet)發表了他的名畫《草地上的午餐》，引起驚人的轟動，其原因正是它刻劃了男女著裝上的鮮明對比：男子十分端莊，十分體面、正派，婦女則袒胸露背。資產階級文明堅持認爲婦女本質上是精神動物。這個理論的高明之處在於它暗示：一、男人不是精神動物；二、男女體徵上的明顯性感部分不屬於價值體系。成就與享受是不能同時兼有的，就如今天民間在進行體育比賽時仍奉行的做法那樣，運動員在比賽或惡鬥開始之前須予獨處，不得與異性同房。在通常的情況下，不壓制本能衝動就沒有現代文明。最偉大的資產階級哲學家中最最偉大的當屬佛洛伊德，他的理論基石就是這個觀點，雖然後人認爲他是主張取消壓制的。

蕭伯納(Bernard Shaw)以其慣有的聰明才智發現，**中庸**是傳統上資產階級實現其社會抱負和演好自己角色的處世之道。那麼爲什麼資產階級要滿腔熱情、病態似地宣揚一種難以令人恭維的，與溫和主義理想形成明顯對照的極端觀點呢[7]？從中產階級理想階梯的下面幾層來看，問題便不難回答。因爲單憑不屈不撓的努力便能將一貧如洗的男女，甚至他(她)們的下一代，從道德敗壞的泥沼裏拯救出來，提升到受人尊重的堅實高山上，而且更重要的是，他們就在高山上確定了自己的座標。對「嗜酒者互戒協會」(Alcoholics Anonymous)的會員來說，除非絕對戒酒，要不就徹底墮落，沒有任何折衷之道。事實上戒酒運動(此時在新教和清教主義國家也進行得非常活躍)已清楚說明了這點。這項運動並不是要竭力取締酗酒群眾，也不去加以限制，它的對象是那些願以自己的堅強毅力顯示他們不同於受人鄙視的窮漢的那些人，爲他們規定一些準則，並將他們與自暴自棄的人區分開來。性清教主義也具有相同的作用。然而只有在資產階級的尊重觀占統治地位時，這些才是「資產階級」現象。就像閱讀斯邁爾斯著作和進行形形色色的「自我幫助」和「自我提升」的做法一樣，這與其說是爲資產階級的勝利做嫁衣，倒不如說是取資產階級的勝利而代之。在「受尊重的」工匠和職員這一級，戒酒經常是將酒戒掉而已，戒酒本身就是勝利的獎賞，戒酒者能從中獲得多少物質報酬是不重要的。

資產階級的性禁欲主義更爲複雜。世人有種看法：認爲十九世紀中期資產階級的血統非常純正，故要建立異乎尋常的嚴格措施，以防範性誘惑，但這種說法難以令人信服。勾引之所以很難抗拒，正是由於那種極端的道德標準本身，也正是這個極端的道德標準，使得墮入色坑的人相對摔得更慘，就像小說《娜娜》(*Nana*)中那位道貌岸然、小心謹愼的天主教徒穆法特(Muffat)伯爵一樣。《娜娜》是左拉的作品，主人翁是一八六〇年代巴黎的一位妓女。當然這個問題在某種程度上是經濟問題，正如我們下面看到的那樣。「家庭」不僅僅是資產階級社會裏的基本社會單位，同時也是資產階級社會裏的財產和公司企業的基本單位，並透過「女人」加「財產」的交換(「結婚嫁妝」)與其他基本單位聯繫起來(在聯姻中，按資產階級以前傳統的嚴格規定，婦女必須是「潔白無瑕的處女」)。任何削弱家庭單位的行爲都是不被允許的，而削弱家庭的行爲莫過於受不加控制的激情驅使，或招來「不合適的」(即經濟上不合算的)求婚者和新娘，或丈夫與妻子離異，或浪費共有財產。

然而這類緊張卻不僅表現在經濟方面。在本書所述時期，緊張尤爲突出，因爲禁欲、中庸、節制等道德觀與資產階級勝利的現實發生劇烈衝撞。資產階級不再生活在物質匱乏、經濟拮据的家庭中，也不生活在距上等社會非常遙遠的社會階層中。他們的問題是如何花錢，而非如何賺錢。不僅是游手好閒的資產階級日益增多——一八五四年科隆靠固定地租或債券利息收入以及靠投資爲生的人共有一百六十二位，一八七四年便增加到約六百位❽——對那些成功的資產階級而言，不管他們是否掌有作爲一個階級的政治權力，除了一擲千金外，他又能如何顯示他已迫使其他階級俯首稱臣了呢？「新貴」一詞(parvenu，意爲新富起來的人，暴發戶)自然而然變成「揮金如土之人」的同義詞。無論這些資產階級是否模仿貴族的生活方式，或是像魯爾區的克魯伯及其同行的工商界巨頭一樣，造起了古堡，建立起類似容克帝國，但比容克帝國更堅實的工業封建帝國，雖然他們拒絕接受容克階級賜給他們的封號，但是，因爲他們有錢可花，而且揮金如土，遂不可避免地使他們的生活方式逐漸向放蕩不羈的貴族靠攏，他們的女眷更是過著接近於貴族的那種毫無節制的生活方式。在一八五〇年代之前，這還只是少數家庭的問題，在日耳曼等地則尚未構成問題；而如今卻已成爲整個階級的問題。

資產階級作爲一個階級很難解決這樣一個問題：如何在道義上以令人滿意的方式去賺錢和花錢。它也未能解決與此同等重要的另一問題：如何在家族的男子中選擇一個精力充沛、精明能幹的事業接班人。由於這個事實的存在，女兒的作用加強了，女兒可能成爲公司裏的新成員。伍珀塔(Wuppertal)的銀行家威戚豪斯(Friedrich Wichelhaus,1810-86)有四個兒子，只有羅伯(Robert，生於一八三六年)繼承父業，當了銀行家，其他三個兒子(先後生於一八三一年、一八四二年、一八四六年)兩個成了地主，一個當了學者。然而兩個女兒(分別生於一八二九和一八三八年)都嫁給了工業家，其中一個是恩格斯家族成員❾。資產階級擁有足夠財富後，他們爲之奮鬥的東西，即利潤，已不再是他們催馬加鞭的動力。到十九世紀末，資產階級暫時找到賺錢和花錢的辦法，過去留下的財產在收支平衡方面也發揮了緩衝作用。在一九一四災難降臨之前的最後幾十年，將是晴暖宜人的小陽春季節，是資產階級生活的黃金時代，以後的資產階級在回顧這段歷史時將不無感嘆。但在十九世紀第三個二十五年，矛盾恐怕是最尖銳的：創業與享樂同時存在，相互衝撞。性欲是衝突的犧牲品，虛僞成了勝利者。

2

資產階級的家是用花牆、服飾、家具和器皿等精心打扮起來的。家是這個時代最神祕的組織。如果說要找出清教主義與資本主義之間的關聯並不困難，因有大量文學作品可爲佐證，那麼要說清楚十九世紀家庭結構與資產階級社會之間的關係就不容易了，至今仍是十分模糊。兩者之間有明顯的矛盾，但很少有人注意。一個採用競爭機制的社會，一個爲營利至上的經濟服務的社會，一個爲個人奮鬥撐腰的社會，一個爲爭取權利平等、機遇平等、自由平等而努力的社會，爲什麼它的基礎偏偏就是與這所有宗旨相左的家庭組織呢？

一家一戶是這個社會的基本單位，家裏奉行家長獨裁。家又是這個社會的縮影。資產階級(作爲一個階級，或是這個階級的理論發言人）譴責並摧毀的正是這種社會：這種一部分人從屬於一個人的階級社會。

他是父親、丈夫和主人，以堅定的智慧把家治理得井井有條。他是監護人，是領路人，是法官，他使家裏的財富堆積如山。❿

在他之下的——讓我繼續引用這位非常著名、擅長諺語的哲學家的話——是忙進忙出的「安琪兒、母親、妻子和主婦」⓫，據偉大的羅斯金（John Ruskin, 1819-1900，英國作家、社會改革家）說，主婦的工作是：

㈠使大家高高興興

㈡每天給他們做飯

㈢給每人衣服穿

㈣令每人乾淨整潔

㈤教育他們⓬

這是一項既不要求她顯示多少智慧，又不需要她掌握多少知識的任務（誠如金斯利（Charles Kingsley）所言：「女子無才便是德，自己要做個好女孩，讓別人去聰明吧」）。之所以如此，不僅是因爲資產階級妻子的作用變了，與她們過去的角色很不一樣（過去是眞正操持一個家，如今是要顯示並炫耀她丈夫使她享受豪華、舒適、悠閒生活的能力），而且她還必須表現出她嫁給她丈夫是高攀了：

> 她有頭腦？好極了，但你一定要超過她；因爲女人必須處於從屬地位，而眞正能凌駕全家之上的是最有頭腦的人。⑬

不過，這位美麗、單純、無知的奴隸也要行使其領導權，並非領導子女，孩子們的最高領導是他們的父親，**一家之長**，而是領導僕人。（「孩子們竭盡所能使他們親愛的父親，他們崇拜的偶像高興，他們畫畫、工作、朗讀、寫作文、彈鋼琴。」這是對維多利亞女王的丈夫艾伯特親王的生日描寫⑭。）前呼後擁的僕人將資產階級與社會地位低下之人劃分開來。「夫人」就是自己不幹活而指派他人幹活的人⑮，她的高貴地位也由此確立。從社會學角度來看，中產階級與工人階級的關係就是雇主與可能成爲僕人之人的關係。十九世紀末，朗特里(Seebohm Rowntree)在約克所進行的最早的社會調查，就是利用這個方法進行區分。僕人中婦女越來越多，而且占了絕大多數——從一八四一年到一八八一年英國男僕從百分之二十下降到約百分之十二——因而一個典型的資產階級家庭係呈金字塔形，塔尖上是男主人，下面各層都是女人。尤其在男孩長大離家，甚至男孩到了住校年齡——英國上等階級的做法——便離家後，情況就更是如此。

僕人做的是家務，領工資，所以跟工人相似，但有基本區別，因爲她(也有他，只是很少)與主人的主要關係不是現金交易關係，而是依賴關係，實際是全面依賴關係。她生活中的一舉一動，一言一行都有嚴格規定。他住在主人頂樓的簡陋小房間裏，她因而受到全面控制。從身上穿的圍裙或工作服，到對她行爲舉止或「性格」的鑑定(沒有推薦書她就無法再找到工作)，她的一切一切都說明了權利與屈從的關係。當然，這並不排除主僕間親近的(但不平等的)個人關係，畢竟連奴隸社會裏的主僕也有親近的個人關係。事實上，她們也因這種親近的個人關係而受到鼓舞。然而大家不可忘記：每一個爲一家主人服務過一段時間的保母或花匠，都經歷過幾個短暫的階段：進府做工、懷孕、結婚(或另找工作)，這種桃色新聞司空見慣，人們只把它當作又一個「傭人問題」，當作主婦們茶餘飯後聊天的話題而已。問題的關鍵是：資產階級的家庭結構與資產階級的社會結構是完全矛盾的。在家裏，自由、機遇、現金交易、追求個人利益等原則根本行不通。

有人會爭辯說，之所以造成這種情況，是由於資產階級的經濟理論基礎是英國哲學家霍布斯的理論模式。而提倡個人主義、無政府主義的霍布斯理論根本沒有爲任何形式的社會組織，包括家庭組織提供什麼理論準備。其實從某個方面來說，家也是故意被搞成如此這般，以便與外面的世界形成鮮明對比，家成了沙漠中的綠洲，槍林彈雨世界裏的一片和平淨土。正在與英國紡織業競爭對手進行殊死搏鬥的工業家寫道：「多殘酷的戰鬥啊！許多人戰死商場，更多人受到致命創傷。」[16]男人們在談論這場戰爭時，「生存競爭」或「適者生存」成了他們掛在嘴邊的比喻。戰鬥結束，和平來臨，他們則用「歡樂的寓所」、「心中宿願得到滿足而可開懷暢飲的地方」作爲他們對家的形容。除了在家裏，他們永遠也無法喜形於色，永遠也得不到滿足，或不敢承認已獲得的滿足⓱。

家之所以如此，也許還有一個原因：資本主義是建立在不平等的基礎上，在資產階級的家庭中，這種本質上的不平等遂找到了必要的表達形式。正因爲家不是建立在傳統、集體且制度化的不平等基礎上，所以不平等就成了個人間的主從關係。由於個人優劣變化無常，所以就必須有一種永久不變，穩定維持的優勢形式。優勢的基本形式是錢，但錢只表達了交換關係，因此還需有其他形式來補充錢，來表達一部分人主宰另一部分人的關係。這在家長制的家庭裏當然毫不新鮮。家長制家庭組織就是以婦女和孩子處於從屬地位爲基礎的。然而，當我們認爲資產階級社會此時應該合乎邏輯地打破或改造家長制時——事實上家長制後來也解體了——資產階級社會裏最興旺的階段卻又強化、誇大了家長制。

不過，這種「理想的」資產階級家長制在現實生活中究竟占多大比重，則是另一回事了。一位觀察家對里耳一位典型的資產階級做了總結，說他「害怕上帝，但最怕妻子，讀的書是《北方的回聲》(*Echo du Nord*)」⓲。這似乎恰當反映了資產階級的家庭生活，其眞實程度至少不亞於男人編造的「女性軟弱，只能從屬」的理論。男人這種謬論有時又病態地誇大成男性美夢：妻要年少，有時這種美夢還眞能獲得實現。這個時期存在並強化了這種理想的資產階級家庭，其意義是重大的，這也足以解釋爲什麼這段期間中產階級婦女會開始有系統地發起女權運動。至少是在盎格魯撒克遜和新教國家是如此。

資產階級的家只是一個內核，家庭與家庭間的聯繫則比它大得多，像一張網，人則在這張家庭關係網裏進行活動：「羅思柴爾德家族」、「克魯伯家族」以及「福賽特家族」等等。福賽特(Forsyte)家族使十九世紀社會史和經濟史的許多部分實際上變成其家族的朝代史。然而，儘管這些家族在過去的那個世紀裏已積累了巨大的物質財富，但仍未引起社會人類學家和家譜編撰者(編家譜是貴族的職業)的足夠興趣，因而我們無法信心十足地對這些家族進行有系統的概述。

這些新發跡的家族有多少是從社會下層爬上來的呢？看來沒有多少，雖然理論上這個社會並不阻止任何人往上爬。一八六五年英國鋼鐵廠廠主中有百分之八十九是中產階級，百分之七是下中階級(包括小店主、獨立工匠等)，僅有百分之四是工人：技術工人或可能性更低的非技術工人⑲。同一時期，法國北部紡織業者的主體也同樣是來自已被看作是中產階級家庭的子女；十九世紀中期諾丁漢(Nottingham)針織廠廠主的出身也與此相同，其中三分之二實際來自針織世家。德國西南部的資本主義企業奠基者不全是富翁，但來自具有長期經營經驗的家庭，而且常常是繼承、發展本行工業經驗的家庭，卻是爲數不少：克什蘭(Koechlin)、蓋吉(Geigy)、薩拉辛(Sarrasin)等瑞士－亞爾薩斯新教徒以及猶太人等都是生長在「小王爵似的財主」家庭裏，而非生長在精通技術、善於發明創造的企業工匠家庭。受過良好教育的人——主要是新教牧師和政府公務員的兒子——在經營企業之後可以提高但不能改變其中等階級的地位⑳。資產階級世界的大門是向才智卓越的人敞開的，然而如果家庭文化程度較高，家產比較殷實，與中產階級圈子裏的人有一定的社會聯繫，那麼毫無疑問，在起步時就占了相當大的便宜；如能與同階級同行業，或與可和自己的行業進行聯合的人通婚，其好處則尤莫大焉。

由大家族或者幾個家族緊密連結的家族，在經濟上肯定占有相當優勢。家族可為業務開展提供資金，也許還可提供有利的業務關係，特別重要的是提供管理人員。一八五一年里耳的勒費弗爾家族(Lefebvres)為其姻親普魯沃(Amedée Prouvost)的毛紡廠出資。西門子—哈爾斯克(Siemens and Halske)是世界著名的電氣公司，建立於一八四七年，它的第一筆資金便是一位表兄提供的；其兄弟中有一人是公司裏薪金最高的雇員，其他三兄弟，即華納、卡爾和威廉(Werner, Carl and William)分別掌管柏林、聖彼得堡和倫敦的分廠。名聞遐邇的米爾豪斯(Mulhouse)新教集團，其內部各小集團之間皆相互依靠：多爾費斯—米格(Dollfus-Mieg)公司是多爾費斯開創的(他和他父親皆和米格家族聯姻)，安德里・克什蘭(André Koechlin)則是多爾費斯的女婿。克什蘭掌管公司，直到四位舅表弟長大成人後方交出管理大權，而他叔父尼古拉斯(Nicholas)在掌管克什蘭家族公司時，「把兄弟、表兄弟以及年邁的父親都請了過來」[21]。與此同時還有一位多爾費斯，即該企業創始人的孫子，進了自己家族擁有的地方分公司施倫貝格爾(Schlumberger et Cie)公司。十九世紀的企業史充滿了這等錯綜複雜的家庭之間相互結盟相互滲透的關係。他們需要有數目眾多的兒女——不像法國農民，法國農民只要一個繼承家產的人——他們當然也不乏兒女，因為他們不鼓勵節育。窮人和正在拚命的下中階級當不屬此例。

然而這些小集團是怎樣組織起來的呢？他們又是怎樣經營的呢？什麼時候他們不再代表大家族，而另立門戶變成一個與家族有緊密聯繫的社會集團，一個地方性資產階級，或變成範圍更廣的體系(就像新教徒和猶太銀行家那樣)，使家族關係變成其中的一面而已呢？這些問題我們現在尚無法解答。

3

換言之，在本書所述時期，「資產階級」的階級含意為何？有關資產階級的經濟定義、政治定義和社會定義雖有所不同，但彼此相當接近，不至於造成多大的理解困難。

從經濟上看，最典型的資產階級是一個「資本家」（即擁有資本者，或說從資本中獲取收入者，或是以營利為目的的企業家，或是所有這些東西的總和）。事實上，這時期典型的「資產階級」或中產階級，幾乎沒有一個不能與這項定義對號入座。一八四八年法國波爾多排名前一百五十的大家族中，九十個是經商的（商人、銀行家、店主等等，這個城市裏幾乎沒有工業家），四十五個是擁有家產者和「食利者」（即靠地租、債券利息收入、靠投資營生者），十五個自由業者（那時的自由業者當然是從事各色各樣私營企業的人）。其中沒有一個是高薪的總經理等行政管理人員，連名義上擔任此等職務的人都沒有，然而到一九六〇年，這部分人卻成了這個城裏四百五十個大家族中最大的集團㉒。當然我們還可再加一句：從地租或房地產（這是城市中更常見的）中獲取利潤，仍是資產階級一大重要收入來源，特別是在缺乏工業地區的中等和中下資產階級更是如此，但其重要性正在消失。以非工業區的波爾多為例，一八七三年，這部分人在遺囑中留下的財富只占總數的百分之四十，而同一年在工業城市里耳，這部分人的財富只占百分之三十一㉓。

對於從政的資產階級就不能這樣一概而論了，原因至少有一個：政治活動需要專門知識，需要花費時間，因而不是每個人都會對政治發生同樣的興趣，也不是每個人都同樣適合從事政治。儘管如此，這時期在職（或退休）的資產階級真正參與資產階級政治的人數之多，實在令人驚訝。十九世紀下半葉，瑞士聯邦委員會（Federal Council）有百分之二十五到百分之四十的委員是企業家和「食利者」（百分之二十到百分之三十的委員是銀行、鐵路和工業界的「聯邦大亨」），比二十世紀的比率還高。另有百分之十五到百分之二十五是自由業者，即律師——儘管百分之五十的委員都有法學學位，在大多數國家裏，這是想要嶄露頭角和擔任行政職務者所需具備的標準教育水準——另外百分之二十到百分之三十是在職的「知名人士」（官員、農村法官，和其他所謂地方父母官）㉔。十九世紀中期，比利時議會中的自由黨黨團有百分之八十三的議員是資產階級：其中百分之十六是商人，百分之十六是產權所有人，百分之十五是「食利者」，百分之十八是專業行政管理人員，百分之四十二是自由職業者——即律師和少數醫務工作者㉕。地方城市裏的政治分布大體相同，也由資產階級（一般說來也就是自由黨）中的顯要人物執其牛耳，也許比例還更大些。如果權力組織系統中的上層大體還被舊式的傳統集團盤據，那麼資產階級「就向政治權力的下層，如市議會、市長席位、區議會等等，發動進攻並占領之」，這些職位在十九世紀最後幾十年的群眾政治運動發動起來之前，就已牢牢控制在資產階級手裏。里耳自一八三〇年起便由傑出的商人擔任市長㉖。英國大城市均落入地方商賈之手，形成臭名昭彰的寡頭政治。

就社會而言，定義便不那麼明確，儘管「中產階級」明顯包括上述階層的人，只要他們富有，腳跟站得較牢:商人、財產擁有人、自由業者以及高級行政管理人員(這部分人當然爲數很少,均在首都和省會以外的城市)。難就難在如何爲資產階級「上層」和「下層」的社會地位確定界線,難就難在它的成員參差不齊,很易分化:至少內部總是分成大中資產階級和小資產階級兩個層次,小資產階級又漸漸淪入事實上已不屬於中產階級範疇的更低階層。

上層資產階級與貴族(大貴族和小貴族)或多或少總能區別開來,貴族的法律和社會排他性及上層資產階級的意識,使得二者之間彼此壁壘分明。比如說在俄國和普魯士,資產階級根本不能成爲眞正的貴族。在小貴族頭銜滿天飛的國家(如哈布斯堡帝國),奧爾施佩格(Auersperg)或喬特克(Chotek)伯爵,不管他如何積極準備加入某個企業董事會,是絕不會把一個什麼沃特海姆斯泰因男爵(Baron von Werthemstein)放在眼裏,因爲那不過是個中等階級的銀行家或猶太人而已。英國在這段時期有系統且少量地將商人——銀行家、金融家,包括工業家——容納進貴族行列。但英國這種做法幾乎是獨一無二的。

另一方面,直到一八七〇年之前(甚至之後),德國仍有工業家不允許他們姪兒當預備軍官,認爲這個職務不適合他們階級的年青人;他們的兒子只去步兵、工兵部隊服役,騎兵是屬於另一個社會階級的。然而我們必須補上一句,當利潤滾滾而進——在本書所述時期利潤極其巨大——窮人也就不再抗拒勳章、貴族頭銜或與貴族聯姻,總而言之,不抗拒貴族生活方式的誘惑了。英國新教教徒的工業家也改奉英國國教了。在法國北部,一八五〇年前的「毫不掩飾的伏爾泰主義者」已變成一八七〇年後的天主教徒[27],而且日益虔誠。

分界線的末端顯然是經濟。商人——至少是英國的商人——會劃下一道深深的區隔線，把他們與被社會排斥的人（即直接向公眾銷售商品的人，如店主）分開，至少在從事零售之人亦可賺得大量金錢之前是如此，獨立工匠和小店主當然渴望資產階級的社會地位，但他們顯然屬於中間層的下中階級，與資產階級不可同日而語。富農不是資產階級，白領雇員也不是。然而十九世紀中期有一支足夠龐大的、舊式的、經濟上獨立的小商品製造商和銷售商隊伍，再加上技術工人和工頭（他們仍是現代技術骨幹），他們使分界線又蒙上一層煙霧。有些人發財了，至少在他們居住的地區被視為是資產階級。

資產階級作為一個階級，其主要特徵是：它是由有權有勢和有影響力的人組成的，不依靠他們出身的社會地位、勢力和影響力的大小。一個人要屬於這個階級，他必須是「有頭有臉的人」，是一個以其財富或領導能力影響他人的**獨立個體**。因而，資產階級政治的典型形式與在他們之下（包括小資產階級）的群眾政治完全不同。這方面我們已看到不少。因而當資產階級遇到麻煩要向他人求援，或有委屈需要申訴時，其典型方式是施展影響，或請人施展影響：跟市長、副市長、部長、老同學、親戚以及業務上的相關人士說情。資產階級的歐洲布滿了（或多或少是非正式的）保護網或互利網，老同學網或不具組織的團體（「朋友的朋友」）。在這些人中，同校同學，特別是高等院校裏的同學自然非常重要，因為與他們建立起來的聯繫是全國性的，而不是區區地方性的。（在英國，所謂的「公立學校」在這一時期發展迅速，它使資產階級家庭的男孩們從很小的年紀起，就從全國各地集中到一起。在法國，巴黎的一些名牌公立中等學校在為知識階層所做的所有事情中，也達到了同樣的效果。）這些關係網中有一個是

「共濟會會員」，它在某些國家，主要是羅馬天主教的拉丁語系國家，其作用更大。它可作爲自由資產階級進行政治活動時的思想凝固劑(也確實是)，或實際上就是資產階級唯一常設的全國組織，如義大利那樣㉘。資產階級人士如要對公眾問題發表意見，就給《泰晤士報》或《新自由報》(*Neue Freie Presse*)投書，他們知道同階級裏的大部分人以及決策者，不一定會看到他們的文章，但是，文稿是憑藉他們個人的力量在報刊上發表的，這點更爲重要。資產階級作爲一個階級，它不組織群眾運動，而是組織壓力團體。它的政治模式不是憲章運動，而是反穀物法聯盟。

作爲資產階級，他們「知名度」的大小當然相差很大，大資產階級的活動範圍是全國性，甚至是國際性的，影響力較小的人物其重要性只局限於烏斯季(Aussig)或格羅寧根(Groningen)。克魯伯希望獲得大於杜伊斯堡(Duisburg)的博寧格爾(Theodor Boeninger)的重要性，他也果眞得到了。博寧格爾是很富有、很能幹的工業家，在公眾場合和教會生活裏都很活躍，在市、區兩級的議會選舉中一直支持政府，但地方行政當局只給了他一個名譽商業顧問的頭銜。但克魯伯和博寧格爾在許多方面都是「舉足輕重的人物」。如果說資產階級內部有一層層的勢利鋼板，區隔了百萬富翁與富人，分裂了富人與小康人家(當一個階級的本質是透過個人奮鬥向上爬時，這個現象就非常自然)，但這些鋼板並未摧毀他們的集團意識。集團意識使他們從社會的「中間階層」升爲「中產階級」或「資產階級」。

集團意識的基礎是共同的假設，共同的信念，共同的行動方式。十九世紀第三個二十五年的資產階級是極其「自由」的，這不一定是從政黨的角度，而是從思想角度而言(儘管我們看到自由黨當時占領上風)。他們相信資本主義，相信有競爭力的私有企業，相信技術科學和理性。他們相信進步，相信有一定代表性的政府，一定程度的民權和自由，當然民權和自由不能與法制和秩序相牴觸，因為沒有法制和秩序，窮人便不會循規蹈矩。他們信仰宗教，還信仰文化，有時則以文化取代宗教，更有以去歌劇院、劇場、音樂會代替去教堂參加宗教活動的，當然這是極端情況。他們相信向企業和天才敞開大門的事業，相信他們的一生證明他們事業有成。我們看到，他們一向崇尚的節制、適度的傳統優點，此時在功成業就面前難以堅持了，他們為此感到遺憾。一八五五年有位作家說，假如日耳曼社會有朝一日土崩瓦解的話，那是因為中產階級開始追求外表豪華和生活奢侈，他們「不設法用資產階級簡樸、勤奮的精神去戰勝它，不設法發揮生活的精神力量去戰勝它，沒認識到科學、思想和天賦都來自於第三階級的進步發展」㉙。這些生存競爭、自然淘汰的普通道理也許說明老資產階級已適應了新形勢。(按此法則，勝利乃至生存歸根到底證明了兩點：一是適應性；二是具備基本道德品質，因為只有道德品質才能造就其適應性。)達爾文主義，無論從社會或其他方面來說，不僅是一門科學，且是一種思想意識，甚至在它形成之前就是如此。做一個資產階級不僅是做一個比其他人高明的人，而且得表現出古訓遺風，具備與古老的道德風範相等的道德品質。

然而資產階級也意味著領導，這比任何其他東西更為重要。資產階級不僅僅是獨立的——沒人(除了國家和上帝外)能向他發號施令——而且是向別人指手劃腳的人。他不僅僅是雇主，是企業家，是資本家，而且從社會角度來說，他是「主人」，是「巨頭」，是「保護人」，是「首領」。他獨攬指揮大權——在家中，在工廠，在生意場裏——這對他的自我定位極為重要。堅持壟斷指揮權(無論是名義上的或是事實上的)是這一時期解決工業糾紛不可或缺的一條準則:「但我是這個礦場的總裁,也就是說我是一大批工人的領袖(首領)……我代表權威,尊重我就是尊重權威,我一定要使我受到尊重,這一向就是我在處理與工人階級的關係時刻意要達到的目標。」㉚唯有自由業者——如實際上不是雇主、沒有下屬人員的藝術家、知識分子——他們的首要角色才不是「主人」。但即使是這些人,也絕不是不講究「權威原則」,無論他們是歐陸傳統高等學府的教授,還是正襟危坐的醫生,瀟灑的樂隊指揮,或是行為乖僻的畫家。如果克魯伯統率的是工人,那麼華格納(Richard Wagner)便是要求聽眾完全聽從他。

控制意味著統治那些能力和地位低下的人。十九世紀中期,資產階級對下等階級低人一等的性質問題意見不一,但並無原則性的分歧。他們同意要把平民中有可能至少上升到受人尊重的下中階級和無可救藥的人區分開來。既然成功是由於發揮個人特長而取得的,失敗顯然就是由於個人一無所長的緣故了。資產階級傳統的倫理道德觀點,不論是宗教的還是世俗的,都將此歸咎於道德、精神上的缺陷,而不是智力低下,因為成功地經商辦工廠並不需要很高的智商,反之,高智商並不能保證發財,更不會保證帶來「高明」的點子。這不一定是說知識無用,雖然這種看法在英國、美國相當普遍,因為那些生意有成者主要都是書念得不多,憑經驗、憑常識辦事的人。斯邁爾斯將這個問題說得一針見血:

從書本上學來的知識固然寶貴,但其性質是學問;而從實際生活中累積起來的經驗,其性質是智慧；一小塊智慧的價值比一大堆學問大得多。31

然而只要簡單地在道德高尙與低下之間劃條線，便足以將「受人尊敬的人」與滿身酒氣、放蕩不羈的勞工大眾區分開來，雖然這種簡單的劃分已經無法長期採用下去，因爲古老的美德在成功的富有資產階級身上已經看不到了。節欲寡歡、埋頭苦幹的古訓對一八六〇年代、七〇年代的美國百萬富翁來說已不適用了；甚至對富有的製造商也不適用了，不論他們是否已經隱居山林；對他們身爲「食利者」的親戚也不適用；對抱有下述理想的人也不適用（我們且援引羅斯金的話）：

那（生活）就應該在輕鬆愉快、恬靜的世上度過，地下到處是鐵和煤。在這輕鬆愉快的世界兩岸有棟漂亮的大樓……有座規模適中的公園；院裏有個大的花園，有幾個溫室；有輛令人愉快的馬車從灌木叢中馳過。這棟大樓裏住著……英國紳士和他那溫文爾雅的妻子和他溫馨的全家；他隨時都能贈送珠寶首飾給妻子，總能爲女兒購買美麗的舞會禮服，爲兒子購買獵犬，他自己則總能去蘇格蘭高地打獵。32

因而資產階級優越感有了新的理論。新理論的重要性與日俱增，對十九世紀資產階級世界觀的影響很大。優越性是物競天擇的結果，是透過遺傳留下來的（見第十四章）。資產階級如果不是不同種類的人，那麼至少也是人類中的佼佼者，是人類進化到了更高階段的人，與低級階段的人截然不同，低級階段的人還處於歷史和文化的幼兒期，頂多是青春期。

從主人到主人血統只有一步之遙。然而資產階級作爲一個族別，他們的主宰權，他們無可置疑的優越性就不僅意味著要有低人一等的人，且意味著這些人最好承認並願意甘當低人一等的人，就像男人與女人的關係一樣(男—女關係也在很大程度上反映了資產階級的世界觀)。工人，就像女人一樣，應該是忠心耿耿，老實聽話，而且知足。如果工人心懷鬼胎，圖謀不軌，那一定是因爲資產階級社會裏有個關鍵人物，有個「外來的鼓動者」作祟。行業工會會員可能是最好的工人，是最聰敏、技術最高的工人，這是有目共睹，再清楚不過的事，但他們卻無法看穿那位好逸惡勞、以剝削四肢發達(基本上)、頭腦簡單的工人爲業的「外來鼓動者」散布的鬼話。「工人的行爲令人遺憾」，一八六九年法國一位礦主談及瘋狂鎮壓罷工時這樣寫道，這等罷工左拉在《芽月》(*Germinal*)一書中已給我們做了生動描述，「但我們必須承認工人只是鼓動者的野蠻工具而已。」㉝更準確地說，正在開展活動的工人階級鬥士或謂潛在的領袖就一定是「鼓動者」，因爲他是無法歸入順從、聽話、乾癟無趣、愚蠢遲鈍的人群之列。礦主對此也完全了解。「我知道他是受人尊重的人，也正因爲如此我才把他關進監獄。把麻木不仁、不知不覺的人關進監獄根本毫無用處。」㉞一八五九年希頓德拉瓦爾(Seaton Delaval)的礦工罷工，九個最正直的礦工被捕，坐了兩個月的牢，然而他們都是**反對罷工的**，他們九個人都是滴酒不沾的正派人士，其中六人是衞理教成員，六人中又有兩人是該教會的宣講師。

這種態度表明了下列決心：只要下等階級不自動脫離他們潛在的領導人，且企圖爬向下中階級，就應開除他們。這也說明他們已具有相當信心。一八三〇年代的廠主已離我們很遠了。他們那時如坐針氈，時刻擔心爆發類似奴隸造反的亂子（見《革命的年代》，從引言到第十一章）。如今的工廠主人認爲共產主義正在某處潛伏著，一旦雇主任意雇工、任意開除工人的絕對權利受到限制後，共產主義便會冒出來。因此他們在談論共產主義時，他們指的不是社會革命，而是他們的財產權和統治權將不具有絕對性，而一旦他們的財產權可以被合法地干涉，那麼資產階級社會就會崩潰毀滅了[35]。所以當社會革命的幽靈再次闖入信心十足的資本主義世界時，資本主義世界發出的恐懼、仇恨便更加歇斯底里。血洗巴黎公社（見第九章）證明了資本主義的力量。

4

資產階級是主人階級？沒錯。是統治階級？這問題就複雜了。資產階級顯然不是像地主那樣的統治階級。舊式地主的地位給了他們權力，使他事實上對居住在他領地上的人行使有效的國家權力。一般情況下，資產階級活動範圍內的政權和行政權都不是屬於他的，至少在其所擁有的建築物以外的地方係如此（「我的家是我的城堡」）。只有在遠離當局的地方，如孤零零的礦區，或國家本身非常虛弱，如美國，資產階級的主人們才能指揮政府當局的地方部隊，或組織起平克頓私家軍隊，或把「治安義勇隊」的武裝集團糾集起來維持「秩序」，從而直接行使那樣的政治權力。然而在本書所述的這個時期，資產階級正式取得政治控制權，或毋須與舊時政治菁英分享政治控制權的例子，卻是鳳毛麟角。大多數國家的資產階級（不論其定義爲何）既沒有掌控、也沒行使政治權力，有也只限於次要或市的層級。

資產階級確實行使的卻是霸權，資產階級日益決定的是政策。資本主義作爲發展經濟的方法是無法替代的。這意味著這時期的自由資產階級（這個階級隨地方不同而有些差別），其經濟計畫和機制計畫都要利用資本主義去實現，資產階級本身在國家當中扮演的關鍵地位也要靠資本主義去鞏固。甚至對社會主義者來說，通往無產階級勝利的道路也要透過完全成熟的資本主義。一八四八年前，人們曾一度認爲資本主義的過渡危機已經來臨，而且是宣告資本主義壽終正寢的最後一次，至少在英格蘭是如此，但人們到了一八五〇年代才漸漸明白：資本主義方興未艾，成長的主要階級才剛剛開始。它的主要堡壘英國，是不可動搖的，至於其他地方，社會革命的前景比以往任何時候更加取決於（說來荒誕）資產階級的前景如何，包括國內和國外資產階級的前景，看它是否能使資本主義達到勝利的巔峯。唯有資本主義才有可能將其自身推翻。馬克思曾爲英國征服印度和美國征服整個墨西哥而歡呼，稱此時此舉從歷史觀點看是進步的；墨西哥、印度的進步人士可分別因此與美國、英國的當局聯合一致對付本國的傳統主義者（見第七章）。從某種意義上說，馬克思和印、墨進步人士係認識到同樣的世界形勢。至於保守的、反資產階級、反自由的政府統治者，不論是在維也納、柏林或聖彼得堡，他們也承認（不管承認得如何勉強）捨棄資本主義經濟發展，就是落後，結果就是衰敗。他們的難題是如何在鼓勵資本主義以及隨著資本主義而來的資產階級的同時，又可避免出現自由資產階級的政權。單純地拒絕資產階級社會和資產階級思想已不再可行了。唯一公開與它抗衡的是天主教會。天主教會自不量力，結果只有自我孤立。一八六四年的《錯誤彙編》（見本書第一五二頁）及梵蒂岡大公會議拒絕一切代表十九世紀中期特權的東西，這種極端行爲本身就說明了他們已完全處於守勢。

資產階級綱領實際上居於壟斷地位。但從一八七○年代起，「自由」形式的資產階級壟斷地位已開始崩潰。然而整體說來，在十九世紀第三個二十五年它是相當堅挺的，沒有任何人膽敢與它挑戰。在經濟事物上，甚至中歐和東歐的專制主義統治者也取消了農奴制度、撤銷了國家經濟控制的傳統機構、取消法人特權。在政治事物方面，他們指派更加溫和的資產階級自由主義者任職（或至少與他們達成妥協），成立他們的代表機構（儘管是名義上的擺飾）。文化方面，是資產階級生活方式戰勝貴族生活方式，舊式貴族相當全面地從文化世界撤退（按當時對文化的理解）：他們變成（如果他們不已經是了的話）阿諾德（Matthew Arnold, 1822-88）筆下的「野蠻人」。一八五○年後，任何國王如果不具藝術保護人的身分，是不可思議的，當然瘋子例外，如巴伐利亞的路德維希二世（Ludwig II, 1864-86）；貴族如果不是藝術品收藏家也是同樣不可思議，除了行爲古怪的人外（俄羅斯帝國的芭蕾恐怕是個例外，然而統治集團成員與芭蕾舞演員之間的關係一向超出純文化範圍）。一八四八年前人們還擔心一旦社會革命爆發，資產階級能否萬無一失地通過這場試驗。一八七○年後資產階級將再次憂心忡忡，害怕蓬勃發展的工人階級運動將在暗中破壞它。然而在一八四八到一八七○年間，資產階級的勝利卻是毫無疑問的，沒有受到任何挑戰。俾斯麥斷言（此公對資產階級社會沒有絲毫同情）這個時代是「物質利益」的時代。而經濟利益是個「基本力量」。「我相信國內經濟發展的問題已在進行當中，而且無法阻擋。」㊱然而這個時代表這個「基本力量」的，如果不是資本主義，不是資產階級創造的世界，不是資產階級爲本身創造的天地，那又會是什麼呢？

註釋

❶ Cited in L.Trénard, 'Un Industriel roubaisien du XIX siècle', *Revue du Nord*, 50 (1968), p.38.

❷ Martin Tupper, *Proverbial Philosophy* (1876).

❸ See Emanie Sachs, *The Terrible Siren* (New York 1928), especially pp.174-5.

❹ G. von Mayr, *Statistik und Gesellschaftslehre III Sozialstatistik*,Erste Lieferung (Tübingen 1909), pp.43-5. 有關妓女統計數字的不可靠問題，參見 *ibid*.(5.Leferung),p.988；有關妓女與性病傳染之間的密切關聯，參見 Gunilla Johansson, 'Prostitution in Stockholm in the latter part of 19th century' (mimeo)(1974)；有關法國的梅毒感染率和所造成的死亡率估算，參見 T.Zeldin, *France 1848-1945* (Oxford 1974), I, pp.304-6。

❺ *Paris Guide 1867* (2 vols).

❻ 古巴方面參見 Verena Martinez Alier, 'Elopement and seduction in 19th century Cuba', *Past and Present*, 55 (May 1972)；南美部分參見 E.Genovese, *Roll Jordan Roll* (New York 1974),pp.413-30 and R.W. Fogel and Stanley Engermann, *op. cit*。

❼ From the 'Maxims for Revolutionists' in *Man and Superman*.

❽ Zunkel, *op. cit.*, p.320.

❾ Zunkel, *op. cit.*, p.526 n.59.

❿ Tupper, *op. cit.* : 'Of Home',p.361.

⓫ Tupper, *loc. cit.*,p.362.

⓬ John Ruskin, 'Fors Clarigera',in E.T.Cook and A.Wedderburn (eds.), *Collected Works* (London and New York 1903–12), vol.27, letter 34.

⓭ Tupper, *op. cit.* : 'Of Marriage',p.118.

⓮ H.Bolitho (ed.), *Further Letters of Queen Victoria* (London 1938), p.49.

⓯「我的看法是：如果女人被迫要工作，那麼她便立即喪失『女士』這個字所賦予她的特殊身分。」(Letter to the *Englishwoman's Journal*, VIII (1866),p.59).

⓰ Trénard, *op. cit.*, pp.38 and 42.

⓱ Tupper, *op. cit.* : 'Of Joy', p.133.

⓲ J.Lambert-Dansette, 'Le Patronat du Nord. Sa période triomphante', in *Bulletin de la Société d'histoire moderne et contemporaire*, 14, Série 18 (1971), p.12.

⓳ Charlotte Erickson, *British Industrialists: Steel and Hosiery, 1850–1950* (Cambridge 1959).

⓴ H.Kellenbenz, 'Unternehmertum in Südwestdeutschland', *Tradition*,10,4 (August 1965), pp.183ff.

㉑ *Nouvelle Biographie Générale* (1861) ; articles: Koechlin, p.954.

㉒ C.Pucheu, 'Les Grands notables de l'Agglomération Bordelaise du milieu du XIXe siècle à nos jours', *Revue d'histoire économique et sociale*, 45 (1967), p.493.

㉓ P.Guillaume, 'La Fortune Bordelaise au milieu du XIX siècle', *Revue d'histoire économique et sociale*, 43(1965), pp.331, 332 and 351.

㉔ E.Gruner, 'Quelques reflexions sur l'élite politique dans la Confédération Helvetique depuis 1848', *Revue d' histoire économique et sociale*, 44 (1966), pp.145ff.

㉕ B.Verhaegen, 'Le groupe Libéral à la Chambre Belge (1847-1852)', *Revue Belge de Philologie et d'histoire*, 47 (1969), 3-4, pp.1176ff.

㉖ Lambert-Dansette, *op. cit.*, p.9.

㉗ Lambert-Dansette, *op. cit.*, p.8; V.E.Chancellor (ed.), *Master and Artisan in Victorian England* (London 1969), p. 7.

㉘ Serge Hutin, *Les Françs-Maçons* (Paris 1969), pp.103ff and 114ff.; P.Chevallier, *Histoire de la Françmaçonnerie francaise*, II (Paris 1974).

㉙ T.Mundt, *Die neuen Bestrebungen zu einer wirtschaftlichen Reform der unteren Volksklassen* (1855), cited in Zunkel, *op. cit.*, p.327.

㉚ Rolande Trempé, 'Contribution à l'étude de la psychologie patronale: le comportement des administrateurs de la Societé des Mines de Carmaux (1856-1914)', *Mouvement Social*, 43 (1963), p.66.

㉛ John Ruskin, *Modern Painters*, cited in W.E.Houghton, *The Victorian Frame of Mind* (Newhaven 1957), p.116.

Samuel Smiles, *Self Help* (1859), chapter 11,pp.359-60.

㉜ John Ruskin, 'Traffic', *The Crown of Wild Olives*, (1866) *Works* 18, p.453.

㉝ Trempé, *op. cit.*, p.73.

㉞ W.L.Burn, *The Age of Equipoise* (London 1964), p.244n.

㉟ H.Ashworth in 1853-4, cited in Burn, *op. cit.*, p.243.

㊱ H.U.Wehler, *Bismarck und der Imperialismus* (Cologne-Berlin 1969), p.431.

第十四章
科學・宗教・意識形態

在物色女人方面，貴族比資產階級更在行（在中國人或黑人眼中，則是更可憎），可是，長子繼承制卻破壞了自然淘汰法則，這是多大的羞恥啊！

——達爾文，一八六四年❶

人們似乎力圖表明，他們對自己聰明程度的評估，是以從《聖經》和《教義問答》中解放出來的程度爲標準。

——紹巴赫（F. Schaubach）論民間文學，一八六三年❷

穆勒不禁要爲給予黑人和婦女以選舉權而呼籲。這是他據以開始的前提所必然導致的結論……。

——《人類學評論》，一八六三年❸

1

十九世紀第三個二十五年的資產階級社會充滿自信，對自己的成就頗爲自豪。在人類努力進取的所有領域中，成就最大的莫過於「科學」，即知識的進步。這一時期受過教育的人不但爲他們的科學自豪，而且打算把所有其他形式的智力活動，都置於科學之下。統計學家和經濟學家庫爾諾(Cournot)於一八一六年說：「對哲學眞理的信仰極度冷淡，以致無論公眾和學界，除了尚能將哲學著作當作純學術著作或歷史珍品接受外，再也不歡迎這類著作了。」❹這個時期對於哲學家來說實在晦氣。即使在哲學的故鄉德國，也找不出一個可以與過去那些大人物相匹敵的哲學家了。法國人泰納(Hippolyte Taine, 1828-93)曾讚譽過黑格爾，現在卻稱他爲德國哲學「洩了氣的氣球」之一，而這個黑格爾，即使在自己的故鄉也已是昨日黃花，然而，那些在德國主宰著受過教育公眾的輿論的「令人厭煩的、自負而平庸的仿效者們」對待黑格爾的方式，卻促使馬克思在一八六〇年「公開宣布自己是這位偉大思想家的學生」❺。當時，斯賓塞在世界各地的影響力都超過其他思想家。但是，他是一位平庸的思想家。撇開斯賓塞不算，當時哲學的兩大主流是法國的實證主義和英國的經驗主義。實證主義與怪異的孔德學派相聯繫，經驗主義則與穆勒密切相關，這兩個哲學流派都自認爲是科學的分支。孔德「實證哲學」的兩個基礎是自然法則的不變性和獲得無窮和絕對知識的可能性。如果排除了孔德的「人道宗教」(Religion of Humanity)這個極其古怪的學說，實證主義變得只不過是爲實驗科學的常規方式做哲學上的辯解而已，此外並無更多深意。與此相似，在許多同時代人看來，用泰納的話說，穆勒是「打開了歸納和經驗這條老路的人」。這種看法不但暗含著以進化論的進步歷史觀作爲自己的基礎這樣的意思，而且事實上已由孔德和斯賓塞把這層意思表達得明明白白了。用孔德的話來說，實證主義方法或曰科學方法，就是(或將是)人類必須經歷的三個階段中的最後一個階段的勝利，這三個階段是：神學階段、形而上學階段和科學階段，每個階段各有其特徵，穆勒和斯賓塞至少都同意，最廣義的自由主義是對這些特徵比較妥貼的表述。我們可以稍微誇張地說，依照這種看法，科學的進步已使哲學成爲多餘，如果說哲學還有一點用處，那也只是在智力實驗裏爲科學家提供助手而已。

此外，既然對科學方法深信不疑，十九世紀下半葉受過教育的人對這一時期的成就印象如此之深，也就不足爲奇了。事實上，他們有時甚至會這樣想：這些成就不僅給人以深刻的印象，而且也是最終的成就。著名物理學家湯普森(即克耳文勳爵)認爲，儘管還有一些較小的問題有待澄清，但物理學的所有基本問題卻都已經解決。衆所周知，他的這項看法錯得令人吃驚。

可是，錯誤既是重大的，卻又是可以理解的。科學猶如社會，既有革命時代，也有非革命時代，二十世紀既是社會革命時代，又是科學革命時代，其規模甚至大於「革命的年代」(一七八九—一八四八)，而本書所論述的時代，除了少數例外，在社會和科學兩方面都不是革命的時代。但這並不意味著在有智慧和有能力的傳統人士眼裏，科學和社會已經解決了所有問題，只是某些非常能幹的人覺得，在經濟基本模式和物理世界的基本模式等方面，所有的實質性問題都已解決。然而，這的確意味著這些人對他們正在走和應該走的方向沒有多少懷疑，對達到前進目標應該怎樣思考和如何行動也沒有多少懷疑。沒有人懷疑物質和知識方面的進步，因爲事實十分明顯，無法否認。這確實是這個時代占主導地位的看法，儘管對這一事實的看法存在著根本分歧，一些人認爲這種進步將或快或慢地繼續下去，而且基本上是直線發展；另一些人（如馬克思）則知道，這種進步應該是而且將是斷斷續續的，充滿矛盾的。如同過去那樣，懷疑僅可能出現在價值選擇方面，諸如生活方式和倫理道德等等，在這方面，單純的累積是不可能指明方向。在一八六〇這一年，人們所掌握的知識多於以往任何時候，這一點是毋庸置疑的，但是，人是否比以前「高明」了，這一點卻難以用同樣的方法證明。然而，關心這些問題的是神學家（他們在知識方面的聲譽不高）、哲學家和藝術家（他們受到讚賞，卻或多或少有點像富人讚賞他們爲女人購買的鑽石那樣），以及左翼或右翼的社會評論家，這些人不喜歡他們所生活的或者說被迫進入的這個社會。一八六〇年，在受過教育和有較強表達能力的人當中，他們是與眾不同的少數。

誠然，在知識的各個領域裏都取得了大量明顯的進步，但是，相比之下，某些領域顯得進展更大，某些領域顯然形成得更爲完整。物理學看來比化學更成熟。物理學已經超越了時有爆炸性進步的方興未艾階段，而化學則明顯依然處在這個階段。反過來看，與生命科學相比，化學乃至「有機化學」卻明顯處於前列。在進步之神速令人興奮的這個時代，生命科學似乎剛剛起步。事實上，如果說有哪一種科學理論能夠代表十九世紀第三個二十五年的自然科學的進展，並被公認是關鍵性的理論，那就是進化論；如果說，有一個人主宰著公眾心目中的科學形象，那一定是面部粗糙不平，長的多少有些像類人猿的達爾文。數學這個陌生、抽象和理所當然是異想天開的世界，一般公眾和科學界都不甚了解，也許比以前更生疏。因爲，作爲數學世界與一般公眾和科學界接觸媒介的物理學，似乎比不上當年建立天體力學時那般輝煌。當初若沒有微積分，在工程和通訊方面，就不可能取得那些成就，然而現在，微積分越來越跟不上日新月異的數學了。在這方面，最傑出的代表大概應該是這個時期最偉大的數學家黎曼(Georg Bernhard Riemann, 1826-66)，他在大學任教期間於一八五四年完成的論文〈論構成幾何基礎的若干假設〉(On the hypothese which underlie geometry, 1868)，是任何論述十九世紀科學著作不可能不提及的，這情形恰如任何討論十七世紀的科學著作時不可能不提及牛頓的《自然哲學的數學原理》一樣。黎曼的這部著作爲拓樸學、簇微分幾何(geometry of manifolds)、時空理論和萬有引力理論奠定了基礎。他甚至還設想過一種類似現代量子理論的學說。然而，黎曼的建樹連同數學領域中其他極富創見的成就，要到十九世紀末物理學的新革命時代開始時，才得到應有的評價。

然而，在自然科學的任何一個學科中，無論是對於知識的發展總方向，還是基本概念和方法論的架構，似乎都不存在嚴重的不確定性。發現層出不窮，有時非常新穎，但並不出乎意料之外。達爾文的進化論令人矚目，但原因不在於這是個新觀念(數十年前大家對此概念已很熟悉)，而是因爲它首次爲物種起源提供了一種令人滿意的解釋模式，而且他用非科學家也絲毫不覺陌生的術語做到了這一點，而這些術語是與自由經濟最熟悉的概念——競爭——遙相呼應的。確有一大批科學家以雅俗共賞的文字著書立說，因而很快就廣爲人知，有時甚至做得有些過分，這些人中有達爾文、巴斯德(Pasteur)、生理學家貝爾納(Claude Bernard, 1813-78)、菲爾紹(Rudolf Virchow, 1821-1902)、亥姆霍茲(Helmholtz, 1821-94)。像湯普森(克耳文勳爵)這樣的物理學家更不必說了。科學的基本模式或稱基本典型看來十分堅實，然而，一些大科學家，例如馬克士威(James Clerk Maxwell, 1831-79)，以其本能的審愼提出了自己的看法，從而使他們的看法與後來在極不相同的模式基礎上創建的理論並行不悖。

在自然科學界，每當並非因假設不同，而是由於對同一問題的視角不同而發生意見衝突時，也就是說，當一方提出的不僅僅是一個不同的答案，而且是一個被另一方認爲無法接受和「不可思議」的答案時，這種衝突就會發展成激烈而又難以解決的對抗，但這種對抗在那個時期並不多見。當克羅內克(H. Kronecker, 1839-1914)在數學的無窮問題上猛烈攻擊維爾斯特拉斯(K. Weierstrass, 1815-97)、狄德金(R. Dedekind, 1831-1916)、康托爾(G. Cantor, 1845-1918)時，這種衝突就在鮮有問津者的小小數學界發生了。這種「方法之爭」使社會科學家出現分化，可是，如果「方法之爭」介入自然科學，其中包括涉及敏感的進化論問題的生物學，反映出來的，與其說是學術性的辯論，毋寧說是想迫使對方接受自己所偏愛的意識形態。沒有令人信服的科學理由可以解釋這種偏愛何以沒有出現。因此，維多利亞時代中期最典型的科學家湯普森(他的典型性在於他集理論、技術、商業於一身，不僅提出了雖屬常規但在技術上又是多產的理論，同時在商業上又很成功)，對於馬克士威的光電磁(electromagnetic)理論，顯然不以爲然，結果他們之間的辯論被許多人認爲是偏離了現代物理學。但是，由於他認爲可以借助他本人的數學工程模型，對馬克士威的理論重新進行闡述(實際上並非如此），所以他沒有對馬克士威的理論提出挑戰。湯普森在已知物理規律的基礎上再次洋洋得意地做出論證，認爲太陽的存在距今不超過五億年，因此地球的地質和生物就不曾有足夠的時間實現進化（他是正統的基督徒，因而對這個結論深感欣慰）。根據一八六四年的物理學判斷，他是正確的，因爲要到核能被發現後，物理學家才對太陽（因而也對地球）的存在做出了距今遠遠超過五億年的推測，然而，當時核能尚未發現。但是，湯普森並未想到，如果他的物理學與已爲科學家們普遍接受的地質學相牴觸，是否他的物理學可能有不完善之處；他也不曾考慮，地質學家會置物理學於不顧而一逕前進。就物理學和地質學的進一步發展而言，這場辯論彷彿不曾發生。

科學界沿著自己的智力軌道向前發展，正如鐵軌不斷向前延伸一樣，科學界展示了一幅在新的領域裏不斷鋪下同類軌道的前景。在天文學方面，用更大型的望遠鏡和測量儀器（這兩者大多是德國的成果）（一八九〇年代之前，夫琅和費〔Joseph Fraunhofer, 1787-1826〕的望遠鏡式樣，是後來安裝在美國天文台的巨型折射望遠鏡的原型。英國天文學在程度方面落在歐陸之後，但它以其長期不間斷的觀察記錄彌補了這個缺陷，「格林威治〔Greenwich〕可以比作一個歷史悠久的公司，它循規蹈矩，名聲顯赫，不愁沒有顧客，也就是說，全世界的航運業都是它的顧客。」）進行了一系列新的觀測，採用了新的攝影技術和光譜分析法——光譜分析法首次於一八六一年應用於星光分析，後來證明這是一種極爲有效的研究工具。天空中可以讓老一代天文學家吃驚的事似乎並不多。

物理學在本世紀上半葉獲得了戲劇性的進展：熱與能這兩種表面上迥然相異的物理現象，居然由熱力學（thermodynamics）統一起來了，與此同時，電、磁乃至光，均趨於採用同樣的分析模式。

熱力學在十九世紀頭二十五年中雖然未能取得重大進展，但是湯普森在一八五一年卻完成了使新的熱理論與舊的力學理論彼此協調的過程（《熱的動力當量》〔*The Dynamical Equivalent of Heat*〕）。現代物理學的前輩馬克士威於一八六二年提出了極爲出色的光的電磁理論數學模式，該模式既深刻又留有進一步探討的餘地，爲日後發現的電子打通了道路。可是，也許因爲馬克士威未能以適當的方式闡明他所說的「有點棘手的理論」（直到一九四一年才闡述清楚）❻，他始終未能說服湯普森、亥姆霍茲這類站在前列的同時代科學家，甚至連成就卓著的奧地利人波茲曼（Ludwig Boltzmann, 1844-1906）也未能說服。波茲曼寫於一八六八年的論文，事實上已經將統計力學作爲一個研究對象提出來了。十九世紀中期的物理學大概不如前此和此後的物理學那樣光彩奪目，不過，物理學理論的進展還是相當可觀的。然而，其中的電磁理論和熱力學規律似乎「意味著已達到某種終結」（貝爾納語）❼。無論如何，以湯普森爲首的英國物理學家，實際上還有在熱力學方面獲得了開創性成果的那些物理學家，都受到一種看法的強烈影響，認爲人類已經對自然規律獲得了最終的認識。然而，亥姆霍茲和波茲曼卻不爲這種看法所動。也許由於物理學爲建立力學模式提供了極大的技術可能性，從而使得關於這門學科已達到終極的說法更具誘惑力。

化學是自然科學中的第二大學科，也是十九世紀方興未艾、最具活力的學科。化學顯然沒有達到某種終極，其擴展令人驚異，尤其在德國。從漂白粉、染料、化學肥料到藥品和炸藥，化學在工業中的這些廣泛應用是其中的重要原因之一。科學界的所有從業人員中，化學家占了一半❽。在十八世紀的第三個二十五年中，化學已經奠定了作爲一門成熟科學的基礎，此後一直蓬勃發展，而在十九世紀的第三個二十五年中，它已成了一個令人興奮不已的泉源，湧現出許多思想和發現。

人們已經認識了化學基本元素的變化過程，最重要的分析儀器也已經具備；由不同數量的基本單位(原子)組合而成的數量有限的化學元素，由分子的基本多原子單位組合而成的元素化合物，以及這些組合過程規律中的某些概念，所有這些都已爲人們所熟知；而這些正是化學家在重要活動中取得巨大進展，即對不同的物質進行分析和綜合時所必需的。有機化學這個特殊領域雖然依然局限於對材料性能的研究，其中主要是對煤這類由遠古時代的生物變成的資源在工業生產中的有效性能的研究，但從總體上看，有機化學卻已呈現出一派興盛的局面。生物化學的研究對象是物質在有生命的物質組織中如何活動，它此時離進入生物化學研究尚有一段距離。化學模式依然不甚完善，然而，了解化學模式的努力卻在十九世紀第三個二十五年中取得了實質性進展。由於取得了這些進展，人們掌握了化合物的結構，從此之後，化合物便可以簡單地從數量角度(一個分子所含的原子數量)進行觀察了。

亞佛加厥(Avogadro)於一八一一年提出的定律，使得確定一個分子中的原子數量成爲可能；在義大利實現統一的一八六〇年，一位愛國的義大利化學家在一次國際會議上，提請與會者注意亞佛加厥的定律。此外，巴斯德於一八四八年發現，化學性能相同的物質，其物理性能可能各不相同，例如，光的偏振的平面可以是旋轉的，也可以是不旋轉的，這是化學借用物理學所取得的又一成果。由此引出的結論之一是，分子具有三度空間；此外，一八六五年，坐在倫敦馬車上的德國著名化學家凱庫勒(Kekulé, 1829-96)——這是維多利亞時代常見的場景——首次想到了複合結構的分子模式，也就是著名的苯環理論。這個理論認爲，每個苯環由六個碳原子組成，並有一個氫原子附在上面。可以說，建築師或工程師的模式取代了化學公式中C_6H_2這種前此一直使用的會計師的計數模式。

在這個時期的化學領域裏，更加了不起的一件事大概是門德列夫(Mendeleev, 1834-1907)元素周期表的大範圍推廣。由於解決了原子量和原子價的問題(元素中的一個原子與其他原子結合的數量)，在十九世紀初期一度興盛之後便不受重視的原子理論，在一八六〇年後再度令人矚目，與此同時，對分光鏡形狀的技術改進(一八五九)，也促成了若干新元素的發現。此外，在一八六〇年代中期，標準化和計量技術也有長足進步(其中如電工學中的伏特、安培、瓦特、歐姆等的確定，這些計量單位如今已任人皆知)。依據原子價和原子量對化學元素進行重新排列的工作，也在這個時期進行了多次嘗試。門德列夫和德國化學家梅耶(Mayer, 1830-95)在這方面做了努力，從而得出了元素的性能隨原子的重量和周期變化的結論。這個結論的傑出之處，在於人們根據這項原理做出推測，總數爲九十二的元素周期表上尚有空缺，有待填補，並預言了這些尚未發現的元素性能。門德列夫的周期表爲基本物質的種類確定了一個極限，從而令人覺得，原子理論的研究至此似乎已告終結。然而事實卻是，「應該以一個新的物質概念去尋找其完整的解釋，這種新的物質概念不再視原子爲不變，而是將原子視爲處於相對不斷地與少量基本粒子結合的狀態中，而這些基本粒子本身也可能發生變化和轉化。」不過，門德列夫就像馬克士威那樣，似乎是爲以往的爭論畫上了句號，而不是爲新的爭論開了頭。

生物學遠遠落在物理學後面，究其原因，作爲生物學實際應用者的農民，尤其是醫生的保守主義難辭其咎。回顧往昔，早期最偉大的生理學家之一是貝爾納，他的研究爲現代生理學和生物化學奠定了基礎，他還在《實驗醫學研究導論》（*Introduction to the Study of Experimental Medicine*, 1865）一書中，對科學研究過程做了前所未有的細緻分析。然而，他雖然聲譽卓著——尤其在他的祖國法蘭西——他的發現卻並未立即得到應用，他在當時的影響力也遜於他的同胞和同行巴斯德。巴斯德與達爾文並駕齊驅，是十九世紀中期在公眾中知名度最高的科學家。他藉由化學工業，確切地說，他藉由對啤酒和醋有時會變質，而化學分析對這種現象卻不能提供答案這一困惑，而進入到細菌學領域，並成爲這個領域的先驅者（他在這項研究中的合作者是原籍德國的科霍醫生〔Robert Koch, 1843-1910〕）。顯微鏡、細菌培養、幻燈顯示等細菌學的技術手段，根治動物和人的某些疾病等生物學的直接應用，這兩方面的成就使生物學這門新興學科，不但易於爲人們所接近和理解，而且頗具吸引力。經利斯特（Lister, 1827-1921）更進一步的完善防腐法、巴氏滅菌法和其他防止微生物侵入生物有機體的方法等技術和疫苗接種，都已切實掌握，有關的論證和結果已相當充分，從而令醫務界的頑固抵制難以爲繼。細菌研究爲生物學進而爲研究生命的實質，提供了具有巨大實效的手段，但是，這個時期的生物學並未提出因循守舊的科學家無法立即接受的理論問題。

當時生物領域中最有價值的驚人進展，與生命的物理、化學結構和機制研究，僅有微不足道的關聯。透過自然淘汰而實現進化的理論遠遠超出了生物學範疇，它的重要意義也在於此。進化論肯定了歷史對於所有科學的勝利，雖然與科學相聯繫的歷史通常總是被當代人與「進步」混爲一談。

況且，由於進化論把人本身置於生物進化的全局中去考察，從而打破了自然科學與人文科學或社會科學之間的明晰界線。從此之後，必須把宇宙，至少是太陽系，當作一個持續不斷的變化過程來考慮。太陽系和其他星球正處在這種歷史的中途，而正如地質學家業已指出的那樣（參見《革命的年代》第十五章），地球也正處在這種歷史的中途。有生命的物質如今也被納入這個過程之中，儘管生命本身是否由無生命物質演化而來，這個問題不但尚未解決，而且基於意識形態的原因，始終十分敏感（偉大的巴斯德堅信他本人已經闡明，這種演化是不可能的）。達爾文不但把動物，也把人類引入了進化論的審視範圍之內。

十九世紀科學所面臨的困難，主要不在於接受這種將宇宙視爲一個歷史進程的看法，在一個發生了許許多多至爲明顯的歷史性變化的時代，相信這一點是再容易不過了，困難在於如何把這種看法與不變的自然規律，與大體相似、持續不斷且非革命性的運轉結合起來。從自然規律出發，社會革命是否必要就成了問題，傳統宗教的必要性更受到懷疑，因爲宗教典籍所宣揚的是間斷變化（創世紀）和不符合自然規律的東西（奇蹟）。然而，這個階段的科學似乎也相信一致性和不變性，而且似乎把簡化理論看作科學的根本理論。唯有馬克思這樣的革命思想家才會認爲有可能出現二加二不等於四而等於別的什麼，或既等於四又等於別的什麼的情況（在數學家們有關無窮的討論中，這個問題之所以引起震動，原因是僅用算術已不能獲得預想的結果）。地質學家取得了重大成就，他們認爲，借助今天依然可見的完全一樣的那些力量的作用，就能對沒有生命的地球上過去和今天所觀察到的種類繁多的東西做出解釋。只要有足夠的時間，天擇說就能對包括人類在內的有生命物種何以會種類繁多做出解釋。

這一成就曾促使並繼續促使思想家們否認或低估這種迥然不同而且嶄新的看法，這種看法力圖對歷史變化做出解釋，將人類社會的變化歸結爲生物進化規律，因此而產生了嚴重的政治後果或政治意圖（社會達爾文主義）。西方科學家生活在其中的社會——所有科學家都屬於西方社會，連處在西方世界邊緣的俄國科學家也屬於西方社會——把穩定和變化合而爲一，進化論也這樣認爲。

但是，進化論是激動人心的，或者說是咄咄逼人的，因爲，進化論首次刻意與傳統勢力、保守主義和宗教進行論戰，並與之發生激烈衝突。它否定了人類一直被賦予的特殊地位。進化論所受到的抵抗來自意識形態。按照上帝形象創造出來的人，怎麼就只不過是發生了變化的猴子呢？如果說，有必要在類人猿和天使之間做出選擇，那麼達爾文主義的反對者選擇了天使。抵抗之激烈顯示了墨守成規和有組織的宗教勢力之強大，由於這場討論是在高層文化人士中展開的，因而即使在思想最解放的西方受過教育的人群中，墨守成規和宗教也照樣頗有市場。進化論者竟然立即公開向傳統勢力發出挑戰，並相對迅速地取得了勝利，這一點同樣驚人，也許更加驚人。進化論者在十九世紀上半葉人數眾多，但是他們之中的生物學家卻小心翼翼，多少有些出於個人的恐懼。連達爾文本人也從自己提出的觀點後退了。

進化論盛行的原因不在於人是由動物進化而來的證據來勢太猛，以致無法抵擋，雖然在一八五〇年代，這類證據的確被迅速蒐集。對於一八五六年發現的尼安德塔人（Neanderthal）頭蓋骨，已不可能做出別種解釋。事實上早在一八四八年前，證據已足夠有力。眞正的原因在於下列兩項事實構成了極佳的機遇：一是主張自由主義和進步的資產階級迅速崛起，二是這個時期沒有發生革命。向傳統勢力的挑戰日益強大，但這種挑戰似乎不會再引起巨大的社會變動。在達爾文身上就體現了這兩個事實。他是資產階級，是溫和的左派自由主義者，從一八五〇年代起（之前並非如此），他就準備義無反顧地與保守主義和宗教勢力進行一場面對面的論戰。但他彬彬有禮地謝絕了馬克思將《資本論》第二卷獻給他的好意，總之，他終究不是革命者。

達爾文主義的命運不再取決於它能否成功地說服廣大的科學家，也就是說，不再取決於《物種起源》（*The Origin of Species*）無可爭辯的功績；而是取決於因時間和國家而異的政治和意識形態方面的態勢。長期以來爲進化論思想提供了某些重要成分的極左派，當然立即就接受了進化論。華萊士（Alfred Russel Wallace, 1833-1913）事實上在沒有受到達爾文啓示的情況下，也發現了天擇理論，因而與達爾文分享榮譽；他從工匠科學的傳統和激進主義走來，而激進主義在十九世紀初年曾發揮過重大作用，並對「自然史」表示了由衷的歡迎。華萊士在憲章運動派和歐文主義者的「科學堂」中成長，他始終是一位極左派，晚年又投身於積極支持土地國有化乃至社會主義的活動。與此同時，他依然保持著對異端及平民意識形態、骨相學和唯靈論的信仰（見第十五章）。馬克思很快就將《物種起源》歡呼爲「我方觀點的自然科學基礎」[9]，社會民主主義在馬克思的一些學生，例如考茨基（Kautsky）的大力推動下，沾上了濃重的達爾文主義色彩。

社會主義者對達爾文主義的好感，並未妨礙強大而又進步的自由主義中產階級歡迎乃至支持達爾文主義。達爾文主義很快在英國取得勝利；在充滿自信氣氛的德國，達爾文主義也在實現德國統一的十年中取得了勝利。法國的中產階級偏愛穩定和拿破崙建立起來的帝國，知識階層則認爲，無須從非法蘭西，也就是從落後的外國輸入思想，所以，直到帝國傾覆、巴黎公社失敗之後，達爾文主義才在法國迅速取得進展。在義大利，進化論鬥士對於隱而未露的社會革命思潮的憂慮，遠甚於因教皇的喝斥而引起的不安，不過，他們也有足夠的自信。達爾文主義在美國不但立即取得勝利，而且很快就轉變爲富有戰鬥精神的資本主義觀念。反對達爾文進化論的人，包括科學界的反對派在內，都是來自社會保守派。

2

進化論把自然科學與人文或曰社會科學連接了起來，儘管人文科學和社會科學這些術語當時尚未誕生。可是，人們第一次深深感到需要創立一種專門的、從整體上研究社會的學科，這個學科不同於已有的各種與人類事物有關的學科。一八五七年創立的英國社會科學促進協會（The British Association for the Promotion of Social Science）並無奢望，只想把科學方法應用於社會改革。一八三九年，孔德創造了社會學（sociology）一詞，斯賓塞（他於一八七六年撰寫了一部早熟的著作，論述社會學和其他多種學科的原理）則使此詞廣爲人知；於是，社會學成了人們爭相談論的一門學科。到了十九世紀第三個二十五年末期，社會學既未成爲公認的學科，也沒有成爲一門教學課程。另一方面，與社會學性質相似、但外緣更爲廣闊的人類學卻迅速崛起，在法學、哲學、人種學和遊記文學、語言和民俗研究，以及醫學之外，成爲一門公認的學科（經由當時普遍開展的「體質人類學」

〔physical anthropology〕)，這門學科使測量和蒐集不同人種的頭蓋骨蔚爲時髦)。第一位公開講授這門課程的人，大概是一八五五年在巴黎國家博物館(Musée National)擔任專門講授此課的教授加特爾法奇(Quatrefages)。一八五九年創建了巴黎人類學學會(Paris Anthropological Society)，此後，類似的組織相繼在倫敦、馬德里、莫斯科、佛羅倫斯和柏林建立，從而促使人們在一八六〇年代對這門學科的興趣驟增。心理學(又一門新興學科，創立者這回是穆勒)仍然與哲學聯繫在一起。貝恩(A. Bain)的《精神與倫理科學》(*Mental and Moral Science*, 1868)依舊把心理與倫理攪在一起。不過，馮特(W. Wundt, 1832-1920)的心理學已經越來越注重實驗；曾爲偉大的馮特當過助手的亥姆霍茲，則促使心理學日益朝著注重實驗的方向發展。無論如何，到了一八七〇年代，心理學顯然已經在德國的各個大學裏成了一門被廣泛接受的學科，不但如此，心理學還進入了社會學和人類學領域，一本兼論語言學和心理學的專門雜誌早在一八五九年就已創刊[10]。

用「實證科學」，尤其是實驗科學的標準來衡量，這些新學科創下的紀錄算不得多麼驚人，儘管其中的三門：經濟學、統計學和語言學，也許已經可以聲稱自己取得了名副其實的一系列成就(見《革命的年代》第十五章)。經濟學和數學的關係變得緊密而直接(這是兩位法國人庫爾諾和瓦爾拉〔L. Walras, 1834-1910〕促成的)，統計學在社會現象研究中的應用已相當普遍和有效，從而促進了它在物理學中的應用。至少，攻讀以馬克士威爲先驅的統計學淵源的學生們是這樣做的。社會統計學無疑比以往任何時候都蓬勃興盛，應用這門學科的人在公共部門裏求職毫無困難。自一八五三年起，國際統計學大會不時舉行，令人欽佩的著名學者法爾博士(William Farr, 1807-83)當選爲皇家學會

(Royal Society)會員後，統計學作爲一門學科的地位也隨之得到了公認。語言學則沿著另一條路線發展，下面我們將會談到。

然而，從總體上看，這些成果並無驚人之處。一八七〇年前後在英國、奧地利和法國同時發展起來的邊際效應學派，表面上漂亮精緻，實際上卻顯然遠比「政治經濟學」狹窄（甚至也比固執的德國「歷史經濟學派」更狹窄）；就此而言，邊際效應學派是一種不太現實的解決經濟問題的方法。在自由主義社會中，社會科學不同於自然科學，它並未刺激工藝技術進步。既然經濟的基本模式看來已臻於完善，有待解決的重大問題，如收入成長、可能發生的經濟崩潰、收入分配等等，已不復存在。事實上，那些尚未解決的問題，就交由市場經濟的自發作用（下文將圍繞這個問題進行分析）去解決，只要這些問題是人們不能解決的。儘管如此，事情畢竟在逐步改善和進步，似乎無須經濟學家們集中精力研究這門學科中更爲深層的問題。

資產階級思想家們依然關心的，與其說是資本主義世界的經濟問題，毋寧說是社會和政治問題，對於法國和德國來說，更是如此。在法國，革命的危險仍然留在人們的記憶中，在德國，隨著工人運動的勃興，爆發革命的危險已經開始顯露。但是，德國思想家們雖然從未全盤接受大量湧入的極端自由主義理論，他們卻如同隨處可見的保守派那樣，擔心建立在自由資本主義基礎上的社會將被證明是危險和不穩定的社會，他們苦無良策，唯一的建議是進行預防性的社會改革。社會學家的社會概念是類似生物學的「社會有機體」概念，它與階級鬥爭概念全然不同，是一種所有的社會集團各司其職，相互合作的概念，充其量是披上了十九世紀外衣的陳舊保守主義，因而很難與這個世紀的另一種生物學概念彼此相容，後者以主張變化和進步——即「進化」——爲其特徵。前者實際上只是爲宣傳提供了良好基礎，但不是爲科學。

因此，這個時代唯一提出了闡述社會結構和社會變化的綜合理論思想家，就是主張社會革命的馬克思，他受到了經濟學家、歷史學家和社會學家的尊敬和讚譽，至今仍爲人所敬仰。這是一個了不起的成就，因爲，馬克思的同代人（除了某些經濟學家），不是已被今天受過良好教育的人忘得一乾二淨，就是經歷了一個世紀的風吹雨打後已經憔悴不堪，幸好今天在思想庫裏搜尋古物的人還能從他們的著作中重新發現已被遺忘的功績。但是，孔德或斯賓塞無論如何總是知識界的重要人物，這件事並不令人驚異，令人驚異的倒是，那位曾被視爲當今亞里斯多德的那個人突然消失了。孔德和斯賓塞在他們活著的時候其知名度之高和影響力之大，是馬克思無法比擬的。馬克思的《資本論》在一八七五年被一個不知其名的德國專家批評爲一個非科班出身者的作品，對以往二十五年的進展一無所知⓫。因爲在此時的西方，認眞看待馬克思的只有國際工人運動，尤其是德國日益高漲的社會主義運動，可是即使在德國，他對知識界的影響也微乎其微。然而，在革命形勢日益高漲的俄國，知識分子們卻如飢似渴地閱讀馬克思的作品。《資本論》德文第一版（一八六七）印了一千册，整整五年才賣完，可是一八七二年此書的俄文版也印行了一千册，卻不到兩個月就一搶而光。

馬克思爲自己提出的問題，也是其他社會科學家企圖面對的同一問題，即：從前資本主義社會向資本主義社會過渡的性質和動力，以及其特殊的作用方式和未來的發展趨勢。人們對馬克思的回答比較熟悉，此處無須贅述；不過有必要指出，馬克思抵制了把經濟與其他歷史社會條件分割開來的傾向，而這種傾向當時在各地都日趨強大。十九世紀社會的歷史發展問題，促使理論家和實踐者都去深入研究久遠的過去。因爲在資本主義國家中，日益擴張的資產階級社會正在與其他社會相遇並加以摧毀，正在逝去的以往和正在到來的現在發生了公開的衝突。德國思想家看到，他們國家原本區隔森嚴的「階級」社會正在讓位給階級衝突的社會。英國法學家，特別是其中曾在印度生活過的人，對「階級制」的古代社會和「契約制」的近代社會做了對比，認爲從前者過渡到後者，是歷史發展的基本模式。俄國作家們同時生活在兩個世界中，一個是古老的農村公社世界，他們當中的多數人都曾在昔日領主的莊園裏度假時認識了這個世界；另一個則是到處旅行的西化知識分子的世界。對於十九世紀中期的觀察家來說，除去古老文明和古老帝國的歷史以外，所有的歷史同時共存；古老的文明和古老的帝國已隨著古典時期一起被（徹底）埋葬了，正等待著德國考古學家謝里曼（H. Schliemann, 1822-90）到小亞細亞古城特洛伊（Troy）和希臘古城邁錫尼（Mycenae）進行發掘，也等待著比特里（Flinders Petrie, 1853-1942）到埃及使它們重見天日。

也許有人曾希望，與以往的歷史緊密相連的歷史學，能對社會科學發展做出特殊的重大貢獻，但是，作爲一門純學術，歷史學對社會科學的幫助卻微不足道。絕大多數歷史學家關心的是帝王、戰爭、條約、政治事件或政法制度，總之，他們關心的，縱使不是披戴歷史服裝的現代政治，至少也是以往的政治。他們在整理得井井有條、保存得極好的檔案資料基礎上，苦苦地進行方法論研究，他們（追隨領頭的德國人）日甚一日地出版學術論文和專門性雜誌。一八五八年德國的《史學雜誌》（*Historische Zeitschrift*）創刊，一八七六年法國的《史學評論》（*Revue Historique*）開始發行，一八八六年英國的《歷史評論》(*Historical Review*)誕生，一八九五年《美國歷史評論》(*American Historical Review*)也告問世。不過，他們的著作如今仍是永存的博學紀念碑，至今對我們仍有吸引力。退一步說，那些開本極大的小册子，至今還有人在讀，至少作爲文學作品來讀。儘管某些歷史學家表現出溫和的自由主義傾向，他們的學術著作卻總是流露出一種偏好、眷戀往昔，甚至懷疑未來的傾向，如果對未來尚未表示遺憾的話。這一時期的社會科學都有這種傾向。

然而，雖然從事學術研究的歷史學家沿著做學問的路走，歷史學卻依然是新興社會科學的主要組成部分。這一點在一派繁榮的語言學領域裏尤爲明顯，用現在通行的術語，那時的語言學應該稱作歷史比較語言學。與其他許多學科一樣，德國人在這門學科中占有舉足輕重的分量。歷史比較語言學的主要研究對象是重現印歐語系的歷史發展，也許由於印歐語系在德國稱作「印德」(Indo-German)語系，所以它在德國引起的關注即使不說是民族主義的，至少也是全民族的。斯坦塔爾(H. Steinthal, 1823-99)和施萊謝爾(A. Schleicher, 1821-68)都爲建立一種更爲廣闊的語言類型，即發現語法和語言的根源及其歷史發展做出了努力；但是，他們所建立的語言譜系在很大程度上依然是猜測的產物，多種「語系」(genera)和「語科」(species)之間的從屬關係仍相當令人懷疑。事實上，除了猶太人和聖經研究者感興趣的希伯來語和相近的閃族語以及某些芬蘭烏戈爾(Finno-Ugrian)語的著作外(匈牙利可以看作芬蘭烏戈爾語在中歐的代表性地區)，在十九世紀歷史比較語言學比較發達的國家中，並沒有多少印歐語系以外的語言得到有系統的研究(以美洲印第安語爲基礎的美國語言學派，也沒有獲得進展)。另一方面，在十九世紀上半葉獲得的重要學術成就，都在印歐語系的演變史研究中，得到了系統性的應用和進一步的發展。在德國人深入調查研究的基礎上，格林(Grimm)發現了語音的變化規律，重現了無文字時期的詞彙模式和「譜系」(family trees)的分類。其他演化模式(如施密特〔Schmidt〕的「波狀理論」〔wave-theory〕)也競相提出，類比法(尤其是語法類比)有了進一步的發展，因爲撇開了比較，就沒有歷史比較語言學可言。到一八七〇年代，青年語法學派(Junggrammatiker)確信他們有能力重建早期印歐語系，從東方的梵文到西方的塞爾特語(Celtic)，許許多多種語言的起源都可以追溯到這種早期印歐語，令人敬畏的施萊謝爾竟然能用這種重建的印歐語進行寫作。現代語言學走的是一條與十九世紀中期迥然不同的道路，它也許做得過了頭，完全摒棄了對於語言的歷史和演變的關注，就此而言，歷史比較語言學在十九世紀第三個二十五年中，基本上是在已知的原理指導下，而不是在超前的新原理指導下取得進展的。然而，這門學科確實是一門典型的以進化論爲指導思想的社會科學，用當時的標準來衡量，應該說是一門既在學術界也在公眾中取得了巨大成就的學科。遺憾的是，這門學科卻在公眾當中(儘管牛津的馬克斯繆勒〔F. Max-Muller, 1823-1900〕等學者竭力加以否認)扮演了爲種族主義推波助瀾的作用，操印歐語的民族(印歐語完全是一個語言學概念)竟然被等同於「阿利安人種」(Aryan race)。

在人類學這門同樣發展迅速的社會學科中，種族主義顯然也扮演了主要角色，人類學其實是「體質人類學」(主要是從人體解剖和類似的研究中衍生出來的)和「人種學」(即對各種落後的或原始的人群的描述)這兩門截然不同的學科融爲一體的產物，體質人類學和人種學不可避免地彼此參照，而且事實上兩者的關鍵都是以下兩個問題：不同人群的區別問題，以及(被置於進化模式中的)人類和不同類型之社會的由來問題，而在不同類型的社會中，資產階級社會無疑處在最高層次。體質人類學自然而地導出「人種」觀念，因爲白種、黃種和黑種人，以及黑人、蒙古人和高加索人（或者使用任何其他分類法）之間的區別是不爭的事實。這種區別本身並不意味著不同的人種有優劣之分，然而，這種區別一旦與基於史前發掘的人類進化研究相結合，這就意味著人種有優劣之分了。因爲，可以識別的人類遠祖，特別是尼安德塔人，不僅明顯地更像類人猿，而且在文化上也顯然與他們的發現者無法相比。因此，如能證明某些現存人種比另一些現存人種與猿更接近些，那豈不是就證明前者劣而後者優嗎？

這種論調雖然軟弱無力，但對於那些力圖證明白種人優於黑人或所有人種的人來說，這種論調卻具有一種天然號召力（在帶有偏見的人看來，即使在中國人和日本人身上，也能找出猴子的體質特徵來，就像許多現代漫畫證明的那樣）。但是，如果說達爾文的生物進化論把物種設想爲有等級之分，那麼文化人類學所運用的比較方法也做出了同樣的假設，泰勒（E. B. Tylor, 1832-1917）的《原始文化》（*Primitive Culture*, 1871）一書便是文化人類學的一個里程碑。泰勒和許多相信人類是逐步進化而來的學者，對那些尚未滅絕的人群和文化進行了考察，這些本質上並不算低劣的人群和文化正處於從進化早期階段向現代文明邁進的路上。他們被類比成一個人的童年或幼年時期。這意味著一種階段理論（在這一點上，泰勒受到孔德的影響），泰勒以一個受人尊重的人在接觸這個當時仍然具有爆炸性的問題時應有的謹慎，將這種理論運用在宗教上。從原始的「萬物有靈論」（amimism，這個詞是泰勒創造的）通向更高階的一神教，最終達到科學勝利的道路，應該會「逐步取代那些不受系統規則約束的自發行動」[12]。不過（科學能不求助於心靈而對日益增多的親身體驗做出解釋），在這個過程中，於早期文明的歷史發展過程中已經發生變化的「倖存物」依然到處可見，即使在已開化民族的某些「落後」面貌中也能見到，例如，農村的迷信和某些習俗等。這樣一來，農民就成了聯繫蠻人和文明社會的紐帶。視「人類學」爲「本質上是改革者的科學」的泰勒，當然不相信這說明了農民沒有能力完完全全地變爲文明社會中的工薪族成員。但是，代表文明發展的童年時期或幼年時期的人，他們也像個孩子，需要他們成年的「雙親」把他們當作兒童來照看，還有什麼比這樣想更方便呢？《人類學評論》（*Anthropological Review*）寫道：

> 黑人是母腹中的胎兒，蒙古人是幼童。同樣我們也發現，他們的政制、文學和藝術也顯出同樣的幼稚和不成熟。他們是年幼的孩童。他們的生命是一種試煉，他們的首要品德則是無條件服從。[13]

奧斯本（Osborn）船長在一八六〇年也以海軍的粗魯方式說過類似的話：「拿他們當孩子對待，讓他們幹我們所知道的對他們和我們都有好處的事，這樣，中國的一切困難都能解決。」[14]因此，其他人種都是低劣的，因爲他們尚處在生物進化的早期階段，或者尚處在社會文化發展的早期階段，或是兩種兼而有之。這些人種之所以是低劣的，那是因爲衡量的標準是「優良人種」自己的標準，他們是優良人種，他們的工藝技術先進，軍事強大，富有而「成功」。這種論點使人聽了很受用，而且順理成章，以致中產階級想把這種說法從貴族手中接過來(貴族長期以來自認爲屬於上等人種)，以便用於國內和國際目的。窮人之所以窮，是因爲他們屬於「下等人種」，因此他們的貧窮落後就不足爲奇了。這種說法當時尚未披上現代遺傳學的外衣，因爲那時遺傳學尚未創立；儘管修士孟德爾(Gregor Mendel, 1822-84)已在他的摩拉維亞修道院的菜園子裏對豌豆進行實驗(一八六五)，可是當時無人知曉，直到一九〇〇年前後被重新發現後才聞名於世。但是，一種幼稚的觀點卻被廣泛接受，這種觀點認爲，上層階級是由高等人種所組成，透過內部通婚增加其優越性，若與下等人混雜，其優越性就將受到威脅，而下等人如果高速增殖，威脅就更大。(主要是義大利的)「犯罪人類學」派則從反面表達了同一種思想，他們力圖證明，罪犯、反社會分子、下層社會民眾都屬於有別於上等人的「下等人血統」，而且指出這一點可由測量頭蓋骨或其他簡單方法得到證實。

在十九世紀第三個二十五年中，種族主義充滿在人們的腦海中，其嚴重程度今天難以確切想像，也難以理解。(例如，爲什麼人們普遍懼怕人種混合，爲什麼白人幾乎普遍相信「混血兒」所繼承的恰恰是父母所屬人種的最壞特徵。)這種論調除了可以方便爲白人統治有色人種以及富人統治窮人找到理由外，也許還可以把它解釋爲一種機制，藉助這種機制，建立在根本不平等的意識形態基礎上的不平等社會，可以使其不平等現象合理化，並竭力爲其社會體制中隱含的民主所必然難以容忍的特權，進行辯解並提供保護。自由主義沒有說得通的理由反對平等和民主，於是，無法自圓其說的人種理論便被捧了出來，作爲自由主義的王牌：科學竟然能夠證明，人本來就是不平等的。

但是，儘管某些科學家希冀能證明這一點，但在十九世紀第三個二十五年，科學顯然無法證明這一點。根據達爾文的說法逆推（「適者生存」，生存者必然是適者），並不能證明人優於蚯蚓，因爲人和蚯蚓都成功地存活下來了。「優越性」是以進化史等同於「進步」這一假設爲前提所導出的結論。人的進化固然正確地顯示了某些領域（特別是科學和技術）中的進步，卻沒有對這些領域給予充分的注意，人類進化史既沒有也不可能使「落後」不可救藥地永遠落後。因爲，人類進化史是建立在這樣一個假設之上，即至少從智人出現以後，儘管人生活在不同歷史環境中，他們卻是一樣的，他們的行爲遵循同樣的普遍規律。英語與早期印歐語不同，但其原因並不是英國人在語言上的行爲有別於當時被普遍認爲生活在中亞的始祖部族。出現在歷史比較語言學和人類學中的人的「基本範型」，包含著與遺傳學相對立的成分或其他永恆的不平等形式。澳大利亞土著，太平洋諸島的島民，以及印第安易洛魁人的血統體系，開始成爲現代社會學創始人，例如摩爾根（Lewis Morgan, 1818-81），認眞研究的對象，儘管他們只在圖書館進行初步研究，而不是在現場，這些血統關係被看成是十九世紀的人種在進化過程中的早期遺存。然而，重要的是它們是可比較的，雖有不同之處，但並不一定就是低劣（這一點當然可也適用於上古時期的民族，他們的族系是家庭發展史先驅性研究的基礎。J. Bachofen's *Matterrecht* in 1861）。「社會達爾文主義」和種族主義的人類學和生物學，它們都不屬於十九世紀的科學，而屬於十九世紀的政治。

當我們回顧這一時期的自然科學和社會科學時，我們對他們如此自信的態度尤感驚異。就自然科學而言，這種自信心明顯缺乏理由，就社會科學而言，則稍說得通些，但這兩者顯然都沒有道理。物理學家們覺得留待他們的後繼者去做的事已寥寥無幾，只剩下一些次要問題有待進一步澄清，他們所表露的心境與施萊謝爾一樣。施萊謝爾確信，古代阿利安人的語言就是他推定並重建的那種語言。這種想法並非建立在研究結果的基礎之上，因爲進化論的各門學科都難以藉由實驗來證明其正確與否，而是基於對「科學方法」絕對可靠的信任。「實證」科學以客觀的、已被探明的事實爲研究對象，它與因果關係有堅實的聯繫，禁得起質疑和故意更改，能推導出一致的、不變的普遍規律，因此，實證科學是闡明宇宙的萬能鑰匙，十九世紀已經掌握了這把鑰匙。不但如此，隨著十九世紀世界的興起，以迷信、神學和臆測爲特徵的人類幼年時期已經結束，孔德實證科學理論的「第三階段」已經到來。在方法的適當性和神學模式的永恆性這兩方面，要想嘲笑上述那種自信心，簡直易如反掌；但是，正如某些老一代哲學家本應指出的那樣，這種自信心仍有足夠的力量，讓人們深信不疑。既然科學家們覺得自己可以滿有把握地闡明自己的觀點，對專家們的自我肯定深信不疑的那些小思想家和小評論家就更是如此了。因爲他們聽得懂專家們所說的大部分內容，至少當專家們尙無須藉助高等數學便能闡明自己的理論的時候，他們能夠聽懂。即使在物理學和化學領域裏，他們也依然算得上是「實踐者」之一，比方說是個工程師。達爾文的《物種起源》連外行人也完全讀得懂。常識固然不高明，但它無論如何總讓人知道，自由資本主義進步勝利的世界，乃是可能有的最好世界，所以，再沒有比藉助常識來動員整個宇宙爲這個世界的偏見而努力更輕鬆的事了。

於是，評論家、推廣家和思想家，都從西方世界的各個角落，從一切被「現代化」吸引的當地菁英所在地被發掘出來。過去，在本國以外曾享有而且依然享有名望的傑出科學家和學者，其分布極不均勻。事實上，他們多半集中在歐洲和北美洲(在這方面，伊比利半島和巴爾幹半島在歐洲處於落後地位）。而今，高水準且具有國際水平的著作大量出現在東歐，尤其是俄國，這大概是這個時期「學術地圖的最大變化，儘管這個時期的科學史不可能無視一批傑出的北美科學家，尤其是物理學家吉布斯（Willard Gibbs, 1839-1903）。但是，不能否認，到了一八七五年，出自喀山和基輔各大學的著作，比出自耶魯和普林斯頓大學的著作更爲引人注目。

但是，地理分布不足以說明這一時期逐漸主導學術界的那個事實，即德國人的主宰地位，爲他們撐腰的有大量使用德語的大學（其中包括瑞士、哈布斯堡王朝和俄國波羅的海地區的大多數大學），還有德國文化在斯堪的納維亞、東歐、東南歐的強大吸引力。除了在拉丁世界和英國，德國的大學模式已被普遍接受，在某種程度上甚至也被拉丁世界和英國所接受。德國的主宰地位主要體現在數量方面。在這個時期，新創刊的德語科學期刊，超過了法語和英語同類期刊的總和。德國人除了在化學、大概還有數學等自然科學的某些領域裏占據主導地位外，他們在品質方面似乎並未取得明顯的超高成就。因爲（與十九世紀早期不同），這個時期並沒有一種德國特有的自然哲學。與此同時，大概由於民族主義的驅使，法國人堅持自己的風格，因此之故，除了少數聲譽頗高的科學家之外，法國的自然科學長期處於孤立狀態中（不過，法國的數學不在此列），但德國人並不固守自己的風格。德國人自己的風格在後來的二十世紀中占有主導地位，但是，在科學進入理論化和系統化階段之前，德國風格並未獨領風騷，理論化和系統化非常適合德國人的口味，但原因不明。無論如何，基礎相當狹窄的英國自然科學，繼續產生出湯普森和達爾文這樣名聞遐邇的大科學家。英國科學被公認爲是得益於由專家、外行的市民乃至手工藝工人所組成的公眾論壇。

除了學術歷史和比較語言學之外，德國人在社會科學領域中並未擁有上述那種主導地位。回顧以往，重要的經濟學分析著作雖然產生於法國、義大利和奧地利，但此後英國人在經濟學領域裏卻名列前矛。(哈布斯堡王朝在某種意義上是德國文化圈的一部分，但在智力發展史上走的卻是一條迥然不同的道路。)不值一提的社會學最初與法國和英國密不可分，接著則在拉丁世界繼續發展。在人類學方面，由於英國人遍布全球，因而在這個領域裏占了不少便宜。作爲自然科學和社會科學橋樑的「進化論」，它的重心在英國。事實是，社會科學反映了古典形式的資產階級自由主義的預想和問題，德國不存在這些東西，因爲，德國的資產階級社會把自己納入到俾斯麥的貴族和官僚框架中了。這個時期最傑出的社會科學家馬克思，是在英國進行研究和寫作，他的具體分析框架出自非德國的經濟學，其著作的事實基礎來自英國資產階級的社會形態，這種社會形態雖屬「古典」，但當時已不再遭到非議。

3

無論自由主義意識形態還是社會主義意識形態，凡是世俗意識形態，都把科學看作進步的核心。社會主義意識形態的影響範圍雖小，卻在日益擴大，這點無須專門討論，因爲歷史已經清晰地揭示了它的整體特性。

與世俗意識形態相比，這一時期的宗教沒有引起多大注意，現在也不值得去深入探討。然而，它還是應得到某些關注。不僅因爲宗教依然是世界上占壓倒性多數的人進入思考時使用的共同語言，而且因爲資產階級社會本身儘管日趨世俗化，卻顯然爲它的勇氣可能帶來的後果而感到焦慮。到了十九世紀中期，教大眾不信上帝已非難事，至少在西方世界是如此，因爲，歷史學、社會科學，尤其是自然科學，不但已經動搖了《聖經》中許多可以查證的說法，而且事實上已經證明這些說法是不能成立的。賴爾(Lyell, 1797–1875)和達爾文既然是正確的，那麼《聖經‧創世紀》就其字面意義而言，就是完全錯誤的；在理論上反對達爾文和賴爾的人，顯然已被擊敗。上層階級自由主義思想早已爲人們所熟知，至少在上流人士中是如此。中產階級的無神論也已不再新鮮，並因其在政治和反對教會鬥爭中的作用而變得越來越重要，越來越富有戰鬥力。已與革命意識形態相結合的工人階級，其自由思想呈現出特定的形態，因爲舊革命思想衰敗了，只留下不太直接的政治方面；因爲以唯物主義哲學爲其基礎的新革命已占領了陣地。英國的「世俗化」運動直接發端於以往激烈的勞動階級運動、人民憲章運動和歐文主義運動，但是，現在已成爲一支獨立力量，對於反對濃重宗教氛圍的男男女女特別具有吸引力。上帝不但丟掉了飯碗，而且遭到了猛烈攻擊。

對宗教的猛烈攻擊與同樣猛烈的反教會熱潮出現在同一個時期，但兩者並不曾合流，而是自成一格，知識界的所有思潮都捲入了反教會熱潮，其中包括溫和自由主義、馬克思主義和無政府主義。教會，尤其是國家和官方支持的教會以及國際性的羅馬天主教會，都遭到了攻擊。羅馬天主教會聲稱擁有界定眞理的權力，企圖獨攬與公民有關的某些職能(婚喪嫁娶等等)，不過，這種攻擊並不意味著攻擊者主張無神論。在一種以上的宗教並存的國家裏，這種攻擊有時以一個教派反對另一個教派的形式出現。在英國，主要是革新派成員反對英國國教會；在德國，加入一八七〇至七一年反對羅馬天主教會的「文化鬥爭」的俾斯麥，當然不會讓自己像路德派那樣，把上帝或耶穌逼入絕境。另一方面，在單一宗教的國家中，特別是天主教國家中，反對教會自然就意味著反對一切宗教。在天主教內部，事實上出現了一股微弱的「自由主義」思潮，這股思潮抵制羅馬教廷日甚一日的極端保守主義。極端保守主義發端於一八六〇年代，並在一八七〇年的第一次梵蒂岡大公會議上以宣告教皇永遠正確而正式確立。然而，極端保守主義儘管受到力圖保留本國天主教相對自主權的那些神職人員的支持，其中最強有力的大概在法國，卻輕而易舉地就在內部被擊敗了。但是，法國「高盧主義者」(Gallicanism)者雖然出於實用主義和與羅馬對抗的考慮，比較傾向於和現代的世俗自由主義政府妥協，卻不能被視為名副其實的自由主義者。

作為一種不讓教會在社會中擁有任何官方地位(「廢除教會」、「政教分離」)，且企圖使之成為純屬個人私事的一種主張，反教會運動是一個富有戰鬥力的世俗化運動。這個運動後來變成了一個或若干個完全志願性的組織，與集郵俱樂部相似，但規模無疑更大。可是，這個運動在很大程度上並非建立在對上帝的信仰是錯誤的這樣一個認識基礎之上，而是以世俗國家日益強大的行政能力、管理範圍和抱負為基礎，即使在奉行自由主義和不干涉主義最賣力的國家裏也是這樣，國家準備把私人組織從以今天的眼光看是屬於這類組織活動的領域裏趕出去。然而，反對教會基本上是一種政治行為，因為，反教會鬥爭之所以來勢凶猛，是因為人們認為，被定為國教的宗教是反進步的。事實確實如此，這些被定為國教的宗教無論從社會或政治角度來看，都很保守。羅馬天主教對於被人們視爲十九世紀中期的支柱而備加珍惜的一切，都採取極端敵對態度。某些教派或異端可能接受自由主義乃至革命思想，教徒中的少數派可能被自由主義的寬容所吸引，但是教會和正統的教徒卻不可能這樣。只要民眾，尤其是農民群眾依舊掌握在反動派手中，如果不想讓進步處於困境，那就必須擊敗這些愚弄群眾的勢力。從此以後，越是在「落後」的國家裏，反教會的鬥爭越是如火如荼。在法國，政治家們爲教會學校的地位爭論不休，墨西哥的政治家則在世俗政府反對教士的鬥爭中，居於舉足輕重的地位。

對於社會和個人來說，「進步」都是從傳統中解放出來的，因爲進步似乎意味著以戰鬥的姿態與以往的信仰決裂。在德國社會民主黨的工人圖書館裏，讀《摩西或達爾文》(*Moses or Darwin*)的人比讀馬克思著作的人還多。在普通人的心目中，站在進步乃至社會主義進步前頭的，是那些偉大的教育家和思想解放者，科學(已順理成章地發展成爲「科學社會主義」)是從以往的迷信和當前的壓迫下獲得思想解放的關鍵。西歐的無政府主義者極爲準確地反映了這些鬥士的自發情緒，他們對教會持強烈的反對態度。義大利羅馬涅省(Romagna)的鐵匠墨索里尼，出於對墨西哥總統班尼托·胡亞雷斯的敬仰，把自己的兒子也取名爲班尼托，此事絕非偶然。

然而，即使在自由思想家當中，對宗教的眷戀也並未消失。中產階級思想家認爲宗教能發揮讓窮人安貧樂道和維護社會秩序的作用，因而有時就嘗試著推行「新宗教」，例如，孔德的「人道宗教」以出類拔萃的偉人取代萬神殿和聖人；可是，這種嘗試並未取得引人注目的成就。但是，此時也出現了一種真誠的意向，企圖在科學時代挽留宗教帶來的慰藉。艾娣(Mary Baker Eddy, 1821–1910)

於一八七五年出版了她的著作，她所創立的「基督教科學」(Christian Science)就是這種努力之一。從一八五〇年代起就風靡一時的唯靈論(spiritualism)之所以極受群眾歡迎，原因大概即在於此。唯靈論所包含的政治和意識形態方面的誘人之處，顯然與進步、改革、極左派有關，與婦女解放運動，尤其是美國的婦女解放運動也不無關係，因爲美國是唯靈論的傳播中心。除了其他吸引力外，唯靈論還有一大優點，它似乎把死後猶存這一說法置於實驗科學的基礎之上，甚至以肉眼能見的形象爲其基礎(正如攝影這門新藝術所力圖證實的那樣)。此時關於奇蹟的說法已不再被接受，靈魂學便在群眾中擴展其潛力。可是，有時唯靈論大概除了表明人普遍渴望一種多姿多采的儀禮之外，就沒有任何別的意義了，而傳統的宗教更能充分有效地滿足這種要求。在十九世紀中期，有許多新創造的世俗禮儀，特別是在盎格魯撒克遜國家，那裏的工會精心設計了一些富有寓意的旗幟和證件：互助會(「友好協會」)在它們的會所周圍掛滿了帶有神話色彩的儀式裝飾物；三K黨徒、奧倫治黨人(Orangemen)以及政治色彩較淡的幫會則在服裝上作文章。這些幫會中最古老、或者說最有影響力的共濟會，爲各級組織規定了一套禮儀，且劃分等級，用以表達自由思想和反教會主張，至少在盎格魯撒克遜國家以外是這樣。共濟會的成員在這個時期是否增加了，我們不得而知，也許是增加了，但共濟會政治影響力的增大，則是有目共睹的事實。

但是，具有自由思想的人，雖然殷切地希望某些傳統的精神安慰，他們卻似乎仍舊不放棄對一步步後退的敵人進行追擊。因爲，信徒們心存「疑慮」，尤其是知識分子，一八六〇年代維多利亞時代的一些著名知識分子就是有力的證明。宗教無疑在衰落，不僅在知識分子當中，也在迅速成長的城市中；在城市中，做禮拜所需要的設備，例如衛生設備，遠遠落於其人口成長的速度，但是，很少有人想到要為宗教和道德提供稍微舒適一點的條件。

然而，十九世紀中期的數年中，比起神學在學術領域裏的衰落，群眾性宗教信仰的不景氣程度畢竟略好一些。盎格魯撒克遜的多數中產階級依然是宗教信徒，而且一般而言都參加宗教活動，至少是虛情假意地參加。美國的百萬富翁中只有卡內基一人公開聲明自己不信教。非官方的新教各派其發展速度放慢了，但是至少在英國，隨著中產階級新教徒日益增多，新教所代表的「反因循守舊」的政治影響卻變得更加強大。在海外移民社團當中，宗教並未衰退。在澳大利亞，宗教信徒從一八五〇年占總人口的百分之三十六點五，增加到一八七〇年的接近百分之五十九，在十九世紀最後數十年中又回落到百分之四十⑮。在美國，儘管著名的英格索爾上校(Col. Ingersoll, 1833-99)極力鼓吹無神論，宗教勢力依然大於法國。

前面已經提到，就中產階級而言，宗教的衰落之所以受到遏制，原因不僅是傳統的力量根深柢固，以及自由理性主義未能提供任何足以取代禮拜等的群眾性禮儀活動(除了透過藝術之外，參見第十五章)，而且也由於他們沒有決心拋棄宗教，因為宗教對於維護穩定、道德和社會秩序極為有效，甚至是不可或缺的。就人民大眾而言，宗教的影響擴大了，原因很可能在於下述人口因素(天主教會日益把獲得最後勝利的希望寄託於人口因素)：從傳統的環境，即從虔誠的環境中外移出去的大批男女，進入到新的城市、地區和大陸，這些貧窮信徒的生殖率遠高於被進步(包括生育控制)腐蝕的不信教者。我們無法證明愛爾蘭在這段時期變得更加信仰宗教，也沒有證據表明移民削弱了他們的信仰。但是，由於散居各地和出生率提高，在所有基督教地區中，天主教會的勢力顯然相對增強。但是，宗教界內部難道就沒有力量重振宗教並使宗教在各地傳播嗎？

從本國迷惘的無產者中發展信徒，爭取異教徒改宗，在這方面，這個時期的基督教傳教士沒有取得顯著成就，而在國外對立世界的宗教信徒中，傳教士的成績更差。在一八七一至七七年間，單是英國就爲派遣傳教士花費了八百萬英鎊⑯，與這筆不算小的費用相比，成果顯得十分可憐。在唯一取得迅速發展的宗教——回教——面前，基督教的所有教派都已非其眞正對手。在沒有傳教士組織，沒有金錢和強大勢力支持的條件下，回教在非洲內陸及亞洲部分地區，繼續以不可阻擋之勢迅速傳播，無疑，它之所以能如此，不僅因爲它所宣揚的平等主義幫了它，而且也因爲回教信徒自認爲其價值觀比歐洲征服者高明。任何傳教士都無法在穆斯林中間引起注意。他們在非回教人口中也只有很小的進展，因爲他們缺乏一種主要武器，即基督教遠征，實際上也就是殖民征服；他們至少需要讓當地的統治者們正式皈依基督教，進而由這些統治者把他們的臣民也拉進基督教。這種情況曾發生在馬達加斯加(Madagascar)，馬達加斯加在一八六九年宣布自己是一個基督教島嶼。儘管當地政府缺乏熱情，基督教在印度南部還是略有進展(尤其在種姓階級的下層當中)；在印度支那，基督教也因法國的征服而有所進展；但基督教在非洲未取得多大成績，直到帝國主義者大量增加傳教士人數(一八八〇年代中期的新教傳教士約爲三千，到一九〇〇年增加爲一萬八千)，並在投入「救世主」的精神力量後又投入大量物質力量，局面才有所改觀⑰。其實，在自由主義全盛時期，傳教士的努力可能喪失了某些推動力。在十九世紀中晚期，天主教在非洲先後開設的傳教中心，其數量如下：一八四〇年代六個，一八五〇至八〇年代，每十年平均三或四個，一八八〇年代十四個，一八九〇年代十七個⑱。基督教只有在被當地宗教吸收進而變成一種具有「本土」特徵的混合型宗教時，才會顯出某些威力。中國的太平天國運動（見第七章）遠非這種現象中最大和最具影響力的一個。

然而，基督教內部出現了反擊世俗化發展的跡象。新教中這種跡象不多，因爲，由於一些新興非官方派別的組成和擴大，新教在一八四八年之前所擁有的與天主教相似的勢力已遭到削弱，唯一的例外可能是盎格魯撒克遜美洲的黑人。在法國，對盧德（Lourdes）聖地的奇蹟崇拜（肇端於一八五八年一位牧羊女的幻覺）以極快的速度擴展，最初也許是自發傳播，但顯然很快就得到教會的支持。到了一八七五年，盧德教派已在比利時開設了分部。反教會運動反而激起了信徒的傳教活動，大大增強了教會的影響力。在拉丁美洲，鄉村人口大多數是基督教徒，但沒有神父，直到一八六〇年，墨西哥的神職人員依舊都住在城裏。教會爲與官方的反教會行動相對抗，遂在鄉村裏大量吸收教徒，或把已經脫教的人重新拉入教門。從某種意義上說，面臨世俗化改革威脅的教會，如同它在十六世紀所做的那樣，以反改革進行反擊。此時的天主教會變得毫不妥協、實行教皇集權統治主義、拒絕與進步和工業化以及自由主義等力量做任何遷就。一八七〇年第一次梵蒂岡大公會議以後，天主教已成爲一支比以往更可怕的力量，但是它付出了代價，把自己的許多地盤讓給了對手。

在基督教世界之外的地區，宗教主要依靠對自由時代進行抵拒或與西方進行較量的傳統主義。那些訴諸半同化的資產階級對他們加以「自由化」的嘗試（如同一八六〇年代後期湧現的猶太教改革），遭到了正統派的厭惡和不可知論者的蔑視。此時的傳統勢力依然占有壓倒性優勢，而且因對抗

「進步」和歐洲的擴張而更加強大。正如我們所見到的那樣，日本竟然創立了一種新的國教——神道教，這種宗教取材於傳統觀念，主要用來對付歐洲(見第八章)。第三世界主張西化的人士和革命者不久也懂得：作爲政治家，在群眾中獲得成功的捷徑是設法扮演佛教大師或印度教聖人的角色，至少也應該設法擁有他們的威望。然而，雖然這個時期坦率宣稱自己不信教的人依然較少(至少占歐洲人口一半的婦女幾乎沒有受到不可知論的影響)，但他們卻主宰著基本上已經世俗化的世界。宗教所能做的，便是退到其寬闊而堅固的堡壘當中，準備對付長期的圍困。

註釋

❶ Francis Darwin and A. Seward (eds.), *More Letters of Charles Darwin* (New York 1903), II, p.34.

❷ Cited in Engelsing, *op. cit.*, p.361.

❸ *Anthropological Review*, IV (1866), p.115.

❹ P. Benaerts et. al., *Nationalité et Nationalisme* (Paris 1968), p.623.

❺ Karl Marx, *Capital*, I, postscript to second edition.

❻ In the *Electromagnetic Theory* of Julius Stratton of the MIT.

❼ J. D. Bernal, *Science in History* (London 1969), II, p.568.

❽ Bernal, *op. cit*.

❾ Marx to Engels (19 December 1860) (*Werke* XXX, p.131).

❿ H. Steinthal and M. Lazarus, *Zeitschrift für Völkerpsychologie und Sprachwissenschaft*.

⓫ F. Mehring, *Karl Marx, The Story of his Life* (London 1936), p.383.

⓬ E.B. Tylor, 'The Religion of Savages', *Fortnightly Review* VI (1866), p.83.

⓭ *Anthropological Review* IV (1866), p.120.

⓮ Kiernan, *op. cit*., p.159.

⓯ W. Philips, 'Religious profession and practice in New South Wales 1850-1900', *Historical Studies* (October 1972), p.388.

⓰ *Haydn's Dictionary of Dates* (1889 ed.), article: Missions.

⓱ Eugene Stock, *A Short Handbook of Missions* (London 1904), p.97. 這個統計數字取自 J. S. Dennis, *Centennial Survey of Foreign Missions* (New York and Chicago 1902)。

⓲ *Catholic Encyclopedia*, article: Missions, Africa.

第十五章
藝術

我們要相信，創造希臘歷史的是人，創造今天歷史的同樣是人。然而我們今天只生產奢侈的工業品，而他們創造的卻是藝術品，我們要問是什麼原因使人發生如此深刻的變化。探其究竟是我們的使命。

——華格納❶

你們爲何還寫韻文詩？如今無人再讀詩了……在我們這個不盡成熟的時代，在共和時代，詩歌形式業已過時，業已淘汰。我等喜歡散文，因爲散文形式自由，更貼近民主眞諦。

——佩爾唐(E. Pelletan)，法國議員，約一八七七年❷

1

如果說資產階級社會的勝利促進了科學發展，那麼對文化藝術則另當別論，它們的受益少多了。評估創造性藝術價值的大小全憑主觀印象，從來就是如此。但不可否認的是，在雙元革命時期（一七八九—一八四八），頗有天賦的男女藝術家創造了十分傑出的成就，而且範圍也很廣泛。十九世紀下半葉，尤其是在本書探討的那幾十年裏，藝術方面的成就卻無法同日而語，當然除了一、兩個相對落後的國家，其中最明顯的是俄國。這並不是說這時期創造性藝術的成就微乎其微。有些人的力作和成名作品確實是在一八四八到一八七〇年代問世的。但我們不可忘記，他們許多人在一八四八年前已達成熟期，並已發表了數量可觀的作品。狄更斯到一八四八年幾乎已完成了畢生作品的一半；杜米埃（Honoré Daumier, 1808-79）從一八三〇年革命起便是很活躍的版畫家了；華格納一生中寫了好幾個歌劇，《洛亨格林》（*Lohengrin*）早在一八五一年便完成了。但與此同時，毫無疑問，散文，尤其是小說，此時出現了繁榮的現象，其主要原因是法國和英國的文學輝煌成就還在延續，而俄國又誕生了新的光彩。在繪畫史上，這時期顯然成績卓著，堪稱傑出，這幾乎全得歸功法國。音樂方面，這時期的代表人物是華格納和布拉姆斯（Brahms）。他們若與莫札特、貝多芬、舒伯特相比，也只是稍遜一籌而已。

儘管如此，我們如進一步觀察創造性藝術領域，情況就不那麼令人歡欣鼓舞了。我們已經談過地理分布的概況。就俄國而言，這是一個成績斐然、勝利輝煌的時代，音樂是如此，文學更是如此，社會科學和自然科學的成就更不必說了。光是一八七〇年代這短短的十年，杜思妥也夫斯基、托爾斯泰、柴可夫斯基(P. Tchaikovsky, 1840–93)、穆索斯基(M. Mussorgsky, 1835–81)等巨星幾乎同時到達他們藝術生涯的巔峯，古典皇家芭蕾也達到登峯造極的境界，這時候的俄國是不怕任何競爭。我們已經說過，法國和英國保持了很高的水準，其中一個的主要成就在散文方面，另一個則是在繪畫和詩歌方面(丁尼生〔Tennyson, 1809–92〕、勃朗寧〔Browning〕以及其他詩人在英國詩壇上的成就，比不上革命時代的偉大浪漫詩人；而法國波特萊爾和韓波〔Rimbaud〕的成就則堪與他們媲美)。美國在視覺藝術和高雅音樂方面仍沒沒無聞，但東部也出現了梅爾維爾、霍桑(Hawthorne, 1804–64)、惠特曼(Whitman, 1819–91)等人，西部則從新聞界湧現出一批通俗作家，馬克・吐溫(Mark Twain, 1835–1910)是他們之中的佼佼者，美國因而開始在文學上成爲一支新軍。不過從國際標準來看，這只是一項重要性較低且帶有鄉土氣息的成就，不但在許多方面並無耀眼之處，在國際上也沒多大影響，不及有些小國此時出現的具有民族特色的創造性藝術(美國十九世紀上半葉幾個分量不太重的作家卻在國外引起轟動，此乃咄咄怪事)。捷克的作家由於語言隔閡，在國際上就不如他們的作曲家容易成名(德弗札克〔A. Dvořák, 1841–1904〕、史麥唐納〔B. Smetana, 1824–84〕)，除本國讀者外，其他國家懂捷克語的幾乎沒有，也沒有多少人想學。其他地方的作家亦因語言阻隔難以名聞天下，儘管他們有些人被本國讀者譽爲泰斗，在本國文學史上占有極其重要的地位——例如荷蘭人和法蘭德斯人。只有斯堪的納維亞人引起較大範圍的讀者注意，也許是他們最著名的代表人物易卜生(Henrik

Ibsen, 1828-1906，他在本書所述時期結束時已臻成熟）爲劇院寫劇本的緣故。

德語系國家和義大利本是創造性藝術的兩大中心。但在本書所述時期，這兩大中心的創造性明顯下降，在某些方面的下降幅度更是驚人，也許音樂方面稍好一些，因爲義大利出了威爾第(G. Verdi, 1813-1901)，奧地利和德國也產生了若干舉世公認的大音樂家。其實義大利除了威爾第外別無其他音樂家可言，而威爾第早在一八四八年之前便已開始其音樂生涯；奧地利、德國大作曲家中只有布拉姆斯和布魯克納(Bruckner, 1824-96)基本上是從這個時期嶄露頭角的作曲家，華格納實際上已經成熟了。無論如何，這幾位赫赫有名的音樂家，尤其是華格納，是頗令人敬佩的。華格納是位天才，但是作爲一個人，作爲一個文化現象，就不敢過分恭維了。奧德兩個民族的創造性藝術成就完全表現在音樂方面。他們的文學和視覺藝術與一八四八年前相比，當自愧不如。

如果把各種藝術逐一分開來看，某些藝術水準的下降顯而易見，而高於以前的則絕無僅有。文學相當蓬勃，就像我們已經看到的那樣，主要是通過小說這個合適的媒介。小說可被視爲一種適合資產階級社會的文藝形式，而資產階級社會的興盛和危機正是小說的主要題材。資產階級爲拯救十九世紀中期的建築藝術，曾做出不少努力，毫無疑問也取得了某些傑出成就。但若與資產階級社會自一八五〇年代起便不斷投入的巨大熱情相比，這些成就既不夠出類拔萃，也算不上多。由奧斯曼(Haussman)重建的巴黎因規劃得體而令人讚嘆，但簇立在馬路兩旁和廣場四周的建築物，卻不敢令人恭維。維也納原是一心一意要成爲世界建築的代表作，結果只取得一個值得懷疑的成功。伊曼紐國王的大名與拙劣建築物結緣的數量之多，超過任何一位統治者，而由他主持規劃的羅馬更是糟不可言。與令人讚嘆的新古典主義建築相比，十九世紀下半葉的建築與其說是贏得舉世欣賞，不如說需要費些口舌進行辯白。當然，這不包括才華出眾、富有想像力的建築師們的作品，只是這些作品日益被掩藏在布滿繪畫、雕飾的「美術」立面之下。

時至今日，辯護士們仍想爲這時期的大多數繪畫作品高唱讚歌，但他們也深感力不從心。在二十世紀人們眼中，能永遠在博物館占有一席之地的繪畫作品，幾乎毫無例外全是法國人的：如從革命的年代走來的杜米埃和庫爾貝(G. Courbet, 1819-77)，又如從一八六〇年代初露鋒芒的巴比松(Barbizon)畫派和印象派的先鋒部隊(印象派是個不帶偏見的標籤，這裏我們暫且不去仔細剖析)，他們的成就確實令人難以忘懷。一八六〇年代還產生了馬奈、竇加(E. Degas, 1834-1917)，和年輕的塞尚(P. Cézanne, 1839-1906)，因此這個年代不用爲自己的歷史聲譽而擔心。然而，這些畫家不僅有別於當時的習尚開始大量作畫，而且對那些受人尊重的藝術和公眾的品味頗不以爲然。至於這時期各國官方的學院藝術和民間大眾藝術，其最合理的評價是：沒有千篇一律的特色，技術水平頗高，不時可發現到一些不太突出的優點。但大多數都挺可怕的，直到現在仍是如此。

也許在十九世紀中期和晚期，雕塑受到的冷落理應少些才是——它畢竟造就了年輕的雕塑家羅丹(Rodin, 1840-1917)。然而今天看得到的任何一件維多利亞時代的雕塑作品，都會令人感到極其壓抑、極其沮喪。在富裕的孟加拉人家裏還可看到這些雕塑，這是他們過去整船整船買來的。

2

從若干方面來看，這是一個有悲有喜的情況。對創造性藝術天才作品的鍾愛，幾乎沒有一個社會能超過十九世紀的資產階級（創造性藝術作爲一種社會現象本來就是資產階級發明的——參見《革命的年代》第十四章），也幾乎沒有人準備像資產階級那樣在藝術上如此大手筆地花錢，證諸以往的歷史，也沒有哪一個社會像資產階級那樣購買新舊書籍、繪畫、雕塑、富麗堂皇的磚石建築材料等（我是指就數量而言），也沒有哪一個社會像資產階級那樣買票去音樂廳和劇院（單就人口數的成長而言，這個結論禁得起任何挑剔）。尤其是（這一點又有點矛盾了），幾乎沒有一個社會像資產階級那樣相信自己確實生活在創造性藝術的黃金時代。

這個時期所偏好的藝術完全局限於當時代的作品，這對堅信普遍進步和不停進步的一代人來說，倒也十分自然。阿倫斯（Herr Ahrens, 1805-81）是一位北德工業家，定居在文化氣候更爲宜人的維也納，五十歲時開始收藏藝術品，而且非常自然的只購買現代畫作，而不購買過去藝術大師的作品。他的做法在情趣相同的當代人中是很典型的❸。英國油畫在博爾可（Bolckow）（鐵）、霍洛韋（Holloway）（專利藥丸）、「商界親王」門德爾（Mendel）（棉花）三家的相互競爭下，價格大漲，著實使當時的學院派畫家發了大財❹。一八四八年後，公共建築大樓開始改變北方城市的面貌，但是大樓很快便被煤煙和濃霧籠罩，半隱半現。一幢幢的大樓係由各商界親王出資建造，而這些商界親王的實力堪與麥第奇家族(Medici)媲美。記者和市政府主要官員不無自豪地爲這些大樓剪綵,宣揚大樓造價如何昂貴。他們天眞地相信自己是在慶祝一個新的文藝復興運動的誕生。然而歷史學家從十九世紀後期得出的最明顯結論卻是:單單靠錢,是不能保證藝術黃金時代的到來。

然而,花掉的錢確實很多,不論用什麼標準衡量,數目之大皆教人目瞪口呆,唯有資本主義前所未有的生產力能創造出比這更多的錢財。不過花錢的人換了。資產階級的革命勝利表現在各個方面,甚至也表現在典型的王子貴族活動領域。從一八五〇年到一八七五年,沒有任何一座城市的重建計畫,會再把皇宮古堡或貴族府邸置於城裏最醒目的地方。資產階級力量薄弱的國家,例如俄國,沙皇、大公可能仍是藝術的主要贊助人和保護人,但即使在這些國家,他們的作用與法國大革命以前相比,也不再具有絕對權威。在其他國家中,偶爾有個乖戾的親王像巴伐利亞的路德維希二世,或不太古怪的貴族如哈福德(Hertford)侯爵,他們可能對購買藝術品仍然熱情不減,但眞正耗盡他們錢財,使他們負債累累的,恐怕更可能是好馬、美女和賭博,而非贊助藝術吧。

那麼誰爲藝術解囊呢?是政府公共機構、資產階級和——這點値得注意——「下層社會」中重要性日見增加的一部分人。由於技術和工業的發展,創作型藝術家的作品也進這些人家中,而且數量不斷增加,價格日益便宜。

世俗的公共當局幾乎是巨型和雄偉建築的唯一買主。建造這些建築物的目的是要彰顯這個時代,特別是這個城市的富裕和輝煌。這些建築很少是爲了實用。在自由放任時代,政府大樓並未花俏到不適當的程度,同時也不帶宗教色彩,除天主教勢力極大的國家外。處於少數派地位的宗教團體，如猶太人和不信奉國教的英國人，當他們爲了內部使用而建造公共性建築時，他們所想顯示的是其飛速增漲的財富和心滿意足的感受。十九世紀中期，歐洲掀起「修復」和完成中世紀大教堂之風，這股風氣像瘟疫般傳遍全歐，它係出於城市建設的需要，而不是出於精神方面的原因。甚至在君主制度最盛行的國家，建築物也日漸屬於「公眾」，而不再屬於宮廷：帝國存放收藏品的地方成了博物館，歌劇院設了售票處，開始對外營業。建築大樓事實上成了光榮和文化的典型象徵。甚至那些宏偉的市政廳也過於龐大，遠超過規模不大的市政府的需要，這主要是由於政府官員相互比較的結果。商人向來是精明、冷靜且講究實際，但里茲(Leeds)的商人在建造其公眾建築時，卻有意違背精打細算的實用原則。既然其目的是爲了表明「里茲居民在商業大潮裏翻江倒海的同時並未放棄對美的培養，對藝術的欣賞能力，那麼多花幾千英鎊又有何妨呢？」(實際花了十二萬二千英鎊，是原來預估的三倍，相當於一八五八年全英所得稅額的百分之一。英國的所得稅始於該年❺。)

有個例子也許足以說明這種建築的一般特點。維也納在一八五〇年代將城裏的老建築全部鏟平，並花費幾十年的時間在舊址上闢出漂亮的環形林蔭大道，大道兩旁聳立著公共大樓。是些什麼樣的大樓呢？一所商業大樓(證券交易所)，一座天主教教堂，三所高等院校，三個代表城市尊嚴和處理公共事務的大樓(市政廳、法院和議會)，以及不下於八個的文藝單位：劇場、博物館、研究院等等。

資產階級的個人要求比較簡單，但階級集體要求則大得多。在這個時期，資產階級的私人資助對藝術的重要性遠不及一九一四年之前的二、三十年，那時美國百萬富翁將某些藝術品的價格哄抬到空前或許也是絕後的天價(在本書所述時代尾聲，那些強盜貴族還在忙於搶劫，無暇思考如何將他們掠來的珍寶展覽出來)。其原因顯然不是因為缺錢，特別是一八六〇年後，錢幾乎已達淹腳目的程度。一八五〇年代只有一件十八世紀的法國家具在拍賣會上價達一千多英鎊(家具是富豪顯示其國際地位的象徵)；一八六〇年代有八件；一八七〇年代有十四件，其中一件甚至以三萬英鎊售出。像大型的塞夫勒(Sèvres)花瓶之類的藝術品(花瓶也是地位的象徵)，原來售價一千英鎊或多一點，在一八五〇年代漲了三倍，一八六〇年代漲了七倍，一八七〇年代漲了十一倍❻。少數你爭我奪的商界鉅子，便足以使一小部分畫家和藝術品代理商大發其財；甚至數量不多的公眾，也足以維持一定數量的藝術品，只要它是令人愉快的。劇院，某些程度上還有古典音樂會，也證明了這點，因為劇院和音樂會也都是在人數相當少的聽、觀眾基礎上雙雙繁榮起來(歌劇和古典芭蕾情況不同，它們和現在一樣，都得靠政府補貼，或靠盼望提高地位的富人贊助，富人當然也不是從來不想透過這個途徑接近芭蕾舞女伶和歌唱演員)。劇院日漸活躍，至少在財政上可以維持。出版商亦然，尤其是那些市場有限的精裝書和高價書書商。出版商的情況可從倫敦《泰晤士報》的發行量反映出來。《泰晤士報》在一八五〇年代和六〇年代的發行量徘徊在五萬至六萬份之間，特殊情況下可達十萬份。利文斯頓的《旅遊》(*Travels*, 1857)一書售價高達一塊金幣(guinea，相當於二十一先令)，卻能在六年之間賣了三萬本❼，對此誰能不滿意呢？歸根結柢，資產階級的業務及家庭所需，使許多為他們打造和重建市容的建築師大賺其錢。

資產階級市場如今大得出奇，而且日益繁榮。就此而言，資產階級市場是個新市場。十九世紀中期產生了一個眞正的革命現象：由於技術和科學發展，創造性藝術的某些作品有史以來首次可藉由技術手段進行複製，不但價格便宜，而且規模空前。在這些複製的藝術品中，唯有一種可與藝術創作活動本身一較高下，那就是攝影。攝影問世於一八五〇年代，對繪畫產生了直接而又深刻的影響，這點我們以後將會看到。其餘都是每個原件的複製品，品質較差，一般大眾也買得起，例如書報雜誌係透過廉價平裝的量產進行複製；圖畫則藉助鋼版印刷進行複製，一八四五年發明的電鑄版，可讓大量複製的產品依然微妙微肖。書報和畫片又透過新聞事業、文學事業的發展，以及讀者藏書和自修人數的增加，使其發行量扶搖直上（這些發展在一八三〇年代和四〇年代已經開始，但到一八五〇年代才在數量上大幅增加，因此一八五〇年代仍功不可沒）。

從純經濟角度看，早期大眾市場的價值一般都被低估了。當時一流畫家的收入——即使用現代標準來衡量也是非常高的：密萊司（Millais）在一八六八至七四年的年平均收入爲二萬至二萬五千英鎊——主要靠的是裝在五先令畫框中、價值二塊金幣的複製版畫。弗里思（Frith）的《火車站》（*Railway Station*, 1860）靠這類附屬權利賣了四千五百英鎊，外加七百五十英鎊的展覽費❽。博納爾（Mlle Rosa Bonheur, 1822–99）擅長畫馬和家畜，並因爲英國大眾喜愛動物而藉此發跡。其經紀人有鑑於蘭西爾（Landseer）那些描繪小鹿和斷崖峭壁的畫也很暢銷，遂把博納爾帶到蘇格蘭高地，試圖勸她在馬和家畜之外再加畫小鹿和斷壁。一八六〇年代，他們同樣把阿爾馬泰德馬（L. Alma-Tadema, 1836–1912）的注意力吸引到以放蕩不羈和崇尙裸體聞名的古羅馬，並藉此爲雙方都帶來相當可觀的利益。布爾沃利頓（Edwaid Bulwer-Lytton）是位從不忽視經濟效益的作家，早在一八五三年他便將其完成的小說平裝本版權賣給路特利奇火車圖書館(Routledge's Railway Library)，爲期十年，索價二萬英鎊❾，其中五千英鎊付現。斯托(Harriet Beecher Stowe)的《湯姆叔叔的小屋》(*Uncle Tom's Cabin*)更是獨占鰲頭，在大英帝國一年賣了一百五十萬册，出了四十版，絕大多數是盜版。可見，那時確實存在大眾藝術市場，其重要意義也無法否認，只是那時的大眾藝術市場還不能與我們這個時代相比而已。

有兩點值得注意。首先要注意傳統工藝品的貶值。由於機械複製技術的發展，傳統工藝品受到最直接的打擊，於是在不到三十年的時間內，便引發了一場(基本上是社會主義的)美術和工藝運動(art-and-craft)。這是一場政治和意識形態的反動，主要發生在工業化的故鄉英國，其反工業家，因而不言而喻，也反資本家的根源，可從一八六〇年的莫里斯(William Morris)設計公司追溯到一八五〇年代的拉斐爾前派(pre-Raphaelite)畫家。其次要注意影響到藝術家的公眾性質。這些公眾主要是貴族和資產階級，倫敦西區和巴黎大道上的劇場演出的內容，顯然是由他們決定的。這些公眾也有極小部分是下中階級以及渴望獲得尊敬和文化的技術工人。十九世紀第三個二十五年的藝術，從任何意義上說都是**大眾通俗**藝術。一八八〇年代新興的大眾廣告商對這點的理解最爲透徹，因此他們會買些內容不怎樣，價格卻十分昂貴的畫放在他們的廣告傳單上。

隨著藝術品的興盛，投公眾所好的藝術家也發財了——當然這些藝術家並不都是最糟糕的。然而這時期一流的天才卻仍一貧如洗，受凍挨餓，仍得不到評論家的垂青。其原因究竟何在，至今仍是個謎。我們當然可以在這些天才當中發現一些出於各種原因竭力抵制資產階級，或者要使資產階級大吃一驚的特立之士，也能找到幾個壓根兒吸引不了人們購買其作品的寂寞心靈，這些藝術家大多集中在法國，如福樓拜（G. Flaubert, 1821-80）、早期的象徵主義和印象派藝術家，當然其他地方也有。然而屢見不鮮的情況是：那些經過一個世紀的考驗仍蜚聲四海的男女藝術家，在他們生處的時代裏，聲望卻有極大的差別，有的被譽爲泰斗，有的則被視爲白癡，他們的收入也極懸殊，從中產階級到傳說中的窮困潦倒。托爾斯泰的家裏過著少數貴族才有的舒適生活，而這位偉人卻放棄了自己的莊園。狄更斯從一八四八年起幾乎每年收入高達一萬英鎊，到了一八六〇年代，年收入更上一層樓，一八六八年竟高達約三萬三千英鎊（其中多數來自那時報酬已經極高的美國巡迴講學）⑩。有關狄更斯的財務狀況我們的資料異常齊全。即使以今日而言，年收入十五萬美元也是很不錯了，在一八七〇年，這個收入更可列入豪富階層。大體說來，藝術家已接受市場了。有些人即使未曾富有，至少也受到敬重。狄更斯、薩克萊（W. Thackeray, 1811-63）、艾略特（George Eliot, 1819-80）、丁尼生、雨果、左拉、托爾斯泰、杜思妥也夫斯基、屠格涅夫、華格納、威爾第、布拉姆斯、李斯特、德弗札克、柴可夫斯基、馬克・吐溫、易卜生，這些赫赫有名的人物，在他們活著的時候，就已享受到公認的成就和美譽。

3

還有一點，男藝術家不僅有可能獲得物質享受，且有可能獲得特別的讚揚（女藝術家此時與十九世紀上半葉相比機會要少得多）。在宮廷裏，在貴族社會裏，藝術家充其量是爲富麗堂皇的宮廷和貴族府第錦上添花，或藝術家本身就是一件裝飾品，是件價值連城的財產，最糟也莫過於像美髮師、時髦女裝設計師一樣，是提供奢侈服務的人（美麗的髮型和漂亮的服裝都是時髦生活必備的要求）。而對資產階級社會來說，藝術家卻是「天才」（「天才」就是非經濟型的個人企業），是「典範」（「典範」是物質成就與精神生活皆達到盡善盡美的人）。

在十九世紀後半期，社會對藝術家的要求是：他們應當爲最最講究物質文明的人提供各種精神食糧。不牢記這一點就無法了解那個時期的藝術。人們也許不禁要說，藝術家在受過良好教育、業已解放的人士（即成功的中產階級）當中，幾乎取代了傳統宗教的地位，當然，藝術家是在「大自然」的奇觀，也就是在美麗景色的輔助下發揮這項作用的。在講德語的民族中這點最爲明顯。當英國在經濟上、法國在政治上取得成功的時候，講德語的民族將文化視爲他們所壟斷的財富。在德語國家，歌劇院和劇場已成了男男女女頂禮膜拜的廟宇，這不僅是因爲他們可以在此沉浸在全套古典保留曲目的癡狂中；孩子們則從小學起就開始正式接觸名著名曲，比如說閱讀席勒（Schiller）的《威廉泰爾》（*Wilhelm Tell*），進而閱讀歌德的詩劇《浮士德》，以及其他難以琢磨的成人讀物。華格納是個怪才，他對藝術家所承擔的這種作用理解得十分透徹，這種理解表現在他一手建造的拜魯特（Bayreuth）大教堂中，虔誠的朝覲者來到這裏，帶著無比崇敬的神情靜靜聆聽傳教士宣講日耳曼民族的新教義，一次數小時，要連續聽好幾天，不該鼓掌時不能鼓掌，否則便會被視爲輕浮。這座教堂的奧妙之處不僅在於建築家深刻理解獻祭與宗教虔誠之間的關聯，而且在於它把握住了藝術作爲民族主義的新世俗宗教的重要性。除了軍隊以外，還有什麼比藝術的象徵更能表達一個民族不可捉摸、難以理解的思想觀念呢？有些象徵性藝術是大家一學就會的，如國旗、國歌；有些比較細膩、深奧，那就是「國家」音樂學院的任務。當本書所述時期的民族在追尋其集體意識、統一和獨立之時，音樂也擔負了民族認同的催化任務，義大利復興運動中的威爾第、捷克的德弗札克和史麥唐納（捷克作曲家、指揮家和鋼琴家），不是都發揮起了這項作用嗎？

然而，並不是所有國家都把藝術捧的像中歐國家那樣高，尤其比不上已被同化的猶太中產階級，即文化上屬日耳曼或已經日耳曼化的大部分歐洲和美國的猶太中產階級（十九世紀後期，這個富裕、充滿文化內涵的小社群對藝術，主要是對古典音樂所做的贊助、支持實在無法估算）。一般說來，第一代資本家市儈氣很重，雖然他們的夫人已盡力表現出對品味高雅的活動深具興趣。美國企業鉅子當中唯一的紳士是卡內基——此君正好也是思想自由、反對教權，對精神方面的事務具有眞誠熱情——他無法忘記他那位手搖紡織機、充滿反叛精神的父親及其留下的傳統。在德國（也許還有奧地利）以外的地方，幾乎沒有幾個銀行家希望看到自己的兒子成爲作曲家或指揮家，也許是因爲在德國和奧地利，銀行家的兒子想要成爲內閣部長或總理的前景非常渺茫。用修身養性、崇尚大自然和酷愛藝術來代替宗教，是中產階級知識分子的特徵，例如那些後來組成「布盧姆斯伯里」（the English Bloomsbury）的成員，他（她）們有很不錯的收入來源，很少參與商業活動。

儘管如此，即使在市儈氣更濃、更庸俗的資產階級圈子裏（可能美國除外），藝術仍占有特殊地位，備受尊重和敬仰。象徵集體地位的歌劇院和劇場矗立在大城市中央——巴黎（一八六〇）和維也納(一八六九)的都市重建計畫即以分別歌劇院和劇場為中心，德勒斯登(Dresden，一八六九)則將歌劇院和劇院置於像教堂一樣醒目的位置，巴塞隆納(一八六二年起)和巴勒摩(一八七五年起)的劇場、歌劇院都氣勢磅礡，精雕細刻，彷若紀念碑般。博物館和畫廊有的新建，有的擴建，有的重建，有的改建。國家圖書館的情況也大致相同——大英博物館閱覽室於一八五二至五七年修建完成，法國國家圖書館則於一八五四至七五年竣工。歐洲有個更普遍的現象：大圖書館成倍增加(與大學情況不同)，市儈氣較重的美國則增加有限。一八四八年歐洲約有四百所圖書館，一千七百萬卷藏書；到了一八八〇年，圖書館增加了十二倍，藏書量增加了兩倍。奧地利、俄國、義大利、比利時以及荷蘭的圖書館增加十倍，英國也差不多增加十倍，西班牙、葡萄牙增加四倍，美國則不到三倍(但美國的藏書量卻增加四倍，這個增加速度只稍遜於瑞士)[11]。

資產階級家中書櫃擺滿了國內外古典作品的精裝本。去圖書館和畫廊的人成倍增加：皇家學會在一八四八年舉辦的展覽，吸引了九萬觀眾，但到一八七〇年代末，前往參觀的人幾乎達到四十萬。在那之前，參觀預展(private views)已成為上層階級的時髦風尚，和劇院的「首演」一樣場面輝煌，這是繪畫社會地位提高的標誌。倫敦自一八七〇年後，便開始在「預展」和「首演」的規模上與巴黎展開競賽，結果為藝術帶來災難性影響。到藝術聖殿來朝覲的人士絡繹不絕，排著望不到盡頭的長隊，個個腳踝疼痛，資產階級想避開他們是不可能了。時至今日，情況依舊，藝術朝聖者還是群擁在羅浮宮的硬地板上。從資本家本人一直到當時為止身分仍含糊不清的歌劇、話劇演員等，都受到了尊重，他(她)們也值得尊重，有些人甚至被授予騎士勳爵，或貴族身分。(英國畫家受封爵位的歷史由來已久。艾文〔Henry Irving〕是在本書所述時代成名，後被授予爵士，他是第一個獲此殊榮的演員。丁尼生是第一位獲贈貴族身分的詩人。然而在本書所述時代，儘管受到日耳曼裔親王的文化影響，但這種殊榮仍不多見。）

他們甚至沒有必要遵循一般資產階級的習俗，只要他們穿戴的圍巾、貝雷帽、大氅，是用昂貴的料子做成就行（在這方面，華格納便顯示出完美無缺的資產階級氣息，甚至他的某些醜聞也成了他創作形象的一部分）。一八六〇年代末期出任英國首相的格萊斯頓，是第一位邀請藝術界和知識界傑出人物出席其官方晚宴的首相。

資產階級眞的欣賞那些他們以大筆金錢贊助，並表示珍惜的藝術嗎？問這個問題似乎有點時代錯置。當時確有幾種藝術形式是資產階級用來消遣的，資產階級與這幾種藝術形式的關係非常直率，很易溝通。其中最主要的是「輕音樂」。輕音樂在本書所述時期恐怕是一枝獨秀，正值其黃金歲月。「輕歌劇」（operetta）一字首次出現於一八五六年，從一八六五到七五的十年期間，是奧芬巴哈（Jacques Offenbach, 1819–80）和小約翰・史特勞斯（Johann Strauss Jr., 1825–99，奧地利作曲家）音樂生涯達到巔峯的時刻——〈藍色多瑙河〉創作於一八六七年，《蝙蝠》（*Die Fledermaus*）創作於一八七四年。此外的代表作還有蘇佩（Suppé, 1820–95）的〈輕騎兵〉以及吉伯特（Gilbert, 1836–1911）和蘇利文（Sullivan, 1842–1900）早期的成功作品。直到高尚藝術直接打擊輕音樂之前，輕歌劇與希望直接欣賞輕歌劇的聽眾仍能維持親密關係（《弄臣》〔*Rigoletto*〕、《遊唱詩人》〔*Il Trovatore*〕和《茶花女》〔*La Traviata*〕等都是一八四八年後不久的作品）。商業劇場上上演的戲碼，道具逼眞，數量猛增；幕間穿插的節目情節引人入勝，也成倍上升。而且只有情節曲折的劇碼和糾纏不清的滑稽劇能通過時間的考驗，歷久不衰（拉比什〔Labiche, 1815-88〕、米耶克〔Meilhac, 1831-97〕和阿列維〔Halévy, 1834-1908〕）。然而這些娛樂性的藝術形式只能被視爲不很高尚的藝術，類似於各式各樣的歌舞女伶表演，這類表演是巴黎在一八五〇年代首創的，娛樂性的輕音樂與此顯然有許多共同之處（女神遊樂廳〔Folies Bergère〕的收入僅次於歌劇院，遠超過法蘭西喜劇院〔Comédie Française〕[12]）。眞正的高尚藝術並非單純爲了欣賞，甚至也不可孤立地視爲「美的饗宴」。

「爲藝術而藝術」在浪漫藝術家中也只是少數人的現象。「爲藝術而藝術」是對革命年代賦予藝術過重的政治和社會任務所做出的反動，這種反動又因對一八四八年運動的痛苦失望而進一步加劇（一八四八年運動捲走了許多傑出創作人才）。直到一八七〇年代末到一八八〇年代，唯美主義才成爲資產階級的時尚。因而創造性藝術家是傳奇人物，是先知先覺，是導師，是正人君子，是**眞理**之泉。收穫要靠耕耘，成功是要以付出努力爲代價。資產階級認爲：要追求一切有價值的東西（金錢價值或精神價值），在開始之初都必須摒棄享受。藝術正是人類奮鬥的一部分，要靠他們的辛勤培植才能開花結果。

4

這項事實的本質爲何呢？在此我們必須將建築從其他藝術中挑出來單獨敍述，因爲建築沒有主題，其他藝術皆有主題，因而外表看來比較統一。事實上，建築的最大特點是缺少大家一致同意的道德—意識形態—美學的「風格」(風格總是在不同的時代留下它們的印記),於是折衷主義主宰一切。早在一八五〇年代塞爾瓦蒂科(Pietro Selvatico)就說過,風格和美不是只有一種。每一種風格皆是適合其目的需要。因而在維也納環形大道上的新建築中,教堂自然是哥德式的,議會則是希臘式的,市政廳是兼有哥德式和文藝復興時期的風格,證券交易所(跟這時期大多數同類交易所大樓一樣)是比較富裕繁華的古典風格,博物館和大學是濃濃的文藝復興氣息,劇院和歌劇院最恰當的說法是第二帝國時代適於歌劇表演的風格。在這裏,文藝復興時代的折衷主義扮演了主導作用。

要求富麗堂皇、雄偉壯觀的建築,通常以文藝復興全盛時期和哥德式後期的風格最為合適(對巴洛克和洛可可風格的鄙視,直到二十世紀才有所改變)。文藝復興是商業親王的時代。自認為是這些親王繼承人的布爾喬亞階級,自然對文藝復興風格最為青睞,不過除此之外還有其他幾種合適的小風格。西利西亞擁有田畝千頃的貴族,由於在自己的領地上發現煤礦而成為具百萬身價的大資本家。他們與更多的資產階級同伴,將幾個世紀的建築史全部掠為己有。銀行家艾希博恩(von Eichborn)的「城堡」(Schloss)顯然是普魯士—新古典主義風格,這種風格在本書所述時期結束之際,甚受資產階級富人鍾愛。哥德式風格因具有中世紀的城市光榮和騎士風度,故而對大貴族、大富紳很具誘惑力。拿破崙三世的巴黎顯然是壯麗輝煌建築的典範,至少對唐納斯馬克(Donnersmarck)、霍恩洛厄(Hohenlohe)和普萊斯(Pless)等親王極富吸引力。像唐納斯馬克親王漢克勒(Henckel)這等著名的西利西亞政商巨頭,都在巴黎留下了自己的痕跡,漢克勒甚至還與巴黎名妓拉佩娃(La Païva)結為鸞鳳。義大利、荷蘭和北德的文藝復興風格又是另一模式,不太宏偉、不太浮誇,無論是單獨的建築物或整個建築群都可採納這種模式[13]。甚至最想不到的怪異風格也出現了。於是在本書所述時代，富有的猶太人喜歡用摩爾—伊斯蘭風格興建教堂，以表示自己是東方貴族（狄斯累里的小說裏對此有所描述），不用與西方文化競爭[14]，在日本建築於一八七〇年代末到八〇年代蔚爲風尚之前，這幾乎是唯一故意不用西方資產階級文化模式的例子。

簡言之，建築沒有表達任何「眞理」，只表達締造它的那個社會的信心和自滿。由於他們對資產階級社會的前途具有毫不懷疑的信任感，因此資產階級最富代表性的建築通常非常令人敬畏，僅僅是它們的龐然規模就足以使人震懾。建築是社會象徵的語言。因此建築眞正的奇妙有趣之處技術和工藝的精巧之處，都故意被隱藏起來。技術和工藝難得有幾次向公眾一展其廬山眞面目的機會，亦即它們所要象徵的事物本身就是技術進步的時候：一八五一年的水晶宮、一八七三年的維也納圓頂宮，以及後來的艾菲爾鐵塔（一八八九）等。除此之外，甚至連實用建築最引以爲傲的機能主義，也日漸被掩飾起來，如同諸多火車站的設計那般——風行一時的折衷主義建築如倫敦橋車站（London Bridge），巴洛克—哥德式建築如倫敦聖潘克拉斯車站（St. Pancras, 1868），文藝復興建築如維也納的南站（Südbahnhof, 1869-73）（不過有幾個重要的火車站抵制了這個時代的華麗品味）。只有大橋仍爲其建築工藝的美感到自豪——此時的橋樑重量增加了，因爲鐵的供應不虞匱乏，價格也日漸低廉——雖然哥德式吊橋（倫敦塔橋）這種奇特的現象已出現在地平線上。從技術角度看，在文藝復興和巴洛克風格背後，有件最富企圖心、最具原創性，也最**現代**的東西正在形成。第二帝國時期的巴黎公寓已開始在裝修時把這項突出的先進發明隱藏在裏面：此即電梯或稱作電動升降梯。也許只有一項具有誇飾味道的技術很少被建築師抵制，甚至在美化市容的「藝術性」建築上也願意使用，那就是的圓頂技術——就像購物商場、圖書館閱覽室，以及米蘭伊曼紐畫廊（Victor Emmanuel Gallery）那樣巨大無比的圓拱頂。沒有哪個時代會像資產階級時代那樣頑強地隱藏自己的功績。

建築沒有自己的「思想主張」，因爲建築沒有可用語言表達的意思。其他藝術則有「思想主張」，它們的意思都可用語言表達出來。十九世紀中葉的人有一種看法：在藝術中，形式不重要，內容才是第一位。而二十世紀中葉的人是用很不一樣的理論薰陶出來的，他們對這種十九世紀的見解大爲驚訝。如果將這種現象簡單歸納爲：各種藝術均臣服於文學，那就錯了，雖然各種藝術的內容據信皆可用文字來表達，當然準確度有高有低；也儘管文學才是這時期的關鍵藝術。如果說「每一幅畫都說明一個故事」，那麼音樂就更是如此了——這畢竟是歌劇、芭蕾和敍事組曲的時代。（文學對音樂的啓發和影響特別突出。歌德的作品激起了李斯特、古諾〔Gounod〕、博伊托〔Boito〕及托馬〔Ambroise Thomas〕等人的靈感，對白遼士〔Berlioz〕的影響之大更不必說了；席勒影響了威爾第的作品；莎士比亞影響了孟德爾頌、柴可夫斯基、白遼士和威爾第的作品。華格納發明了自創的詩劇，認爲他的音樂是爲其詩劇而創作，其實他那種空洞浮誇、假冒中世紀詩體的詩作根本就是死氣沉沉，沒有音樂肯定無法生存；反之其音樂卻獨立成章，即使沒有文字也會成爲音樂會固定曲目的一部分。）每種藝術都可用其他藝術形式來表現，恐怕這樣說才更正確些，以至於有種理想的「總藝術」（Gesamtkunstwerk）可把所有的藝術都統一起來，華格納以其一貫的行事態度，將自己變成「總藝術」的發言人。更有甚者，能夠準確表達其意念的藝術（用語言或用代表性的形象表達）一定比不能準確表達其意念的藝術來的優越。將一個故事改編成歌劇（如《卡門》

或將一幅畫改寫成文章（如穆索斯基一八七四年的《畫展上的畫》〔*Pictures from an Exhibition*〕），比將一首樂曲描繪或圖畫，或者改寫成抒情詩要容易得多。

「這件作品表現了什麼？」這問題在評判十九世紀中期的所有藝術作品時，不但問得合理，而且非常重要。一般回答總是：表現「現實」和表現「生活」。那時和後來的觀察家在談論這個時期的文學和視覺藝術時，嘴邊通常掛著一個詞：「寫實主義」（realism）。這個詞堪稱含糊之最。它的意思是指企圖對事實、形象、思想、感情、衝動等現象加以描述或再現，最重要的是要找到一個準確的表現方式。其最極端的例子是華格納擅用的主導動機（Leitmotive，編按：用以回歸主題情境或特性的音樂片段），每一個旋律代表一個人物、一個情節或一個行動，而且反覆出現；或他表現性狂喜的音樂娛樂（《崔斯坦與伊索德》〔*Tristan and Isolde*, 1859〕）。然而現實再現的是什麼？而生活又像哪種藝術所表達的呢？十九世紀中期的資產階級對此左右爲難，而這種窘態更因該階級的勝利而變本加厲。因爲資產階級所渴望的自我形象阻止他們再現出**所有的**現實，只要那些現實與貧困、剝削和齷齪骯髒有關；與物質至上、放縱衝動、想入非非有關。因爲儘管資產階級信心十足，但上述現實的存在的確對他們造成威脅，而且資產階級已感到穩定受到威脅。我們可引用《紐約時報》的一條記者箴言：新聞與「適合發表的新聞」是有區別的。然而，在一個朝氣蓬勃、蒸蒸日上的社會裏，現實不可能是靜止不動的。寫實主義該呈現的難道不是不盡人意的現在，而是人們所嚮往、且已在進行創造的美好未來？藝術能表達未來（華格納又像往常一樣說他代表未來）。簡言之，藝術所再現的「眞實的」、「栩栩如生的」形象，與格式化的、傷感的形象差別很大。資產階級的「寫實主義」，充其量是一種適合資產階級社會需要的寫實主義，如法國畫家米勒（Jean François Millet, 1814–75）的《晚禱》（*Angelus*），畫中的貧困、苦役似乎都可被必恭必敬、順從聽話的窮人所接受；最糟也莫過於變成一幅充滿感情色彩、歌功頌德的家庭肖像畫。

在表象式藝術中有三種方法可擺脫這種進退維谷的困境。一是堅持描繪、陳述所有的現實，包括令人不愉快的和危險的。「寫實主義」遂轉變成「自然主義」或「眞實主義」（verismo）。這通常意味著在政治上有意識地批評資產階級社會，如法國畫家庫爾貝的作品，作家左拉、福樓拜的作品等。有些作品本來無意抨擊資產階級社會，如法國作曲家比才（Georges Bizet, 1838–75）的代表作《卡門》（一八七五年發表，描述下層社會人們的歌劇），但公眾和評論家對此頗爲不滿，認爲這些作品政治色彩太強。二是完全放棄當代或任何時代的現實，不管其方法是割斷藝術與生活的關聯，尤其是與當代生活的關聯（「爲藝術而藝術」）；或是故意採取閉門造車的方法（如年輕的法國象徵派革命詩人韓波一八七一年發表的《醉舟》（*Bateau Ivre*））；再不便是採取幽默大師那種含混虛幻的手法，如英國的利爾（Edward Lear, 1812–88）和卡羅爾（Lewis Carroll, 1832–98），以及德國的布希（Wilhelm Busch, 1832–1908）。然而，如果藝術家沒有退入（或進入）刻意的幻想中，那麼其基本形象應該還是「栩栩如生的」。在這點上，視覺藝術遇到了重大且致命的打擊：攝影技術的競爭。

攝影術發明於一八二〇年代的法國，從一八三〇年代起受到公眾青睞，成爲本書所述時期大量複製現實作品的手段，並成爲一八五〇年代法國的一種商業。從事這種行業的主要是藝術界的失意文人，如納達爾（Nadar, 1820–1911），對他們來說，攝影就是藝術成就，就是經濟成功。有些小企業家也進入這個開放的、相對而言投資不大的行業。資產階級，尤其是躊躇滿志的小資產階級，他們希望獲得更多的廉價肖像，這就爲攝影術的成功提供了基礎。（英國攝影術在相當長的一段時間裏，一直都是生活優渥的夫人小姐和紳士手中的玩物。他們無非是爲了實驗的目的，或業餘愛好而已。）很快就可以看出，攝影術摧毀了表象藝術家的壟斷局面。早在一八五〇年，一位保守的評論家就說攝影肯定會嚴重危及「藝術的所有分支，諸如凹版印刷、石版印刷、以日常生活爲題材的寫實畫、肖像畫等」的存在⑮。

攝影完全是自然的翻版，把「事實」本身直接變成形象，而且似乎還很科學，傳統的藝術怎能與它競爭呢（除了色彩可一比高下外）。攝影是不是會取代藝術呢？新古典主義者和（這時）反動的浪漫派藝術家認爲答案是肯定的，並認爲這是人們所不想見到的。法國畫家安格爾（J. A. D. Ingres, 1780-1867）認爲攝影是工業進步對藝術領域的不當侵犯。法國詩人兼散文家波特萊爾也持同樣看法，只是他從很不一樣的角度說：「所有配得上藝術家稱號和眞正酷愛藝術的人，是不是也該用藝術去搞亂工業呢？」⑯他們兩人認爲攝影的適當角色只能充作一種輔助性的技術，和文學中的印刷、速寫等相似。

奇怪的是，受攝影直接威脅的寫實派卻沒有發出一致撻伐。他們接受科學和進步。誠如左拉所言，難道法國印象派畫家馬奈的畫不是像他自己的小說一樣，都是受了貝爾納科學方法的影響嗎（見第十四章）⑰？然而，他們在爲攝影辯護的同時，他們的文藝理論又反對藝術只是單純地、分毫不差地反映自然。自然主義評論家魏式（Francis Wey）說道：「造就一位畫家的不是他的畫，他的色彩，或他維妙維肖的逼眞，而是上帝賜給他的精神，是上天惠予他的靈感……造就畫家的不是他的手，而是他的頭腦，手只能聽命於腦。」⑱攝影是有用的，因爲它可幫助畫家提升到超越單純複製的層次。寫實主義者掙扎於資產階級世界的理想主義和寫實主義之間，他們同樣反對攝影，但在反對時總不那麼理直氣壯。

這場辯論十分激烈，但終於用資產階級社會最典型的方式解決了：版權。法國根據大革命時期的法律(一七九三)保護藝術財產權，反對剽竊、抄襲，但對工業產品的保護就含糊得多，如民法第一千三百八十二條所示。所有的攝影師都竭力爭辯說，那些購買他們作品的顧客，買到的不只是便宜、清晰的照片，還有藝術的精神價值。與此同時，有些攝影師對名聲的重要性卻知之不多，他們禁不起賺錢的引誘，遂將銷路很好的人物照盜版複製出售，這暗示了人物照的原版並沒有被當作藝術而受到法律保護。這場辯論直到一八六二年才有結論，因爲梅塞梅耶和皮埃森(Messrs Mayer and Pierson)公司控告其對手盜版複製加富爾伯爵和帕麥斯頓爵士的照片，這個案件經一層又一層的法院審理，最後到了最高法院，最高法院裁決攝影畢竟是藝術，因爲只有這樣才能有效保護它的版權。然而——工業技術進入藝術世界後就出現許多複雜問題——法律是否能以單一的標準進行裁決呢?如果版權與道德發生衝突怎麼辦呢?如果攝影師發現女性胴體的商業價值，特別是將它製作成可隨身攜帶、如「名片」般大小的照片，那麼這個衝突就在所難免了。

「女人的裸體照，不論是站姿還是臥姿，只要一絲不掛，完全暴露，會對肉眼造成刺激」⑲，這樣的照片就是猥褻、淫穢的，一八五〇年代有條法律已宣判它們是淫穢的。然而在十九世紀中期，拍攝女子半裸照片的攝影師，像他們後來更爲大膽的同行一樣，以激進的寫實主義藝術來反駁倫理道德上的論點——只是他們此時反駁無效。技術、商業和前衛派組成了地下聯盟，映照出金錢和精神價值之間的官方同盟。官方觀點不會不占上風。如果譴責這樣一位攝影師，檢察官也等於譴責了「那個自稱自己是寫實主義但掩蓋了美的畫派……那個用現實女子替代希臘和義大利神話中居於山林水澤之間美麗仙女的畫派，一群迄今爲止無人知曉的仙女，頃刻間在塞納河畔臭名遠揚，豈不可悲。」[20]馬奈的演說於一八六三年發表在《攝影雜誌》(*Le Moniteur de la Photographie*)，這一年他發表了他的《草地上的午餐》。

所以寫實主義既是模稜兩可，又是自相矛盾。寫實主義的難題是可以避免的，只要不去理會「學院派」畫家的繁瑣無聊(「學院派」畫家只畫能被接受的、能找到買主的畫)，讓科學和想像、事實與理想、進步與永恆……之間的關係自然發展就行。嚴肅的畫家，不論他們對資產階級社會持批評態度，還是合乎邏輯地認眞接受其主張，處境都更加困難，而且一八六〇年代開創了新的發展階段，更使他們的處境從困難到無法解決。自義大利文藝復興以來，西方繪畫史固然複雜，但始終緊密連貫。不過隨著庫爾貝的標題式「寫實主義」，亦即自然派的「寫實主義」的出現，這段歷史遂告結束。從德國繪畫史家希爾德布蘭德(Hildebrand)以一八六〇年代作爲其十九世紀繪畫研究的時間下限，便可看出這十年的特性。此後出現的——或者說此時已隨印象派一起出現的——作品，已不再與過去相連，而是望向未來。

寫實主義的根本困境是題材和技術問題，同時又是題材和技術兩者之間的關係的問題。就題材而言，問題並不是單純的要不要選擇一般的題材，摒棄「高貴的」、「傑出的」題材，或選擇「受尊敬的」藝術家沒有觸及過的題目，摒棄充斥在學院裏的題材，就像赤忱的左翼政治藝術家——例如革命巴黎公社社員庫爾貝——所做的那樣㉑。在某種意義上來說，所有認眞從事自然寫實主義創作的藝術家，當然都傾向於這樣做法，因爲他們只能畫他們眼睛眞正看到的，亦即事物或說感覺—印象，而不是思想、品質或價值。《奧林匹亞》(*Olympia*)這幅畫並不是理想化的維納斯女神，而是——用左拉的話來說——「馬奈在她露出其年輕略略失去光澤的裸體時，悄悄臨摹下來的」㉒，而最教人吃驚的是，此畫竟在形式上與提香(Titian)的名畫《維納斯》遙相呼應。然而，寫實主義是畫不出維納斯，只畫得出裸體女人，就像它畫不出高貴、莊嚴、權威，而只能畫出戴著皇冠的人們一樣。這就是爲什麼考爾巴赫(Kaulbach)畫的德皇威廉一世加冕圖遠不如大衛(Jacques Louis David)和安格爾畫的拿破崙一世的原因。至於其中是否有政治因素就暫且不管。

因而寫實主義從政治上看來似乎是激進的，因爲它較擅長當代和大眾題材。(「當其他藝術家用畫維納斯來糾正自然時，他們撒了漫天大謊。馬奈問自己，他爲什麼要扯謊，爲什麼不講實話？於是他把我們帶到奧林匹亞，看到一個我們這個時代的女子，這個女子就像我們在街上所看到的那些女子一樣，削瘦的肩上拖著一條薄薄的褪了色的長方形羊毛披巾」，以及更多具有這類情調的東西(左拉)㉓。)然而事實上它卻限制了，或根本杜絕了藝術在政治和意識形態方面所能發揮的作用，而這項作用正是一八四八年前藝術的主要使命，理由很簡單，沒有思想和判斷便沒有政治畫。寫實主義幾乎已把十九世紀上半葉最普遍的政治畫形式，即歷史畫，完全排除在嚴肅藝術之外，因而自十九世紀中葉起，歷史畫便急速下降。主張共和、民主和社會主義的庫爾貝自然派寫實主義，並沒有爲政治性的革命藝術打下基礎，在俄國也沒有，俄國的自然主義技術只是革命理論家車爾尼雪夫斯基的門徒用來講故事時所使用的次要伎倆，所以跟學院派繪畫很難區分，除了主題有所不同外。寫實主義標誌著一個傳統的結束，但不代表另一個傳統的開始。

藝術的革命和革命的藝術開始分道揚鑣，儘管理論家、宣傳家，如「四八年人」托雷(Théophile Thoré, 1807–69)和激進的左拉竭力要把它們撮合在一起。印象派之所以重要，不是由於他們的題材大眾化——星期天郊遊、民間舞蹈、城市風貌、劇院、賽馬場、妓院等等，足足涵括資產階級社會半個世界的內容——而是因爲它在創作手法上有所創新。然而這些手法只是借助與攝影類似的技術，或借鑑攝影及不斷發展的自然科學，以進一步追求眞實的再現，追求再現「眼睛看到的東西」。這暗示它們將放棄過去繪畫中約定俗成的手法。當光線投在物體上，眼睛「眞正」看到的是什麼呢？當然不是已被眾人接受的有關藍天、白雲或面部相貌的標準畫法所呈現的那樣。它的目的原是要把寫實主義變得更加「科學」，結果卻不可避免地使它脫離人們的常識，直到新技術成爲新的慣用手法爲止。事實正是這樣。我們現在在欣賞馬奈、雷諾瓦(A. Renoire, 1841–1919)、竇加、莫內和畢沙羅(Camille Pissarro, 1830–1903)的作品時，我們能毫不困難的一眼看懂。但他們也曾一度無法被人們理解，連羅斯金也曾對著美國畫家兼雕刻家惠斯勒(James MacNeill Whistler, 1834–1903)的作品發出驚呼：「活像是潑在公眾臉上的一罐顏料！」

這個問題只是暫時性的，但這種新藝術還有兩方面更不好處理。首先，它必須使繪畫克服其先天有限的「科學」特質。比如，從邏輯上說，印象主義代表的不只是一幅畫，而是完美的彩色立體影片，光線照在物體上能不斷產生變化。莫內從不同側面畫了一系列法國盧昂大教堂的作品，企圖以油彩和畫布來呈現這種效果，結果與理論相去不遠。但是，如果對藝術的科學性追求無法產生出任何特定的結論，那麼其所獲得的結果不過是摧毀大家已然接受的視覺常規，「現實」代替不了這個準則，也無其他任何準則來代替它，只是出現大量與它相差無幾的準則而已。歸根結柢——但是一八六〇年代和七〇年代還遠遠得不出這個結論——在對同一事物做出幾種不同的主觀感覺後，可能沒有辦法從中進行選擇。一旦能夠做出選擇時，對完美的客觀追尋也就轉變成主觀的完全勝利。追求藝術的科學極致是條很吸引人的道路，因爲如果科學是資本主義社會的一個基本價值，那麼個人主義、競爭就是其他價值。正是學院訓練和藝術標準等堡壘，有時不自覺地，用新的「原創性」標準來代替「完美」、「正確」的古老標準，它們遂爲自己的最終被取代打開了大門。

其次，如果藝術與科學相似，那麼它應和科學一樣具有**進步**的特點，進步使「新的」或「後來者」(在某些條件下)變成「先進的」。這對科學來說沒有任何問題，因爲大多數在科學領域默默耕耘的人，在一八七五年對物理的了解顯然比牛頓和法拉第更多更好些。然而在藝術上則不盡然：庫爾貝之所以比法國畫家格羅(Antoine Jean Gros, 1771–1835)更高明，並不是因爲庫爾貝較晚出生，也不是因爲他是寫實主義者，而是因爲他的天賦更高。同時，進步一詞本身也是含混不清，因爲進步可用於，實際上也眞的用於歷史上所有已被看到的演變，這些演變都是(或據信是)前進的；同時也可用於企圖促成未來理想的變革。進步可能是也可能不是事實，而「進步主義者」一詞更只是政治用語。藝術上的革命者通常很容易與政治上的革命者相混淆，尤其是對思路混亂的人來說，如蒲魯東；而且藝術上和政治上的革命者也都很容易和另一種極不相同的東西相混淆，即「現代性」。「現代性」這個字最早的可查記錄是出現在一八四九年。(「總而言之，庫爾貝……表現了時代，他的作品與孔德的《實證哲學》，與瓦舍羅〔Vacherot〕的《實證形上學》和與我本人的《人權》和《內在正義》是不謀而合的；也等同於就業的權利和工人的權益；等同於宣布資本主義滅亡和生產者的自治權；等同於蓋爾〔Gale〕和斯珀津姆的顱相學；等同於拉瓦特〔Lavater〕的相面術。」〔蒲魯東〕[24])

在這個意義上，若要成爲「當代」就必須在題材之外追求變革和技術革新。因爲誠如波特萊爾明察秋毫地指出，假如表現當下是一大歡樂，不僅是因爲當下所可能具有的美，同時也由於「作爲當下，它具備了若干基本特徵」，那麼每個要繼續成爲「當下」的藝術，就必須找到自己特有的表現形式，因爲除了自己之外，誰也不能充分代它表達，如果眞的有誰能夠表達的話。這可能是也可能不是客觀上確實有的「進步」，但是，只要了解過去的一切方法必須讓路給了解我們這個時代的方法，那肯定是「進步的」，因爲後者肯定更好些，因爲它們是當代的。藝術必須不斷更新，在更新的時候，每一代改革者不可避免地會失去——至少是暫時失去——大批傳統主義者和強敵，這些人都缺少年輕的韓波所說的「眼光」（他爲藝術的未來制定了不少規則）。簡言之，我們現在開始發現我們已處於我們熟悉的前衛世界之中——雖然這個詞在當時還不存在。如果要回顧前衛藝術的宗譜，一般不必追溯到法蘭西第二帝國之前——文學上不會超過波特萊爾和福樓拜，繪畫上不會超過印象派。從歷史上看，箇中原由基本上還是個謎，然而確定年代的特徵是很重要的。這個年代代表著下述企圖的失敗：創造一種與資產階級社會精神相一致（雖然對資產階級社會不無批評）的藝術，一種如實證主義所言能體現資本主義世界的物質現實、進步和自然科學的藝術。

5

這個失敗固然影響了資產階級世界的核心，但影響更大的是資產階級世界的邊緣階層：學生、年輕知識分子、躊躇滿志的作家、藝術家，以及一群放蕩不羈、不修邊幅的人——拒絕採納（不論時間長短）資產階級尊重觀，以及很容易與他們混在一起的人們。大城市裏出現越來越多專供這些人聚會的特區——巴黎塞納河左岸的拉丁區和巴黎北方的蒙馬特區。（由於繪畫轉向寫實主義——即戶外——農村裏遂也出現畫家聚居的奇怪區域，這些地方範圍不大，時間不長，例如巴黎周圍、法國東北部的諾曼第海岸和稍晚的普羅旺斯。在十九世紀中葉之前，這種現象似乎尚不多見。）這些地區很快成爲前衛派的中心，而像韓波那種如飢似渴地在沙勒維爾(Charleville)等地閱讀雜誌和異端詩歌的年輕叛徒，就像被地心引力吸引一樣，紛紛向中心靠攏。他們既是生產者，又是消費者，他們構成一個不可忽略不計的市場（一個世紀後這種市場被稱爲「地下市場」或「反主流文化市場」），但銷售額不大，不足以養活這批前衛藝術家。由於資產階級日益希望把藝術緊緊抱在自己懷裏，因此願意讓資產階級擁抱的藝術家也就成倍增加——美術系學生、充滿野心的作家等等。米爾熱(Henry Murger)所寫的《波希米亞生活一瞥》(*Scenes of Bohemian Life*, 1851)，爲資產階級社會的城市生活帶來盛行一時的風尚，與十八世紀的戶外宴會一樣時髦。這些藝術家、作家在西方世界的世俗天堂裏與資產階級逢場作戲，但不屬於資產階級。這個世俗天堂也是藝術中心，義大利再也不能與這個藝術中心一試高低。在十九世紀下半葉，巴黎約有一兩萬自稱爲藝術家的人㉕。

雖然這個時期的革命運動幾乎完全發生在巴黎拉丁區——例如布朗基主義者——雖然無政府主義者將反主流文化的人等同於革命者，但是這些前衛藝術家並無特定的政治立場，或根本沒有政治立場。在畫家中，極左派的印象畫家畢沙羅和馬奈於一八七〇年逃到倫敦，以躲避參加普法戰爭；塞尙躲在其鄉間避難所裏，對其最親密的朋友左拉的政治觀點絲毫沒有興趣。馬奈、竇加——他們都因個人收入而成爲資產階級——以及雷諾瓦都悄悄地參加戰爭而避開了巴黎公社；庫爾貝在巴黎公社運動中只是個一般群眾。對日本版畫的愛好可以把印象派、超級共和派的克里蒙梭(Clemenceau)和激烈反對巴黎公社的龔固爾兄弟繫聯在一起。如同一八四八年前的浪漫派藝術家一樣，他們之所以聯合，只是因爲他們都憎惡資產階級和資產階級政權——此處指的是法蘭西第二帝國——痛恨由庸才、虛僞和利潤統治的時代。

直到一八四八年，這些資產階級社會的精神拉丁區仍希望有個共和或來一場社會革命，而且對更有活力的資本主義「強盜貴族」甚至勉強表示敬佩，敬佩他們衝破了傳統貴族社會的障礙，儘管也非常痛恨他們。福樓拜的小說《情感教育》(*Sentimental Education*, 1869)，說的就是一八四〇年代這個暴風雨世界裏年輕人心中的這個希望，以及他們的雙重失望：對一八四八年革命的失望，和對接踵而來的時代的失望——在新的時代裏，資產階級勝利了，但他們背棄了自己的革命理想；

「自由、平等、博愛」。從某種意義上說，失望最大的莫過於一八三〇至四八年的浪漫主義。從空幻寫實主義轉變到「科學」、或實證寫實主義的過程中，仍保留——也許還發展了——社會批判的部分，至少是冷嘲熱諷，然而卻失去了想像力。（杜龐盧〔Dupanloup〕閣下認爲，凡在地方上主持過一些懺悔的牧師都承認福樓拜的小說《包法利夫人》十分準確。）接著又轉變成「爲藝術而藝術」，或只關心語言的格式、風格和技巧。「每個人都有靈感」，年邁的詩人戈蒂埃(Gautier, 1811-72)對一位年輕人說，「每個資產階級都會因太陽從東方升起，從西邊落下而感情起伏。但詩人有技巧。」[26]當一種新的幻想藝術形式從一八四八年時還是孩提甚至還未出生的那代人中出現的時候——韓波的主要作品於一八七一至七三年問世，杜卡斯(Isidore Ducasse)於一八六九年發表其《馬爾多魯之歌》(*Chants de Maldoror*)——這種藝術將是祕傳的，是不理性的，而且不管其初衷爲何，也是非政治的。

由於一八四八年夢幻的破滅，以及拿破崙三世的法蘭西第二帝國、俾斯麥的德國、帕麥斯頓和格拉斯頓的英國、伊曼紐的義大利等現實政府的勝利，西方資產階級藝術在繪畫和詩歌的帶動下開始分爲兩支：一是爲廣大公眾喜愛的，一是爲少數自我設限者享用的。資產階級社會並未像前衛派所虛構的那樣宣布他們爲非法，但一般說來有一點是不可否認的：那些在本書所述時期結束之前已達成熟階段且至今仍受我們敬愛的美術家和詩人，對當時的市場通常抱著不屑一顧的態度，也的確經常引起社會爭議：庫爾貝和印象派、波特萊爾和韓波，早期的拉斐爾前派，英國詩人評論家史溫朋(A. C. Swinburne, 1837-1909)，英國詩人及畫家羅塞蒂(Dante Gabriel Rossetti, 1828-82)等等。很顯然，藝術界的情況不全是如此，甚至完全依靠資產階級贊助的藝術也不全是如此，除了這時期有對白的話劇外，關於這種話劇最好少提爲妙。這也許是因爲，那些困擾視覺藝術的「寫實主義」難題，對其他藝術領域的困擾程度較輕些。

6

這些難題對音樂毫無影響，因爲沒有任何表象派寫實主義能在音樂領域占有一席之地，而且若想將它引入音樂之中，就必須使用比喩，或依靠語言、劇情。除非是合併爲華格納式的總藝術（即華格納那種包羅萬象的歌劇），或塞進簡單的歌曲，否則音樂的寫實主義就意味著它能代表某種明確的情感：包括可辨認出來的性情感（就像華格納的崔斯坦），更普遍的情形是，它們透過民俗音樂的主題象徵來表達民族主義的情感，例如盛行一時的國民樂派作曲家那般——波希米亞的史麥唐納和德弗札克，俄國的柴可夫斯基、林姆斯基高沙可夫（N. Rimsky Korsakov, 1844-1908）和穆索斯基等，挪威的葛利格（Edvard Grieg, 1843-1907），當然還有德國人（可不是奧地利人）。但是如我們前面所提，嚴肅音樂欣欣向榮的原因，與其說是它道出了眞實世界，倒不如說它表達了精神世界，因而它除了提供其他許多東西外，還提供了一種宗教替代品。如果想要演出，那它就得合乎贊助人的口味，或符合市場需求。到了這個程度，它就能從內部反對資產階級世界，而且易如反掌，因爲當音樂家對資產階級進行鞭撻時，他們不但覺察不到還可能以爲音樂家是在表達他們的追求和他們的文化輝煌呢。所以音樂繁榮了，但或多或少仍建立在傳統的浪漫主義基礎上。音樂界的急先鋒是華格納，他也是音樂界最著名的公眾人物，因爲他確實成功地使財力最雄厚的文化當局和資產階級成員相信他們就屬於精神貴族，遠遠高於庸俗不堪的廣大群眾，只有他們才是藝術的未來(華格納能做到這點得感謝瘋瘋癲癲的巴伐利亞國王路德維希)。

散文，特別是最具資產階級時代藝術形式特徵的小說，也日漸興盛，但原因卻與音樂正好相反。語言不像音符，它不但表現了「眞實生活」，也表達了思想。語言跟視覺藝術也不一樣，它並不眞正去模仿生活。所以小說的「寫實主義」沒有發生任何當攝影引進繪畫時所立即產生的不可解決的矛盾。有些小說可能會把重點放在如紀錄文學般的絕對眞實上，有些則傾向將題材擴大到不適於體面人看的領域(法國寫實主義小說家兩者都喜歡)，然而誰能否認，甚至最不擅長文字、最主觀的人所寫的眞實世界故事，通常也最能代表當代的眞實社會？這個時期的小說家沒有一個不能改寫電視連續劇。小說很靈活，作爲一個類別，它甚受大眾歡迎，成就斐然。除了很個別的例外——如華格納的音樂，法國幾個畫家，也許還有幾首好詩——這個時期藝術上的最高成就非小說莫屬：俄國的、英國的、法國的，也許甚至還有美國的(如果我們加上梅爾維爾的《白鯨記》)，而且(除梅爾維爾外)最偉大作家的最偉大作品幾乎都立即被接受，如果不總能獲得理解的話。

小說的偉大潛力在於它的領域極寬，最廣闊、最雄心勃勃的主題都操持在小說家的孤掌之中，請看：《戰爭與和平》攪得托爾斯泰如癡如醉，《罪與罰》(*Crime and Punishment*, 1866)使杜思妥也夫斯基心力交瘁，《父與子》(*Fathers and Sons*)則令屠格涅夫費盡心血。小說家企圖掌握住整個社會的現實。史考特(Scott)和巴爾札克藉由彼此相關的故事系列反映整個社會，然而奇怪得很，這時期最偉大的天才小說家並未遵循這個模式：左拉要到一八七一年才開始進行他對追溯第二帝國的大部頭描繪《魯貢瑪卡家族》系列小說〔the Rougon-Macquaret series〕，加爾多斯（Pérez Galdós, 1843-1920）於一八七三年開始其回顧性的《民族插曲》（*Episodios Nacionales*），德國小說家劇作家弗賴塔格（Gustav Freytag, 1816-95）則在一八七二年開始撰寫其《祖先》（*Die Ahnen*）。在俄國以外，這些巨大創作努力所取得的成功有大有小，而在俄國則一律獲得成功。一個兼容了狄更斯、福樓拜、艾略特、薩克萊和凱勒（Gottfried Keller, 1819-90）等諸多成熟作家的時代，是不需要害怕競爭的。然而小說最大的特點和它之所以成爲這個時代典型藝術的原因，是因爲小說是透過神話和技巧（像華格納的《指環》〔*Ring*〕那樣）來完成其雄心勃勃的創作目的。與其說小說像暴風雨般襲擊了創作天堂，倒不如說它是堅韌不拔、一步一腳印地走進創作天堂。爲此，小說在承受最小損失的情況下，也開始被翻譯成他國語言。這個時代至少有位天才大作家成爲眞正的國際人物，他就是狄更斯。

但是，如果我們在討論資產階級勝利時代的藝術時，僅局限於討論藝術大師和他們的傑作，特別是局限在少數幾個人身上，那就有失偏頗了。我們已經看到，這個時代也是藝術走向大眾的時代，因爲有了複製技術，一件作品複印無數張後形象依然清晰；技術與交通結合起來便產生了報紙和雜誌——尤其是附有插圖的雜誌——同時群眾教育事業的開展更使藝術進入到平常人家。這時期眞正爲多人所知的藝術作品——指其知名度超出了少數「有修養者」的範圍——並不是我們今天欣賞不已的作品。當然也有極少例外，狄更斯便是這極少例外中最突出的一位（然而狄更斯係以記者的身分寫作

——他的小說是連載發表的——對數以千計的讀者來說，他更像演員，因爲他的作品充滿戲劇舞台場面的對白）。銷路最廣的是大眾報紙，英國和美國的銷售量創空前紀錄，達二十五萬，甚至五十萬份。美國西部火車車廂裏和歐洲手工業工人小屋裏貼的是英國畫家蘭西爾的《山谷之王》(*Monarch of the Glen*)（或自己本國相應的畫），或美國總統林肯、義大利愛國者加里波底，或英國首相格萊斯頓的肖像。「高尚文化」中的樂曲，只有義大利歌劇作曲家威爾第的曲調能藉由遍布各地的義大利街頭手風琴手而進入普通人的耳朵，或許華格納的某段樂章也可因被改成結婚進行曲而得與大眾相見——但不是歌劇本身。

然而這本身就是一場文化革命。隨著城市和工業的勝利，廣大群眾開始出現分野，而且區別日益尖銳：一部分是「現代化」的，也就是城市化的，識文斷字的；另一部分是接受主流——即資產階級社會——的文化內容和日益失根的「傳統」人。兩者的分野愈來愈明確，因爲農村過去的遺產和城市工人階級的生活模式愈來愈不相干：一八六〇年代和七〇年代的波希米亞工人，已不再用民謠來抒發自己的感情，而用歌廳裏的蹩腳通俗歌曲來描述他們自己的生活，一種與他們父輩很少有共同之處的生活。這是一個空白地帶。現代通俗音樂和娛樂業的祖先，那時就開始爲文化要求不高的人填補這個空白；而自助團體和組織就爲更活躍、更自覺、要求更多的人來填補這個空白。從本書所述時期結束起，這個空白則越來越常是透過政治運動來填補。在英國，城裏歌廳星羅棋布的時代也是合唱團和工人階級管樂隊的時代，這些音樂團體在工業社會成倍增加，其所表演的大眾「古典」曲目多半選自高尚文化。但是值得注意的是，這幾十年的文化流向都是單向的——從中產階級往下傳播，至少在歐洲是如此。甚至即將成爲無產階級最有特色的文化形式，即供大眾觀賞的體育活動，也是發源於中產階級。這時期的中產階級年輕人爲各項運動籌組俱樂部，並規劃比賽，從而使體育規則得以定型——如英式足球。要到一八七〇年代末到八〇年代初，體育活動才眞正掌握在工人階級手中。（英國是最卓越的「體育大國」。早些時候的平民體育，例如板球，已在英國興起。但此時英國純專業化的平民體育卻呈下降態勢。原有的幾項體育活動實際上已告消失，例如專業化的賽跑、競走、划船比賽等。）

農村最傳統的文化模式遭到連根拔起，其原因與其說是人口流動，不如說是興辦教育的結果。一旦群眾接受了小學教育，傳統文化便不可能再以口耳或面面相傳的方式爲基礎。於是文化遂分裂成識字者的高級文化，即占統治地位的文化，和不識字者的低級文化，即落後文化。教育和全國官僚機構將農村居民變成精神分裂症患者的聚合，他們的名字被分成兩種，一是暱稱和綽號，是鄰居和親戚稱呼時用的（如「跛腿巴奎脫」），一是對學校、政府當局使用的正式姓名（如「弗朗西斯科·岡薩雷斯·洛佩斯」）。新生的一代實際上都能操兩種語言。有越來越多人，企圖以「方言文學」的形式拯救古老語言（如安岑格魯貝〔Ludwig Anzengruber, 1839-89〕寫的農民話劇；巴恩斯〔William Barnes, 1800-86〕用多塞特〔Dorset〕方言寫的詩；路特〔Fritz Reuter, 1810-74〕用德國北部方言寫的自傳；以及一八五四年費利布里熱〔Felibrige〕協會運動意欲復活的普羅旺斯文學），但這對中產階級羅曼蒂克的懷舊病、民粹主義或「自然主義」皆無吸引力。

用我們的標準來看，傳統文化在這個階段的衰落幅度還是比較小的。然而其意義相當重大，因爲在這段期間，傳統文化尙未從新興無產階級或城市反主流文化當中得到回饋（農村從來就沒有出現過反主流文化）。因此，占統治地位的官方文化不可避免地與大獲全勝的中產階級等同起來，並凌駕在處於從屬地位的廣大群眾之上。在這個時期，這種主從狀態幾乎是無法改變的。

註釋

❶ R. Wagner, 'Kunst und Klima', *Gesammelte Schriften* (Leipzig 1907), III, p.214.

❷ Cited in E. Dowden, *Studies in Literature 1789-1877* (London 1892), p.404.

❸ Th. v. Frimmel, *Lexicon der Wiener Gemäldesammlungen*(A-L 1913-14), article: Ahrens.

❹ G. Reitlinger, *The Economics of Taste* (London 1961), chapter 6.

❺ Asa Briggs, *Victorian Cities* (London 1963), pp.164 and 183.

❻ Reitlinger, *op. cit*,.

❼ R. D. Altick, *The English Common Reader* (Chicago 1963), pp.355 and 388.

❽ Reitlinger, *op. cit*,.

❾ F. A. Mumby, *The House of Routledge* (London 1934).

❿ M. V. Stokes, 'Charles Dickens: A Customer of Coutts & Co.',*The Dickensian*, 68 (1972), pp.17-30. 感謝史拉特(Michael Slater)提供相關資料。

⑪ Mulhall, *op. cit.*, article: Libraries.

⑫ T. Zeldin, *France 1848–1945* (Oxford 1974), I, p.310.

⑬ G. Grundmann, 'Schlösser und Villen des 19. Jahrhunderts von Unternehmern in Schlesien,' *Tradition*, 10, 4 (August 1965), pp.149–62.

⑭ R. Wischnitzer, *The Architecture of the European Synagogue*(Philadelphia 1964), chapter X, especially pp.196 and 202–6.

⑮ Gisèle Freund, *Photographie und bürgerliche Gesellschaft*(Munich 1968), p.92.

⑯ Freund, *op. cit.*, pp.94–6.

⑰ Cited in Linda Nochlin (ed.), *Realism and Tradition in Art*(Englewood Cliffs 1966), pp.71 and 74.

⑱ Gisèle Freund, *Photographie et Société* (Paris 1974), p.77.

⑲ Freund, *op. cit.* (1968), p.111.

⑳ Freund, *op. cit.* (1968), pp.112–13.

㉑ 關於本書所述時期藝術家與革命之間的關係，參見 T.J. Clark, *The Absolute Bourgeois* (London 1973) and *Image of the People: Gustave Courbet* (London 1973)。

㉒ Nochlin, *op. cit.*, p.77.

㉓ Nochlin, *op. cit.*, p.77.

㉔ Nochlin, *op. cit.*, p.53.

㉕ 甚至在較不重要的藝術中心如慕尼黑，其慕尼黑藝術家協會(Münchner Kunstverein)在一八七〇年代中期也有

四千五百位成員。P. Drey, *Die wirtschaftlichen Grundlagen der Malkunst. Versuch einer Kunstökonomie*(Stuttgart and Berlin 1910).

㉖ Cited in Dowden, *op. cit.*, p.405.

第十六章 結語

謀事在人，成事在天。你頭上有苛政。根據進步的原則，天意早該沒有了。

——內斯特羅，維也納喜劇作家，一八五〇年❶

自由主義的勝利時代開始於革命的失敗，結束於漫長的經濟蕭條。第一個路標一目了然，它標誌著一個歷史階段的開始和另一個歷史階段的結束。而第二個路標則不盡然。然而歷史並不顧念是否對歷史學家方便，儘管有些歷史學家對此還不甚了解。依照戲劇的要求，這本書結束時應安排一個具有轟動效應的事件——如一八七一年的德國統一和巴黎公社，或是一八七三年的股票暴跌——但是戲劇的要求與現實不一樣，經常很不一樣。資本時代的小路並沒有結束在可鳥瞰全景的制高點上，也沒有結束在大瀑布前，而是結束在景色不太容易辨認的轉彎處：也就是一八七一到一八七九年之間的某個時候。如果我們必須指出個具體日子，那就讓我們選一個能象徵「一八七〇年代」的某個時候，但不要和什麼特定事件有關，免得將它不必要地凸顯了。就讓我們選擇，比如說，一八七五年吧。

緊接著自由主義勝利而來的新時代，將是大不一樣的。經濟上，它迅速離開私營企業自由競爭、政府不加干預，或德國人稱之爲「曼徹斯特主義」的道路（即維多利亞時代英國正統的自由貿易道路），而朝向大型工業公司（卡特爾〔cartel〕、托拉斯〔trust〕、壟斷集團）、政府積極干預、正統政策迥然不同、但經濟理論不一定很不一樣的道路。英國律師狄西（A. V. Dicey）長嘆道：個人主義的時代已於一八七〇年結束，「集體主義」時代來臨了。狄西看到「集體主義」長驅直入，輾轉難眠。在我們看來，他所看到的「集體主義」多數是不重要的，不過在某種意義上他還是對的。

資本主義經濟在四個重要方面發生變化。首先，我們現在進入一個新的技術時代，不再受限於第一次工業革命的發明和方法：一個新能源的時代（電力、石油、渦輪機、內燃機等），一個奠基於新材料之上的新機械時代（鋼鐵、合金、有色金屬等），一個植根於科學之上的新工業時代，例如正在擴大的有機化學工業。其次，我們日益進入一個由美國首開其先的國內消費市場經濟。這種新形態的形成是由於群眾收入的提高（歐洲提高的幅度還不很大），更由於先進國家的人口成長。從一八七〇到一九一〇年間，歐洲人口從二點九億增加到四點三五億，美國人口從三千八百五十萬增加九千二百萬。換句話說，我們進入一個大規模生產的階段，包括某些耐用消費品的生產。

第三——從若干方面來說，這點最具決定性意義——資本主義經濟發生了令人困惑的逆轉。自由主義的勝利時代事實上就是英國工業在國際上處於壟斷地位的時代，中小企業可以自由競爭，保證獲得利潤，而且困難很少。後自由主義時代則是互爲競爭對手的國家工業經濟——英國的、德國的、北美的——在國際上進行競爭，在經濟蕭條期間，它們發現要獲得足夠利潤非常困難，於是競爭更加激烈。最後，競爭更導致了經濟集中、市場控制和市場操縱。一位傑出的歷史學家說道：

> 經濟成長如今已成爲經濟鬥爭——一場將強者與弱者截然分開的鬥爭，一場打擊一部分國家信心、堅定另一部分國家志氣的鬥爭，一場犧牲老的、照顧那些新興國家的鬥爭。原本對未來的進步發展充滿無限信心的樂觀情緒，已讓位給遲疑不決和某種痛苦掙扎。而這一切又強化了激烈的政治競爭，政治競爭又反過來加劇了經濟鬥爭，這兩種競爭在掠奪土地的浪潮和「勢力範圍」的追逐中會合，並因之被稱作新帝國主義。❷

世界自此進入帝國主義時代，這裏的帝國主義既是廣義的(包括經濟組織的結構變化，例如「壟斷性資本主義」)，也是狹義的：「低度開發」國家以附屬國的地位被納入由「先進」國家統治的新世界經濟秩序。其原因除了競爭(導致各強權競相將世界劃歸爲自己的商業保留地，不管是正式或非正式的)、市場和資本出口的刺激外，同時也由於大多數先進國家因氣候和地質原因而缺少原料，這些原料的重要性日見增加。新技術工業需要石油、橡膠、有色金屬等原料。到十九世紀末，馬來亞已成爲聞名的錫產地，俄國、印度和智利是錳產地，新喀里多尼亞爲鎳產地。新的消費工業需要飛速成長的原料數量，不僅是先進國家可以生產的原料(例如糧食和肉類)，還有它們無法生產的原料(如熱帶和亞熱帶的飲料和水果，以及國外的蔬菜、製皂用的油脂等)。「香蕉共和國」如同錫、橡膠和可可殖民地一樣，成了資本主義世界經濟的組成部分。

世界一分爲二，一爲先進地區，一爲低開發地區(從理論上講二者是互補的)。這種現象雖然不是什麼新鮮事，但此時已開始具有其特殊的現代形狀。這種新的先進/依賴模式將一直持續到一九三〇年代的經濟大蕭條爲止，中間只有短暫間歇。而這便是世界經濟的第四項重大變化。

從政治上看，自由主義時代的結束，意謂著自由的結束。在英國，從一八四八到一八七四年間，除兩次爲期短暫的例外，一直是惠格/自由黨(從廣義上說是托利/保守黨以外的政黨)在執政。然而在十九世紀的最後二十五年裏，惠格/自由黨執政時間總共不超過八年。在德國和奧地利，一八七〇年代的自由黨已不再是政府在議會裏的主要基礎，如果政府需要這樣一個基礎的話。他們的衰退，不僅是因爲他們強調自由貿易、廉價政府(相對來說也就是無所事事的政府)的思想主張被擊敗，也因爲選舉政治的民主化(見第六章)摧毀了他們認爲其政策可代表廣大群眾的幻想。一方面，由於經濟蕭條，代表某些工業和全國農業利益的保護主義壓力加大了。貿易更加自由的發展趨勢發生逆轉，俄國和奧地利在一八七四至七五年，西班牙在一八七七年，德國在一八七九年，實際上各地皆是如此，除了英國外——即使在英國，從一八八〇年代起，自由貿易也開始受到壓力。另一方面，下層的「小人物」要求保護他們不受「資本家」剝削壓迫，工人要求社會福利、建立失業公共保護措施、制訂最低工資，這些日益高漲的呼聲，在政治上發揮了十分強大的作用。「上層階級」，不管是自古以來就有的貴族，還是新興的資產階級，都不再能夠代表「下層」說話了，更關鍵的是，他們不再能夠獲得「下層」不求回報的支持了。

所以，一個新的、日益混亂緊張的局面(以及在此局面下出現的新政治格局)正在形成，反民主的思想家預見到形勢不妙。歷史學家布克哈特(Jacob Burckhardt)在一八七〇年寫道：「人權的現代說法包括了工作權利和生存權利。人們再也不願將最重要的事情交給社會去處理，因爲他們想要的是不可能獲得的，而他們認爲只有在政府的強行規定下方可獲得。」❸思想家感到頭痛的不僅是窮人提出的據說是烏托邦式的要求：有權過溫飽生活，還有窮人強行獲得這個權利的能力。「群眾要求安定，要求工資。如果他們能從共和當中獲得安定和工資，他們會緊緊依靠共和；如果能從君主制度獲得安定和工資，他們會緊緊依靠君主制度。如果兩者都無法給予他們，他們毫不考慮地會支持首先保證他們能得到他們想要的東西的體制。」❹政府不再由傳統賦予它的合乎道德的自主權和合法性來控制，也不再能夠相信經濟法則不會遭到破壞，政府實際上會日益成爲無所不能的極權國家，雖然理論上它只是爲大眾達到目的的工具。

以今日的標準而言，當時政府作用的增加還很有限，雖然在本書所述時期，幾乎各地政府的平均開支(也就是政府的活動)都增加了，主要是由於公債大幅增加的結果(自由主義、和平、不接受津貼的私營企業堡壘，如英國、荷蘭、比利時、丹麥等國除外)。(政府開支的增加在海外發展中國家更爲明顯。這些國家——美國、加拿大、澳大利亞和阿根廷——都在進行經濟基礎設施的建設，辦法是引進資金。)然而，各方面的社會開支仍是小得可憐，也許只有教育經費例外。另一方面，政治上有三種傾向從經濟蕭條的新時期混亂中冒了出來(經濟蕭條導致各地社會爆發騷亂和不滿)。

第一,最明顯也最新奇的,是獨立的工人階級政黨和運動的出現,它們一般都帶有社會主義傾向(也就是日益傾向馬克思主義),其中德國社會民主黨既是先驅,又是令人印象最爲深刻的典範。雖然這時候的政府和中產階級認爲它們最危險,然而事實上,社民黨是贊成自由主義理性啓蒙運動的價值和假設。第二個傾向不但不接受啓蒙運動的遺產,而且事實上還堅決反對。蠱惑人心的反自由、反社會主義政黨出現於一八八〇年代和一八九〇年代,它們如果不是從先前隸屬於自由黨分支機構的陰影下冒出來的,如後來變成希特勒主義鼻祖的反猶太、泛日耳曼主義的民族主義者;便是從直至當時爲止在政治上一直韜晦的教會羽翼下冒出來的,如奧地利「基督教社會運動」。(出於各種原因,在這些教會組織中,羅馬教皇庇護九世的立場也許是最爲重要的,天主教大公會議未能在群眾政治中有效地發揮其巨大潛力,除了在一些天主教居少數地位的西方國家外,而天主教在這些國家中也只能發揮壓力團體的作用——如一八七〇年代開始的德國「中央黨」。)第三個傾向是群眾性民族主義政黨和運動從先前的激進自由主義桎梏中解放出來,有些爭取民族自治或民族獨立的運動逐漸趨向社會主義,至少理論上是,特別是當工人階級在本國能發揮重要作用的時候;但這只是民族社會主義,而非國際社會主義(如所謂捷克人民社會主義者〔Czech People's Socialist〕或波蘭社會黨〔Polish Socialist Party〕),且民族成分多於社會主義成分。其他民族主義政黨或運動的意識形態,則純以血統、土地、語言,以及所有被看作是種族傳統的內容爲基礎,別無其他。

然而這些新趨勢並沒有動搖先進國家在一八六〇年代發展出的基本政治格局:逐步地、不情願地走向民主立憲政體。不過，非自由主義的群眾政治著實嚇壞了各國政府，不管在理論上它們是多麼可以被接納。政府在學會操作這套新制度之前，有時——明顯是在「大蕭條」時期——會陷入驚恐萬狀之中，並實施高壓統治。第三共和直到一八八〇年代初還不允許從血洗中倖存下來的巴黎公社社員重新參與政治活動。俾斯麥知道如何駕馭資產階級自由主義者，但不知道如何對付群眾性社會主義政黨或群眾性天主教政黨。一八七九年他宣布社會民主黨爲非法。格萊斯頓對愛爾蘭也採行高壓統治。不過，這只是個暫時階段，而非永久趨勢。資產階級政治的框架（在存有這個框架的國家），要到進入二十世紀相當長的一段時間之後，才膨脹到突破點。

這個時代的確陷入了「大蕭條」的麻煩時期。但是，如果太強調大蕭條的色彩，反倒會造成錯誤印象。它與一九三〇年代的衰退不同，其經濟困難本身非常複雜，也都有一定難度，因此歷史學家甚至懷疑用「蕭條」這個詞來形容本卷所述時期結束後的二十年是否妥當。歷史學家錯了，但他們的懷疑提醒我們不要採取過分戲劇性的處理。無論是經濟上還是政治上，十九世紀中期資本主義世界的結構都沒有崩垮。它進入了一個新的階段，它緩慢地從經濟上和政治上修改了自由主義，它還留有充分的餘地。然而那些被統治的、低開發的貧窮落後國家，其情況便有所不同，如俄國這類處於勝利者世界和受害者世界之間的國家，其情況也不一樣。在這些國家中，「大蕭條」開創了即將到來的革命時代。但在一八七五年後的一、兩代之間，勝利的資產階級仍固若金湯。也許信心比以前差了一些，因而資產階級聲稱它仍信心十足未免有點刺耳。也許資產階級對其前途有點擔心，然而「進步」無疑仍會繼續下去，這是不可避免的，而且是以資產階級、資本主義社會的形式，籠統說來是以自由社會的形式繼續下去。「大蕭條」只是一個插曲。未來不是還有經濟成長、科技進步、生活提升與和平嗎？二十世紀難道不會是十九世紀更加輝煌、更加成功的翻版嗎？

我們今天知道二十世紀不是十九世紀的翻版。

註釋

❶ Johann Nestroy, *Sie Sollen Ihn Nicht Haben* (1850).

❷ D. S. Landes, *The Unbound Prometheus* (Cambridge 1969), pp.240–1.

❸ Burckhardt, *op, cit*., p.116.

❹ Burckhardt, *op, cit*., p.171.

表格・地圖

歐洲與美國：國家與資源

	1847 - 50			1876 - 80		
	人　口 百萬人	蒸汽機 千匹馬力	城市數目 五萬人以上	人　口 百萬人	蒸汽機 千匹馬力	郵寄件數 平均每人
英國	27.0	1,290	32	32.7	7,600	48.2
法國	34.1	370	14	# 36.9	3,070	29.5
德國	—	—	17	42.7	5,120	28.7
普魯士	11.7	92				
巴伐利亞	4.8					
薩克森	1.8					
漢諾威	1.8					
符騰堡	1.7					
巴登	1.3					
其他 32 國	0.02 - 0.9					
俄羅斯	66.0	70	8	85.7	1,740	2.6
奧匈帝國	37.0	100	13	# 37.1	1,560	12.0
義大利	—	—		27.8	500	13.4
兩西西里	8.0		4			
薩丁尼亞	4.0		2			
教皇國	2.9		1			
托斯卡尼	1.5		2			
其他 3 國	0.1 - 0.5					
西班牙	12.3	20	8	16.6	470	7.1
葡萄牙	3.7	0	2	4.1	60	5.4
瑞典、挪威	3.5	0	1	4.3	310	12.5
丹麥	1.4	0	1	# 1.9	90	26.6
荷蘭	3.0	10	5	3.9	130	29.5
比利時	4.3	70	5	5.3	610	35.5
瑞士	2.4	0	0	2.8	230	46.1
鄂圖曼帝國	* *c*.30.0	0	7	# 28.0	—	?
希臘	*c*.1.0	0	—	1.9	0	2.3
塞爾維亞	*c*.0.5	0	—	1.4	0	0.7
羅馬尼亞	—	—	—	5.0	0	1.5
美國	23.2	1,680	7	# 50.2	9,110	47.7

1847-76 年領土及人口有重大變化。

* 僅計算歐洲部分。

鐵路密度：1880

單位：每萬平方公里

	國　　家
1,000 以上	比利時
750 - 999	英國
500 - 749	瑞士、德國、荷蘭
250 - 499	法國、丹麥、奧匈帝國、義大利
100 - 249	瑞典、西班牙、葡萄牙、羅馬尼亞、美國、古巴
50 - 99	土耳其、智利、紐西蘭、千里達、維多利亞、爪哇
10 - 49	挪威、芬蘭、俄羅斯、加拿大、烏拉圭、阿根廷、祕魯、哥斯大黎加、牙買加、印度、錫蘭、塔斯馬尼亞、威爾斯、澳大利亞、海角殖民地、阿爾及利亞、埃及、突尼斯

鐵路和汽船：1830 - 76

年　　分	鐵路公里數	汽船噸數
1831	332	32,000
1841	8,591	105,121
1846	17,424	139,973
1851	38,022	263,679
1856	68,148	575,928
1861	106,886	803,003
1866	145,114	1,423,232
1871	235,375	1,939,089
1876	309,641	3,293,072

國際海運：地理分布表，1879

單位：千噸

地	區	總　噸　數
歐洲	北極海	61
	北　海	5,536
	波羅的海	1,275
	大西洋（含愛爾蘭海、英吉利海峽）	4,553
	西地中海	1,356
	東地中海（含亞德里亞海）	604
	黑　海	188
其他地區	北美洲	3,783
	南美洲	138
	亞　洲	700
	澳洲和大洋洲	359

世界金銀產量：1830 - 75

年　分	金（千公斤）	銀（千公斤）
1831 - 40	20.3	596.4
1841 - 50	54.8	780.4
1851 - 55	197.5	886.1
1856 - 60	206.1	905.0
1861 - 65	198.2	1,101.1
1866 - 70	191.9	1,339.1
1871 - 75	170.7	1,969.4

世界農業：1840 - 87

	產　值（百萬英鎊）		雇傭人數（千人）	
	1840	1887	1840	1887
英　國	218	251	3,400	2,460
法　國	269	460	6,950	6,450
德　國	170	424	6,400	8,120
俄羅斯	248	563	15,000	22,700
奧地利	205	331	7,500	10,680
義大利	114	204	3,600	5,390
西班牙	102	173	2,000	2,720
葡萄牙	18	31	700	870
瑞　典	16	49	550	850
挪　威	8	17	250	380
丹　麥	16	35	280	420
荷　蘭	20	39	600	840
比利時	30	55	900	980
瑞　士	12	19	300	440
土耳其等	98	194	2,000	2,900
歐　洲	1,544	2,845	50,430	66,320
美　國	184	776	2,550	9,000
加拿大	12	56	300	800
澳大利亞	6	62	100	630
阿根廷	5	42	200	600
烏拉圭	1	10	50	100

1847 年的世界

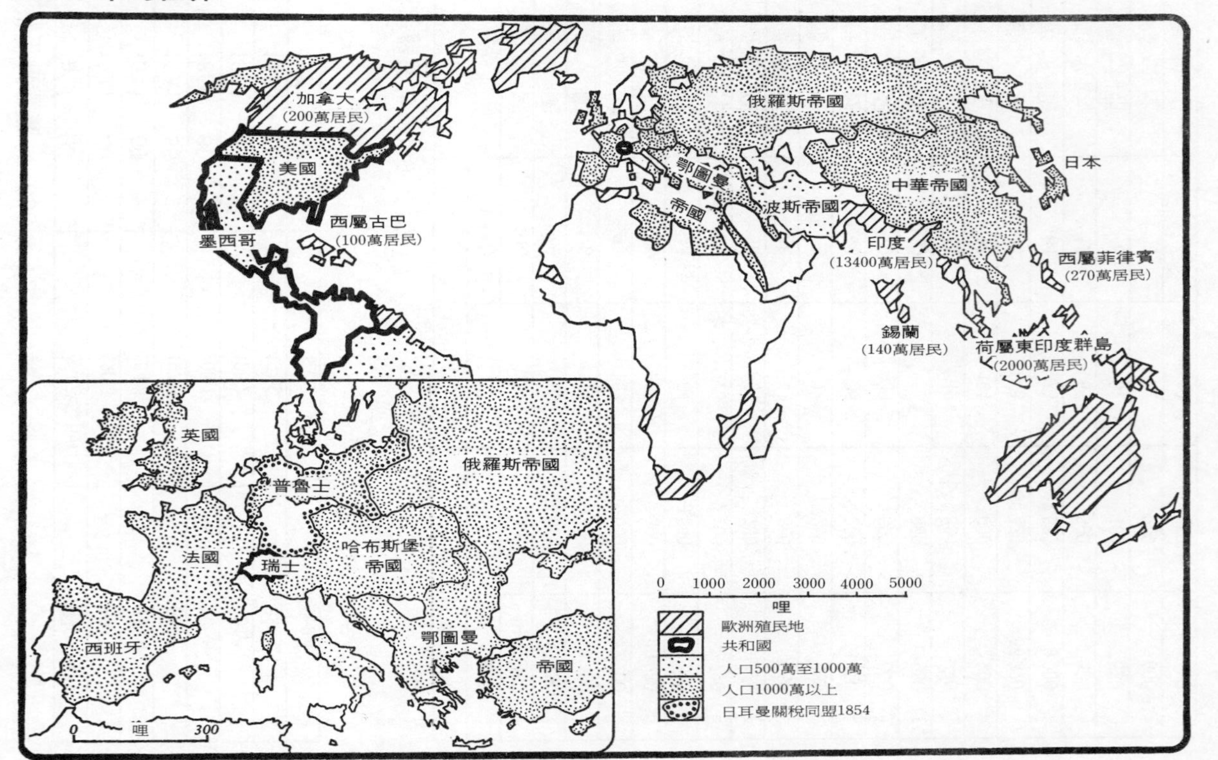
加拿大
(200萬居民)
美國
墨西哥
西屬古巴
(100萬居民)
俄羅斯帝國
日本
鄂圖曼
帝國
波斯帝國
中華帝國
印度
(13400萬居民)
西屬菲律賓
(270萬居民)
錫蘭
(140萬居民)
荷屬東印度群島
(2000萬居民)
英國
俄羅斯帝國
普魯士
法國
瑞士
哈布斯堡
帝國
西班牙
鄂圖曼
帝國
0 哩 300
0 1000 2000 3000 4000 5000
哩
歐洲殖民地
共和國
人口500萬至1000萬
人口1000萬以上
日耳曼關稅同盟1854

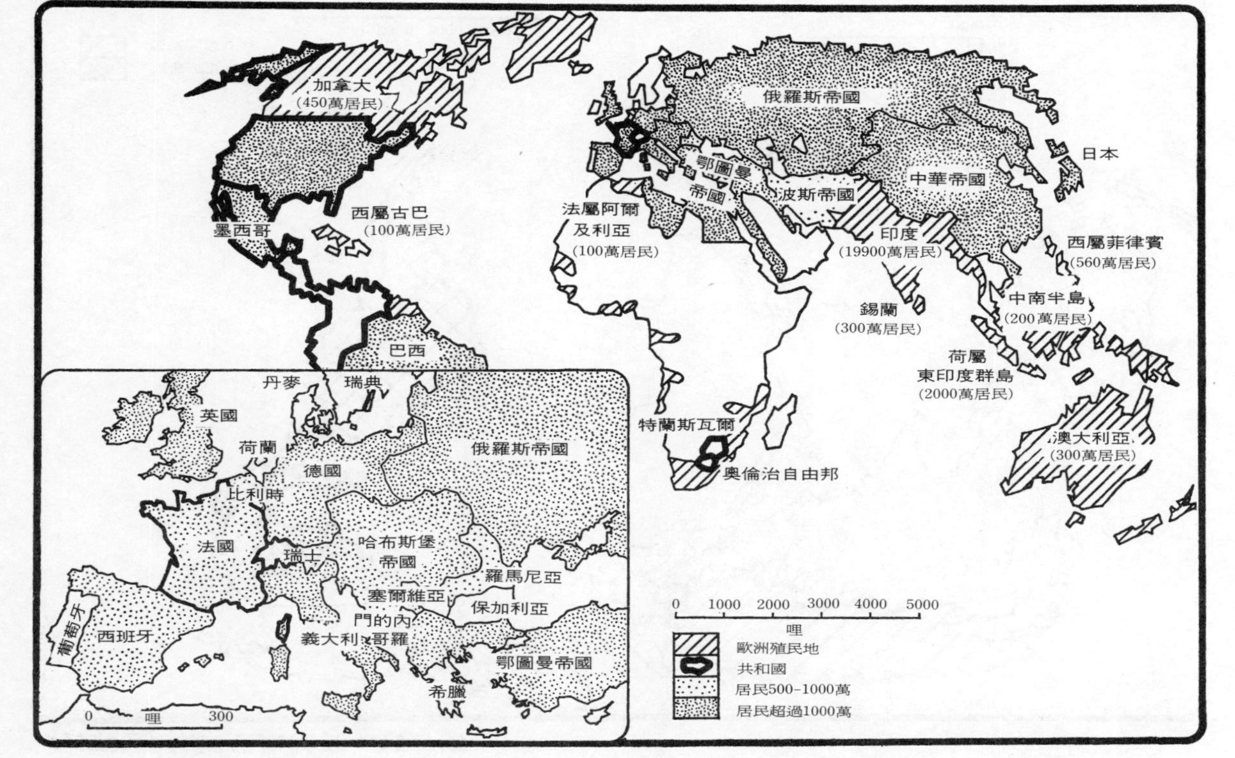
1880年左右的世界
加拿大
(450萬居民)
墨西哥
西屬古巴
(100萬居民)
巴西
法屬阿爾
及利亞
(100萬居民)
鄂圖曼
帝國
波斯帝國
俄羅斯帝國
中華帝國
日本
印度
(19900萬居民)
錫蘭
(300萬居民)
西屬菲律賓
(560萬居民)
中南半島
(200萬居民)
荷屬
東印度群島
(2000萬居民)
澳大利亞
(300萬居民)
特蘭斯瓦爾
奧倫治自由邦
丹麥
瑞典
英國
荷蘭
德國
俄羅斯帝國
比利時
法國
瑞士
哈布斯堡
帝國
羅馬尼亞
塞爾維亞
保加利亞
門的內
哥羅
義大利
葡萄牙
西班牙
鄂圖曼帝國
希臘
0 哩 300
0 1000 2000 3000 4000 5000
哩
歐洲殖民地
共和國
居民500-1000萬
居民超過1000萬

西方的奴隸與農奴制度：1847 年

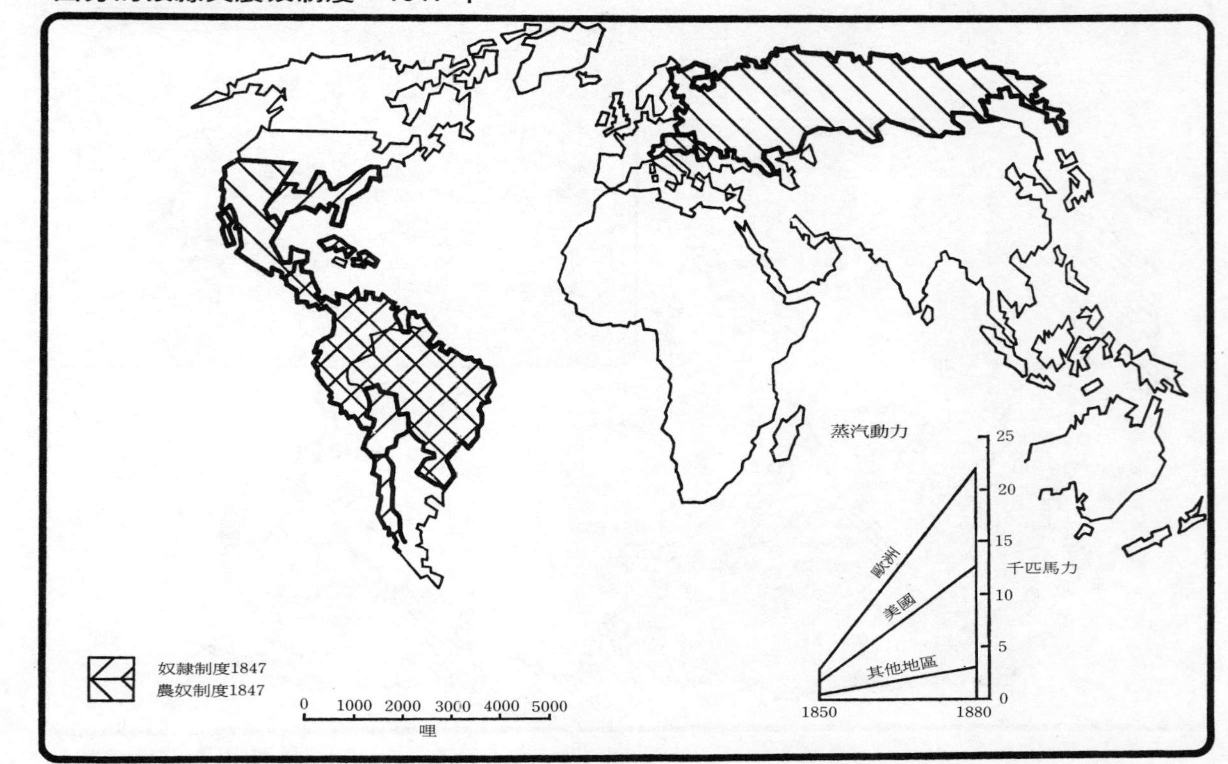

西方的奴隸與農奴制度：1880 年

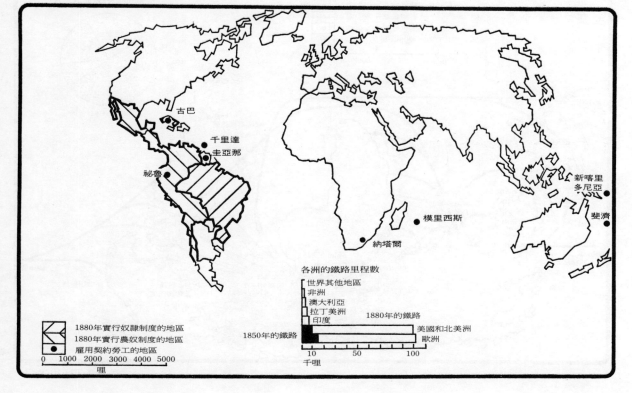

古巴
千里達
圭亞那
祕魯
新喀里多尼亞
斐濟
模里西斯
納塔爾

1880年實行奴隸制度的地區
1880年實行農奴制度的地區
雇用契約勞工的地區
0 1000 2000 3000 4000 5000
哩

各洲的鐵路里程數
世界其他地區
非洲
澳大利亞
拉丁美洲
印度
1880年的鐵路
1850年的鐵路
美國和北美洲
歐洲
10 50 100
千哩

移動的世界

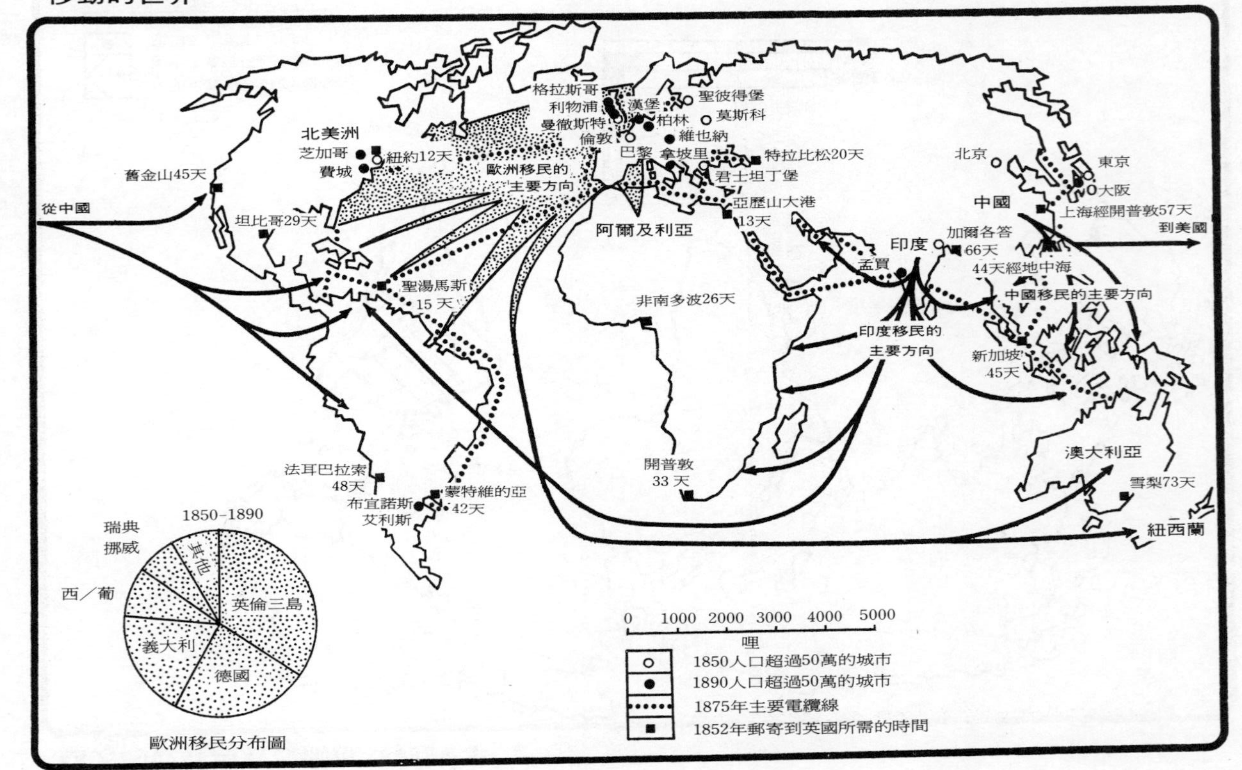
北美洲
芝加哥
費城
紐約12天
舊金山45天
從中國
坦比哥29天
聖湯馬斯
15天
法耳巴拉索
48天
布宜諾斯
艾利斯
蒙特維的亞
42天
歐洲移民的
主要方向
格拉斯哥
利物浦
曼徹斯特
倫敦
漢堡
柏林
巴黎
維也納
拿坡里
聖彼得堡
莫斯科
特拉比松20天
君士坦丁堡
亞歷山大港
13天
阿爾及利亞
非南多波26天
開普敦
33天
印度
孟買
加爾各答
66天
44天經地中海
印度移民的
主要方向
新加坡
45天
中國移民的主要方向
北京
中國
東京
大阪
上海經開普敦57天
到美國
澳大利亞
雪梨73天
紐西蘭
0 1000 2000 3000 4000 5000
哩
1850人口超過50萬的城市
1890人口超過50萬的城市
1875年主要電纜線
1852年郵寄到英國所需的時間
1850-1890
瑞典
挪威
其他
英倫三島
西／葡
義大利
德國
歐洲移民分布圖

西方文化(1847–1875)：歌劇

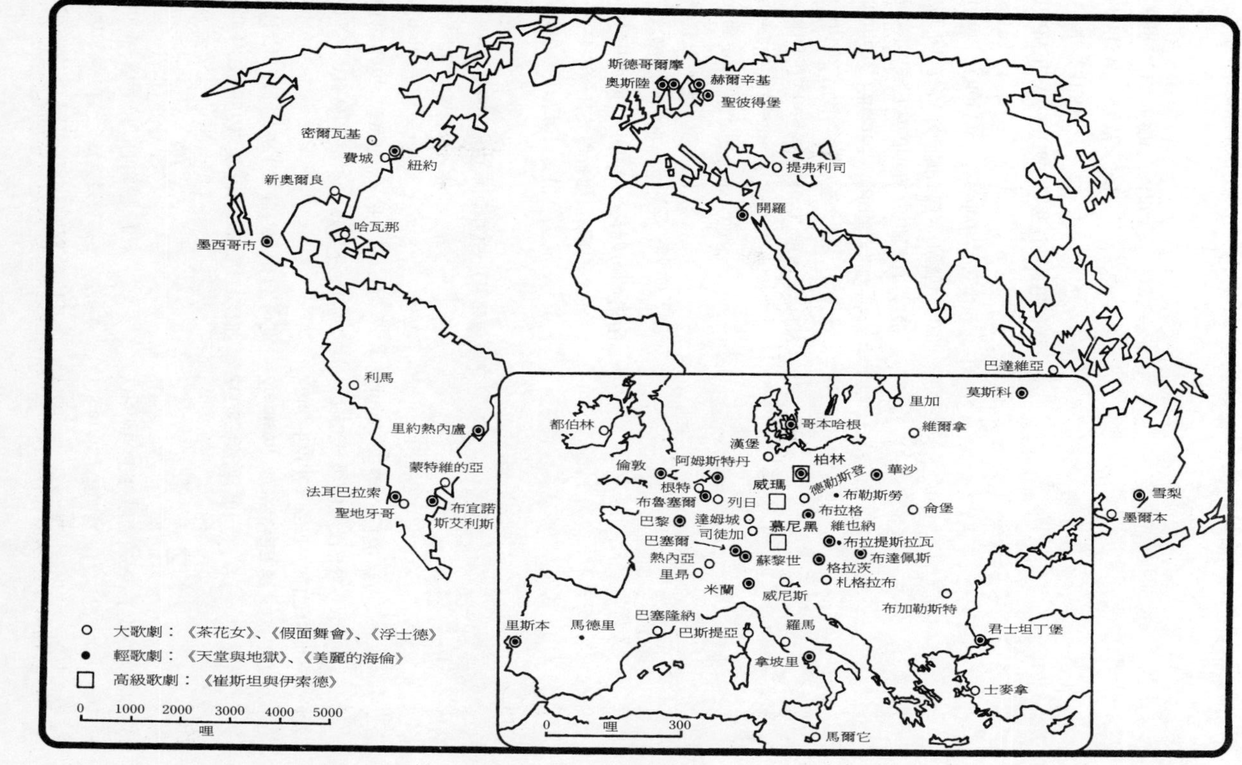

W

Y

Z

T

U

V

S

Q

R

O

P

N

J

K

H

I

F

G

D

E

C

B

索　引

A

國家圖書館出版品預行編目資料

資本的年代：1848 – 1875 / 艾瑞克・霍布斯邦 (Eric J. Hobsbawm)著；張曉華等校譯. -- 初版. -- 臺北市：麥田出版：城邦文化發行, 民 86

面； 公分. -- （歷史選書；12）（十九世紀三部曲；2）

含索引

譯自：The age of capital : 1848-1875

ISBN 957-708-501-6（平裝）

1. 世界史 - 19 世紀

712.7 86006083

A1020	棒球王子廖敏雄	廖敏雄、黃麗華　著	150元
A1021	鷹雄　時報鷹球迷手册	李克、陳偉之編著	150元
A1022	洛基　林明佳	黃承富　著	130元
A1023	永恆的飛人：麥可．喬丹自述	Michael Jordan　著	350元
A1024	俠客出擊　歐尼爾自傳	Shaquille O'Neal　著	160元
A1025	世界盃足球大賽	Glen Phillips & Tim Oldham　著	220元
A1026	葉國輝開講棒球	葉國輝　著	150元
A1027	不滅的鬥志　莊勝雄	黃承富　著	150元
A1028	信不信由你：棒球篇1	Bruce Nash and Allan Zullo　著	130元
A1029	信不信由你：棒球篇2	Bruce Nash and Allan Zullo　著	130元
A1030	萬人迷：王光輝	陳芸英　著	170元
A1031	網球場上的百萬女孩	Michael Mewshaw　著	250元
A1032	古田敦也：瀟灑自在的智慧野球	古田敦也　著	180元
A1033	球迷唐諾看球	唐　諾　著	170元
A1034	郭源治：100勝的軌跡	黃承富　著	200元
A1035	強悍而美麗：劉大任運動文學集	劉大任　著	170元
A1036	不奪冠軍誓不回：曲自立談NBA	曲自立　著	170元
A1037	力學棒球：變化球如何投？如何打？	小岩利夫　著	170元
A1038	美式足球趣聞	陳國亮　著	150元
A1039	桑田眞澄的獨白	認同桑田是巨人王牌投手的記者群　著	170元
A1040	清源和博的直球對決	永谷脩　著	200元
A1041	棒球語錄	David Plaut　編著　王希一、唐諾　譯	220元
A1042	巨人軍之謎	椿泰行　著　章蓓蕾　譯	200元
A1043	喬．蒙坦納：我的美式足球生涯	Joe Montana and Bob Raissman　著　陳國亮　譯	200元
A1044	用心看球	陳正益　著	220元
A1045	鈴木一朗：20歲的挑戰	永谷脩　著　黃文君．孫慧敏　譯	200元
A1046	棒球視野：球感vs.筆感	黃承富　著	200元
A1047	落合博滿：勝負的方程式	落合博滿　著　章蓓蕾　譯	200元
A1048	奧運一百年	黃承富　著	200元
A1049	野茂英雄：渡海挑戰的強投	黃承富　著	200元
A1050	樂爲敵人：瑞基．米勒	Reggie Miller with Gene Wojciechowski　著　唐　諾　譯	250元
A1051	唐諾談NBA	唐　諾　著	200元
A1051A	亞金．歐拉朱萬	Hakeem Olajuwon with Peter Knobler　著　陳曾緯　譯	250元
A1052	NBA救世主：格蘭特．希爾	Grant Hill　著　唐　諾　譯	200元

＊本書目所列書價如與該書版權頁不符，則以該書版權頁定價爲準。

【推理傑作：艾勒里．昆恩作品系列】

R1001	X的悲劇	唐　諾	譯	220元
R1002	Y的悲劇	許瓊瑩	譯	200元
R1003	Z的悲劇	林大容	譯	180元
R1004	哲瑞．雷恩的最後探案	林淑琴	譯	200元
R1005	希臘棺材的祕密	林淑琴	譯	220元
R1006	暹羅連體人的祕密	許瓊瑩	譯	200元
R1007	紅心四點	溫怡惠	譯	180元
R1008	另一邊的玩家	易萃雯	譯	200元
R1009	法蘭西白粉的秘密	顧效齡	譯	220元
R1010	災難之城	劉育林	譯	220元
R1011	昆恩探案系列	謝德湊	譯	200元
R1012	昆恩再次出擊	謝德湊	譯	200元
R1013	惡之源	易萃雯	譯	200元
R1014	十日驚奇	沈雲驄	譯	220元
R1015	多尾貓	許瓊瑩	譯	250元
R1016	玻璃村莊	謝德湊	譯	200元
R1017	國王死了	曾筱光	譯	200元
R1018	從前從前有個老女人	許敏娟	譯	200元

【運動家】

A1001	亞洲巨炮呂明賜	呂明賜、陳錦輝	著	200元
A1002	金臂人黃平洋	黃平洋、陳正益	著	200元
A1003	火車涂鴻欽	涂鴻欽、羅吉甫	著	200元
A1004	鬥魂林仲秋	林仲秋、黃麗華	著	200元
A1005	東方超特急郭泰源	黃承富	著	160元
A1007	空中飛人：麥可．喬丹	Bill Gutman	著	150元
A1008	無法無天：查爾斯．巴克萊	Charles Barkley	著	150元
A1009	點石成金的手指：魔術強生	Earvin "Magic" Johnson	著	150元
A1010	白色守護神：大鳥勃德	Lee Daniel Levine	著	160元
A1011	空中火力：大衛．羅賓遜	Jim Savage	著	150元
A1012	郭李建夫阪神日記	黃承富	著	130元
A1013	完美的籃球機器：天鉤賈霸	Kareem Abdul-Jabbar	著	150元
A1014	唐諾看NBA	唐　諾	著	150元
A1015	美式足球觀賞入門	陳國亮	著	130元
A1016	信不信由你：籃球篇1	Bruce Nash and Allan Zullo	著	130元
A1017	信不信由你：籃球篇2	Bruce Nash and Allan Zullo	著	130元
A1018	棒球經	瘦菊子	著	130元
A1019	諾蘭．萊恩　投手聖經	Nolan Ryan & Tom House	著	150元

＊本書目所列書價如與該書版權頁不符，則以該書版權頁定價為準。

	G1011	全神貫注	160元
	G1012	記憶力	160元
〔單元四：溝通藝術〕	G1013	溝通力	160元
	G1014	如何簡報	160元
	G1015	怎樣傾聽	160元
	G1016	溝通要領	160元
〔單元五：人際關係〕	G1017	贏在人際間	160元
	G1018	兩性夥伴	160元
	G1019	批評的學問	160元
	G1020	說服策略	160元
〔單元六：決策智慧〕	G1021	展現果斷力	160元
	G1022	創意決策	160元
	G1023	掌握風險	160元
	G1024	怎樣解決問題	160元
〔單元七：領導激勵〕	G1025	領袖非天生	160元
	G1026	激勵士氣	160元
	G1027	授權之道	160元
	G1028	建立團隊	160元
〔單元八：工作動力〕	G1029	企畫力	160元
	G1030	自發向上	160元
	G1031	笑轉乾坤	160元
	G1032	建立默契	160元
〔單元九：應變挑戰〕	G1033	衝突管理	160元
	G1034	潮流擋不住	160元
	G1035	未雨綢繆	160元
	G1036	自我挑戰	160元
〔單元十：理財規劃〕	G1037	理出財運來	160元
	G1038	認識財務報表	160元
	G1039	開創新事業	160元
	G1040	信用就是力量	160元
〔單元十一：身心調適〕	G1041	消餘倦怠	160元
	G1042	克服焦慮	160元
	G1043	追求健康	160元
	G1044	活力再現	160元
〔單元十二：管理技能〕	G1045	管理挑戰	160元
	G1046	談出成功	160元
	G1047	會議的藝術	160元
	G1048	時來運轉	160元

＊本書目所列書價如與該書版權頁不符，則以該書版權頁定價爲準。

P1002	歐洲大趨勢	Bengt Wahlström 著 李宛蓉 譯	250元
P1003	創業家	陳輝吉 著	280元
P1004	行銷大師法則	Al Ries & Jack Trout 著 蕭富峰 譯	200元
P1005	談判大師手册	Chester L. Karrass 著 劉麗眞 譯	320元
P1006	打開成功的心門	Hyrum W. Smith 著 劉麗眞 譯	250元
P1007	組織的盛衰	堺屋太一 著 呂美女、吳國禎 譯	280元
P1008	大決策的智慧	Ron Schultz 著 沈雲驄 譯	280元
P1009	品牌行銷	Joe Marconi 著 李宛蓉 譯	280元
P1010	游擊廣告	Jay Conrad Levinson 著 文 林 譯	350元
P1011	松下人才學	江口克彥 著 林忠發 譯	200元
P1012	〔新版〕個人理財手册	陳忠慶 著	270元
P1013	財務危機手册	陳輝吉 著	250元
P1014	創新與創業精神	Peter F. Drueker 著	350元
P1015	領導自己	Denis Waitley 著	320元
P1016	神祕配方	Frederick Allen 著	450元
P1017	Yes, I can! 是的，我要成功	陳偉航 著	200元
P1018	創意人	詹宏志 著	200元
P1019	城市人	詹宏志 著	200元
P1020	策略九說	吳思華 著	300元
P1021	龍捲風暴	Geoffrey A. Moore 著 陳正平 譯	330元
P1022	你可以什麼都有	玫琳凱・艾施 著 吳佩芬 譯	280元
P1023	非常理財手册	陳忠慶 著	220元
P1024	Are You Ready? 21天改變一生	陳偉航 著	220元
P1025	行銷教戰守策	陳偉航 著	220元
P1026	「新版」個人節稅手册	陳忠慶 著	250元
P1027	眞實英雄	John R. Katzenbach著 李宛蓉 譯	380元
P1028	自己就是最好的賣點	陳偉航 著	220元
P3001	商學總論	政大商學院編著	800元

【Guide新學習手冊】

〔單元一：生涯之路〕	G1001	企畫一生	160元
	G1002	好的開始	160元
	G1003	相得益彰	160元
	G1004	進退有據	160元
〔單元二：個人成長〕	G1005	尋找標竿	160元
	G1006	自信自尊	160元
	G1007	人生態度	160元
	G1008	自我改善	160元
〔單元三：自我學習〕	G1009	創造力	160元
	G1010	塑造風格	160元

＊本書目所列書價如與該書版權頁不符，則以該書版權頁定價爲準。

NI104	槍手狄克	吳安蘭	譯	180元
NI105	金錢之河	譚　天	譯	160元
NI106	加拉巴哥群島	張佩傑	譯	200元
NI107	坦泰星的海妖	張佩傑	譯	220元
NI108	冠軍的早餐	王祥芸	譯	180元
NI109	貓的搖籃	謝瑤玲	譯	200元
NI110	囚犯	吳怡慧	譯	200元
NI111	夜母	謝瑤玲	譯	160元
NI112	鬧劇	卓世盟	譯	160元
NI113	歡迎到猴子籠來	謝瑤玲	譯	240元
NI114	此心不移	劉麗眞	譯	160元
NI115	聖棕樹節	陳佩君	譯	200元
NI116	祝妳生日快樂	吳曉芬	譯	160元
NI117	生不如死	張定綺	譯	200元
NI116	戲法	陳襲予	譯	240元

【映象傳眞】

I1001	少年吔，安啦	吳淡如	著	150元
I1002	母雞帶小鴨	丁牧群	著	150元
I1003	無言的山丘	吳淡如	著	150元
I1004	浮世戀曲	周　妮	著	130元
I1005	小鬼當家——紐約迷途記	劉麗眞	譯	150元
I1007	新樂園	老　瓊	著	120元
I1008	最後魔鬼英雄	謝瑤玲	譯	170元
I1009	吱喳少女在一班	王幼嘉設計工作室	製作	130元

【大人物】

C1001	李登輝的一千天	周玉蔻	著	250元
C1002	蔣方良與蔣經國	周玉蔻	著	280元
C1003	誰殺了章亞若	周玉蔻	著	150元
C1004	甘迺迪之死(上)	伊斯曼	譯	300元
C1005	甘迺迪之死(下)	伊斯曼	譯	300元
C1006	毛澤東大傳(上)	文　林	譯	280元
C1007	毛澤東大傳(下)	文　林	譯	280元
C1008	短暫的春秋	師東兵	著	450元
C1009	廬山眞面目	師東兵	著	450元
C1010	李登輝和他身邊的人	周玉蔻	著	280元

【企畫叢書】

P1001	彈指乾坤：蓋茲微軟傳奇	陳正平	譯	300元

＊本書目所列書價如與該書版權頁不符，則以該書版權頁定價爲準。

L8002　和諧人生　子　敏　著　180元

L8003　月光下織錦　子　敏　著　180元

【小說天地】

NI001　大河戀　Norman Maclean　著　180元

NI002　中國北方來的情人　瑪格麗特・莒哈絲　著　160元

NI003　傑克少年　丹・馬寇　著　140元

NI004　秋之傳奇　吉姆・哈雷遜　著　180元

NI005　小天才智多星　艾倫・奇威貝爾　著　160元

NI006　童年往事(Paddy Clarke Ha Ha Ha)　Roddy Doyle　著　260元

NI007　步步殺機　Arturo Pérez-Reverte　著　260元

NI008　諜海情迷(上)　Thomas Fleming　著　260元

NI009　諜海情迷(下)　Thomas Fleming　著　260元

NI010　西線無戰事　Erich Maria Remarque　著　蔡憫生　譯　180元

NI011　芮尼克探索系列——寂寞芳心　譚　天　譯　180元

NI012　芮尼克探索系列——狂亂人生　譚　天　譯　220元

NI013　芮尼克探索系列——刀鋒邊緣　陳佩君　譯　240元

NI014　芮尼克探索系列——迷蹤記　維　亞　譯　240元

NI017　守靈夜的訪客　井上靖　著　劉慕沙　譯　180元

NI018　山國峽恩仇記　菊池寬　著　劉慕沙　譯　180元

NI019　活著的兵士　石川達三　著　劉慕沙　譯　160元

NI020　武士　遠藤周作　著　林水福　譯　260元

NI021　絕命追殺令　J. M. Dillard　著　170元

NI022　吸血鬼　Fred Saberhagen & James V. Hart　著　謝瑤玲　譯　200元

NI023　化身博士　Valerie Martin　著　余國芳、王介文　譯　180元

NI031　祖先遊戲　Alex Miller　著　歐陽昱　譯　260元

NI032　塔尼歐斯巨岩　Amin Maalouf　著　吳錫德　譯　240元

NI033　青春的悲愴　Bao Ninh　著　褚士瑩　譯　180元

【日本女性小說】

NI201　寒椿　陳寶蓮　譯　150元

NI202　人偶姊妹　宮尾登美子　著　陳寶蓮　譯　150元

NI203　青燈綺夢(上)　圓地文子　著　陳寶蓮　譯　170元

NI204　青燈綺夢(下)　瀨戶內晴美　著　陳寶蓮　譯　170元

NI205　代嫁公主　有吉佐和子　著　陳寶蓮　譯　190元

【馮內果作品集】

NI101　第五號屠宰場　洛　夫　譯　160元

NI102　藍鬍子　陳佩君　譯　180元

NI103　自動鋼琴　陳佩君　譯　220元

＊本書目所列書價如與該書版權頁不符，則以該書版權頁定價爲準。

L1046	十一擊	蘇　童　著	140元
L1047	采集陽光與閒情	劉靜娟　著	140元
L1048	香港情與愛	王安憶　著	130元
L1049	她是女子，我也是女子	黃碧雲　著	140元
L1050	青銅小子	小　野　著	150元
L1051	輕少女薄皮書	小　野　著	150元
L1052	相思月娘	李　潼　著	140元
L1053	天生好男人	羅位育　著	140元
L1054	刺青時代	蘇　童　著	140元
L1055	風景明信片	路寒袖　編	150元
L1056	航向愛琴海	陳少聰　著	150元
L1057	旅行的顏色	黃雅歆　著	150元
L1058	桃花燦爛	方　方　著	130元
L1059	向日葵海域	楊　明　著	140元
L1060	今夜星光燦爛	葉兆言　著	220元
L1061	天空線下	張北海　著	160元
L1062	好男好女：侯孝賢拍片筆記，分場、分鏡劇本	朱天文編著	150元
L1063	心事	童　雲　著	150元
L1064	城北地帶	蘇　童　著	190元
L1065	小野之家	小　野　著	150元
L1066	雜貨商的女兒	小　野　著	140元
L1067	把你的脚綑起來	蘇　童　著	160元
L1068	小小撒個野	小　野　著	130元
L1069	花影	葉兆言　著	190元
L1071	百年孤寂的台灣民主國	羊　恕　著	240元
L1072	長恨歌	王安憶　著	280元
L1073	尋找太平天國	吳念眞　著	
L1074	第三代青春痘	小　野　著	150元
L1075	寂寞的人收	十　方　著	160元
L1076	婦解現代版才子佳人	孔慧怡　著	150元
L1077	走看法蘭西	愛　亞　著	160元
L1078	我還是原來的我	小　野　著	150元
L1079	台北醫生故事	歐陽林　著	140元
L1080	春天底下三條蟲	小　野　著	140元
L1081	比聯考更無聊的事	李　中　著	140元
L1082	惡魚	林宜澐　著	150元
L1083	貓吃魚的夢	羅位育　著	150元

【子敏作品集】

L8001	小太陽	子　敏　著	180元

＊本書目所列書價如與該書版權頁不符，則以該書版權頁定價爲準。

L1006	美國・美國	張北海	著	140元
L1007	下午茶話題	朱天文、朱天心、朱天衣	著	130元
L1008	企鵝爸爸	小　野	著	130元
L1009	綠色陷阱	葉兆言	著	130元
L1010	逐鹿中街	王安憶	著	130元
L1011	青春小鳥：王洛賓傳奇	吳淡如	著	130元
L1012	我是你爸爸	王　朔	著	180元
L1013	一個朋友在路上	蘇　童	著	150元
L1014	後青春期症候群	朱　衣	著	130元
L1015	初旅	東　年	著	130元
L1016	悲情布拉姆斯	雷　驤	著	130元
L1017	少年之城	王宣一	著	130元
L1018	殤逝的英雄	葉兆言	著	140元
L1019	藍色玫瑰	林宜澐	著	140元
L1020	家庭之旅	陳　黎	著	140元
L1021	夢的攝影機	路寒袖	著	130元
L1022	戲夢人生：電影分鏡劇本	侯孝賢、吳念眞、朱天文	著	150元
L1023	離婚指南	蘇　童	著	140元
L1024	走過蛻變的中國	劉大任	著	120元
L1025	南方青春物語	童　雲	著	140元
L1026	食妻時代	羅位育	著	140元
L1027	眼耳鼻舌	許悔之	著	130元
L1028	薛理陽大夫	張貴興	著	130元
L1029	斷掌順娘	彭小妍	著	140元
L1030	武則天	蘇　童	著	150元
L1031	詩生活	侯吉諒	著	150元
L1032	枕頭邊的音樂會	陳樂融	著	140元
L1033	帶隻杯子出門	喻麗清	著	140元
L1034	公開的情書	路寒袖	編	140元
L1035	是誰在唱歌	林俊穎	著	130元
L1036	光之留顏	羅任玲	著	130元
L1037	滄桑男子	張　錯	著	140元
L1038	活著	余　華	著	150元
L1039	雁行千山	楊　明	著	130元
L1040	X小姐・重新開始	姚一葦	著	130元
L1041	不談愛情	池　莉	著	150元
L1042	可愛的女人	小　野	著	140元
L1043	威尼斯日記	阿　城	著	130元
L1044	多桑：吳念眞電影劇本	吳念眞	著	150元
L1045	紅房子酒店	葉兆言	著	140元

＊本書目所列書價如與該書版權頁不符，則以該書版權頁定價爲準。

MI048	美國的軍事革新	蔡伸章 譯	360元
MI049	希特勒的將領	蕭有臨 譯	390元
MI050	台灣航空決戰	鍾 堅 譯	340元
MI051	西洋世界軍事史 卷1(上)	鈕先鍾 譯	300元
MI052	西洋世界軍事史 卷1(下)	鈕先鍾 譯	300元
MI053	西洋世界軍事史 卷2(上)	鈕先鍾 譯	280元
MI054	西洋世界軍事史 卷2(下)	鈕先鍾 譯	280元
MI055	西洋世界軍事史 卷3(上)	鈕先鍾 譯	320元
MI056	西洋世界軍事史 卷3(下)	鈕先鍾 譯	320元
MI057	裝甲先鋒古德林	施孝瑋、王鼎鈞合譯	270元
MI058	我從戰場歸來	譚 天 譯	390元
MI059	空中決勝	鄭 平 譯	430元
MI060	JG26：第廿六戰鬥機聯隊	李恕平 譯	380元
MI061	突出部之役(上)	許綬南 譯	270元
MI062	突出部之役(下)	許綬南 譯	270元
MI063	孤寂的將領	許綬南 譯	390元
MI064	Me 109戰鬥機	姚卿中 譯	240元
MI065	二十世紀名將評傳	鈕先鍾 譯	380元
MI066	萬里潛航	李宏偉 譯	270元
MI067	圖解世界軍用機史(上)	林大維 譯	300元
MI068	圖解世界軍用機史(下)	林大維 譯	300元
MI069	紐倫堡大審	劉 巍 譯	440元
MI070	隆美爾的北非戰役	張益愼 譯	270元
MI071	希特勒的閃擊戰	滕昕雲 譯	350元
MI072	閃電	王鼎鈞 譯	280元
MI073	第二次世界大戰回顧與省思	鈕先鍾 著	320元
MI074	未來戰爭	許綬南 譯	200元
MI075	FW190戰鬥機	施孝瑋 譯	130元
MI076	零戰的命運	廖爲智 譯	380元
MI077	幻象2000戰機	張國立 著	250元
MI078	世紀大決戰	曾祥顯 譯	280元
MI079	冬日之戰(上)	李恕平 譯	260元
MI080	冬日之戰(下)	李恕平 譯	260元

【麥田文學】

LI001	想我眷村的兄弟們	朱天心 著	140元
LI002	我的帝王生涯	蘇 童 著	150元
LI003	相思子花	鄭清文 著	160元
LI004	燃燒之後	鍾曉陽 著	180元
LI005	薩伐旅	劉大任 著	130元

＊本書目所列書價如與該書版權頁不符，則以該書版權頁定價為準。

MI009	奪橋遺恨	黃文範　譯	380元
MI010	最後一役	黃文範　譯	400元
MI011	希特勒征俄之役	鈕先鍾　譯	240元
MI012	圖說偷襲珍珠港	林光餘　譯	280元
MI013	少年布希的戰時歲月	林光餘　譯	280元
MI014	鵬博萬里	黃文範　譯	320元
MI015	隆美爾傳(上)	譚　天　譯	260元
MI016	隆美爾傳(下)	譚　天　譯	260元
M2015	隆美爾傳(套)	譚　天　譯	520元
MI017	島嶼浴血戰	鈕先鍾　譯	390元
MI018	福克蘭戰爭一百天	曾祥穎　譯	290元
MI019	十九顆星	蘇維文　譯	340元
MI020	二戰紀事	舒孝煌、耿直編著	260元
MI021	第二次世界大戰戰史(一)	鈕先鍾　譯	320元
MI022	第二次世界大戰戰史(二)	鈕先鍾　譯	360元
MI023	第二次世界大戰戰史(三)	鈕先鍾　譯	320元
MI024	七海雄風	王鼎鈞　譯	300元
MI025	長空戰士	王鼎鈞　譯	190元
MI026	將軍之戰	林光餘　譯	280元
MI027	坦克大決戰	程嘉文　譯	280元
MI028	以色列空軍	曾祥穎　譯	350元
MI029	超級空中堡壘	林光餘　譯	220元
MI030	戰爭心理學	劉麗眞　譯	160元
MI031	偉大的時刻(上)	黃文範　譯	280元
MI032	偉大的時刻(下)	黃文範　譯	280元
MI033	美軍特戰奇兵祕辛	章　柱　譯	260元
MI034	巴頓將軍	譚　天　譯	280元
MI035	敦克爾克大撤退	張佩傑　譯	340元
MI036	圖說諾曼第登陸	揭　仲　譯	280元
MI037	邱吉爾的將領	王佳煌　譯	350元
MI038	海上悍將海爾賽	伊斯曼　譯	450元
MI039	尼米茲傳(上)	許綬南　譯	290元
MI040	尼米茲傳(下)	許綬南　譯	290元
MI041	雷伊泰灣之戰	易　鵬　譯	300元
MI042	F-16戰隼式戰機	張國立　著	250元
MI043	納粹飛鷹	施孝瑋　譯	300元
MI044	核能潛艦之父李高佛	黃廣山　譯	390元
MI045	沙漠雄鷹	黎承開　譯	180元
MI046	奇襲	張佩傑　譯	300元
MI047	戰時將帥	黃文範　譯	380元

＊本書目所列書價如與該書版權頁不符，則以該書版權頁定價為準。

H1011	重審風月鑑	康正果 著	320元
H1012	現代性的追求	李歐梵 著	460元
H1013	美國詩與中國夢	鍾 玲 著	280元
H1014	書寫文學的過去	陳國球等編	380元

【當代小說家】

N3001	花憶前身	朱天文 著	240元
N3002	紀實與虛構	王安憶 著	240元
N3003	遺恨傳奇	鍾曉陽 著	240元
N3004	封閉的島嶼	蘇偉貞 著	240元
N3005	禁書啓示錄	平 路 著	220元
N3006	古都	朱天心 著	220元
N3007	天使的糧食	蘇 童 著	220元
N3008	許三觀賣血記	余 華 著	220元

【文學叢書】

L9001	張愛玲小說的時代感	盧正珩 著	180元
L9002	楊逵及其作品研究	黃惠禎 著	180元
L9003	台灣新文學觀念的萌芽與實踐	莊淑芝 著	180元
L9004	生命情結的反思	林幸謙 著	220元

【戰略思想叢書】

M3001	戰爭藝術	約米尼 著	鈕先鐘 譯	280元
M3002	戰爭論精華	克勞塞維茨 著	鈕先鐘 譯	280元
M3003	戰略論	李德哈特 著	鈕先鐘 譯	480元
M3004	戰爭指導	富 勒 著	鈕先鐘 譯	340元
M3005	戰略緒論	薄富爾 著	鈕先鐘 譯	160元
M3006	西方戰略思想史		鈕先鐘 著	450元
M3007	孫子三論		鈕先鐘 著	320元
M3008	歷史與戰略		鈕先鍾 著	260元

【軍事叢書】

M1001	身先士卒——史瓦茲柯夫將軍自傳(上)	譚 天 譯	280元
M1002	身先士卒——史瓦茲柯夫將軍自傳(下)	譚 天 譯	280元
M1003	飛堡戰紀	譚 天 譯	320元
M1004	中途島之戰	黃文範 譯	280元
M1005	刀鋒飛行	伊斯曼 譯	280元
M1006	山本五十六	陳寶蓮 譯	280元
M1007	戰車指揮官	譚 天 譯	300元
M1008	最長的一日	黃文範 譯	220元

＊本書目所列書價如與該書版權頁不符，則以該書版權頁定價爲準。

麥田出版股份有限公司

臺北市信義路二段213號11樓
TEL: (02)396-5698
FAX: (02)357-0954
郵撥帳號：1896600-4
戶　名：城邦文化事業股份有限公司

【歷史選書】

H3001	阿拉伯的勞倫斯	Jeremy Wilson	著	蔡憫生	譯	420元
H3002	長征	Harrison E. Salisburg	著	文　林	譯	400元
H3003	杜魯門(上)	David McCullough	著	王凌霄、劉麗眞	譯	400元
H3004	杜魯門(下)	David McCullough	著	王凌霄、劉麗眞	譯	400元
H3005	革命與革命者	A. J. P. Taylor	著	李宛蓉	譯	190元
H3006	墨索里尼的帝國	Edwin Hoyt	著	李宛蓉	譯	340元
H3007	卡斯楚(上)	Robert E. Quirk	著	王凌霄	譯	380元
H3008	卡斯楚(下)	Robert E. Quirk	著	王凌霄	譯	380元
H3009	祕密德國	Baigent & Leigh	著	劉世安	譯	340元
H3010	一個騎士在中國	A. S. W. Wingate	著	陳君儀	譯	220元
H3014	極端的年代(上)	E. J. Hobsbawm	著	鄭明萱	譯	380元
H3015	極端的年代(上)	E. J. Hobsbawm	著	鄭明萱	譯	380元
H3016	東京玫瑰	上坂冬子	著	陳寶蓮	譯	170元

【歷史與文化叢書】

H5001	歷史的再思考	K. Jenkins	著	賈士蘅	譯	150元
H5002	法國史學革命	Peter Burke	著	江政寬	譯	180元
H5003	製作路易十四	Peter Burke	著	許綬南	譯	300元

【麥田人文】

H1001	小說中國			王德威	著	320元
H1002	知識的考掘	米歇・傅柯	著	王德威	譯	350元
H1003	回顧現代			廖炳惠	著	320元
H1004	否定的美學			楊小濱	著	280元
H1005	千古文人俠客夢			陳平原	著	300元
H1006	對話的喧聲			劉　康	著	330元
H1007	後殖民理論與文化認同			張京媛	編	380元
H1008	婦女與中國現代性			周　蕾	著	320元
H1009	文化批評與華語電影			鄭樹森	編	340元
H1010	哈佛心影錄			張　鳳	著	260元

＊本書目所列書價如與該書版權頁不符，則以該書版權頁定價爲準。